Werner Filmer · Heribert Schwan (Hrsg.)
BESIEGT, BEFREIT...

Werner Filmer
Heribert Schwan
Hrsg.

Besiegt, befreit ...

Zeitzeugen erinnern sich an das Kriegsende 1945

C. Bertelsmann

Umwelthinweis:
Dieses Buch und der Schutzumschlag wurden auf chlorfrei gebleichtem Papier gedruckt. Die Einschrumpffolie (zum Schutz vor Verschmutzung) ist aus umweltschonender und recyclingfähiger PE-Folie.

1. Auflage

Umschlaggestaltung: Evelyn Schick
Satz: Uhl + Massopust, Aalen
Druck und Bindung: Mohndruck, Gütersloh
Printed in Germany
ISBN 3-570-01180-1

Inhalt

Vorwort

Das Ende des Zweiten Weltkrieges – 1945 – war für die Welt, besonders aber für Deutschland, ein Schicksalsjahr. Angst und Hoffnung, Erleichterung, Freude und Verzweiflung beherrschten viele Menschen. 1995 ist ein wichtiges Datum. Fünfzig Jahre nach Ende des Zweiten Weltkrieges fragen sich Deutsche: Haben wir den letzten Weltkrieg verloren, oder wurden wir vom Faschismus befreit? Seit Jahren gibt es darüber ein politisches Gezerre.

Inzwischen sind die Sieger abgezogen. Sie verließen Deutschland, nachdem die beiden Teile Deutschlands vereinigt wurden. Geschichte verläuft kompliziert, selten in einfachen Bahnen. Und mancher Deutsche scheint vergessen zu haben, daß der Hitlerstaat ein verbrecherisches System war, das Europa den grausamsten Krieg seiner Geschichte eintrug. Millionen Juden wurden im Holocaust umgebracht. Amerikaner, Briten, Franzosen und Russen haben das Dritte Reich zerstört, befreiten unter größten Opfern – aber auch mit Erwartungen – die Deutschen vom Faschismus.

Fünfzig Jahre später haben die Herausgeber Zeitzeugen eingeladen, die das Ende des Zweiten Weltkrieges erlebt haben. Und damit den Zusammenbruch der Hitlerherrschaft! Sie schildern ihre damaligen Erfahrungen, Hoffnungen, Wünsche und Zukunftsüberlegungen. Befragt wurden von den Herausgebern nicht nur Deutsche.

Dabei werden eigene Entwürfe, Gedanken und persönlichstes Erleben sichtbar. Und alle beschäftigt auch die Frage: Wie haben sich die Deutschen nach dem Ende des Zweiten Weltkrieges entwickelt? Was ging daneben? Was war der Preis des Sieges, der Befreiung? Amerikaner, Europäer, Russen, Israelis schildern ihre Gedanken und ihr Erleben gegen Ende des blutigsten aller bisherigen Kriege. Ein wichtiges Buch zu einem wichtigen Datum.

BOLESLAW BARLOG

Mein langersehntes Ziel

Die letzten Tage des unseligen Hitlerkrieges habe ich in Berlin erlebt. Ich wurde noch zum Volkssturm eingezogen, von meiner Terra-Filmgesellschaft dort aber wieder herausgeholt. Aber an eine vernünftige Filmarbeit war in dieser Zeit gar nicht mehr zu denken. Wir hörten den Donner der Stalinorgeln täglich lauter, verschanzten uns gegen mögliche Einschläge im Keller unseres Lichterfelder Hauses und wurden dort von den einrückenden russischen Soldaten aufgestöbert.

Ich diente erst einmal einem Russen als lebendiger Schutzschild bei seiner Suche nach »Werwolf«-Heckenschützen, später als Plakatkleber der russischen Kommandantur. Als man sich dann Wochen später wieder auf die Straße wagen konnte, ging ich sofort auf mein langersehntes Ziel los, ein Theater zu eröffnen.

Ich fand das Schloßparktheater in Steglitz verlassen vor und begann, es in bespielbaren Zustand zu bringen. Es war als Latrine benutzt worden. Wir hatten viel zu tun. Dann holte ich mir von meinem Freund Paul Wegener, einem großem Schauspieler, der Präsident der damaligen Kammer der Kunstschaffenden geworden war, seine Zustimmung zu der von mir geplanten Theatergründung. Ebenso vom zuständigen Steglitzer Kulturamtsleiter Dr. Heise, der, wie sich herausstellte, mein früherer Deutschlehrer war und mich mit dem Theaterbazillus infiziert hatte. Und dann bekam ich von der Stadt Berlin einen Vorschuß von vierzigtausend Papiermark.

Anfang November 1945 eröffneten wir das Haus mit »Hokuspokus« von Curt Goetz, und zwar recht erfolgreich. Das blieb so bis 1993, wo das Theater vom Senat rüde geschlossen wurde, aus Ersparnisgründen, wie man hörte.

ILSE BECHTHOLD

Sprachlose Angst

Drohend gespannte Atmosphäre, sprachlose Angst, kindliches Ohnmachtsgefühl in einer Welt der Katastrophen – so erlebte ich das Frühjahr 1945 als behütet aufgewachsene Achtjährige an einer Nahtstelle des Kriegsendes.

Ludwigslust in Mecklenburg, wo ich meine Kindheit verbracht habe, war der letzte Ort, der von den Amerikanern eingenommen wurde, direkt daneben, nämlich in Grabow, marschierte anschließend die russische Armee ein. Da wir am Rande des Städtchens Richtung Grabow wohnten, war der Gasthof »Grünhof«, unser nahe gelegenes, von uns Kindern geliebtes Ziel für Spazierwege, die Demarkationsgrenze zwischen den Amerikanern und den Russen. Diese politisch brisante, besondere Lage prägte das Geschehen bei der Kapitulation.

Als Kind – und das war geradezu unheimlich – wurde ich nicht eingeweiht, was um uns herum passierte, sondern wurde unmittelbar mit dem »Zusammenbruch«, wie man es nannte, konfrontiert. Überwältigende Eindrücke, die sich erst später im historischen Zusammenhang einordnen ließen. Im April/Mai 1945 waren es erdrückende, nicht verstehbare Bilder: endlose vorbeiziehende Flüchtlingstrecks mit sich dahinschleppenden Menschen, manche im »Bollerwagen« von Verwandten gezogen, manche auf Pferdewagen; heruntergekommene deutsche Soldaten, die offenbar nicht in das große Kasernenareal von Ludwigslust gehörten, sondern mit den Flüchtlingen aus Ostgebieten kamen; überall gereizte Menschen, die mitten im Erzählen von Greueln innehielten, wenn sie das Kind bemerkten. Und dann die im Gedächtnis eingebrannten Szenen der befreiten KZ-Insassen, die, zu Skeletten abgemagert, aus dem Nachbarsdorf Wöbbelin in Sträflingskleidern durch die Straßen irrten – warum erklärte uns Kindern keiner, wer diese erbarmungswürdigen Menschen waren, woher sie kamen und was ihnen angetan worden war?

Die fiebernde Unruhe über die Frage, welche Siegermächte die

Stadt nehmen würden, beherrschte die Erwachsenen und ließ die Kinder nicht unberührt. Ich erinnere mich, mit welch menschenverachtendem Vokabular die Bevölkerung damals redete: Polnische Frauen wurden wie selbstverständlich »Polenweiber« genannt; »Russenhorden«, »Flintenweiber« gehörte zum üblichen Sprachschatz, ebenso »Edelkommunist«, was immer das auch sein mochte.

Heute sind Grundschulkinder sicher besser über gesellschaftliche und politische Fragen informiert als zum Kriegsende, da Fernsehen und Radio neben Unterhaltung auch Wissen vermitteln. Deshalb ist die wirklich als »heil« zu bezeichnende Welt, in der ich als Beamtenkind inmitten einer großen liebevollen Familie aufwuchs, bereits Geschichte. Heil war sie, weil alles Unheilvolle von den Kindern ferngehalten wurde. Als dieses dann aber sichtbar wurde – am grausamsten durch die dem Tode nur knapp entronnenen KZ-Opfer, deren Anblick alle erschütterte –, konnten oder wollten die Erwachsenen nicht darüber reden. Waren nur die sich überschlagenden Ereignisse schuld daran?

Die Besetzung der Stadt durch die Amerikaner bekam ich mit, da wir in der Nähe der Kasernen wohnten. Das Aufatmen, ja die Freude der Großen spornte kindliche Neugier an. Lauthals feiernde Soldaten, die uns freigebig Süßigkeiten und schneeweißes Brot schenkten, sind mir noch in guter Erinnerung. Daß diese uns ohne Haß begegneten, ist mir heute unerklärlich, auch wenn »rein objektiv« wir Kinder keine Schuld an den deutschen Verbrechen haben konnten.

Ich merkte in den Tagen des Mai 1945, daß mit dem Einzug der amerikanischen Truppen die Geschicke der Stadt noch nicht geregelt waren. Zu wild kursierten Gerüchte, zu viele Tote gab es in unmittelbarer Nachbarschaft jenseits der Demarkationsgrenze, als daß man als Kind so etwas nicht mitbekommt. Welches Unheil drohen sollte, wußte ich nicht, aber die Hektik um uns herum, Beratungen, ob die Flucht gewagt oder ausgeharrt werden soll, blieben nicht verborgen. Tatsächlich wurde zum 1. Juli 1945 Ludwigslust von den Alliierten den Russen übergeben im Rahmen des Gebietstausches zur Aufteilung Berlins in vier Sektoren.

Zuvor war etwas geschehen, das ich damals nur verschwommen erfahren habe, später dann aber im einzelnen erfuhr. Die Amerikaner hatten beim Einmarsch in Ludwigslust Güterwaggons am Bahnhof entdeckt, in denen KZ-Häftlinge eingepfercht waren. Zahllose Opfer konnten nur noch tot aus den Waggons geborgen werden. Hunderte von Leichen wurden auf den Schloßplatz gebracht. Bei den Kaskaden, die heute Photoobjekt der Touristenscharen »Mecklenburger Schlösser« sind, mußten Nazis riesige Gräber ausheben. Auf Anordnung der amerikanischen Kommandantur mußten sämtliche erwachsenen Einwohner der Stadt die Toten ansehen.

Wie viele jener, die lebend befreit wurden, überlebt haben, weiß wohl keiner genau. Die ausgezehrten, fast erloschenen Häftlinge füllten nach Öffnung der Güterwagen die Stadt. Über ihr weiteres Schicksal habe ich nie etwas gehört.

Der Bevölkerung wurde viel erspart durch die geregelte Übernahme der Stadt, denn die Eroberung von Orten durch russische Soldaten hatte in der Nachbarschaft großes Leid verursacht. Die ersten Tage waren überschattet von Vergewaltigungen, Morden, Plünderungen. Selbstmorde gab es und böse Denunziationen. Dies alles, bekundet von Flüchtlingen, Verwandten und Freunden aus den umliegenden Gemeinden, schürte die »Russenangst«. Als Ludwigslust übernommen wurde, war aber der erste Siegesrausch vorbei; zahlreiche Übergriffe dürfen nicht darüber hinwegtäuschen, daß der gesetzlose Zugriff auf die Besiegten beendet war.

Für uns begann schon am ersten Tag nach Wegzug der Amerikaner eine unstete Zeit. Binnen weniger Stunden mußten wir das Haus räumen, ohne daß wir irgendeine Bleibe hatten. So quartierten wir uns kurzerhand in das Finanzamt ein, das mein Vater damals noch leitete. Wenig später kamen wir dann beengt zusammen mit anderen im »Storchennest« unter, einem im Schloßpark gelegenen Haus, das noch heute wie damals brütende Störche auf den Stallungen beherbergt.

Es begann eine Zeit des Hungerns. Wir überstanden durch Waldfrüchte, vor allem Bucheckern, die einen Winter lang fast die gesamte Fettzufuhr bedeuteten. Halbverfrorene und dadurch widerlich süß schmeckende Steckrüben waren die Hauptnahrung. Die Folgen des Hungerns blieben nicht aus. Meine Mutter bekam Typhus, der im Ort wütete, eine Schwester war so geschwächt, daß sie Hilfe beim Gehen benötigte. Aber irgendwie rettete sich die Familie doch noch ein Stück der früheren »heilen Welt«. Abends wurde vorgelesen, oft beim Schein einer Kerze, weil »Stromsperre« war. Bei den *Jugenderinnerungen eines alten Mannes,* bei *Dichtung und Wahrheit* wurde der Alltag vergessen. Fontane, Storm, Löns – es gab genug Lesestoff, denn im Haus mußten wir »nur« Möbel, Geschirr und Wäsche lassen.

Rückblickend verstehe ich nicht, daß wir eifrig über unsere Lektüre, so gut wie nie jedoch über politische Themen sprachen. Dies ist deshalb bemerkenswert, weil wir sehr früh in Kunstausstellungen und ins Theater mitgenommen wurden und alles dort Erlebte gemeinsam durchgesprochen wurde. Da mein Vater nach Entlassung aus dem Dienst zunächst mit Kunstkritiken und Gutachten über Bilder die

Familie recht und schlecht durchbrachte, kamen wir auch oft mit Künstlern zusammen. Zum engsten Freundeskreis gehörte der von meinem Vater geförderte Maler Hermann Schepler aus Techentin bei Ludwigslust und der damals vielgelesene Schriftsteller Walter Pegel. Daß ohne die Anwesenheit von Kindern eine politische Debatte im kleinen Kreis stattfand, halte ich eher für unwahrscheinlich. Politisch Lied galt als garstig Lied, ein Motto, das ich mir im späteren Leben nicht zu eigen machte.

So bitter unsere Not zum Jahreswechsel auch war, es gab auch Grund zum Lachen. Irgend jemand wies uns darauf hin, daß hinter dem Haus einige Konserven vergraben worden seien, sozusagen als eiserne Reserve, die Leute hätten sich in die Westzone abgesetzt. Tatsächlich stießen wir nach langer Schatzsuche auf Metallisches. Und wirklich, es waren Konserven. Beim Öffnen mußten selbst wir Kinder lachen, denn es waren ausgerechnet Steckrüben! Immerhin waren sie – nicht verfrostet – eine köstliche Speise. Oder mein Erlebnis, für dessen Erzählen ich später einen Schulpreis erhielt: In der größten Hungerszeit lag plötzlich auf der Straße ein eingewickelter Bonbon – so etwas hatte ich seit Jahren nicht mehr gesehen. Als ich mich bückte, erkannte ich, daß in regelmäßigen Abständen so eine kleine Kostbarkeit lag. Es war wie im Traum. Offenbar hatte ein Transportfahrzeug diese Ware durch eine Ritze hindurch auf dem Kopfsteinpflaster verloren. Ich konnte nicht schnell genug mit dieser Beute nach Hause eilen. Es sagt auch genug über diese Zeit, daß mir gar nicht in den Sinn gekommen war, auch nur einen Bonbon ohne die Familie zu essen.

Wie oft wir in den Wirren des Schicksalsjahres tatsächlich in akuter Lebensgefahr waren, weiß ich nicht. Mit Sicherheit war eine der kritischsten Stunden, als mein Vater eine Vorladung zur russischen Kommandantur erhielt. Von anderen Amtsvorständen wußten wir, daß die Familien vergeblich auf die Rückkunft des Vaters und Mannes gewartet hatten. Das »Verschwinden« von Menschen war keine Seltenheit. Auch später erfuhren die Angehörigen oft nicht, was aus diesen Menschen wurde. Deshalb waren die Stunden unerträglich lang, als die ganze Familie auf meinen Vater wartete. Es entsprach der gewissen Sonderbarkeit meines Vaters, der mehr in seiner Welt der graphischen Künste denn in der rauhen Wirklichkeit zu Hause war, daß er sich über unsere erlittene Angst erstaunt zeigte: Ja, es sei lange gegangen, aber in der Kommandantur habe ein fehlerhaft bezeichnetes Bild der holländischen Schule gehangen. Als mein Vater darauf aufmerksam machte, sei es zu einem langen Gespräch gekommen. Abgeholt oder vorgeladen wurde mein Vater danach nicht mehr.

Daß andere Bürgerinnen und Bürger schlimme Erfahrungen mit der russischen Führung vor Ort gemacht haben, darf nicht verharmlost werden, doch welche Besatzungsmacht ist gerecht und milde?

In heutiger Rückschau erkenne ich, daß 1945 bei den Deutschen die Last, die auferlegten Qualen im Vordergrund des Erlebens standen. Daß die Deutschen das Leid zuerst und ohne irgendeinen Rechtfertigungsgrund in fremde Länder getragen und damit die Tragödien in Gang gesetzt haben, wurde nicht von der Mehrheit erfaßt. Unvergeßlich für mich die allerorten gehörte Empörung über eine Ansprache unseres evangelischen Pastors, der aus dem KZ Dachau befreit worden war. Die deutsche Schuld, die unmenschlichen Verbrechen der Nazis, das war es nicht, was man hören wollte.

Daß sich alle diese Erlebnisse, die aus Kinderperspektive nur unvollkommen, dafür aber um so wacher erlebt wurden, so eingeprägt haben, zeigt, daß die Dramatik des Kriegsendes und der Befreiung durch die Siegermächte das gesamte gesellschaftliche Leben durchdrang. Die privaten, familiären Nischen werden rückblickend als solche erkannt. Die Flucht in eine andere Sphäre des Daseins, in Kunst und Literatur, war auch ein Ausweichen vor eigentlich notwendigen Fragen und Antworten. Vielen, die in Elternhäusern aufwuchsen, die weder dem Widerstand verpflichtet noch exponierte Nazis waren, ist die Furcht bekannt, sich einer (vielleicht wieder dem Unrecht dienenden) politischen Gruppe anzuschließen. Die enorme Macht unserer politischen Parteien bei geringer Mitgliederzahl macht deutlich, daß Defizite langjährig gewachsene Ursachen haben. Wenn die Horrormeldungen über rechtsextremistische Gewalttaten aus unseren Tagesnachrichten verschwinden sollen, müssen die Erlebnisse des Schicksaljahres wachgehalten werden. Wer skelettierte Menschen – in schmutzige KZ-Kleidung gehüllt, nach Nahrung suchend – vor Augen hat, wie sie nach der Befreiung durch die Siegermächte durch die Straßen liefen, wird niemals die Mahnung des Kriegsendes vergessen. Keine »Vorsehung«, kein Schicksalsschlag hat die Verbrechen verursacht, sondern geplantes kriminelles Handeln, gestützt durch das Schweigen und Wegsehen der Mitmenschen.

Umsonst waren die schweren Wochen und Monate des Jahres 1945 nicht, wenn aus ihnen Lehren gezogen werden.

JÜRGEN BECKER

Von Jörn erzählen für einen Brief an meinen Sohn

Lieber Boris, heute fing der Krieg an. Es ist der erste September. Ein warmer Spätsommertag; der Wind, der über die Hügel kommt, bringt Unruhe in die Baumgruppen vorm Fenster; am Himmel treibt er riesige Wolkenherden vor sich her. Die Maisfelder rascheln. Tabak, Zwetschgen, Sonnenblumen; kleine Birnen trommeln herab auf Gartenmöbel, Sonnenschirm und Wiese. Das Buch auf dem Tisch, *Im Sperrkreis,* das Kriegstagebuch von Felix Hartlaub: *Hügelzüge an der Oder. Der Tau, die Kälte am Morgen. Provinzzeitungsfetzen mit ersten Kriegsnachrichten. Einzelne zurückkehrende Flugzeuge mit westlichem Kurs . . .* Die ersten Sätze vom Krieg; in jedem Jahr beginnt der September mit dieser Lektüre: *Die erste verdunkelte Stadt, die wir sehen. Ein warmer Septemberabend, alles auf den Straßen. Wagenkolonne wird mit kleinen Birnen bombardiert. Alte Bastionen am Wasser, Flakgeschütze drauf. Oderbrücken, Kasernenstraßen. Verladen bis zwei Uhr nachts. Sternenhimmel, abgeschirmte Bogenlampen . . .* Die Aufzeichnungen eines Gefreiten, der ein begnadeter Schriftsteller war; nur kam er nie dazu, seine Sätze auszudehnen in einem großen erzählerischen Zusammenhang . . . Felix Hartlaub, er kehrte nicht heim, irgendwo, während der letzten Kämpfe um Berlin, verschollen auf dem Weg in die Spandauer Kaserne; immer noch vergegenwärtigt sein Journal die Erinnerungen an die Bilder und Geräusche im Kopf des kleinen Jungen, der ich damals war.

Aber du wolltest doch erzählen, wie es war, als der Krieg zu Ende ging . . . ja, so könntest Du mich jetzt unterbrechen. Aber wann ging der Krieg denn zu Ende? Gestern, nach neunundvierzig Jahren, verließen die letzten russischen Streitkräfte die deutsche Hauptstadt, unser Land. Lange Zeit, seit im Juli 1945 die Amerikaner über Nacht davongerollt und die Panjewägelchen der Roten Armee nach Thüringen, nach Erfurt, in die Zeppelinstraße hereingerappelt waren, hatte ich mit Angst vor ihnen gelebt. Warum denn Angst? Einmal stand die ganze Stadt ja ein paar Herbsttage lang unter Ausgehverbot; kein Aas auf den Straßen, nur Posten vor jeder Haustür, hinter der, Karabiner im Anschlag, die Trupps verschwunden waren auf der Suche nach Waffen, PGs, Ingenieuren; durch jedes Haus, jede Wohnung ging die Suche, jedes Zimmer stülpten sie um, und plötzlich stand der Machorkageruch im Schlafzimmer auch, wo der Vater, Ingenieur und PG, unter Bergen von Plumeaus den kranken Mann markierte, nicht ohne Grund, Freund Spath war schon verhaftet, Freund Kombüchen erschossen; aus allen Straßen waren plötzlich Männer weg und zunächst mal verschwunden im rotverziegelten Gebäudetrakt in der Andreasstraße; wochenlang lungerten noch ihre Frauen unter den Fensterluken herum; kein Gesicht tauchte mehr auf, die Verschwundenen waren schon wieder verschwunden; Buchenwald, Sachsenhausen, wissen wir heute.

Der Vater war ja unbehelligt davongekommen; die Rotarmisten, nachdem sie den zitternden Mann mit ihren Karabinern unter seinen Plumeaus hervorgehebelt, die Matratzen ins Zimmer gekippt und im Zimmer kein Möbelstück in seiner Lage und an seinem Platz gelassen hatten, schoben ihre Käppis über den kahlgeschorenen Kopf ins Genick, gruben in den Hosentaschen unter ihren speckigen Blousons nach Zeitungspapier und Tabak, woraus sie riesige Zigaretten drehten, wahre Torpedos, mit denen sie abdampften Richtung Treppenhaus, das dunkel war von den Brettern, mit denen die Fensterhöhlen zugenagelt waren. Das in der Zimmerecke zurückgelassene Gespenst in seinem langen, weißen Nachthemd hielt immer noch die Hände im Genick verschränkt ... jetzt war der Vater wirklich krank; den Jungen schaudert es sein Leben lang vor dem plötzlich neu gehörten Wort: Razzia.

Gestern nun Fernsehabend. Der einunddreißigste August, wieder so ein historisches Datum; Du weißt für alle Zukunft, was Deine Erinnerung an diesen Tag ist. Keine Niederlage, man fährt ja nach Hause, in Frieden und Freundschaft. Nur Angst vor neunundvierzig Jahren? Der Junge damals, als es wieder in die Schule ging, lernte übrigens gerne Russisch, trotzig vor den Erwachsenen, die Stimmung machten für den Boykott eines Unterrichts, der keine Sprache beibrachte, sondern bloßes Grunzen und Gebell. Er mochte diese Laute, diese Klänge, indem er sie nämlich übersetzen lernte in Wörter und einzelne Sätze, mit denen er stockend bei den Offiziersfrauen, die ab irgendwann in unseren Häusern mitwohnten, etwas anbringen konnte, was die Olgas, Irinas und Nadjas ihre wunderbaren weißen Zähne aufblitzen ließ; Lena, die hellhaarige Ärztin, die dem Jungen sein Zimmer erst weggenommen und dann in seinem Bett so etwas wie einen Geruch, der süß war und schmerzte, zurückgelassen hatte,

Lena legte ihm zum Abschied einen ganzen Kopfkissenbezug voller Tee hin, und lange Zeit trank er keinen Tee mehr ohne, beim Heben der Tasse, aufzublicken in ein nicht weit entferntes, gelbgrünes Augenpaar. Und völlig verschossen war er in Peter, in Pjotr, den hünenhaften Leutnant von irgendwo jenseits der Wolga; der sah aus wie Jahre später in den ersten Jean-Marais-Filmen Jean Marais; dem sah er ab, wie man das leere Hülsenstück der Papirossa zusammenkniff. Peter war in Quartier bei der Mutter des Jungen, die im Norden der Stadt geschieden von seinem Vater lebte; wenn er ein Dutzend Wassergläser Wodka intus hatte, ging er dem Jungen unter die Hose, aber wenn sich der Junge nicht heim traute zum Vater und seiner neuen Frau, weil nämlich die Mutter ihn nicht *absolut pünktlich* hatte davonziehen lassen, dann setzte ihn Peter neben sich in eine grüne, uralte Kiste von Lastwagen, mit dem er durch die Stadt karriolte bis vors Haus unters Fenster des Vaters, der nicht mal zu schlucken wagte angesichts eines wild hupenden, laut lachenden russischen Leutnants, dem eine blonde Haartolle hervorquoll unter der ins Genick geschobenen Mütze. Ins Genick geschobene Mützen dann gestern im Fernsehen auch; dann Stechschritt, Lieder, Tänze; Gendarmenmarkt mit Schauspielhaus, Ehrenmal in Treptow; der deutsche Kanzler, der russische Präsident, die massigen Männer umarmen einander, ein langgezogenes Doswidanja, und Theo Sommer schreibt in der ZEIT: *Jetzt erst ist der Krieg zu Ende.*

Vor zwanzig Jahren, als der Krieg schon dreißig Jahre zu Ende war, hatte der Rundfunkredakteur, der ich damals war, im Deutschlandfunk ein Feature produziert, für das er sich von Freunden und Kollegen erzählen ließ, was sie aus ihren Erinnerungen vom Kriegsende wußten. Die meisten von ihnen, Uwe Johnson und Klaus Roehler, Wibke von Bonin, Nana und Hans Scholz, sie waren damals selber noch Kinder, und daran war ihm ja auch gelegen, an den Kindheitserinnerungen seiner eigenen Generation. Nur Tante Püppi war um einiges älter; sie hatte damals mit uns gelebt im Haus in der Erfurter Zeppelinstraße, und was sie zu erzählen hatte, das korrespondierte ziemlich genau mit den Erfahrungen des Jungen, der ich damals war und der als Redakteur am Mikrophon jetzt gar nichts dazu tat, außer daß er sich um die Mischung kümmerte der Stimmen mit den O-Ton-Geräuschen aus dem Großdeutschen Rundfunk und daß er die Rolle des Moderators übernahm. In dieser Rolle wurde auch gar nicht erwartet, daß er selber seine Erinnerungen der Öffentlichkeit erzählte, aber Verwunderung gab es dennoch, er wisse doch so viel noch und habe, so jung er damals war, das Gedächtnis noch voll von Daten, Namen und Fakten, und überhaupt, in seiner Prosa und seinen Gedichten tauchten die Spuren von Krieg und Nachkrieg so kenntlich auf, als sei das alles eine fortgesetzte Gegenwart für ihn...

Aber was an Ereignissen halbwegs zuverlässig abrufbar erscheint und was der Erinnerungsfilm, einmal zum Laufen gebracht, an Nacherzählbarem reproduziert, es bleibt ein riesiger Rest im dunkeln, im Abgrund des Unbewußten, wovon sich kaum etwas Authentisches vortragen läßt, nämlich über Empfindungslagen und Gefühlszustände, Bewußtseinsvorgänge und Erkenntniswege, über all das Widersprüchliche und Gleichzeitige der Begeisterungen und Ängste, der Anpassungen und Verweigerungen, über die Impulse des Tuns, des Handelns, der Imaginationen. Was im Kopfe des Jungen, der ich damals war, alles sich abspielte, wie und was er fühlte, dachte, verdrängte, es ist ja längst übergegangen in alle folgenden Bewußtseinsströme, es ist ja nicht mehr abzutrennen, herauszulösen aus dem sich fortwährend ausdehnenden Zusammenhang der inneren Erfahrungen, die über alle die Jahrzehnte hinweg ein riesiges Repertoire gebildet haben, an das heranzukommen überhaupt nur noch ein archäologisches Unternehmen sein kann, ein Bohren in Schichten hinein, ein ständiges Suchen und Sondieren... der Vorgang beispielsweise beim Gedichteschreiben, das wiederum auch nicht Probleme auflöst, die ich Dir in diesem Brief gerade mal andeuten kann.

Den Jungen, der ich damals war, nennen wir jetzt endlich Jörn... Jörn nämlich stellt in einem vor vielen Jahren geschriebenen Radiostück die erst jugendliche, später erwachsene Person dar, hinter der sich eines der Ichs seines Erfinders und Autors verbirgt. Von Jörn erzählen heißt einen Pimpf sich vorstellen in dunkelblauer Winteruniform, der im Morgengrauen des zwölften April 1945 hinter einer Dachluke steht auf dem Speicher eines Hauses im Erfurter Süden. Auf der gegenüberliegenden Seite der Zeppelinstraße beginnt ein ebenes, linkerhand von einem Gebäudetrakt der Löberfeldkaserne begrenztes, weitgestaffeltes Gartengelände, das nach einigen hundert Metern sanft ansteigt und über einen Hügelrücken sich fortsetzt bis zum Ausläufer einer Schlucht, eines tief eingeschnittenen Hohlwegs, der durch Buschgelände und am Saum der beginnenden Kiefernwälder entlang steil sich hochzieht bis zum schroff abgesetzten Rand eines Plateaus, hinter dem, über den Wipfeln einzelner Kiefern, die Dächer der Bergkaserne sichtbar werden. Seit sechs Jahren fast, in welcher Zeit er, nach der Ankunft mit seinen Eltern aus dem rheinisch-oberbergischen Waldbröl in einem nagelneuen beigefarbenen Adler Trumpf Junior, hier heimisch geworden ist, kennt Jörn jeden Meter Boden in der Landschaft, deren Ausschnitte er durch die Dachluke beobachtet. Es ist sein Spielgelände; hier hat er Skilaufen,

Zwetschgenklauen, Bäumefällen, In-Deckung-Gehen, Zeltaufschlagen, Meßtischblattlesen und die Kettengeräusche der Panzer 1 bis 3 unterscheiden gelernt, aber er weiß, daß jetzt an diesem Morgen es nicht die Grenadiere des 1. Panzerregimentes sind, die in khakifarbenen Uniformen von der Bergkaserne zwischen Kiefernstämmen durch Hohlweg und Schlucht über den Hügel und in die Gärten herab gesichert kommen. An seinem linken Ärmel trägt Jörn eine mit einem weißen M versehene blaue Binde, die ihn als *Melder* ausweist, und so rennt er denn vom Speicher durchs Treppenhaus hinab in den von der Hausgemeinschaft besetzten Luftschutzkeller und stammelt seine Meldung: Die Amerikaner sind da . . .

Am Tag zuvor war in den Wäldern das Artilleriefeuer näher gekommen, und in der Nacht war stundenweise von den Gärten her eine wilde Schießerei aus Maschinengewehren zu hören gewesen, deren Schußfolge in Jörns Ohren anders klang als das Geräusch der deutschen leichten MGs, mit denen er sich auszukennen meinte, seit an einem dieser *Tage der Wehrmacht,* wenn die Zivilbevölkerung das in den Kasernen vorhandene Kriegsgerät besichtigen und mitunter auch benutzen durfte, ein Unteroffizier dem Zwölfjährigen beigebracht hatte, wie man, bäuchlings liegend, ein LMG bedient. Nun waren die Kasernen bis auf ein paar ältere Landser längst leer; was für eine geisterhafte Schießerei also, hatten die Amerikaner etwa in den Gartenlauben Widerstandsnester, getarnte Bunker ausmachen wollen . . . Kein Drahtfunk mehr, keiner traute sich aus der Straße heraus, nur Karlchen Tümmler rannte in seiner weißen Kochmütze immer noch rüber zu seiner Feldküche in der Eremitage; seit Tagen hatte die kleine Hausgemeinchaft den Keller kaum mehr verlassen. Jörn, den sein Vater nur herunterbekam, wenn sein Dackel Schuft dabei war, lagerte auf der Couch mit Rosi, die er ansah als seine Verlobte; ein mitunter romantisches, von Angstanlässen unterbrochenes Höhlenleben, das man Jörn für später überlassen muß, davon einmal zu erzählen . . .

An diesem grauen Aprilmorgen war alles sofort auf den Beinen. Jörns Vater, zunächst noch schwer in Rage wegen seiner, wie er argumentierte, so leichtsinnigen wie lebensgefährlichen Eskapade auf dem Speicher, während Jörn doch darin die Erfüllung seiner Melderpflicht, einem an diesem Morgen freilich selber erteilten Auftrag, gesehen hatte, Jörns Vater ging als erster und mit erhobenen Händen den beiden amerikanischen Infanteristen, die mit auf den Mann gerichteten Maschinenpistolen das Treppenhaus betreten hatten, entgegen. Um was dann im Kauderwelsch verhandelt wurde, nämlich um das Vorhandensein von Waffen, Photoapparaten und ob sich deutsches Militär im Haus aufhalte, was verneint wurde, obschon gleich in der ersten Wohnung links, in Tante Püppis Wohnung, ein älterer Zivilist sich versteckt hielt, der Tage zuvor in voller Uniform bei der befreundeten Familie aufgetaucht war, Jörn bekam das alles erst später aus den Berichten der Erwachsenen mit; er saß mit seinem Dackel allein im Keller und heulte. Warum er heulte ... In seinem Kopf war ein Durcheinander von Empfindungen, aus dem er erst viel später, nach immer neu versuchten Erinnerungsansätzen, das eine oder andere Empfindungsmotiv herausfinden konnte – nur eines spürte er ganz deutlich, nämlich das Heranwachsen der ersten entscheidenden Erkenntnis in seinem Leben. Es war die Erkenntnis, daß die Wirklichkeit um ihn herum in all den vergangenen Jahren nicht gestimmt hatte, daß irgendwie alles falsch gewesen war, was die Welt der Erwachsenen ihm vorgesagt und vorgemacht hatte. Sie hatte ihn getäuscht; sie hatte ihn glauben lassen, daß er in einer großen, wenn auch schicksalsschweren Zeit lebe und alles daran richtig und notwendig und in Ordnung sei. Daß viele von den Erwachsenen das alles selber nicht glaubten ... sie hatten ja immer aufgehört mit ihren halblauten Gesprächen, wenn er abends noch einmal ins Zimmer gekommen war. Später kamen noch ein paar Erkenntnisse dazu, die Erkenntnisse einer ganzen Generation, die zu lernen hatte, daß sie in einer Zeit der Verbrechen aufgewachsen war.

Irgendwann an diesem Morgen heulte Jörn nicht mehr; er fühlte sich plötzlich ganz leer und kalt. Er hatte den dunkelblauen Blouson und das braune Hemd darunter ausgezogen und angefangen, mit seinem Fahrtenmesser die Rang- und Dienstabzeichen von seiner Uniform abzutrennen, Winkel, Rune, Gaudreieck, Schulterklappe, Sportabzeichen, Leistungsabzeichen, alles runter damit, am liebsten hätte er gleich die ganze Uniform in die Mülltonne gesteckt, aber ein erster Überlebensgedanke hielt ihn davon ab, dieser ewige Klamottenmangel, für kalte Tage nur diese eine lange Überfallhose, das Hemd für alle Zeiten ein unzerreißbarer Stoff; zwei Jahre später erst war er endgültig aus der Kluft herausgewachsen, in der die halbe deutsche Jugend bis zur Währungsreform herumlief.

Jörn legte an diesem Morgen so etwas wie eine Identität ab, die vor allem aus Bewußtlosigkeit bestand. Vom ganzen Nationalsozialismus hatte er wenig Ahnung, interessierte ihn auch nicht, irgendwie alles ein weltanschauliches Geraune, dicke Parteibäuche, SA nur alte Knacker, SS unheimlich, HJ arrogant, die Faszinationen kamen von Luftwaffe in weißen Schals, Fallschirmjägern, Panzerwaffe, Marine. Im Jungvolk fühlte er sich zu Hause, da war er Klasse, da war er *Führernachwuchs,* deswegen hatte er daheim auch immer Ärger; der

Vater hatte ihm die Schmach angetan, beim Bann seine Zurückstellung durchzusetzen, als der Neunjährige schon zu den Pimpfen sollte; er verhinderte auch die Napola und bestand auf Kindergottesdienst und Konfirmandenunterricht, was Jörn immer verheimlichte vor seinen Kameraden, die plötzlich nach dem Krieg dann alle auch im Pfarrhaus angetanzt kamen, was war das alles schon gegen Heimabende und Zeltlager, Geländeübungen und Schießausbildung, WHW-Einsätze und die Wettkämpfe um die Sportabzeichen. Es waren ja auch ein paar feine Jungs unter den Fähnleinführern und Jungzugführern, tolle Handballspieler, Sportskanonen, immer verletzt und verbunden am Knie, in Günter Mauck war er regelrecht verknallt wie in eine BDM-Blondine; völlig am Boden zerstört fühlte er sich, als Günter nach Leuna zu den Luftwaffenhelfern mußte, er verfluchte sein Zu-jung-Sein und las immer wieder die Briefe und Postkarten, *Feldpost,* die monatelang noch kam mit diesem *Halt-ja-den-Laden-zusammen-daheim.* Aber was war da, in den letzten Kriegswochen, noch zusammenzuhalten . . . Die großen Asse alle bei der Flak oder an der Front, die letzten Flaschen brüllten jetzt auf dem Schützenplatz herum, das Fähnlein ein immer disziplinloser werdender Haufen, seine Jungenschaft kriegte er vollzählig auch nicht mehr zusammen, am Ende tauchte noch aus einer hinteren Schreibstube im Bann eine Krücke auf, die hatte nicht mal eine Dienststellung vorzuweisen, nannte sich aber Fähnleinführer, und dieser, Name vergessen, baute sich vor Jörn auf, legte ihm die Hand auf die Schulter und näselte: *Jetzt mußte den Jungzug Teja übernehm, ne Schnur kriegste noch nich, aber den Knopf hier oben auf der Schulter links, weißt ja, kommissarisch, dann biste gleichsam aber der jüngste Jungzugführer im ganzen Bann da hier . . .*

Was denn überhaupt seine Identität sei oder einmal werden könne, Jörn kannte dieses Wort damals noch gar nicht; er spürte nur noch diese Kälte und Leere, die der Verlust an Vertrauen in die Wirklichkeit der Erwachsenen hinterlassen hatte, und er spürte, wie daraus eine Gleichgültigkeit zuerst, dann Widerwille, stille Wut und Abscheu entstand gegen alles, was unter Fahnen daherkam, was sich zu Versammlungen und Aufmärschen und Umzügen formierte, was zu Parteizugehörigkeit und Parteiarbeit aufforderte, zu Solidarität, was Manifeste verfaßte und mit einer Sprache auftrat, die nichts anderes war als das Geräusch einer Ideologie. Mehr als zwei Jahre lang hatte Jörn Gelegenheit, die neuen Phänomene wahrzunehmen. Daß nach wenigen Tagen die Adolf-Hitler-Straße, die Hermann-Göring-Straße ihre alten Namen zurückerhielten, na gut, daß die Führerbilder im Orkus verschwanden und von öffentlichen Gebäuden die Reichsadler samt Hakenkreuz heruntergehämmert wurden, richtig so, aber als nach der Ablösung der Amerikaner durch die sowjetische Besatzungsmacht in der ganzen Stadt plötzlich rote Fahnen und die riesigen Transparente mit den Köpfen von Stalin, Lenin und Marx auftauchten, als er auf einmal Gestalten wiedersah, die er noch gut im Braunhemd kannte und die sich nun entschlossen hatten, der Zukunft im Blauhemd entgegenzuschreiten, als kein Zweifel mehr erlaubt war, daß mit der neuen Sozialistischen Einheitspartei der Weg aus der zerstörten Diktatur in die Zukunft der neu aufzubauenden Diktatur führen würde, da wechselte in Jörn ein ungläubiges Staunen bald in ein stummes Entsetzen und schließlich in diese Angst über, die ihn jahrzehntelang, bis zum November 1989, nicht mehr verlassen würde.

Im Krieg war ja immer schon Angstzeit gewesen, aber die, obschon sie weiter noch durch Jörns nächtliche Träume wie ein Wiederholungsprogramm geht, schien plötzlich weg, als mit den Amerikanern alles aufhörte, die Verdunklung, die Sirenen, die Bomberverbände aus dem Raum Hannover-Braunschweig, die Kondensstreifen im blauen Sommerhimmel und die nächtlichen Teppichabwürfe. Und für ein paar Wochen lang fing ja auch schon wieder eine neue Schwärmerei an, diese lässigen Bewegungen der Khaki-Gestalten, ihr federndes Gehen durch den Sommerstaub auf leisen, weichen Gummisohlen, wie sie ihre Telefonkabel einfach durch die Straßen zogen und auf dem Asphalt liegen ließen, diese aus den offenen Fahrerkanzeln herausbaumelnden Beine und das komische, zähnebleckende Grinsen der dunkelhäutigen Gesichter, diese aufheulenden Jeeps mit den heruntergeklappten Frontscheiben, glitzernd und duftend das Stanniolpapier aus den Zigarettenpackungen, überhaupt dieser ganze Geruch, der durch die heiße Trümmerluft schwebte, irgendwie roch alles in der Stadt nach Freiheit, Mais und Prärie, Lucky Strike und leichtem blauen Benzin. Im Haus der Mutter draußen im Grünen saßen die ersten Offiziere herum, die stopften dem Jungen die Taschen voll mit Stanniolpäckchen und kleinen Konservendosen, die stellten im Radio AFN ein und machten vor, wie man Jitterbug tanzt, und Nigg war da mit seiner riesigen Wurlitzer-Orgel, auf der er Jörn vorspielte, was *In the Mood, Cherokee* und *Sentimental Journey* hieß. Aber in den ersten Tagen tauchten in der Stadt plötzlich auch ausgemergelte Gestalten in gestreifter Kleidung auf, und da erfuhr Jörn, wer die wirklich Befreiten waren und was wieder so ein Nicht-darüber-Reden gewesen war ... Keiner von den Großen hatte ja wissen wollen, was es mit dem zwanzig Kilometer entfernten Buchenwald auf sich hatte, bloß das Pflichtjahrmädchen schien eingeweiht zu sein, es machte nur, wenn Jörn mit seiner Zankerei nicht aufhören wollte, eine kurze Kopfbewegung nach hinten, nach Osten: *Wenn de nich gleich stille bist, kommste ins Konzertlager da hier* ... Und die anderen Befreiten waren die *Fremdarbeiter;* in alle Kasernen, aus denen noch die Gutesten von uns alles, was nicht niet- und nagelfest und von der Wehrmacht an Vorräten zurückgelassen war, zuvor herausorganisiert hatten, hatten die Amerikaner sie hineingelagert, die Italiener, Ungarn und Tschechen, die aus dem Osten Verschleppten, die ihre Freiheit wochenlang feierten mit Singen und Trinken, Schießen und Brandschatzen, Plündern und Überfallen ... eine Geschichte für sich, die über Nacht aufhörte, als der Russe kam.

Jörn lag wach in der Nacht, er hörte hinterm Steigerwald von der Autobahn her das Geräusch der nach Westen rollenden amerikanischen Konvois. Im Flur standen die Fahrräder mit den vollgepackten Satteltaschen und den Wehrmachtsaffen auf den Gepäckträgern hinten und vorn, aber er wußte, am nächsten Morgen würde es nicht auf die tagelang vorbereitete Flucht gehen zurück in den Westen ins rheinisch-oberbergische Waldbröl ... Jörn war krank, und er wußte, warum er in der Nacht krank geworden war, ohne die Mutter draußen am anderen Ende der Stadt. Erst nachdem sie tot war, ließ er sich mitnehmen in den Harz und nach Osterwieck, von wo, eine Geschichte für sich, ein knarrendes Ochsengefährt, in der Frühe um vier, ihn über die Grenze brachte, zum Zug nach Braunschweig mit Umsteigen nach Köln. Der Herbst 1947. Seitdem hatte Jörn das Land jenseits der Grenze nicht mehr betreten wollen. Doch einmal nahm er die Einladung für eine Reise nach Leipzig an, und als er hinfuhr, war es der zehnte November 1989. Nun kam ich einmal in die DDR, und da hörte sie schon auf zu existieren. Drei Tage später zurück nach Köln. Hinter Gerstungen, im verwinkelten Grenzgebiet, fuhr der völlig verspätete Zug ganz langsam vorbei an Zäunen, Straßen Häusern und Gärten, in denen Menschen tanzten, lachten und mit Taschentüchern winkten. Im Zug, der nicht aufhörte, langsam zu fahren, und überfüllt war mit Leuten, die jetzt zum erstenmal diese Grenze passierten, hing alles in den offenen Fenstern und winkte zurück und lachte und heulte, und im Gang stand am Fenster zusammengedrückt ein kleiner alter Mann, der wischte sich immer die Tränen weg und murmelte ein paarmal: *Jetzt, jetzt ist der Krieg aus.*

SCHALOM BEN-CHORIN

Ende des Krieges, nicht Ende des Grauens

Das Ende des Zweiten Weltkrieges im Mai 1945 durch die bedingungslose Kapitulation des Dritten Reiches bedeutete für uns Juden einen gewaltigen Sieg über den Erzfeind unseres Volkes, Adolf Hitler, und seine Spießgesellen.

Aber die Freude über diesen Fall des Feindes konnte nicht ungetrübt sein, denn erst jetzt hob sich der Vorhang über der namenlosen Tragödie, die später mit dem hebräischen Wort »Shoa«, Grauen, oder in europäischen Sprachen mit »Holocaust« bezeichnet wurde.

Wir wußten nicht, welch ungeahnte Ausmaße die Massenvernichtung unseres Volkes angenommen hatte. Die Zahl von sechs Millionen Opfern lag noch nicht vor, das teuflische System von Deportation und Vergasung war noch nicht bekannt.

Ein Funke der Hoffnung flackerte noch in unserer Seele. Vielleicht erreichte uns doch noch die Nachricht von Überlebenden der Vernichtungslager. Die Namen Auschwitz, Birkenau, Majdanek, Treblinka im Osten und die Namen der KZ-Lager im Deutschen Reich selbst, Bergen-Belsen, Buchenwald, Dachau, Oranienburg bis zu den kleineren Lagern wie Flossenbürg, Gurs und Ravensbrück, wurden erst jetzt auf der Landkarte der Leiden blutig vermerkt.

Obwohl es warnende Stimmen gab, hatte man uns, gerade auch im damaligen Mandatspalästina, die volle Wahrheit verschwiegen, um den Lebenswillen der Juden nicht zu lähmen.

So vieles, was uns nur in unseren Alpträumen, als Gespenster der Nacht, im Schlafe gewürgt hat, wurde nun in deutlichen Konturen sichtbar.

Es sollte noch Jahre dauern, bis durch Zeugnisse, wie dem Tagebuch der Anne Frank, das Einzelschicksal im Meere des Grauens sichtbar und damit faßbar wurde.

Mit zitterndem Finger fuhr man den Listen nach, die bei der Jewish Agency ausgehängt wurden und die Namen der Opfer aufführten. Kaum eine Familie der Einwanderer aus Mittel- und Osteuropa blieb von der Todesfabrik verschont, aber auch die sephardischen Juden hatten ihre Opfer zu beklagen, man denke nur an Griechenland, wo die einst blühende Gemeinde von Saloniki dem Rassenwahn der Deutschen zum Opfer fiel. Die Juden Italiens sahen auf eine gewaltige Ernte des Todes zurück. Die Hoffnung, daß dort die Macht der katholischen Kirche einen Schutzwall um die Bedrohten bilde, hatte sich als Illusion erwiesen.

Israel spürte Verlassenheit und Einsamkeit unter den Völkern, tiefe Resignation ergriff viele von uns. Um so größer war die Freude, wenn doch hier und dort sich Überlebende des Holocaust, die aus den »Wohnungen des Todes« zurückgekehrt waren, meldeten. Welche Enttäuschung bildete es dann aber, wenn sich ihnen die Küsten der historischen Heimat verschlossen und ihnen die legale Einwanderung nach dem Land Israel versagt wurde.

Die Juden Palästinas griffen zur Selbsthilfe und versuchten, die Ankömmlinge heimlich ins Land zu schleusen, was natürlich nur sehr teilweise gelingen konnte.

Der Nürnberger Kriegsverbrecherprozeß wurde von den Juden als ein einmaliger Versuch gewürdigt, die Schuldigen der größten Katastrophe unseres Volkes zur Rechenschaft zu ziehen. Ich erhielt persönliche Berichte über dieses internationale Tribunal durch meinen Jugendfreund Dr. Hans Lamm, der im amerikanischen Auftrag als Übersetzer Görings in Nürnberg fungierte.

Die Hauptschuldigen entzogen sich durch Selbstmord der irdischen Gerechtigkeit, als erster Hitler selbst und sein Propagandist Joseph Goebbels.

Ein wohl kaum bemerkter Fingerzeig des Schicksals war es, daß die Leiche Hitlers an jenem Tag verbrannt wurde, der im jüdischen Kalender als Lag be-Omer fungiert. Es ist dies der dreiunddreißigste Tag zwischen Passah und dem Wochenfest und wird mit Freudenfeuern (ähnlich dem Johannisfeuer) begangen. An diesem Tage verbrannten die Kinder in Israel Strohpuppen, die Hitler darstellen sollten. Hat sich hier nicht erwiesen, was in Psalm 8,3 gesagt ist »Aus dem Munde der Kinder und Säuglinge hast du dir eine Macht zugerüstet um deiner Bedränger willen, daß der Feind verstumme und der Rachgierige.«

Sicher hat im belagerten Berlin, das von der Roten Armee eingeschlossen war, kaum mehr ein Bewohner der bedrohten Stadt an Lag be-Omer gedacht. Es gab fast keine Juden mehr in Berlin, nur ganz Vereinzelte, die im Untergrund vegetierten, wie aus den Erinnerungen von Inge Deutschkron und dem späteren Talkmaster Hans Rosenthal hervorgeht.

Dieser Hinweis auf die Hand hinter der Welt kann uns aber nicht über den Tod von etwa eineinhalb Millionen jüdischer Kinder trösten.

Der Kindermord von Bethlehem ist eine Legende, aber der Kindermord von Auschwitz ist blutige Realität. Die Berge der Kinderschuhe sind stumme Zeugen eines unfaßbaren Verbrechens.

In der Gedenkstätte Yad Vashem in Jerusalem, die dem Andenken der sechs Millionen geweiht ist, findet sich auch der Raum der toten Kinder, deren Namen im Dunkel aufleuchten.

Können wir diesen Raum und die ganze Gedenkstätte besuchen, ohne mit dem unlösbaren Problem der Theodizee konfrontiert zu werden? Wo war Gott in Auschwitz?

Die Frage stellt sich uns gleichermaßen wie den Christen. In der Antwortlosigkeit begegnen wir einander.

Und doch bleibt ein Unterschied. Für das Christentum wird das Wort des richtenden Christus: »Was ihr einem der Geringsten unter diesen meinen Brüdern getan, das habet ihr mir getan« zur Anklage gegen die Kirche und die Kirchen, die zu dem größten Massenmord der Geschichte geschwiegen haben.

Erst Jahre später wurde diese Schuld erkannt und führte zu einer neuen dialogischen Begegnung zwischen Judentum und Christentum, teuer erkauft mit dem Blut von Millionen.

Das alles konnten wir bei Kriegsende noch nicht sehen, und nur langsam enthüllten sich die geschichtliche und die heilsgeschichtliche Perspektive, die sich bei Kriegsende öffneten.

Das Ende des Krieges war auch für die Völker der Welt, insbesondere für das deutsche Volk selbst, nicht das Ende des Grauens. Millionen Menschen wurden heimatlos, die größte Völkerwanderung der neueren Geschichte setzte ein, und es sollte Jahrzehnte dauern, bis nur ein Teil der Wunden vernarbte, die dieser Krieg, der größte aller Zeiten und Länder, geschlagen hat.

Noch sind diese Wunden nicht vernarbt, und schon regt sich wieder der Ungeist des Hasses gegen alles Fremde in Deutschland, und die Auschwitzlüge geht wie ein Gespenst um, und die Toten werden nochmals ermordet: Die Todeslager soll es nie gegeben haben, alles sei nur die Erfindung der Juden selbst gewesen, die ein vorgetäuschtes Massenschicksal zum Instrument der Erpressung gemacht haben sollen.

Das Geschehene kann nicht wiedergutgemacht werden, die Toten können nicht durch Entschädigungen wieder zum Leben gebracht werden, aber ihr Andenken muß bei den Nachgeborenen lebendig bleiben als eine Mahnung für die Zukunft der Völker, die das Gericht nicht vergessen dürfen, von Geschlecht zu Geschlecht.

In den Nachgeborenen wirkt das Grauen nach. Oft haben Eltern, die durch die Hölle von Auschwitz gegangen sind, mit ihren Kindern nicht darüber sprechen können. Die Ängste der Vergangenheit verschlossen ihnen den Mund – und doch, oder gerade deswegen, wirkten sie in den Kindern nach, führten oft zu traumatischen Leiden.

Aber auch in den Enkeln der Täter kann die nicht zu bewältigende Vergangenheit nachwirken. Ein junger Deutscher sagte mir ratlos, daß er unter dem Fluche Gottes stehe, da es in den Zehn Geboten heißt: »... der die Missetaten der Väter heimsucht bis in das dritte und vierte Geschlecht«.

Eltern und Großeltern dieses Mannes waren engagierte Nazis, und er sah sich daher von diesem unseligen Erbe umklammert. Ich aber wies ihn darauf hin, daß der Bibeltext weiterfährt: »... an denen, die mich hassen, der aber Gnade erweist bis ins tausendste Geschlecht, an denen, die mich lieben und meine Gebote halten.«

In Deutschland wurde oft der Ausdruck »Gnade der späten Geburt« diskutiert. Die Gnade besteht nicht darin, daß eine heutige Generation nicht schuldig werden konnte, sondern meint primär, die Möglichkeit einer radikalen Umkehr.

Das gilt für beide, für die Kinder und Enkel der Täter und die Kinder und Enkel der Opfer. Beide müssen einen Neuanfang setzen. Die ersteren durch die Abwendung von jenen Strömungen, die das Martyrium der Juden zu leugnen versuchen, die letzteren, indem sie den Haß in ihrem Herzen keinen Raum gewähren.

Das Ende des Krieges war nicht das Ende des Grauens. Es gibt nur eine Macht, die noch stärker sein kann als dieses Grauen, es ist die Macht der Liebe, von der es im Hohenlied heißt: »Denn stark wie der Tod ist die Liebe, ihre Flammen Feuerflammen, eine Lohe Gottes.«

KLAUS VON BISMARCK

Bemühungen um mehr Klarheit

1945 befand ich mich in einer Spanne von Erleichterung und Trauer.

Der Zweite Weltkrieg war am 8. Mai 1945 endlich vorüber. Ich hatte die grausame Wirklichkeit dieses Krieges hautnah miterlebt. Nachdem ich im August 1933 als Reserveoffizier eingezogen wurde, war ich stets mit meiner Infanterieeinheit an der Front eingesetzt. Es gab zwar Unterbrechungen durch drei Verwundungen. Und für einige Monate war ich zur Bewirtschaftung der Güter in Pommern zeitweise freigestellt. Aber wenn als Soldat im Kriege, so war ich sechs Jahre lang stets an der Front.

1945 wurde mir noch einmal geballt Trauer um all die Menschenleben bewußt, die dieser Krieg verschlungen beziehungsweise körperlich und seelisch beschädigt hatte. Das betraf nicht nur Nächste, wie meinen Schwiegervater und Schwager, nicht nur fast alle meiner etwa gleichaltrigen Freunde und viele gute Kameraden aus meinem Regiment – mir traten auch noch einmal die toten Gegner vor Augen.

Ich hatte mir in der Sowjetunion als Bataillons- und Regimentskommandeur immer wieder die Briefe gefallener Soldaten der Roten Armee übersetzen lassen. Es waren Briefe von der Mutter, der Freundin, dem Großvater. Es waren Geschichten aus dem Heimatdorf. Es waren Menschen wie du und ich, die jetzt gefallen und erstarrt in oft unvorstellbaren Mengen vor unseren Stellungen lagen, wenn wir eine harte Abwehrschlacht siegreich beendigt hatten. Schon während des Krieges konnte ich die Bilder dieser Toten nicht mehr als die von »bösen Feinden« verdrängen. Sondern ich wurde mir gerade als Soldat immer mehr bewußt, was diese Angriffskriege Adolf Hitlers auch bei unseren Gegnern menschlich anrichteten.

In solche Trauer war bei mir im Frühjahr 1945 eingeflossen, was ich mit eigenen Augen in Ostpommern vom Elend der Flüchtlingstrecks aus Ost- und Westpreußen sowie aus dem östlichen Pommern sah. Ich wußte um die vielen kleinen Kinder, die dies Elend in Schnee und Eis nicht überlebten. Und ich hatte selbst viele Frauen tot vom Strick geschnitten, die sich das Leben genommen hatten, nachdem sie in die Hände von Soldaten der Roten Armee gefallen waren. Diese Frauen waren unzählige Male vergewaltigt worden.

Langsam erfaßte mich auch die Trauer um den Verlust meiner Heimat in Pommern ostwärts der Oder. Ich wußte es damals nicht, aber ich spürte doch, daß diese Heimat für uns wohl für immer verloren sein würde.

Gab es für mich im Mai 1945 bereits eine schon aufkeimende Hoffnung für mein persönliches Schicksal, oder gar für Deutschland? Nein! Ich wußte damals noch nichts darüber, ob es meiner Familie, meiner Frau – im achten Monat ein drittes Kind erwartend – mit zwei kleinen Kindern noch gelungen war, im letzten Augenblick vor der östlich der Oder schnell anrollenden Kriegswalze gen Westen davonzukommen.

Und Hoffnung für Deutschland? Das lag im Frühjahr 1945 für mich zunächst noch völlig im Nebel. Und ich hatte damals – noch mit so vielen pathetischen Vaterlandsparolen der Nazis im Ohr – auch Scheu oder besser Angst, auch nur mit meinen Gedanken in solchen Zukunftsnebel für Deutschland eindringen zu wollen.

Aber ich lebte ja noch, konnte meine Glieder regen. Manchmal schien mir in der englischen Kriegsgefangenschaft die Sonne auf die Nase. Ich konnte wieder voll und unverklemmt durchatmen und mußte nicht – wie eben noch in Mecklenburg zwischen einem Militärlazarett in Rostock und dem Elbe-Trave-Kanal, wie ein sicherndes Raubtier in Wäldern Schutz suchen. Aber ich hatte damals auch einfach noch keine Kraft, mich mit gespenstischen Angstvorstellungen über das Schicksal meiner Familie oder Deutschlands zu belasten.

Dennoch keimte in mir zunehmend eine neugierige Lernbereitschaft auf. Mir war daran gelegen, die veränderte Wirklichkeit um mich herum neu wahrzunehmen. Sie war ja jetzt nicht mehr durch die Vorhänge eines tönenden Propagandatheaters verhangen. Ich hatte es ja zur Genüge im Frieden und dann noch mehr im Krieg mit meinem Truppenteil und darüber hinaus erlebt, wie das von Goebbels im Jahre 1934 organisierte Theater des »Tages von Potsdam« gewirkt hatte. Es hatte bei siebzig bis achtzig Prozent der rasant vergrößerten Wehrmacht und eben besonders unter den von Hitler reaktivierten Offizieren des Ersten Weltkrieges erfolgreich die Überzeugung (den Wunschglauben?) eingespritzt, der Nationalsozialismus gebe jetzt nicht nur allen Offizieren der Wehrmacht »Stand und Ehre« wieder, sondern habe endgültig seinen Frieden mit der soldatischen preußischen Tradition gemacht.

Während des Krieges schenkte ich mit fast allen Kameraden –

jedenfalls in meinem Regiment – den immer heroisch schönfärbenden NS-Parolen keinen Glauben. Wie die Lage wirklich war, das ahnten viele an der Front wohl. Doch wir wußten nichts Genaues. Aber ich war 1945 meinerseits persönlich jedenfalls nicht mehr von einer nur soldatischen Sicht, wie an der Front gegeben, beengt.

Einige Ansichten kamen bereits 1945 auf. Aber sie verdichteten sich später schubweise. Voraus ging in meinem Fall, daß ich – von heute her gesehen – in den letzten Kriegsjahren zweifellos in einer gewissen Schizophrenie gelebt hatte. Sie war damals dadurch gegeben, daß ich zwar nicht aus eigener politischer Klugheit, aber durch mein Herkommen, durch meine Freunde und meine Ehe von keiner NS-Ideologie infiziert war. So erachtete ich die Übernahme der Herrschaft der Nationalsozialisten im Jahre 1933 für Deutschland gewiß als ein Unglück. Und als Soldat an der Front mußte ich den Krieg etwa ab 1943 für verloren ansehen. Aber dennoch hielten mich – heute für mich selbst fast schwer verständlich – preußisch-soldatische Traditionen und ein von dorther eingewurzeltes Verantwortungsbewußtsein für die mir im Krieg anvertrauten Soldaten dabei fest, als Offizier bis hin zum bitteren Ende meine Pflicht zu tun.

Dies Ende war eine Odyssee. Die »Goja« sollte mich als Verwundeten (eine alte Verwundung hatte sich durch die Beanspruchung der letzten Einsätze entzündet) im Frühjahr 1945 von Hela in die Heimat bringen. Dieses Schiff, mit einigen tausend Verwundeten und Flüchtlingen aus Ost- und Westpreußen an Bord, wurde in der Nacht nördlich von Leba torpediert. Es ging schnell unter. Ich gehörte zu den wenigen, die gerettet wurden. Und zwar dadurch, daß der Kapitän des Minensuchbootes, das die »Goja« begleitete, mich im letzten Augenblick vor dem Auslaufen von der Reede in Hela vom Deck der »Goja« in die Kajüte seines Minensuchbootes verlegen ließ. Nach der Ausladung in Warnemünde wurde ich eilig in ein Militärlazarett in Rostock transportiert. Nach der Operation der entzündeten Splitterwunde in Rostock stand die Rote Armee auch vor den Toren dieser Stadt. Ich wollte mich so kurz vor Kriegsende nicht noch im Bett gefangennehmen lassen. Nach der Flucht durch Mecklenburg gen Westen landete ich in Schleswig-Holstein in der herzlichen Gastfreundschaft eines Gutes wie auf einer rettenden Insel. Ein schönes Mädchen aus der pommerschen Nachbarschaft hatte einen Sohn aus der Familie geheiratet, der dies Gut gehörte. Das fiel mir ein, als ich den Ortsnamen B. auf einem Wegweiser las.

Dort erlebte ich am 8. Mai am Radio die Kapitulation. Admiral Dönitz amtierte nach Hitlers Freitod in Berlin als Staatsoberhaupt der vernichtend geschlagenen Deutschen. Er hielt im Radio eine kurze

Rede. Ich erinnere sehr wohl, daß ich seine Bemühung um Würde in einer »Stunde der deutschen Schmach« nur gequält aufnehmen konnte. In diesem Augenblick empfand ich keinerlei Trauer um mein zusammengebrochenes Vaterland. Ich war nur froh, daß der NS-Spuk endlich und endgültig vorbei war – auch bald diese allerletzte Runde mit Dönitz. Ich weiß noch, daß mir in diesem Augenblick für ihn die Doppelsinnigkeit des Wortes »Verweser« in den Sinn kam. Dabei wurde mir in der Umgebung der zahlreichen Menschen, die in diesem Gutshaus am Radio versammelt waren, klar, daß ich in ihrer Mitte wohl der einzige war, der so befreit empfand. In der Runde um mich an diesem 8. Mai waren viele, die wie ich in den Wirren der letzten Kriegsmonate auf dieser Insel Schutz gesucht und gefunden hatten. Niemand unter ihnen – es waren natürlich überwiegend Frauen – hat oder hatte sich damals mir gegenüber als noch Nazi-gesinnt bekannt. Aber sie waren in ihrer großen Mehrheit trotz der Nähe des liberal eingestellten Hamburg gewiß ebenso konservativ-deutschnational gesinnt, wie ich dies von ostdeutschen Gutshäusern und ihren Freunden kannte.

Die Denkpause, die mir danach die englische Kriegsgefangenschaft zwangsweise für ein paar Monate verordnete, war für mich wichtig. Es dauerte nicht lange, bis die britische Besatzungsmacht herausfand, daß sich in dem Gutshaus jenes Dorfes in Schleswig-Holstein ein hochdekorierter Offizier »verbarg«. In dieser ersten Phase setzte auch die britische Besatzungsmacht einen hochdekorierten deutschen Offizier noch mit einem dicken Nazi gleich. Das war damals für mich sehr erstaunlich. Heute ist es mir viel verständlicher, warum diese britischen Offiziere damals so dachten. So wurde ich eines Tages mit größerem britischen Truppenaufgebot in jenem Gutshaus als Rekonvaleszent im Trainingsanzug gefangengenommen. Aber dies Mißtrauen legte sich bald, da die britischen Behörden im »Kraal« bald überprüfen konnten, daß ich mit den Nazis nichts gemein gehabt hatte. Aber eine solche »Atempause des Nachdenkens«, wie in der zwangsverordneten Kriegsgefangenschaft, hatte ich seit 1933 kaum gehabt.

Diese Atempause verschaffte mir zunächst ein fast wollüstiges Durchatmen, aber auch Nachdenken. Körperlich fühlte ich mich seinerzeit allerdings nach allem, was ich gerade hinter mir hatte, noch schwach und angeschlagen. Ich lag in der Kriegsgefangenschaft im »Kraal« langgestreckt, zunächst ohne ein Dach über dem Kopf, auf einer Decke irgendwo unter den Buchen. Aber meine Sinne wurden zunehmend wach – nicht nur, um am Himmel über den Buchenkronen den Zügen der Wandervögel zu folgen. Sondern auch, um herauszufinden, wo ich – nicht nur geographisch – gelandet war und was vor mir lag.

Heute denke ich, daß es fast tragisch ist, daß es sowohl für viele Bürger der früheren DDR als auch für Parteipolitiker im westlichen Deutschland 1989/90 keine solche schöpferische Denkpause gab. Sondern viele stolperten nach dem Zusammenbruch des kommunistischen SED-Systems mit ihren Erfahrungen, und das heißt auch vielen Vorurteilen von gestern und vorgestern, in eine ganz neue geschichtliche Phase hinein.

Mir brachte die Zeit der Kriegsgefangenschaft im Sommer 1945 in Schleswig-Holstein zunächst zwei Erfahrungen ein:

Matthias Wiemann war den Hörern des deutschen Rundfunks in den Jahren zuvor mit seinem »Schatzkästlein«, das heißt ausgewählten Stücken besinnlicher Literatur inmitten des Propagandagedröhns der Nazis, wohltuend bekannt. Jetzt reiste er durch die Gefangenenlager in Schleswig-Holstein. Er las Gedichte und Literatur, und zwar sehr altmodische zumeist, die man schon fast vergessen hatte, also von Matthias Claudius oder Jean Paul zum Beispiel. So entdeckten viele mit mir ein schlichtes, gutes Wort – ja auch fromme Worte – wieder ganz neu. Nach Krieg und anderen NS-Wirrnissen sog auch ich diese Art von Literatur begierig und beglückt auf, so wie ein langes dürres Land von einem Frühlingsregen erfrischt wird.

Die allermeisten kriegsgefangenen Soldaten um mich herum waren damals, nachdem sie noch einmal davongekommen waren, viel zu erschöpft oder schockiert oder auch einfach nicht interessiert, um für mich als Gesprächspartner um das, was politisch jetzt vor uns lag, interessant zu sein. Wir wußten ja damals alle miteinander, von vielen Fronten im »Kraal« zusammengespült, auch noch sehr wenig vom Zustand der »Heimat« nach diesem Zusammenbruch.

Aber für mich ergab es sich dennoch, daß ich noch als Kriegsgefangener – übrigens durch Matthias Wiemann – ersten Kontakt zu einer Gruppe junger Leute in Hamburg gewann. Sie waren als Studenten bereits geistig wach und ungebrochen dabei, die ihnen erkenntlichen Trümmer ein wenig zu ordnen. Sie waren junge Menschen, die nach den sie jetzt herausfordernden Aufgaben fragten. Konrad Ahlers gehörte zu ihnen, ebenso wie Isa Vermehren, die später Nonne und Äbtissin des Klosters Pützchen bei Bonn wurde.

Der Kontakt zu dieser Gruppe blieb in den folgenden Jahren für mich wichtig. Es gibt ihn mit einigen Mitgliedern der Gruppe bis heute.

Ich will noch eine Erfahrung anfügen, die bald nach der Entlassung aus der Kriegsgefangenschaft folgte und für mich enttäuschend ausging. Es lag nahe, daß ich, dreiunddreißigjährig, mich seinerzeit auch unter den schon älteren »Geistern« nach Leitbildern umsah. Es gab ja in Deutschland möglicherweise Köpfe, die vielleicht vor vielen anderen bereits prophetisch erkannt hatten, was jetzt in Deutschland und darüber hinaus not tat. So suchte ich zusammen mit meiner Frau Ernst Jünger in Kirchzarten auf, einem Dorf zwischen Hannover und Celle. Ich hatte vor dem Krieg einiges von Ernst Jünger gelesen: Nicht nur *In Stahlgewittern*. Dies Buch soldatischen Geistes stand in vielen Bücherschränken konservativ-preußisch gesinnter Familien im Osten. Aber es hat mich damals und später mit seinem soldatischen Pathos niemals angesprochen. Das galt auch für *Heliopolis*. Wurde hier nicht ein sehr männlich-elitärer Staat fast nach SS-Muster verführerisch schön beschrieben? Aber dann geriet ich an die *Marmorklippen*. Einige Freunde sagten mir, hier werde – geschickt getarnt – von Ernst Jünger der NS-Diktator Adolf Hitler in Gestalt des »Oberförsters« demaskiert. Aber war das wirklich so? Ich sah nicht klar. Aber es konnte ja sein, daß dieser offenkundig geschliffene Geist – ungeachtet dessen, was er zuvor geschrieben hatte – jetzt, also 1945, weiter sah und deutlicher reden konnte.

Aber dieser Besuch geriet für uns, meine Frau und mich, zu einer Enttäuschung. Denn dieser Mann zelebrierte seinerzeit sich selbst ein paar Stunden lang vor uns. Er trug mit stets steil aufgerichtetem Kreuz eine soldatische Litewka, als sei er seinem Buch *Heliopolis* entstiegen. Er sprach druckreif, nicht laut, aber mit schneidend soldatischer Stimme. Aber seine, für andere vielleicht noch faszinierenden Formulierungen erreichten mich nicht. Das mag an mir gelegen haben. In der Selbstzelebration folgte sodann eine sehr ausführliche Besichtigung einer riesigen Schmetterlingssammlung. Die einzelnen aufgespießten Spezies wurden von ihm meist nur mit ihrem lateinischen Namen bezeichnet. Es folgte ein Bericht des dozierenden Hausherrn darüber, daß er an diesem Tag morgens im Bett zwei Stunden lang, zwischen fünf und sieben Uhr, Baudelaire übersetzt habe. Daran schloß eine auch kokette Schilderung seiner nahen Beziehung zu dem Kommunisten Ernst Niekisch an. Von dessen außerordentlicher Persönlichkeit hatte ich durch Fabian von Schlabrendorff schon einiges gehört. Nach diesen »Akten« einer schauspielerisch sehr gekonnten Selbstdarstellung waren meine Frau und ich jedenfalls ausreichend verwirrt und uns unserer, in seinen Spezialbereichen mangelhaften Bildung bewußt geworden. Aber »Erleuchtungen« für einen denkbaren Aufbruch nach 1945 wurden uns bei diesem Besuch nicht vermittelt. Das mag an uns gelegen haben. Ernst Jünger hatte sich uns gewiß mit seiner geschliffenen und funkelnden Sprache geistvoll als ein Denkmal heroischer Männlichkeit dargestellt. Aber von dieser Art soldatischer Leitbilder hatte ich mich gerade durch sechs Jahre Fronteinsatz im Zweiten Weltkrieg weitgehend gelöst.

Die interessante Hamburger Studentengruppe hatte mich schon in dieser Richtung ermutigt. So wandte ich mich nach 1945 eher jungen Leuten zu, um mit ihnen nachzudenken und zu lernen, was eigentlich mit dem Ende des Zweiten Weltkrieges mit uns und mit Deutschland von 1933 an, aber auch schon zuvor passiert war. Erst später haben sich für mich im geistigen und politischen Bereich auch unter älteren Zeitgenossen einige Leitbilder herauskristallisiert, die mir wie Wegweiser zu einer Orientierung im demokratisch neu aufbrechenden Nachkriegsdeutschland halfen.

Ich fand sie im geistigen Bereich zum Beispiel in den *Frankfurter Heften* mit Walter Dirks und Eugen Kogon. Ich fand sie im Nachdenken über eine Ethik der industriellen Arbeitswelt bei Professor Oswald von Nell-Breuning. Im Aufbau eines demokratisch neu strukturierten Deutschland in der Bundesrepublik erwiesen sich für mich Theodor Heuss, Carlo Schmid und Willy Brandt als herausragende Leitgestalten. Sie waren es, die mir Hoffnung für das Erstarken einer liberalen Humanität in Deutschland gaben.

Für mich war es also nicht nach 1945, mit Beginn der Bundesrepublik, Konrad Adenauer. Er war es ja, der seinerzeit als herausragende Persönlichkeit für sehr viele Deutsche kräftige Richtzeichen für einen Neubeginn nach dem Zusammenbruch von 1945 setzte. Gewiß hob sich Konrad Adenauer auch für mich aus der Kölner Nähe – wie aus Eichenholz geschnitzt – als profilierte Gestalt heraus. Aber mir regierte er schon als Bürgermeister von Köln zu zynisch-autoritär. Und seinen westrheinischen, separatistischen Tendenzen entsprach es, daß ihm offenbar das gesamte, einst preußische Deutschland ostwärts der Elbe fremd war und blieb. Wirkte auch bei ihm noch Otto von Bismarcks Kulturkampf nach? Das weiß ich nicht, glaube es aber eigentlich nicht. Denn *so* katholisch war er eigentlich nicht.

Aus den ersten Einsichten im Augenblick und unmittelbar nach dem Ende des Zweiten Weltkrieges keimte für mich zögernd, aber doch *stetig die Bemühung um mehr Klarsicht über die Vergangenheit und die herausfordernden Aufgaben der Gegenwart und Zukunft.* Es erwies sich als wichtig für mich, daß ich mich nach 1949 in solchem Streben nicht nur bald bewußt mit vielen jungen Menschen verband. Sondern es fanden sich ausländische Freunde aus Europa, aber auch aus den USA neben mir. Sie begegneten mir fragend und forschend auf derselben Ebene und nicht mit dem moralischen Zeigefinger einer übergeordneten Besatzungsmacht. So halfen sie mir, meinen Horizont zu erweitern. Ich nenne nur Joseph Rovan und Alfred Grosser aus Frankreich, Nigel Spicer und Miss Duning aus England.

Natürlich war eine zunehmende Klarsicht über die Tatsache, daß der deutsche Name durch die Nazis so lange auch nachwirkend besudelt wurde, schockierend und schmerzlich. Aber für meine Generation enthüllte sich ja eine beschämende politische Blindheit, auch wenn man sich selbst nicht NS-infiziert glaubte und formal einen sauberen Fragebogen vorweisen konnte.

Es waren für mich keine eigenen schöpferischen Aufbrüche der Einsicht, sondern Anstöße von christlich verwurzelten Nächsten und christlich verwurzelter Literatur (zum Beispiel über und von Dietrich Bonhoeffer), die mich bis heute zunehmend darüber nachdenken ließen und lassen: Ob sich nicht der humanistische Idealismus des Bürgertums überlebt hat beziehungsweise durch den Nationalsozialismus fast ausgelöscht wurde? Von ihm war mein Herkommen – vor allem durch meine Mutter – vor 1945 geprägt. In der Konfrontation mit dem Dämon Hitler und den von ihm gerufenen Geistern mußte ich erkennen, daß solcher Art Idealismus vor allem politisch nicht nüchtern genug, sondern zu bürgerlich-idealistisch eingestimmt war. Dietrich Bonhoeffer kam ja auch aus einer so humanistisch und wenig christlich-kirchlich geprägten Welt. Aber sein christlicher Glaube, der ihn befähigte, mit allen Risiken politisch im Widerstand zu konspirieren und nicht nur seine Kirche mit ihren traditionellen Sozialwerken gegen die Übergriffe der Nazis (etwa in Sachen Euthanasie) zu verteidigen, war anderer Art. Er war längst nicht mehr von einem bürgerlich-humanistischen Idealismus geprägt. So streckte ich mich bald nach 1945 auch in der weltweiten Ökumene aus, um nach Geistern zu spüren, die mir Hoffnung auf eine Erneuerung der christlichen Kirchen nach dem Zweiten Weltkrieg gaben. Ich fand sie auch, stieß aber auch nach 1945 in der Weltweite und nicht nur in der Bundesrepublik auf viele Anzeichen kirchlicher Restauration.

Es bestätigte sich weiter für mich, daß meine evangelische Kirche in Deutschland sowohl vor als auch nach 1945 nicht durchgehend, aber vielerorts doch noch allzusehr von Obrigkeitsgläubigkeit beziehungsweise einer Identifikation mit der jeweiligen staatlichen Macht geprägt war und ist. Das erhellte sich für meine Einsicht sowohl in der Bundesrepublik als auch in der früheren DDR. Meiner evangelischen Kirche haftet nach meinen Einsichten bis heute noch viel Unsicherheit, ja oft auch Naivität an. Die Unsicherheit betrifft den Umgang mit dem Faktor Macht. Sie betrifft die Rolle der christlichen Kirche – die in unserer weitgehend säkularisierten Gesellschaft nur noch eine Minderheit vertritt – in einer demokratisch geordneten Gesellschaft.

Nach den Erfahrungen mit dem NS- und dem kommunistischen SED-Regime ist den Christen jedoch kein Rückzug aus der gesellschaftlichen Mitverantwortung in die Katakomben einer individuellen pietistischen Frömmigkeit erlaubt. Es gab nach 1945 und gibt bis heute eine solche Tendenz in pietistischen Kreisen unserer heutigen evangelischen Kirche, sich ganz aus der Tagespolitik herauszuhalten, »weil man sich nie mehr die Hände mit der Politik schmutzig machen will«. De facto sind aber fast alle dieser individualistisch-pietistisch gestimmten Christen am rechten Flügel des parteipolitischen Spektrums zu finden.

Es hat uns selbst im Präsidium des Deutschen Evangelischen Kirchentages auch erstaunt, daß sich in einigen Jahren nach 1945 im Rahmen der evangelischen Kirchentage plötzlich viele Tausende von sehr jungen Menschen zusammenfanden. Sie engangierten sich sehr heftig und oft überwiegend emotional zum Beispiel für Beziehungen zur dritten Welt, für Frieden und Ökologie. Das war und ist nach 1945 eine ganz neue Erscheinung in der evangelischen Kirche. Dies Interesse der Jugend machte auch viele ältere Christen auf neue Herausforderungen der Zeit aufmerksam, auch wenn solche Engagements vieler Halbwüchsiger oft auch rauschhafte Züge hatten.

Ich will diesen Beitrag damit beschließen, meine Erinnerungen zur Beantwortung der Frage zu formulieren, wie eigentlich 1945 junge Menschen dachten, Menschen im Alter von fünfzehn bis dreißig Jahren. Ich denke, eine solche Frage ist aktuell angesichts der herausfordernden Aufgabe, jungen Menschen der gleichen Altersgruppe heute – nach vierzig Jahren getrennter Entwicklung in der BRD und der DDR – Hilfen für die Orientierung im Blick zurück und voraus zu geben. Natürlich ist die Lage nach 1945 und die nach 1989 beziehungsweise 1990 in vielerlei Hinsicht nicht zu vergleichen. Es sind partiell gewiß auch sehr unterschiedliche Faktoren, die damals und heute nachwirkten beziehungsweise die Gegenwart bestimmten oder bestimmen. Aber ich denke, daß es dennoch Erfahrungen aus der Zeit nach dem Zusammenbruch von 1945 gibt, die es wert sind, auch heute bedacht zu werden, auch wenn ich sie vor fast fünfzig Jahren nach dem Ende des Zweiten Weltkrieges mit jungen Leuten sammelte.

Erstens: Es war natürlich auch damals so, daß gerade bei jungen Leuten das Motto dominierte: »*Erst kommt* zwar nicht immer zunächst das Fressen, aber doch *die Sicherheit eines Arbeitsplatzes beziehungsweise einer beruflichen Zukunftsaussicht,* und dann erst die Moral!« Deshalb halte ich es auch heute für abwegig, junge Leute mit einer Ethik der Humanität, der Demokratie oder der christlichen Kirchen zu überschütten, wenn sie wenig Hoffnung auf Arbeitsmöglichkeit und eine persönliche Zukunft haben. Es ist verständlich in Zeiten solcher Basisverunsicherungen, daß die persönliche Glaubwürdigkeit der heute in der Politik mächtigen Persönlichkeiten entscheidend ist. Es ist logisch und berechtigt, daß sie von jungen Menschen – wie auch Eltern und Lehrern – zunächst sehr kritisch, ja mißtrauisch auf den Prüfstand gelegt wird.

Zweitens: *Junge Menschen* waren auch damals, nach 1945, zu einem hohen Prozentsatz in ihrem Urteil verunsichert beziehungsweise orientierungslos. Sie erwiesen sich aber als besonders *schwer ansprechbar,* wenn sie von einer überhöhten Position her angesprochen wurden; wenn sie von denen, die so sicher waren, jetzt gesiegt zu haben, also von oben herab – ausschließlich belehrend – angesprochen wurden. Dies geschah seinerzeit von einigen (durchaus nicht von allen!) Repräsentanten der Besatzungsmächte. Es geschieht heute durch einige Repräsentanten von Politik und Wirtschaft der BRD bei ihrem Auftreten in der früheren DDR.

Drittens: Aber viele junge Menschen spielten hingegen seinerzeit mit wacher, eigener Initiative und Neugier eifrig das Spiel mit, sich selbst mehr Klarheit im Blick zurück und vorwärts zu verschaffen. *Man mußte ihnen nur Chancen geben, sich selbst* – vor allem im Verbund mit Gleichaltrigen – *zu informieren*; zum Beispiel dadurch, daß man ihnen für sie glaubwürdige Informationen anbot oder Begegnungsmöglichkeiten mit jungen Ausländern aus der europäischen Nachbarschaft organisierte. Für die Gegenwart gab und gibt der »Schülerwettbewerb des Bundespräsidenten zum Thema Geschichte« viele positive Bestätigungen dieser Erfahrung einer lebendigen Lernbereitschaft junger Leute nach einem Kollaps der Gesellschaft beziehungsweise der älteren Generation.

Viertens: Ich will und kann nicht in Kürze die Gründe analysieren, warum es offensichtlich damals und heute so ist, daß *der Geschichtsunterricht in der Schule* jungen Menschen zum Verständnis der jüngsten Vergangenheit und komplizierten Gegenwart *erstaunlich wenig Hilfen angeboten hat und anbietet.* So erscheint es mir auch heute nach Erfahrungen mit meinen Kindern und Enkeln und deren Freunden. Natürlich wurde mir auch von erfreulichen Ausnahmen berichtet. Aber in der weit überwiegenden Anzahl der Berichte von solchem Gesichtsunterricht bestätigte es sich, daß es vielfach – angeblich wegen der Fülle des Stoffes – immer wieder nicht mehr dazu kommt, im Geschichtsunterricht der Schulen die jüngste Vergangenheit für junge Menschen ohne Ideologie hilfreich zu erschließen. Oder liegt es damals wie heute viel mehr an einer lange anhaltenden Verunsicherung von Lehrern, staatlichen Beamten, unter denen viele gelernt haben, sich dem herrschenden System anzupassen?

Fünftens: Die letzte Erfahrung aus der Zeit nach 1945 betrifft die Väter und Großväter. Es ist vielleicht menschlich verständlich, daß *viele Väter und Großväter* – mehr oder weniger belastet oder auch nur schockiert durch das, was war – *den Mund ihren Nachkommen gegenüber nicht auftun* wollen. Aber diejenigen der älteren Generation, die nicht meinen, sich im Gespräch mit einer folgenden zunächst selbst verteidigen zu müssen (auch wenn sie natürlich angegriffen werden), haben für sich selbst eine positive Erfahrung vor sich, wenn sie im Rückblick auch Blindheiten, Irrtümer zugeben können. Ich erfuhr es als eine sehr ermutigende Erfahrung, in einer Solidarität der Neugier mit Jüngeren nach geschichtlicher Wahrheit zu suchen. Bei solcher Suche hat diese Generation der Väter und Großväter nach meinen Erfahrungen auch die Chance, mehr über die Fragen, Zweifel und Hoffnungen einer jüngeren Generation zu erfahren. Denn diese jüngere Generation folgt mit dem, was sie beschäftigt, natürlich und Gott sei Dank nicht einfach den Denkgleisen einer älteren Generation.

EGIDIUS BRAUN

Der Punkt Null

Nur vier Tage nach meinem Abitur wurde ich nicht ins Leben entlassen, sondern in den Krieg. Dies war am 20. März 1943. Zeit zum Nachdenken? Praktisch gar keine. Ich teilte das Schicksal jener Generation, die nicht viel nach ihren Wünschen und Zielen gefragt wurde. Das heißt, gefragt wurden wir schon. In meinem Abiturzeugnis steht: »Er will Chemiker werden.« Doch Wunsch und Wirklichkeit klafften natürlich auseinander, wobei ich das Glück besaß, im Februar 1925 geboren zu sein und nicht zehn Jahre früher. Folglich wurde ich »nur« mit dem Endstadium jenes unglückseligen Krieges konfrontiert.

Nach dreimonatiger Ausbildungszeit in Dornbirn/Vorarlberg und einer weiteren Grundausbildung bei der Artillerie in Detmold wurde ich als Offiziersanwärter zu einem Lehrgang nach Köln-Wahn beordert und nach dessen erfolgreichem Abschluß zum Fahnenjunker befördert. Meinen ersten Einsatz erlebte ich als Gruppenführer ausgerechnet an der belgischen Grenze meiner Heimatstadt Aachen.

Nach ersten Berührungen mit den Amerikanern wurden die Fahnenjunker abgezogen und zur Vorbereitung auf den Einsatz an der Ostfront nach Arnsberg in Westfalen in Marsch gesetzt. Aus diesen Tagen sind mir in lebhafter Erinnerung geblieben die menschenleeren Straßen von Aachen-Brand, wo unser Abtransport erfolgte. Ich erfuhr, daß die gesamte Bevölkerung des Ortes nach Niedersachsen zwangsevakuiert war.

Durch einen Zufall hatte ich die Gelegenheit, noch einmal kurz meinen Vater sprechen zu können, von dem ich erfuhr, daß auch meine kleinen Geschwister – mein Bruder Franz-Josef, heute ein hoch anerkannter Internist, war gerade zwei Jahre alt – mit einer Tante auf dem Weg in die Evakuierung waren, ohne daß meine Eltern ihren neuen Aufenthaltsort kannten. Sie hofften auf eine entsprechende Nachricht und hofften, den Kindern wenig später in einem Pferdefuhrwerk folgen zu können. Aber schon am nächsten

Tag wurden sie von der Front überrollt, und damit war jede Verbindung abgeschnitten.

Was dann kam, war der traurigste Abschnitt im Leben meiner Eltern: Drei Kinder im Alter von zwei, zwölf und vierzehn Jahren waren weg, ohne daß man über Monate von ihnen ein Lebenszeichen erhalten hätte, und ich als der Älteste war an der Front. Mein Vater berichtete später, meine Mutter habe in jener Zeit viele Tränen vergossen.

In Arnsberg erreichte uns sechzehn Fahnenjunker der »Marschbefehl zur Frontbewährung« – so nannte man das damals bei der 153. Infanteriedivision, die in harten Kämpfen am Duklapaß und an der russisch-slowakischen Grenze stand. Ich erspare es mir, diese Fronterlebnisse detailliert zu schildern, aber nach sechs Wochen waren von den ursprünglich sechzehn Fahnenjunkern nur noch zwei am Leben. In der Silvesternacht 1944/45 wurde ich dann zu meinem Heimatbataillon in der Nähe von Solingen versetzt. Dort erreichte mich der Ruf nach Wien.

An der Militärakademie in Wiener Neustadt war unser Leben gekennzeichnet von harter Ausbildung, aber auch von Hunger. Für jeweils zwei Fähnriche gab es einen Schlafraum und einen Studierraum. Um Punkt achtzehn Uhr verließen wir jeden Tag die Akademie mit heißem Hunger und ernährten uns mit Stammgerichten. An einem Tag bestand dieses Gericht aus Kartoffeln mit Roter Beete, am anderen Tag aus Roter Beete mit Kartoffeln.

Dann wurde bekannt, daß die Russen am Neusiedler See durchgebrochen waren in Richtung Österreich, in Richtung Wien. In Windeseile wurden neue Truppen zusammengestellt – Truppen die jedoch völlig ohne Ausbildung waren. Viele Soldaten wußten nicht einmal, wie sie mit einem Gewehr umzugehen hatten.

Wir Fähnriche mußten, obwohl gerade erst zwanzig Jahre alt, Aufgaben übernehmen, die eigentlich für erfahrene Zug- oder Kompanieführer vorgesehen waren, mußten Verantwortung tragen nicht für uns selbst, sondern für andere. Etwa für Familienväter, die vor Erschöpfung zusammenbrachen und einfach kapitulieren wollten in ihrer Verzweiflung, vor all den Widrigkeiten in dieser Zeit der totalen Hoffnungslosigkeit. Noch heute sehe ich mich, den blutjungen Offiziersanwärter, wie er sich in Durchhalteparolen versuchte: »Nicht aufgeben, Männer, denkt an eure Familien, denkt an eure Kinder!«

Woher ich diese innere Kraft nahm, weiß ich selbst nicht mehr. Denn auch ich wurde übermannt von Verzweiflung. Seit Monaten hatte ich nichts von meinen Eltern in Aachen gehört, wußte nur, daß Aachen als erste Stadt von den Alliierten überrollt worden war. Die

Ungewißheit über das Schicksal der engsten Angehörigen vermengte sich immer deutlicher mit der Erkenntnis, daß dieser Krieg für Deutschland nicht mehr zu gewinnen war. Und trotzdem mußten wir die »letzte Bastion« bilden vor den Russen, die nur knapp hundert Meter von uns entfernt in ihren Schützengräben lagen.

Feindberührungen gab es permanent, und auch ich blieb davor natürlich nicht verschont. An einem der letzten Tage dieses Krieges, als ich noch nicht wissen konnte, wie nah das Ende bevorstand, befand ich mich mit meinem Freund Harald Bopp, den ich auf der Kriegsschule kennengelernt hatte, südöstlich von Wien auf Spähtrupp. Er und viele andere verloren dabei ihr Leben. Ich selbst wurde leicht verwundet und hatte das Glück, wegen dieser Verletzung zurücktransportiert zu werden, und zwar über die Enns.

Dieser Fluß, das war durchgesickert, sollte als Demarkationslinie dienen. Im Klartext bedeutete dies: Wer nicht übergesetzt hatte, landete in russischer Gefangenschaft, wer den Sprung ans andere Ufer geschafft hatte, dagegen in amerikanischer Gefangenschaft. Der zeitliche Fixpunkt, der unter der Hand gehandelt wurde, war vierundzwanzig Uhr am 8. Mai 1945, um Mitternacht also. Nur wenige Stunden vor Ablauf der Frist hatte ich es geschafft. Trotz eines unübersehbaren Durcheinanders, trotz chaotischer Verhältnisse, trotz menschenunwürdiger Ereignisse und Erlebnisse.

Von den Amerikanern wurden wir abtransportiert ins Lager Vocklabruck bei Braunau am Inn. Als nach Gefangenen mit Englischkenntnissen gefragt wurde, meldete ich mich und wurde Mitglied einer Dolmetschergruppe. Dazu spielte ich jeden Abend auf dem Akkordeon deutsche Volkslieder, die die Amerikaner unbedingt hören wollten.

Mitverantwortlich war ich für die Entlassungspapiere. Schicksalsgenossen, die in den Besitz des begehrten Scheins kamen, bat ich inständig, Kontakt zu meinen Eltern aufzunehmen. So erfuhr ich, daß meine engsten Angehörigen lebten. Die Ungeduld, sie schnellstens wiederzusehen, weckte in mir den Mut, mir die eigenen Entlassungspapiere auszustellen. Doch diese Fälschung flog auf. Die amerikanische Militärpolizei kündigte an, keinen einzigen Gefangenen mehr auf die Heimreise zu schicken, wenn sich der Leutnant Braun – kurz vor Kriegsende war ich tatsächlich noch befördert worden – nicht umgehend melde. Mir blieb keine andere Wahl. Ich stellte mich.

Die drakonische Strafe aber, auf die ich mich schon eingestellt hatte, blieb aus. Statt dessen traf ich auf einen amerikanischen Major, der vollstes Verständnis für meine Lage aufbrachte. Zwei Tage nach dem spektakulären Zwischenfall händigte er mir nicht nur die Entlassungspapiere aus, sondern ließ mich mit dem Bus zunächst nach Bonn und anschließend weiter nach Stolberg bringen. Für die restlichen Kilometer bis Aachen gaben die GIs mir sogar noch einen Rucksack mit Verpflegung. Dank des amerikanischen Majors, dessen Namen ich leider vergessen habe, war ich schon im Juli 1945 wieder zu Hause.

Der Punkt Null. Natürlich war nicht daran zu denken, nun direkt ein Studium der Chemie zu beginnen, wie ich es mir früher immer vorgestellt hatte, als ich die Schulferien hauptsächlich in Laboratorien verbrachte. Mein Vater bot mir an, mit in seinen Agrarhandel einzusteigen, was ich aber nur vorübergehend tat, denn mir schwebte eine größere Selbständigkeit vor. Per Zufall wurde mir, ich war gerade einundzwanzig geworden, die Möglichkeit angeboten, für die Kartoffelversorgung im Regierungsbezirk Aachen die Verantwortung zu übernehmen.

Ein Schlüsselerlebnis! Ich konnte mich mit Ehrgeiz und eigenen Ideen dieser Aufgabe widmen, gründete schon am 7. April 1947 meine erste eigene Firma für Agrarprodukte. Allerdings ging die Illusion, Chemie studieren zu können, fast brutal verloren. Als ich mich ernsthaft darum bemühte, wurde mir mitgeteilt, ich sei aufgrund meiner Kriegsvergangenheit als Militarist eingestuft, benötige deshalb ein polizeiliches Führungszeugnis und vieles andere mehr.

Ich und ein Militarist? Weil ich mit achtzehn Jahren an die Front hatte ziehen müssen? Unbegreiflich! Geradezu widerlich empfand ich in jenen Tagen das Verhalten vieler Leute, die Bilder von Adolf Hitler ins Fenster gestellt hatten, als dieser zu Besuch in Aachen war, nun aber betonten, schon immer gegen den »Führer« gewesen zu sein und im Untergrund gar gegen ihn opponiert zu haben. Selten habe ich in meinem Leben eine größere Unglaubwürdigkeit registrieren müssen. Ich habe sehr darunter gelitten. Der Traum vom Chemiestudium war ausgeträumt. Damals habe ich einen inneren Schwur getan: Ich werde niemals Mitglied einer Partei. Diesen Schwur habe ich nicht gebrochen.

In Etappen ging es aufwärts. Nicht immer schnurstracks, aber trotz einiger Rückschläge doch mehr oder weniger kontinuierlich. Die Währungsreform! Vierzig Mark in der Tasche und viele Ideen im Kopf. Als ich 1950 um die Hand meiner Frau Marianne anhielt, konnte ich gegenüber meinem Schwiegervater auf eine Lebensversicherung über fünftausend Mark als Mitgift verweisen. Eine Kleinigkeit, die ich nicht erwähnte: Die Versicherungsprämien waren nicht gezahlt.

Immerhin gewährten mir die Banken einige Kredite zum geschäftlichen Aus- und Aufbau. Zu dieser Zeit arbeitete ich immer noch in einem Büro, dessen Zier ein schwerer Eisenträger war, und an einem museumsreifen Schreibtisch mit Rädern, den man bei Bedarf in eine andere Ecke schieben konnte. Mein Vorname Egidius bedeutete für viele Leute Solidität und Seriosität. Als aber ein Firmenpartner aus Norddeutschland anreiste und nicht nur mich persönlich betrachtete, sondern das, was man im heutigem Neudeutsch als »Ambiente« bezeichnet, ergriff der gute Mann direkt die Flucht, um wenig später anzurufen und weitere Lieferungen von Vorkasse abhängig zu machen.

Anfang der fünfziger Jahre, als meine beiden Söhne Rolf und Ferdie schon auf der Welt waren, habe ich dann noch studiert. In Köln hörte ich einige Semester Betriebswirtschaft. Viel später, als ich mir beruflich den nötigen Freiraum gewähren konnte, hat es mich zur Philosophie hingezogen. Ich folgte einem inneren Drang. Heute kann ich behaupten: Die Beschäftigung mit vielen Philosophen, an erster Stelle nenne ich den heiligen Augustinus, hat mir in vielerlei Hinsicht die Augen geöffnet. Die Weisheit der Philosophen hat Epochen überdauert und trotzdem ihre Aktualität behalten.

Meine persönliche Philosophie deckt sich mit der meiner Altersgenossen: Nie wieder Krieg! Was jedoch kann man persönlich zu diesem Wunschziel der Menschheit beitragen? Ich verstehe meine ehrenamtliche Tätigkeit im Sport als Beitrag zu diesem Wunschziel. Der Sport, und speziell der Fußball, hat Grenzen schon zu einer Zeit niedergerissen, als die Politik noch in den Winkelzügen des Kalten Krieges verstrickt war. Wie selbstverständlich wird seit 1955 der Fußball-Europapokal als gemeinsamer Wettbewerb zwischen Lissabon und Wladiwostok durchgeführt. Eine Pionierleistung!

1977 kam ich erstmals in den Ostblock. Unsere Nationalmannschaft spielte in Tiflis. Wir lernten Menschen kennen, denen ich begreiflich machen konnte, daß wir im Westen keinen neuen Krieg wollten. Und umgekehrt lernten auch wir Menschen kennen, die ihre Kinder genauso lieben wie wir unsere, deren Denken und Handeln ebenso auf ein friedliches Miteinander ausgerichtet sind. Viele Begegnungen in vielen Ländern brachten für mich als Ergebnis eine persönliche Philosophie, zu der ich mich offensiv bekenne: Ich möchte die Popularität und das Ansehen des Fußballs nutzen, um aktiv zur Verständigung unter den Völkern dieser Erde beizutragen.

Über den Fußball konnte ich auch eine Herzensangelegenheit regeln. Ich fand Anfang der achtziger Jahre dank der Vermittlung des österreichischen Fußballbundes in der Nähe von Wien das Grab meines gefallenen Freundes Harald Bopp. Sein Schicksal hätte meines sein mögen, umgekehrt hätte das Glück, das sich 1945 und später auf meine Seite gestellte, auch seines sein können. Gedanken, die mir durch den Kopf schossen, als ich mich an seinem Grab an ihn erinnerte.

Die Zeilen für den vorliegenden Artikel habe ich in Budapest zu Papier gebracht. Budapest – welch eine herrliche Stadt! Und du, so dachte ich für mich, hast einmal die österreichisch-ungarische Grenze verteidigen sollen! Wieviel schöner ist da die Wirklichkeit mit deutscher Einheit und einem Europa, das immer stärker zusammenwächst. Fünfzig Jahre danach stehe ich zu meinen Empfindungen, die ich damals im Schützengraben unweit des Neusiedler Sees gehabt habe: Lieber ein ganzes Leben lang trockenes Brot essen als jemals wieder Krieg! Ich bin Gott, dem Herrn, dankbar, daß er mir die Chance zu einem Leben in Frieden gegeben hat.

MAREK EDELMAN

Befreit

Am 7. Mai unterzeichnete Nazideutschland in General Eisenhowers Hauptquartier die bedingungslose Kapitulation. Das war das historische Kriegsende. Doch dieses Ende kam nicht unbedingt für alle an demselben Tag. Für mich zum Beispiel endete der Krieg am 17. Januar 1945. Ich hielt mich doppelt illegal (als Teilnehmer des Warschauer Aufstands und als Jude/»Nichtarier«) in einem kleinen Städtchen bei Warschau auf. Als es dunkelte, erschien auf dem Marktplatz eine berittene Abteilung phantastisch gekleideter russischer Amazonen, vermutlich ein Spähtrupp. Mit diesem Augenblick traten die Nürnberger Gesetze außer Kraft, und die Wannseekonferenz konnte sich nicht mehr real auswirken. Man konnte sein Versteck verlassen, und man mußte sich freuen, genau wie die anderen, die diesen Trupp auf dem Marktplatz begrüßten. Man mußte in die Hände klatschen und lachen. Aber die Erleichterung war nicht vollkommen.

In Wahrheit kam mir alles auf dem Marktplatz, den die Vorausabteilung der Roten Armee befreit hatte, traurig, düster und bedrückend vor, und ich stand dort allein – ohne Freunde, ohne die Menschen, mit denen ich bisher gelebt und gemeinsam die Zukunft geplant hatte. Wir, Schüler einer Klasse (nicht von elitären Schülern, sondern von elitären Lehrern), wollten eine schöne, rosige Welt schaffen, die aus lauter Engeln bestand, aus Menschen, die frei von Haß waren, bereit, anderen zu helfen. Diese Wunschbilder verdankten wir unserer Lehrerelite, die es nun auch nicht mehr gab. Und während ich im schwindenden Tageslicht die schönen Amazonen betrachtete, begriff ich. Mittlerweile hatte ich Erfahrungen gemacht und konnte unterscheiden zwischen dem, was man mochte, und dem, was möglich ist. Ich begriff, daß die Macht, die bis gestern Jagd auf mich gemacht hatte, in diesem Augenblick ging und eine neue Macht kam, die wieder Jagd machen würde, wenn nicht auf mich, dann auf meine Kameraden. Ich begriff, daß das Kriegsende keine Erlösung brachte. Ich wußte inzwischen Bescheid: die Moskauer Prozesse, die

Hungersnot in der Ukraine, die Arbeitslager, die Todeslager . . . Von beiden Seiten, von Westen und von Osten her, derselbe Haß auf den Menschen. Es kommt nicht darauf an, wer wen den Haß gelehrt hat, vielleicht liegt es an der biologischen Gattung, in deren Genotyp Haß, Mord und das Böse verankert sind.

Aber wenn man jung ist, möchte man so etwas nicht denken, möchte man Hoffnung haben. Man darf, um leben zu können, nicht den Tod vor sich sehen. Du willst also Hoffnung haben, und du denkst, daß du noch gebraucht wirst, daß du noch jemandem wirst helfen können, wie deine Lehrer es dir beigebracht haben. Du fährst von Stadt zu Stadt und suchst jemanden, der dich brauchen könnte. Und du findest niemanden, denn es gibt niemanden mehr.

Eines Tages kam ich nach Lublin und traf dort einige aus Rußland zurückgekehrte Leute, die ich von vor dem Krieg kannte. Sie waren außer sich vor Freude über die Freiheit, die Freiheit auf polnischem Boden. Da sagte ich ihnen: »Leute, ihr seid doch immer noch in der Hand dieses Banditen!« – »Pssst!« wisperten sie . . . Und ich begriff, daß sie logen, daß sie stärker geknechtet waren als ich. Denn ich selbst war ebenfalls geknechtet. Das bekam ich zu spüren, als ich im Frühjahr im Meldeamt vor der Menge der Wartenden laut meinen Namen sagen mußte, meinen gezeichneten jüdischen Namen. Einen Namen, der gezeichnet war durch jahrelange Propaganda, die dir und allen anderen eingehämmert hat, daß du schlechter bist, widerlich, daß du Krankheiten verbreitest, daß du eine nachteilige Schädelform hast, daß deine Existenz für andere bedrohlich ist und du gar nicht zu leben verdienst. Und schließlich beginnen die Leute ringsum daran zu glauben, und am Ende wirst du selbst zum Opfer dieser Propaganda. Du denkst, du seist ein anderer, du hättest andere Augen, und du hast Angst aufzublicken, denn dann könnte man sie sehen, und du hast Angst, laut deinen Namen zu sagen.

Henker und Opfer gleichen sich einander an. Das Opfer duckt sich an die Mauer, aber wenn noch etwas Kraft in ihm ist, sich gegen den Henker aufzulehnen, dann kann es selbst zum Henker werden und den bisherigen Henker zum Opfer machen.

Als Willy Brandt Bürgermeister von Berlin wurde, sagte er den Juden: »Nehmt Geld für das erlittene Unrecht. Bringt den Deutschen bei, daß sie für ihre Sünden zu zahlen haben. Die Produktion der deutschen Rüstungsfabriken stammte aus eurer Sklavenarbeit. Deutsche haben von dem gelebt, was sie euch geraubt und aus euren Gettos fortgeschleppt haben . . .« Nein, so einfach ist es nicht, obwohl es sehr menschlich ist, Geld zu nehmen. Ich stand nicht vor diesem Dilemma. Ich hatte das Glück, daß ich in den fünf Kriegsjahren nie für die Deutschen gearbeitet habe, sondern immer nur gegen sie. Sie waren mir also nichts schuldig. Geld, selbst viel Geld entschädigt nicht für ein Leben, nicht für die gebrochene Seele des Opfers, die nach fünf Kriegsjahren zur Seele eines Henkers werden konnte, zur Seele eines rachsüchtigen Menschen. Daran, daß ich bei Kriegsende das Gefühl hatte, ein schlechterer Mensch zu sein als alle, die mich umgaben, war mein schwacher Verstand schuld, nicht die Nazipropaganda.

Auf der Suche nach Menschen, die meine Hilfe brauchten, gelangte ich nach Paris. Die Avenue du Temple war damals noch gepflastert. Rafal Ryba sagte zu mir: »Marek, bleib hier. Hier lacht mich jeder Stein an. Diese Stadt hat so etwas Gewisses.« Aber für mich waren diese Steine kalt. Anderntags auf einer Bank im Jardin du Luxembourg – zusammen mit Leon Blum, de Broucker, Estera Iwinska, meiner Frau und einem zufällig dahergelaufenen Negerkind – ein Bild der Freude. Gerade hatte Leon Blum, der voll von Zukunftsplänen war und Mauthausen überlebt hatte, gesagt, daß es nicht Deutsche waren, sondern Menschen. Romain Gary legt der Heldin seines Romans die Klage in den Mund: »Warum geht er mir aus dem Weg? Ich habe ihm doch das Leben gerettet! Ich wußte, in welchem Keller er sich versteckt hielt, und habe ihn nicht verraten.« Und das soll der Gipfel der Menschlichkeit sein?

Ich weiß nicht, ob diese Gedanken vom Kriegsende Ihnen gefallen. Es war ja das Schlimmste, was zu Ende ging. Es entstand eine neue Welt. Eine Welt der Gleichheit. Eine Welt der Liebe. Eine Welt des Wohlstands. Aber diese Welt des Wohlstands war von vornherein verkauft. Mich hatten sie auch verkauft. Um ihren Frieden zu haben.

Man kann fragen: Kann die heutige Welt anders sein? Es stimmt ja nicht, daß Europa nichts von den Gaskammern gewußt hat. Nicht alle haben gemordet, aber alle haben gewußt. Es ist das Einfachste, die Augen von den Ungeheuerlichkeiten abzuwenden. Aber das hilft nichts, ein Zeuge bleibst du trotzdem. Auch wenn du dich nicht an ihm beteiligst, gewöhnst du dich an das Verbrechen, wenn du nicht protestierst. Du veränderst dich, du wirst ein anderer Mensch, der so tut, als sei nichts geschehen. Ist es möglich, daß Zigtausende von Soldaten am Vergasen, Erschießen, Ermorden anderer Menschen teilnehmen, ohne daß jemand davon erfährt? Nein, das ist nicht möglich. Haben Hunderte von Urlaubern von der russischen Front, die das Getto besucht und dort Brot für fünfzig Mark verkauft haben, ebenfalls nichts gesehen? Sie alle haben ihren Angehörigen Briefe geschrieben, ihnen Photos geschickt. Haben ihre Angehörigen auch nichts gewußt? Lassen sich Mordtaten, an denen Tausende beteiligt sind und bei denen Millionen umkommen, überhaupt geheimhalten? Man kann so tun, als wisse man nichts von alledem, aber die Gewißheit, daß es so gewesen ist, bleibt. Diese Gewißheit drängt rund anderthalb Jahrzehnte nach Kriegsende ins Bewußtsein der Kinder der Täter und der Zeugen des Verbrechens. Junge Deutsche haben mich aufgesucht und gefragt, wie sie die Schuld der Eltern sühnen können.

Und dann entsteht nach den Nürnberger Prozessen und der Entnazifizierung eine herrliche neue Welt. Eine aufgezwungene Demokratie in Deutschland. Die Vierte Republik in Frankreich. Und östlich der Elbe eine diktatorische Herrschaft. Und wieder Tausende von ermordeten und gefolterten Menschen. Und wieder sieht niemand etwas davon. Die westliche Welt, mit ihrem Wohlstand beschäftigt, nimmt Kambodscha und zweieinhalb Millionen mit Knüppeln erschlagener Menschen nicht wahr. Sie wendet sich weiterhin ab. Und sie ist weiterhin mitschuldig. Denn ein Völkerrecht, das es erlaubt, Menschen zu ermorden, ist rechtsfeindlich. Ist nur das System daran schuld? Ist nur die Regierung daran schuld? Ist der Mensch wirklich so ...

Wir werden keine Details nennen – aus fünfundvierzig Jahren des Handelns der zivilisierten Welt gegen das menschliche Leben. Aber vor fünf Jahren ist die Sowjetunion zerfallen, ist die Tyrannei zusammengebrochen. Und was beobachten wir? Es ist weiterhin die alte Mentalität, die Kriege im Kaukasus verursacht. Nationalismen, Chauvinismen, Machtgier, das Verlangen, den Menschen zu knechten, das sind die dominierenden Kräfte, die den Osten destabilisieren.

Aber im Herzen Europas, auf dem Balkan, vermag niemand den sinnlosen, gedankenlosen Krieg aller gegen alle zu beenden. Niemand vermag dem sinnlosen Hinmorden von Menschen ein Ende zu setzen. Henker und Opfer wechseln jeden Moment die Rollen. Doch als im Nahen Osten Erdölinteressen bedroht waren, konnte die UNO wirksam gegen Saddam Hussein vorgehen.

Die Berliner Mauer wurde abgerissen. In Europa gibt es keinen Totalitarismus. Aber im Bewußtsein der Menschen existiert er weiter. In den Ländern Osteuropas, in der ehemaligen DDR hat die Mentalität der Menschen sich nicht geändert. Und das ist das größte Unglück des Krieges, der vor fünfzig Jahren endete. Die zwölf Jahre des Nationalsozialismus haben den sublimierten Intellekt Europas zerstört. Jetzt aber schafft der demokratische aufgeklärte Westen neue Gettos. Gettos der Reichen. Ausländer-, Gastarbeitergesetze. Und das alles, um Mercedes statt Volkswagen zu fahren. Der Hunger kennt keine Grenzen. Die Sehnsucht nach einem besseren Leben wird die Mauern der Gettos der Reichen einreißen, und sie werden fallen.

Der Krieg liegt fünfzig Jahre zurück. Endlich müßte man auf ein besseres Leben hoffen. Man müßte entzückt sein, daß keine Todesgefahr droht. Aber derjenige, der nicht nur an sich, sondern auch an andere denkt, kann leider nur pessimistisch sein. Es ist bedauerlich, das nach fünfzig Jahren sagen zu müssen. Ich schreibe so, weil ich kein Politiker bin und keinerlei Machtwunsch habe. Ich denke an die Lage der Menschheit. Auch deshalb ist das so traurig. Wir haben keinen Grund, uns zu rühmen. Vielleicht rührt meine Traurigkeit aber auch daher, daß ich nach dem Krieg noch fünfundvierzig Jahre lang in einem totalitären System gelebt habe.

Am Ende müssen wir uns aber grundsätzlich fragen, ob wir in erster Linie Deutsche, Franzosen, Polen, Juden – oder ob wir vornehmlich Menschen sind.

(Aus dem Polnischen von Friedrich Griese)

HELGA EINSELE

Einschätzungen und Erfahrungen

Nicht nur die historische, sondern auch die persönliche Verarbeitung dessen, was 1945 geschah, bedarf des Rückblicks auf eine Zeitspanne vor jenem Abschnitt, aber auch des Nachdenkens über ihn hinaus.

Was mich angeht, so hätte ich gerne dem Ruf des englischen Premierministers Chamberlain 1938, nach der Konferenz von München, geglaubt: »Peace in our time.« Doch da wußten wir längst besser, daß dem nicht zu glauben war. Wir, das waren politische Freunde, meine Familie, mein Mann W. und ich. Wir beide waren Jahrgang 1904 und 1910. Wie leider zu wenige hatten wir *Mein Kampf* von Hitler gelesen. Doch schon im Ersten Weltkrieg hatte man in meinem Elternhaus Abschied von jedem konservativ-nationalsozialistischen Patriotismus genommen, hatte sich für einen grundsätzlichen Pazifismus entschieden, hatte die frauenrechtlerische Mutter den Töchtern politisches Selbstbewußtsein nahegebracht. Das alles schloß den Kompromiß mit dem in Deutschland aufkommenden Faschismus aus. Es bestimmte meinen Anschluß an die Arbeiterjugend- und sozialistische Studentenbewegung und an die SPD. Bei einem Aufenthalt mit W. an der Columbia-Universität, New York, 1931/32 wurde unsere Einstellung in Diskussionen mit jungen, amerikanischen Intellektuellen, wie sie zum Beispiel Arthur Miller in seinen Memoiren beschreibt, verstärkt. Da spielten Verfolgung streikender Kohlenarbeiter, die Hinrichtung von Sacco und Vanzetti und der amerikanische Imperialismus eine wichtige Rolle. Dem Nationalsozialismus in den USA aus dem Wege zu gehen, wie wir gewünscht hätten, verhinderte der totale Einwanderungsstopp. So mußten wir ihm, zurück in Deutschland, standhalten.

Daheim verloren sehr bald mein Universitätslehrer, Professor Radbruch, und mein Vater ihre Ämter. Meine Schwester verlor ihre Universitätszugehörigkeit; ich erhielt etwas später Berufsverbot. Freunde, die in den letzten Jahren im Kampf gegen den Nationalsozialismus aufgefallen waren, landeten in Gefängnissen und KZs, wenngleich zeitlich begrenzt. Die jüdischen Freunde wanderten aus. W. war gezwungen, seine wissenschaftlichen Talente in kleinen, randständigen wissenschaftlichen Instituten, zuletzt in einem kleinen österreichischen Alpendorf (damals deutsche »Ostmark«) einzusetzen. Er hatte wegen einer Denunziation unseren Wohnort verlassen müssen.

Keiner von uns zweifelte daran, daß Hitler, wie in *Mein Kampf* angekündigt, einen europäischen Raubkrieg für das »Volk ohne Raum« beginnen würde. Dennoch kostete uns der Weg dahin schwere Depressionen, bis wir schließlich – nach München, 1938, und immer mehr Annexionen, 1939 – soweit waren, den Krieg als einzige Möglichkeit der Befreiung zu bejahen. Das schloß allerdings nicht ein, daß W. bereit war, »für diese Bande auf Menschen zu schießen«. Nun, wir erwarteten ja nicht, diesen Krieg zu überleben.

Kriegsbegeisterung wie 1914 gab es kaum, schon gar nicht bei den jungen Männern, die ich mit ihren Pappkartons in den Zügen zu ihren Kasernen traf.

Bombenangriffe erlebten auch wir – in Zügen und Großstadtkellern, ich zum Beispiel in der Nacht nach der Geburt unserer Tochter. Täglich starben Menschen, bei uns, in den anderen Ländern, auch Angehörige, nahe Freunde. Man dachte kaum noch anderes. Der Kampf im Warschauer Getto brachte uns die erste Nachricht vom Massenmord an Juden. Nahezu fassungslos erfuhren wir, daß einzelne Freunde nach und nach eine Art inneren Frieden mit dem Nationalsozialismus machten, besonders dann, wenn der Krieg für Deutschland erfolgreich zu werden schien. Solche Zeiten waren besonders schwer zu ertragen. Pausenloses Negieren ist offenbar besonders schwierig. Da wucherten dann Rechtfertigungen wie: »Wir wollten doch ein geeintes Europa, vielleicht kommt es auf diesem Wege.«

Von den spezifischen Naziverbrechen an Juden, Partisanen, Feindvölkern erfuhren wir erst nach dem Krieg. Zweimal, kurz vor dem Ende, hatten mir Soldaten im verdunkelten Gang eines Zuges vom Foltern und Ermorden russischer Partisanen berichtet, von Juden war nicht die Rede. Ich glaubte, ich hätte es mit Menschen zu tun, die der Krieg geistig krank gemacht hatte. Als dann das von Hitler durch Geheimwaffengerüchte und rigorose Hinrichtung von Deserteuren immer wieder hinausgezögerte Kriegsende auch in unser Alpendorf kam, war ich mit dem vierjährigen Kind allein. Meine aus Berlin zu uns geflüchtete Familie war abgezogen, weil wir mit der Ausweisung der Deutschen, voran der Evakuierten, rechneten. Die russische Front rückte auf uns zu. Voraus liefen Gerüchte, »Reichsdeutsche« würden bestenfalls deportiert werden. So stand ich vor der Frage, ob ich mit Kind und Fahrrad – anders kam man nicht mehr über die Grenze – in das zerstörte Land fliehen sollte. Ich entschloß mich jedoch zu bleiben und zu warten, ob W. zurückkommen würde. Ich wickelte das Institut ab und gab den verbliebenen Mitarbeiterinnen – Assistentinnen, Doktorandinnen – Ratschläge und Unterstützung.

Dann kam die Nachricht, daß die Rote Armee, offenbar vereinbarungsgemäß, nicht über die Enns vorrückte, das Gebiet also von der amerikanischen Armee besetzt werden würde. Täglich waren die Flugzeuge, vor allem Tiefflieger, nun auch bei uns.

In unserem Haus war es in der letzten Zeit bunt zugegangen: Von der Front zurückflutende Soldaten, Trupps von Gebirgsjägern, eine Gruppe kampfentschlossener junger »Werwölfe«, zuletzt der Stab einer aus Ungarn kommenden SS-Standarte waren eingezogen. Die brachten Fleischkonserven, »echten« Kaffee und Marketenderinnen mit. Die Frauen wies ich – zum Schrecken einer Freundin – erfolgreich aus dem Haus. Die Männer waren verzweifelt: Sollten sie versuchen, sich in Zivilkleidung, vorbei am vermuteten Haß der Bevölkerung, durchzuschlagen, oder sollten sie zu ihrer Vergangenheit stehen und sich in Uniform gefangennehmen lassen? Sie waren überzeugt, daß sie dann an die Russen ausgeliefert und nach Sibirien deportiert würden. Überraschend entschied sich die Mehrheit hierfür. Bei einigen hielt noch die Bindung an den »Führer«, einer hatte bei dessen Tod geweint.

Am 6. Mai wurde unser Ort besetzt. Bilder und Gefühle dabei sind mir unvergeßlich. Als Befreiung hatten wir dieses Ende ersehnt, zuletzt erwartet. Um nichts in der Welt hätte ich es anders haben wollen. Und nun – als es geschah? Wir – nur noch Frauen – hatten überlegt, ob wir in den Wald flüchten sollten. Im Norden sahen wir dichte Rauchwolken. Wurde da noch gekämpft, lehnten fanatische Ortspolitiker die Kapitulation ab? Doch wir blieben, waren wie gelähmt vom Ende des Irrweges unseres Volkes, dem wir nichts entgegengesetzt hatten als ohnmächtige Wut. War es uns ums bloße Überleben gegangen, glaubten wir uns mit dem Rückzug aus der Welt im Dienste der Wissenschaft rechtfertigen zu können? Freilich, wie schlimm alles war, wußte ich damals noch nicht, war ja in unseren kleinen Nestern weder Juden noch Widerstandsgruppen begegnet. Von der »Weißen Rose« hörten wir, als sie ausgelöscht war, am 20. Juli vom Attentat auf Hitler im Radio. Dauernd fühlte ich mich hin- und hergeworfen zwischen Schuldgefühlen und Rechtfertigungen. Doch schon lehnte ich mich auch auf gegen die, die nun »über uns urteilen werden, die doch so gut wie nichts von allem wissen, es nicht erlebt haben«.

»Zu sehr haben wir gelitten, als daß wir um Erleichterungen bitten könnten. Hilfe suchen wir darin, daß wir uns doch auch schuldlos fühlen. Ich lasse nun alles vorüberziehen wie einen Film, anders kann ich es nicht ertragen. Hitler tot. Dönitz Nachfolger. Ich empfinde nicht mal Befriedigung. Ich renne nur noch durchs Haus und bitte die Soldaten, die Verdunkelung zu beachten wegen der Flieger. Sie haben Benzin im Hause gelagert.«

Das Haus lag an einer Umgehungsstraße beim See. Ich stand am Fenster, als am 6. Mai mittags nach einigen Schüssen Panzerspähwagen und dann schwere Panzer vorbeifuhren, deren letzte unmittelbar vor uns anhielten. Auf einem einsehbaren Platz wurden die im Dorf noch vorhandenen Soldaten – die aus unserem Haus waren wohl in die Bergwälder ausgewichen – und die aus unserem Haus kommenden SS-Offiziere gefangengenommen. Freigelassene französische Kriegsgefangene schlugen auf beide ein, traten sie. Sie hatten in den Wäldern gearbeitet und waren, ebenso wie die sich friedlich verhaltenden Italiener und anders als die noch immer in einem Waldlager festgehaltenen Russen, gut behandelt worden.

Ich sah hinunter und weinte: Ja, Befreiung! Doch da ging mein Land vielleicht für immer zugrunde, dessen Sprache, Kultur und Landschaften wir liebten.

Nun begannen Gruppen der Dorfbewohner, der Evakuierten und von Flüchtlingen aus den bereits besetzten Ostgebieten an den Panzern vorbeizurennen. Sie stürzten zu einem Militärdepot, wo Lebensmittel, Militärmäntel, Geräte und Schnaps geplündert werden konnten. Betrunkene lehnten sich an die Panzer. Da fraß es sich in mir ein: »Sic transit gloria mundi« und »Man staubt ab«. Ich konnte mir nicht vorstellen, daß unser Land sich von seiner materiellen, kulturellen und moralischen Zerstörung noch einmal würde erholen können. Dafür soviel Tod auf allen Seiten? Und vom Schlimmsten wußten wir noch immer nichts.

Die Österreicher? Weiße Friedenstücher hingen aus allen Fenstern. Bei vielen, die einst gerufen hatten: »Ein Reich, ein Volk, ein Führer«, folgte sofort die österreichische Fahne. Die Besitzer der Sommervillen allerdings hatten meist mit den Nationalsozialisten nicht sympathisiert. Sie gehörten zur Oberschicht, vor allem auch zum Adel, der seine große Zeit in der Monarchie gehabt hatte. Sie waren österreichische Patrioten.

In diesem Wust von Gefühlen breitete sich schließlich doch Glücksgefühl aus, überwog alles andere – das Ende von Krieg, Morden und Sterben, das Ende des verhaßten Systems. Schon zeichneten sich Entkolonialisierung, ein neuer Völkerbund ab. Ich träumte wieder von einem freiheitlichen deutschen Weg zum Sozialismus – ohne Rüstungsindustrie, mit Bodenreform, Sozialbindung des Eigentums und einer besseren Demokratie als in der Weimarer Republik. Und ich hoffte, am Wiederaufbau teilnehmen zu können, und vergaß, daß wir keine Österreicher waren und daß unsere Teilnahme hier möglicherweise nicht zugelassen würde. Doch zunächst waren da die unmittelbaren Aufgaben der Gegenwart, die uns der Sprachkenntnisse wegen zunächst auf den Umgang mit der Besatzungsmacht verwiesen.

Die erste Begegnung mit ihr war problematisch. Man fand eine von der SS zurückgelassene Kiste, auf die wir nicht geachtet hatten, angefüllt mit SS-Ehrendolchen: »Deine Ehre ist Treue«. Jedoch geschah uns nichts. Daß wir englisch sprachen, charakterisierte uns wohl so, daß wir nicht ganz schlecht sein konnten. Beim gemeinsamen Wirtschaften in der Küche vertraute man mir sogar an, daß man am liebsten »zusammen mit den Deutschen, den nächst uns besten Soldaten der Welt, sofort weiter gegen die Russen ziehen« würde. Beim Dolmetschen für die Gemeindeverwaltung sagte nach einem Gespräch der Captain zu W.: »After you have told me I know much more about your people« und wurde für Dorfprobleme ansprechbarer. Ich wurde zum Dolmetschen bei der Quartiersuche gebeten und erfuhr eindrucksvolle Großzügigkeit: Die zum Teil unbewohnten Villen waren mit Flüchtlingen besetzt, meist Müttern mit kleinen Kindern. Der junge Captain sah sich nicht in der Lage, die zu vertreiben. Ein Haus nach dem anderen verließen wir ohne Erfolg. Er könne die doch nicht hinaustreiben, da sei es besser, wenn er mit seinen jungen, gesunden Soldaten weiter in Zelten biwakiere.

Das änderte sich bei der nachfolgenden Truppe. Waren Etappensoldaten anders als Frontsoldaten? Oder lag es daran, daß von einer bestimmten Zeit an alle durch Konzentrationslager geführt wurden? Nun wurden Mütter, sogar mit Säuglingen, gnadenlos in primitive, abgelegene Holzhütten im Wald vertrieben. Als ich bat, davon abzusehen, besonders bei einem Haus, das nicht als Unterkunft gebraucht wurde, nur weil man nicht mit Deutschen im gleichen Gelände zusammenleben wollte, wurde ich angefahren: »You Nazi, now you come and beg!« Als ich naiv und verstört sagte: »But I was no Nazi« kam es höhnisch: »That's what they all say. Get out!« Er hatte ja recht. Als ich gleicher Gnadenlosigkeit beim Flüchtlingstransport nach Deutschland begegnete, war ich nicht mehr so naiv.

Wenige Tage vor der Besetzung unseres Ortes hatte ich im Radio einen Bericht über das von den Alliierten erreichte KZ Buchenwald gehört. Ich war wie erstarrt. Von solchen Massen Hungertoter, von

Blutgräben und Verbrennungsöfen hatte bisher niemand berichtet. Namen wie Auschwitz, Maidanek, Sobibor, Treblinka hörten wir erst viel später. Diese erste Kunde legte sich fast zerstörend auf jede Befreiungseuphorie. Würde dieses belastete Volk sich jemals wieder aufrecht bewegen können? Diese Kunde wurde dann zu einem wachsenden, schweren Trauma.

Schon in den ersten Tagen nach der Besetzung zogen ausgemergelte Männer in gestreiften Anzügen über unsere Straßen. Einige besetzten Häuser, die von den Evakuierten verlassen wurden. Es erschütterte mich, daß keiner von ihnen versuchte, mir das Maisbrot, das ich im Nachbarort ergattert hatte, oder das Fahrrad, mit dem ich solche Besorgungen machen konnte, wegzunehmen. Sie warteten geduldig, wenn ich das Brot teilte und bedankten sich. Selbst vom KZ-Bergstollen im Nachbartal, dreißig Kilometer entfernt, hatten wir nichts gewußt! Wie dieses Trauma zwischen glücklichen Befreiungsgefühlen und realen Erfahrungen wuchs, zeigen Tagebucheintragungen:

»8. Mai 1945: In einer halben Stunde ist Frieden – Frieden! So ersehnt. Und so trostlos ist mir zumute. Nie kann gutgemacht werden, was geschehen ist. Von allen Eindrücken der furchtbarste sind die Entlassenen aus den KZs. Die Bevölkerung hat Angst vor ihnen. Aber wie kann man denn vor diesen elenden, gebrochenen Gestalten Angst haben? Müde, abgezehrte Gesichter, halbgebrochene Stimmen, fast immer kindlich-dankbare Augen. Ich sprach mit mehreren, es sind meist Russen.

9. Mai 1945: Und doch wieder habe ich Glücksgefühle, wenn ich langsam begreife, daß Frieden ist, daß das Morden und erbarmungslose Sterben aufgehört haben, wir frei sind. Schwer bepackte Menschen wanken über die Straßen. Aber sie gehen nach Hause, das macht es erträglich. Gut ist, daß man jetzt überall helfen kann durch Dolmetschen, weiblich-wirksameres Bitten um Hilfe für diesen oder jenen, bloßes Freundlichsein, wenn einer nicht weiter weiß. Fragen bei den KZ-Entlassenen, ob sie Hunger haben. Bitten tun sie ja nicht.

13. Mai 1945: Sprechen kann ich kaum noch, nur aufschreiben für später, zur Erinnerung daran, wie das alles war. Eine Welt versinkt, der Nationalsozialismus hat mit seinem Sterben die alte europäische Kultur mit in den Abgrund gerissen. Daneben versinkt alles andere.

18. Mai 1945: Heute hörte ich einen Radiobericht über das KZ Bergen-Belsen. Wir wußten von Lagern, auch daß geschlagen, ja umgebracht wurde Aber das – nein, das haben wir nicht gewußt, selbst wir nicht. Uns genügte das wenige, das System zu hassen. Hätten wir mehr tun können, wir immer wieder Gezeichneten? Ein-

mal habe ich es – erfolglos – versucht. Was wirklich war, das hätten nicht einmal wir für möglich gehalten. Wo, um Gottes willen, kommen die Menschen her, die so etwas tun konnten? Ich habe solche Menschen doch nie gesehen. Manchmal möchte man sterben, dieses Wissen nicht länger ertragen müssen, was von Deutschen getan wurde. Es wird als Strafe über alle kommen, oft wieder über Unschuldige. Wie unsagbar ist gequält worden!

25. Mai 1945: Ich höre und höre. Heute Thomas Mann über Maidanek. Ich fühle, wie mir langsam das Rückgrat zerbricht und ich das Gefühl bekomme, mich von dem allen nicht wieder aufrichten zu können. Bergen-Belsen, Auschwitz, Maidanek – Namen, die ich jetzt zum erstenmal höre. Vom Lager Ebensee erfuhr ich unmittelbar vor dem 8. Mai. Und das liegt dreißig Kilometer von hier! Und ich habe mich gewiß nicht gegen das Wissen gesperrt. Einiges haben wir geahnt, abgelehnt, gehaßt haben wir immer. Kleine N., auch du wirst ewig damit belastet bleiben. Du hättest nicht als Deutsche auf die Welt kommen dürfen.

12. Juni 1945: Nun geraten wir zwischen alle Stühle. Wichtigstes: von den Nazis befreit! Doch nun wird das gesamte Volk für Regierung und Krieg verantwortlich gemacht. Die Tschechei beansprucht die Lausitz, Holland Teile Norddeutschlands, die SU Ostpreußen, Polen Mecklenburg, Posen und Schlesien, Frankreich Teile des Westens und im Ruhrgebiet. Nationalismus auf der ganzen Linie. Zweimal wollte Deutschland mehr, als es hatte. Beide Male wurde es viel kleiner und ärmer.

Wir werden hier nun als Ausländer behandelt, haben Arbeit und Einkommen verloren. Dabei fallen die Österreicher aus allen Wolken. Sie haben geglaubt, anders behandelt zu werden als die Deutschen, für die sie nun ohne Mitleid sind. Und nun geht es ihnen bei den Besatzern nicht privilegiert. Mich aber frißt nun langsam die Angst um die auf, von denen wir nun seit Monaten nichts wissen, den Familien. Wo sind sie? Verhungern sie?«

Wie verlief nun das äußere Leben neben diesen dauernden seelischen Wechselbädern? Die US-Truppe, die zunächst unser Haus besetzt hatte, zog in die besser ausgestatteten Häuser um, obwohl deren Bewohner auf uns wiesen, die wir ohnehin als Reichsdeutsche bald würden räumen müssen. Nun aber mußten sie uns um Aufnahme bitten – in einem Haus ohne Wasserleitung, mit schlechten Öfen und sie mußten in einer für vier bis fünf Personen ausgelegten Küche zu achtzehn Personen wirtschaften. Unter ihnen waren als Freunde und Verwandte der Villenbesitzer auch Ostflüchtlinge. Einen älteren

Mann hatten russische Panzer mitgenommen: »Komm, Opa!« Abends saßen sie alle zusammen auf unserer großen sommerlichen Glasveranda. Ich hörte zu, wie sie vor allem über ihre Verluste sprachen: »Hunderttausende!«, »Eine extrem wertvolle Briefmarkensammlung«, »Ich habe Millionen verloren«, »Soviel, wie ich verloren habe, gnädige Frau, können Sie nie besessen haben« – das ein ungarischer Graf. Man aß von goldenem Besteck mit Krone und jahrhundertaltem Porzellan, aber man schlief auf Matratzen auf dem Boden unter unserer Bettwäsche. Eine Familie hatte beim Umzug einen Beutel mit Schmuck im Werte einer Million verloren und verdächtigte zunächst uns. Doch der Beutel fand sich ohne unser Zutun.

Einige Wochen nach der Kapitulation machte ich mich, in Angst um das Schicksal unserer Familien, auf die Suche in Deutschland. Seit Monaten hatten wir keine Nachrichten mehr bekommen. Zu Fuß, auf Lastwagen und Kohlenzügen reiste ich drei Wochen lang durch das zerstörte Land, traf entwurzelte Menschen, verwundete oder in der Gefangenschaft abgemagerte oder geschwächte Soldaten. Viele versicherten: »Wenn ich wüßte, daß sie umgekommen sind, dann würde auch ich Schluß machen.« Eindrucksvoll war die Solidarität der Landstraße. Da wurden Lebensmittel geteilt, verschenkt, kreiste die Schnapsflasche, wenn man gemeinsam einen Lastwagen erwischt hatte. Da wurde man nachts im Dunkeln in einem abgestellten Eisenbahnwaggon von irgend jemandem mit einem Militärmantel zugedeckt. Herzenskälte begegnete ich nur in unzerstörten Städten, wo es offenbar im üblichen Trott weiterging. Keinen aus unseren Familien traf ich da, wohin er gehörte, meine Schwester zum Beispiel mit ihrem fünfjährigen Töchterchen auf einem Dachboden, wo sie von Ährenlesen und Erbsenpflücken lebten.

Inzwischen wurden die Deutschen aus Österreich ausgewiesen. Schon begegneten mir einzelne auf einer Wanderung, oft fast ohne Gepäck. »Einheimische« entdeckten, daß sie »besetzt« worden waren und vertrieben deutsche Nazis und Nichtnazis aus Wohnungen und Positionen. Andere, zum Beispiel in unserer Gemeinde, kamen heimlich mit Lebensmitteln, als der Räumungsbefehl auch uns erreichte. Da es reizvoll schien, den neuen, guten Ruf des Instituts zu erben, war uns die Arbeit schon bald aus den Händen genommen worden. Mehrere Ausweisungsverfügungen wurden wieder zurückgenommen. Doch wir mußten uns darauf einstellen: In Deutschland harrte unser das Flüchtlingslager.

1947 erhielt ich ein Arbeitsangebot aus Deutschland. Ich nahm es an und übersiedelte als »Vorhut« mit Kind und Möbeln in einem elenden Flüchtlingstransport und über ein elendes Flüchtlingslager.

Wir wollten uns am Aufbau beteiligen. W. noch eine Weile bei baldigen Angeboten zu Forschung und Gewässerbewirtschaftung, ich beim Bau eines neuen Strafvollzuges, meine Schwester im Kampf um Frauenrechte und -beteiligung.

Ein eindrucksvolles Erlebnis füge ich als Zeitbild ein: Bei einer der für die Umsiedlung notwendigen Eisenbahnfahrten, 1947, warteten Kind N. und ich auf einen Zug. Wie üblich gingen wir auf den Bahnhof und warteten, ob ein Zug käme und uns mitnähme. Wir lagerten auf dem Boden des Bahnhofes. Plötzlich – um Mitternacht – drang aus einer dunklen Ecke leises Summen, schwoll langsam an und ging in den Gesang einer Gruppe von etwa zwanzig Soldaten über: »Panzer rollen in Afrika«. Gespenstischeres habe ich kaum je erlebt als diese ein Siegeslied singende Gruppe zerlumpter Soldaten einer geschlagenen Armee zwei Jahre nach dem Ende.

Mit vielen Illusionen begann ich, dachte, wir alle hätten nach dem tiefen Sturz verstanden, daß wir ganz neu anfangen müßten. Alfred Weber sprach von einem Deutschland, das sozialistisch sein müsse. Unaufschiebbar erschien der Aufbau wirklicher Demokratie. Doch nun konzentrierten sich alle Kräfte individuell aufs materielle Überleben und kollektiv auf den materiellen Wiederaufbau mit rascher Überbewertung des Eigentums ohne Sozialbindung. Schon enttäuschten Parteiversammlungen durch wenig überzeugenden Umgang mit demokratischen Regeln und im oft geradezu arroganten Verfahren mit den neu eingeforderten Frauenrechten. Bei der Erarbeitung einer neuen Verfassung fehlte die unseres Erachtens fällige Aufnahme von mehr Bürgerbeteiligung, wollte man die undemokratische Vergangenheit wirklich überwinden. Nach und nach verstand ich, daß der Nationalsozialismus keineswegs etwas uns Aufgepfropftes gewesen war, sondern daß er auch aus aufklärungsfeindlichen Grundstrukturen unserer Tradition gespeist wurde. Und dann waren da diejenigen, die vor 1933 Demokratie wirklich gewollt hatten. Aber die glaubten nun, sie könnten bruchlos am damals Begonnenen, jedoch Gescheiterten wiederanknüpfen, ohne das Versagen zu überdenken. Auf der konservativen Seite stand die extreme Westbindung, die eine Trennung des Landes schon fast erahnen ließ. Sie bereitete bald die Remilitarisierung im Dienste eines extremen Antikommunismus vor, als westlichen Vorläufer des Kalten Krieges. Das alles behinderte die ernsthafte Verarbeitung der deutschen Katastrophe. Antisemitismus blieb, wenn auch nun latent, erhalten. Um eine stärkere Arbeiterbeteiligung in größerer Wirtschaftsdemokratie mußte massiv gekämpft werden, obwohl die Arbeiter im wesentlichen den Abbau der Industrie für Reparationen verhinderten.

Bald wurde die notwendige Selbstkritik – wahrscheinlich unlogischerweise auch bei denen, die ehrliche Gegner des Nationalsozialismus gewesen waren – durch die Behandlung der Siegermächte, der »Befreier« gebrochen. Sie bescherte ein neues Wechselbad der Gefühle. Ich zitiere einen Brief vom Januar 1946 an mich: »Wenn man nur nicht erneut von den Menschen so furchtbar enttäuscht wäre. Wie man angesichts der entsetzlichen Not in Deutschland sagen kann, das deutsche Volk müsse eben einsehen lernen, daß es den Krieg verloren habe, ist mir so unbegreiflich, daß ich verzweifle ... Wenn man denn schon Rache meint, mit welchem Recht läßt man Kinder verhungern? Ich kann nur hoffen, daß in der Welt weiter Menschen leben, die wie wir, während der Not in Polen, Rußland und anderswo, nachts weinten. Was wissen die, die jetzt richten, davon, was wir – und es waren in Deutschland ja nicht wenige – an seelischen Qualen gelitten haben, obwohl kaum jemand geahnt hat, was wirklich gespielt wurde. Was richten sie nun an seelischen Verwirrungen in uns an mit ihrem Hochmut. Wir haben uns zwölf Jahre lang geschämt, Deutsche zu sein, haben es als Schuld empfunden, daß wir zu sehr am Leben hingen und überhaupt darüber nachdachten, daß es ja sinnlos wäre, dem Unrecht seine Verachtung und seinen Haß ins Gesicht zu schreien. Aber wenn man sich nun hinstellt und im Wohlgefühl der eigenen Gerechtigkeit von dem armen Sünder verlangt, an seine Brust zu schlagen, ›Gott sei mir Sünder gnädig‹, wobei die Stelle Gottes von den Siegermächten eingenommen wird, dann ist das menschlich und psychologisch verfehlt.«

In der Tat waren Hunger, Elend und Tod durch Erfrieren in den ersten Jahren nach 1945 oft gerade bei denen groß, die im inneren Widerstand gegen die Nazis gestanden hatten, waren gerade wieder sie die Verlierer.

So geriet alles zusammen zu einer baldigen Zurückhaltung gegenüber einer inneren und äußeren Verarbeitung der eben doch bisher nur scheinbar überwundenen deutschen Tragödie. Die begann dann erst viel später.

Als ich zwei und ein halbes Jahr nach dem Ende des Krieges nach Deutschland zurückkam, war bereits vieles schon wieder im Überkommenen verfestigt, verdrängten restaurative Entwicklungen die Erneuerung auf vielen Gebieten. In meinem Arbeitsfeld wurde noch lange am reinen Vergeltungsdenken und selbst an der Todesstrafe – letzteres ideologisch – auch noch dann festgehalten, als das liberale Grundgesetz sie bereits beseitigt hatte. Der ungebremste Antikommunismus brach den Verfassungsgrundsatz der Nichtrückwirkung im

Strafrecht, als Kommunisten für bloße Parteiarbeit vor dem Parteiverbot bestraft wurden. Bei den Frauen zeigte sich rasch die Grenze der Erneuerung, wenn sie trotz Kriegseinsatz und Trümmerräumen von der wirklichen Teilhabe an der politischen Gestaltung ausgeschlossen blieben. Auch sie mußten später noch einmal, und zwar radikaler, um ihre Rechte kämpfen.

So fiel schon bald Schnee auf die ersten Blütenträume, daß sich bald eine humane, liberale, soziale Demokratie entwickeln würde. Ihre Herstellung würde das »Bohren dicker Bretter« notwendig machen. Dieses Bohren verlief dann in einem ständigen Auf und Ab von Hoffnungen und Enttäuschungen, wie es sich nun bei der Herstellung der deutschen Einheit nach 1989 wiederholt. Die wegen Widerstandes nach dem 20. Juli 1944 hingerichtete Belgierin Marguerite Bervoets schrieb an ihre Freundin: »Sagen Sie ihr (meiner Mutter), daß ich gestorben bin, damit jene, die nach mir kommen, frei leben können.« Doch um Freiheit, Gerechtigkeit und Demokratie muß nach wie vor gekämpft werden.

AUGUST EVERDING

Gott sei Dank nicht die Russen

Ich war siebzehn Jahre alt, als das Dritte Reich endete und wir nicht wußten, welches Reich folgen würde. Doch, wir wußten, es waren Engländer und Amerikaner, die uns befreiten, Gott sei Dank nicht die Russen. Wir wußten, daß Demokratie das ganz andere sei und daß die Horrormeldungen der Nazis über die »Befreier« nicht stimmten.

Mein jüngster Sohn ist jetzt siebzehn Jahre alt, ich werde ihm sagen, er solle alles aufschreiben, was ihm widerfahre, damit er – nach fünfzig Jahren befragt – nicht alles beschönige und phantasiere, wenn er zur Auskunft gebeten wird.

Was hat sich nicht alles durch Lektüre, durch Dokumentationsfilme, durch wiederholte Erzählungen verschoben? Was habe ich zu meinem Vorteil zurechtgerückt, was verdrängt?

Aber vielleicht wird dieses Buchprojekt auch gerade diese Frage aufwerfen.

Von der Oberschule weg – kein Gymnasium mehr, weil Griechisch nicht mehr gefragt – zum »Schanzen« eingezogen, kam eines Tages ein schmucker SS-Führer und wollte uns als Freiwillige anheuern. Ich konnte ihm nur entkommen, weil ich log, aus einer alten Infanteriefamilie zu stammen. Er meinte, bei der SS könne ich immer mit dem Auto fahren, die arme Infanterie müsse ja immer latschen. Mein Nachbar ließ sich verführen und fiel als Sechzehnjähriger auf dem »Feld der Ehre«.

Dann an der holländischen Grenze: morgens Fußmarsch von zwanzig Kilometern zur Baustelle, Panzergräben ausheben, abends zu Fuß zurück. Eines Tages beschloß die ganze Klasse zu türmen – es gelang uns. In der Schule wurden wir deswegen vom Bannführer aus der HJ ausgeschlossen, uns rettete der Einberufungsbefehl zum Reichsarbeitsdienst im Sauerland. Wenig Außendienst, da die »feindlichen« Jagdbomber viele Opfer forderten. Ich durfte, mußte an den Gräbern heldische Gedichte zitieren: »Von Pylonen lodern Flammen in den winterhellen Tag...« Die Amerikaner überrollten uns, auf dem Weg in die Gefangenschaft verschwand ich aus der Kolonne in ein Privathaus. Mit einem Trainingsanzug ausgestattet, lief ich tagelang nach Hause ins Ruhrgebiet. Allen Kontrollen antwortete ich: »Bin aus der Kinderlandverschickung in Bayern vor den Nazilehrern weggelaufen.« Ich sah jung genug aus und rauchte dennoch gerne die Ami-Zigarette und verzehrte die Schokolade der farbigen »Besatzer«. In den Fenstern der durchquerten Dörfer warteten die Frauen auf Heimkehr und gaben mir erwünschte und nicht erwünschte Schlafstatt. Bei »Curfew« (Sperrstunde) kam ich in den Vorort meiner Heimatstadt, schlich mich von Haus zu Haus und war sicher, das Elternhaus sei zerbombt und ich würde niemanden antreffen. Das Haus war nur beschädigt, öffnen wollte aus Angst zunächst niemand. Dann große Freude und Besorgnis über den Gesundheitszustand. Der Arzt von gegenüber schnitt die Fußblasen auf und schüttete Vaters letzte Schnapsflasche zur Desinfektion darüber. Den Schmerz kann ich noch heute nachfühlen. Keine Schule, ich wurde Dolmetscher bei einem schottischen Feldgeistlichen.

Die Zurückgekehrten bildeten Arbeitsgruppen, ich versuchte Griechisch zu lernen bei einem Emeritus, bekam Philosophieunterricht bei einem gebildeten Kaplan, diskutierte mit Quäkern und den Kulturoffizieren. Ehemalige Lehrer baten um »Persilscheine«. Der Biologielehrer, der uns den Rassismus so nahegebracht hatte, tauchte nicht mehr auf; der Chemielehrer, der morgens unsere Fingernägel kontrollierte und uns mehr über nationalsozialistische Denkungsweise beizubringen versucht hatte als über Chemie, hatte sich abgesetzt. Die Schule begann, wir durften nicht mehr rauchen – als Arbeitsdienstler hatten wir zwanzig Zigaretten pro Tag zugeteilt bekommen –, wir mußten zwei Jahre bis zum Abitur nachholen.

Wir begegneten Menschen, die von all dem Geschehen nichts zu wissen vorgaben, dabei hatte ich als Zehnjähriger bewußt die »Reichskristallnacht« erlebt. Morgens, sechs Uhr früh, auf dem Weg zur Kirche, wo mein Vater Organist war, hatte ich die SA-Männer gesehen, die die jüdischen Geschäfte demoliert hatten und stolz Wache schoben vor der ausgebrannten Synagoge. Ich wußte, daß der Kaplan Uhlenbroch im KZ saß und nicht wiederkam, Soldaten hatten »gemunkelt«, was im Osten mit Juden und Russen geschah.

Ich war siebzehn Jahre alt und glaubte fast bedingungslos an das Glück der Demokratie, die die Amerikaner brachten. Die Methoden der »Reeducation« und der Fragebögen ärgerten uns, man konnte wegen der Zonengrenzen nicht reisen, und hungern mußten wir auch noch. Nachmittags saß ich in der kaputten Orgel und reparierte Pfeifen und intonierte sie. Ganze Nächte Diskussionen über Freiheit,

Demokratie, über die Nürnberger Prozesse. Beim ersten Schulausflug nach Wangerooge kaufte ich vom ersten Geld nach der Währungsreform den *SS Staat* von Egon Kogon.

Die Rededuelle von Adenauer und Schumacher sind mir in Erinnerung, der Aufbau unserer Republik.

Ich hatte das Glück, in einer Familie erzogen zu sein, die Hitler nicht mochte, weil er gegen die Kirche und die Juden war. Aber zu einem Protest langte der innere Widerstand nie – »Junge, den Stein, den du nicht werfen kannst, hebe gar nicht auf« oder: »Mit dem Hut in der Hand kommst du durch das ganze Land«.

Was wird mein siebzehnjähriger Sohn nach fünfzig Jahren über mich sagen, über meinen mangelnden Widerstand gegen Umweltsünden und mein Nichtstun im Angesicht von Bosnien und Ruanda?

Ich weiß, nicht zu vergleichende Beispiele, aber für ihn ist 1995, was für mich mal 1945 war. Ich kann nur hoffen, daß er kein 1945 erleben muß, nein besser: daß es für ihn ein 1945 gibt, sollte es wieder einmal ein 1933 geben.

Daß das nie wieder passiert, dafür sollten wir Sorge tragen – und das ist wohl der Sinn der Befragung für dieses Buch.

1945 Ende meiner Jugend, 1945 Ende einer Diktatur und Ende eines Krieges. Beides Fakten der Geschichte. Wir sollten gelernt haben, daß unsere Taten diese Tatsachen nie mehr zulassen. Hoffentlich verklärt nicht die Zeit, die heilende und auch die vergessen machende, diese Unzeit.

Man hat Grund für diese Befürchtung, wenn man beobachtet, daß heute schon die Geschichtsklitterung beginnt mit der Betrachtung der Unzeit, die 1989 endete.

ULRICH FINCKH

Es war zwiespältig

Siebzehn Jahre alt, aber schon über zwei Jahre beim Militär, verbrachte ich den 8. Mai 1945 in einem amerikanischen Kriegsgefangenenlager bei Boehl-Iggelheim in der Pfalz. Das Lager war auf offenem Acker einfach mit Stacheldrahtzaun und Holzwachttürmen errichtet, unterteilt in »Käfige« (»Cages«) mit je etwa tausend PWs (Prisoners of War). Offiziere und SS-Leute waren in eigenen »Cages«, wir einfachen Soldaten und die Unteroffiziere davon gesondert untergebracht. In den »Cages« wurden wir eingeteilt in Hundertschaften, für die jeweils ein Haupt- oder Oberfeldwebel verantwortlich sein sollte. Unsere Probleme waren zunächst primitiv:

Kälte und Regen. Vielen, auch mir, war alles Gepäck abgenommen worden samt Mantel und Zeltbahn. So drängten wir uns zu acht im Viermannzelt aus den Wehrmachts-Dreieckszeltbahnen derer, die ihr Gepäck behalten hatten.

Hunger. In den ersten Tagen hatte es für die meisten nur eine abgepackte Trockenmahlzeit der US-Army gegeben. Wer sein Gepäck und damit die eigene Verpflegung verloren hatte, hungerte entsprechend. Bald gab es zwar Eintopf und watteartiges Weißbrot, dazu Dosen mit Käse oder Erdnußbutter, aber beim Verteilen gab es nur zu leicht Streit. Drei, vier oder fünf Mann mußten sich ein quadratisches, oft zerquetschtes Brot und dreißig bis sechzig Leute eine Käsedose teilen. Weil ich in unserem Zelt ohne Probleme geteilt hatte, muß ich bald unter der Aufsicht des Hauptfeldwebels für alle hundert die Rationen verteilen – und neunundneunzig schauten hungrig zu.

Hygiene. Es gab fast kein Wasser. Bald hatten wir Läuse und wurden mit DDT traktiert. Die, die in Rußland gewesen waren, wunderten sich, daß die Parasiten sofort tot waren. Sauber freilich wurden wir vom DDT nicht, und von den Problemen des Mittels wußte man damals auch noch nichts.

Krankheiten. Ich hatte Durchfall und blutigen Stuhlgang, und mir war hundeelend. Als die Verhältnisse sich nach etwa sechs Wochen normalisierten, ging es mir bald besser. Vielleicht war das Fasten ja gut gewesen. Letztlich kam ich allerdings krank aus der Gefangenschaft heim.

Ungewißheit. Es gab viele Gerüchte, wir sollten den Franzosen für Zwangsarbeit übergeben werden, und es gab entsprechende Ängste. Tatsächlich wurden wir nach einigen Wochen nach Dijon in Frankreich transportiert, doch kam meine Gruppe zu amerikanischen Nachschubstellen, wo wir gut verpflegt wurden und es nicht schlecht hatten. Ich wurde einer Militärtankstelle in Chalon-sur-Saône zugeteilt. Dort erkrankte ich und kam nach Attichy, wo es für die noch nicht Achtzehnjährigen ein »Baby-Cage« gab mit besserer Verpflegung, aber ohne Tabakrationen. Wir Nichtraucher konnten damit gut leben, wer sich aber schon ans Rauchen gewöhnt hatte, kam in Schwierigkeiten. Manche versuchten, Gras und Kaffeesatz zu rauchen, und bekamen erhebliche Gesundheitsprobleme.

In Attichy mußten wir Jüngeren nicht arbeiten, konnten vielmehr Kurse besuchen. So bekam ich die Chance, mich auf das längst geplante Theologiestudium vorzubereiten. Wir lernten mit Hilfe von Pfarrern, die aus anderen »Cages« zu uns kommen durften, Hebräisch (andere auch noch Griechisch und Latein) und beschäftigten uns mit Bibelkunde.

Wie war mir damals zumute? Wenn ich mich recht erinnere, war es zwiespältig. Einerseits war der Krieg zu Ende, damit auch eine Situation, die manchmal Gewissensfragen aufwarf. Wurde ich frei, so konnte ich jetzt voraussichtlich Theologie studieren, ohne damit rechnen zu müssen, deswegen benachteiligt, überwacht, schlimmstenfalls inhaftiert zu werden, wie es wohlmeinende Bekannte mir früher ausgemalt hatten. Daß das ernst gewesen war wußte ich, denn ich war im Jugendkreis eines »illegalen« Pfarrers der Bekennenden Kirche gewesen, den die rheinische Kirchenprovinz nicht mehr angestellt hatte und der regelmäßig mit der Gestapo zu tun bekam. Andererseits brach eine Welt zusammen. Als Vierzehnjährige im Luftschutz und erst recht als fünfzehnjährige Luftwaffenhelfer waren wir stolz, schon als Männer zu gelten; zwei Jahre später waren wir jetzt Gefangene, Angehörige einer geschlagenen Armee und Nation. Zu Hause war ich ausgebombt; Städte und Kampfgebiete, die wir zuletzt gesehen hatten, waren zerstört; das normale Leben schien ziemlich hoffnungslos. Hinzu kam die innere Unsicherheit, weil wir von den Amerikanern sofort mit KZ-Berichten konfrontiert wurden, die manche nicht glauben wollten, zumindest nicht die Berichte aus den Vernichtungslagern. Weil ich sie im wesentlichen glaubte, sah ich für die Zukunft unseres Landes ganz schwarz. Solche Verbrechen mußten Folgen haben, und die konnten nur schlimm sein.

Im Lager gab es heftige Diskussionen. Einig waren sich die meisten, daß die SS-Leute in ihrem »Cage« zu Recht bei der Verpflegung schlechter behandelt wurden. Schwieriger wurde es bei der Frage nach unserer eigenen Verantwortung als Soldaten unter Hitler. Gerade im Theologenbereich war das eine brisante Diskussion. Die Pfarrer waren teilweise Militärpfarrer oder Offiziere gewesen. Ihre Vorgesetzten hatten ihnen vor der Beförderung zum Leutnant oder vor der Einstellung als Militärpfarrer förmlich bescheinigt, zuverlässig gute Nationalsozialisten zu sein. Das war nicht nur Formsache, soviel wußte ich von meinem Vater und zwei seiner Vettern, die alle drei vom Oberfähnrich zum Oberfeldwebel gemacht wurden, weil ihre Beförderung zum Offizier daran scheiterte, daß sie eben nicht die Gewähr boten, stets kämpferisch für den Nationalsozialismus einzutreten. Wer auch immer ab 1934 Beamter oder Offizier werden wollte, brauchte diese Beurteilung seiner Vorgesetzten. Ohne sie wurde er nicht befördert. Glauben wollten das damals und bis heute allerdings meist nur die, die selbst betroffen waren, nicht die, die mit solchem Zeugnis Offiziere geworden sind.

Wir Jüngeren hatten uns ausnahmslos als Reserveoffiziersanwärter freiwillig gemeldet. Unsere Ausrede vor uns selbst war, daß wir dadurch vor der SS Ruhe hätten. Als Fünfzehnjährige, kurz ehe wir Flakhelfer wurden, waren die meisten von uns einzeln ins Wehrbezirkskommando bestellt worden, das dem heutigen Kreiswehrersatzamt entsprach, damals aber kein ziviles, sondern ein rein militärisches Amt war. Dort wurde jeder von Waffen-SS-Chargen aufgefordert, sich zu dieser Truppe »freiwillig« zu melden. Wer das nicht wollte, wurde sofort gefragt, was er gegen die Waffen-SS, diese angebliche Elitetruppe, und gegen den Staat habe. Da war es am einfachsten, sich an anderer Stelle freiwillig zu melden, möglichst bei Marine oder Luftwaffe, weil es entsprechende Einheiten bei der SS nicht gab. Wir trauten uns einerseits nicht zu sagen, daß wir den bedingungslosen Gehorsam der SS nach dem Mafia-Komplizenmotto »Meine Ehre heißt Treue« (zur Truppe, nicht etwa zum Recht) für verantwortungslos und für die Basis vieler (befohlener) Verbrechen hielten. Andererseits wollten wir durchaus unserem Land dienen, eben nur nicht in der SS. Die Gleichsetzung von Jungvolk/HJ oder Militär mit Deutschland stellten wir damals nicht in Frage. Im Rückblick ist das kaum mehr zu verstehen. Während die Älteren – das waren in unserem Theologie(vorbereitungs)bereich die uns betreuenden und unterrichtenden Pfarrer – eine ganze Menge über NS-Verbrechen wußten, hörten wir Jüngeren erst einmal staunend zu. Warum hatten sie nicht früher darüber gesprochen? »Aus Angst« – wir nannten das Feigheit; »Weil es doch alle wußten« – wir widersprachen und nannten das faule Ausreden. Freilich mußten wir uns auch selbst kritisch fragen: Warum hatten wir manches, was wir gesehen hatten, nicht ernstgenommen, oft nicht einmal kapiert? Und stimmte womöglich alles, was uns jetzt vorgehalten wurde? Hätten wir bei kritischem Hinsehen und Nachfragen nicht vieles bemerken müssen? Wir hatten doch gesehen, daß »Juden«, »Zigeuner«, »Russen« miserabel behandelt wurden, hatten die Hetze gegen sie in der Zeitung gelesen und im Radio gehört. Wir sahen ihre Elendsgestalten, wenn sie nach Luftangriffen Trümmer wegräumen mußten.

Heute kann ich nicht mehr sagen, wann ich welche Diskussion mitgemacht, welche Fragen anderen und mir selbst gestellt habe. Um den 8. Mai herum ging das erst vorsichtig los und war auch schwierig, weil viele im Lager noch ganz im Freund-Feind-Schema alle kritischen Gedanken über die deutsche Seite ablehnten und mit Greuelberichten beider Seiten in früheren Kriegen gleichsetzen wollten. Später im theologischen Umfeld in Attichy war mehr kritisches Nachdenken möglich, zumal wir inzwischen durch die deutsche Kapitulation und die Kenntnis der unglaublichen amerikanischen Materialüberlegenheit zumindest den Größenwahn dieses Krieges fast gegen die ganze Welt deutlich genug gesehen hatten. Das drängte zur Kritik am bisherigen Informationsstand und öffnete damit auch den Weg zu den moralischen Rückfragen gegenüber dem, was uns ideologisch bisher beigebracht worden war.

Das Thema unserer Verantwortung für den Krieg und alles Unrecht, samt der Rückfrage nach dem eigenen Mitmachen im Krieg, begleitete mich jedenfalls durch das halbe Jahr Gefangenschaft. Es begleitete mich anschließend nach Hause, wo meine Eltern auf meine jüngeren Geschwister hinwiesen, die zu leicht etwas hätten ausplaudern können, wenn sie offen mit uns Kindern geredet hätten. Viele Fragen kamen auch in der Schule hoch, als wir im alten Düsseldorfer Gymnasium durch einen Sonderlehrgang den »Reifevermerk« (Versetzung in die zwölfte Klasse) zum Abitur aufstockten. Die meisten Lehrer hatten angeblich nichts gewußt, wollten aber ihr Parteiabzeichen auch nicht mit Überzeugung getragen haben. Achtung hatte ich allerdings vor unserem Klassenlehrer, dem neuen Direktor, der vor dem Krieg von der Schule geflogen war, weil er den Eid auf Hitler mutig abgelehnt hatte. Mit ihm gab es gute Diskussionen. Er nahm uns, die wir im Krieg gewesen waren, trotz unserer acht- oder neunzehn Jahre als Erwachsene ernst und war selbst glaubwürdig.

Ab Sommersemester 1946 konnte ich dann studieren, und die Diskussion ging in der Marburger evangelischen Studentengemeinde weiter. Wie konnten solche Verbrechen geschehen? Wie konnte so vieles verborgen bleiben? Wie konnten so viele – ich auch – unter Hitler Soldat werden und Krieg führen? Wie hätte man das Recht besser verankern und begründen, bedrohte Menschen besser beschützen können? Wir diskutierten über Grundlagen des Rechts im Naturrecht, in den Zehn Geboten, in der Bibel, aber ohne Ergebnis. Die Professoren halfen damals nicht. Die Theologen fragten allenfalls nach der Rolle der Kirche in der NS-Zeit, die Juristen taten so, als sei Gesetz eben Gesetz und Verbrechen nur der Gesetzesbruch. Erst allmählich wurde mir auch deutlich, welches Ausmaß die Verbrechen hatten. Schritt für Schritt durchschaute ich die Verbrechen des Staates, die Nürnberger Gesetze, die Propagandalügen, die dem Angriffs- und Eroberungskrieg gegen Polen, später gegen die Sowjetunion zugrunde lagen.

Ich mußte erst lernen, daß es ein Kriegsvölkerrecht gibt, das Überfälle auf neutrale Länder ebenso verbietet wie die Ermordung von Kriegsgefangenen. Und daß die Befehle (und die Praxis) zum Erschießen in Gefangenschaft geratener politischer Kommissare und ehemaliger Deutscher in »Feinduniform« Kriegsverbrechen der Wehrmacht, nicht nur Untaten der SS waren. Im Grunde wurde es ein Prozeß des kritischen Fragens, Diskutierens und Erkennens, der bis heute anhält und mich gelehrt hat, daß »der Staat«, »die Regierenden«, »die demokratisch gewählte Mehrheit« ihre Macht mißbrauchen und schlimmste Verbrechen begehen können bis hin zum Völkermord. Deshalb reagiere ich heute schon auf geringes staatliches Unrecht, kritisiere den Umgang mit Flüchtlingen, die bei uns Aufnahme und Hilfe erwarten, aber zu Unrecht nicht erhalten, oder die grundgesetzwidrige Verlängerung des Zivildienstes gegenüber dem Wehrdienst. Ich weiß, warum ich mich heute für das Ernstnehmen der Verfassung, insbesondere der darin garantierten Menschenrechte engagiere. Mitverantwortung aller in einer Demokratie verlangt ständiges kritisches Beobachten derjenigen, denen Macht anvertraut ist, denn Macht ist verführerisch. Und sobald wir auch nur etwas Unrecht bemerken, können wir sicher sein, daß viel Unrecht geschieht. Deshalb: Principiis obsta! Wehre den Anfängen!

Mit der Rückfrage nach 1945 kommen viele Erinnerungen an eine Zeit, in der ich, wenn auch zum Glück ohne direkte Beteiligung an Verbrechen, objektiv in einen Zusammenhang des Verbrechens verstrickt war, den ich damals nicht durchschaute, so daß ich subjektiv überzeugt war, meine Pflicht zu tun. Dabei ahnte ich Böses wegen der überheblichen Gottlosigkeit und der militaristischen Gewaltbereitschaft aller führenden Leute. Ich zog aber keinerlei Konsequenzen aus diesem Mißtrauen, obwohl ich von manchem Unrecht wußte, zum Beispiel von der Inhaftierung Martin Niemöllers in einem KZ nach einem Urteil, das seine Freilassung erfordert hätte.

1945 war zunächst Zusammenbruch, zugleich Befreiung – aber die innere Befreiung hat lange gedauert. Viele sind bis heute vom nationalistischen und militärischen Wahn gefangen. Noch im Juni 1994 haben es die Regierungsparteien im Deutschen Bundestag abgelehnt, die etwa fünfzigtausend willkürlichen Todesurteile der NS-Militärgerichte aufzuheben und die Opfer, die gegen den Krieg und seine Verbrechen waren, zu rehabilitieren. Als Luftwaffenhelfer war mir und einigen Kameraden zweimal sehr konkret mit dem Kriegsgericht gedroht worden. Damals hielten wir das für die üblichen militärisch-disziplinarischen Sprüche. Heute weiß ich, wie ernst das hätte werden können – und erst recht, wie ernst das gewesen wäre, was niemand bemerkt hat. Wäre meine Mutter erwischt worden, als sie ausgemergelten russischen Kriegsgefangenen, die Trümmer beseitigen mußten, Brot zusteckte, oder zwei Klassenkameraden und ich, als wir nach Stalingrad in unserer Flakstellung darüber sprachen, daß der Krieg jetzt verloren ist – das hätte damals zu Todesurteilen gereicht!

Je mehr ich zurückdenke, desto kritischer sehe ich mein Mitmachen als Flakhelfer, im Arbeitsdienst, als Soldat bei Marine und Infanterie, von der Meldung als Freiwilliger ganz zu schweigen. Trotz eines liberalen NS-fernen Elternhauses und trotz des Jugendkreises der Bekennenden Kirche war ich durch Sport, Fahrt, Lager und Kameradschaft des Jungvolks viel zu sehr zum Mitmachen bei Härte, Kampf, Nationalismus, Freund-Feind-Denken und Krieg verführt worden. Der Kampfgeist, das Sportliche, der Appell an die Leistung hatten mich angesprochen. Ich wollte tüchtig sein, besser als andere – obwohl ich gleichzeitig durch die kirchliche Jugendgruppe auch immer daran dachte, wie man Schwächeren helfen konnte. Es war eine fast schizophrene Situation, und ich war darauf gefaßt, daß es nach dem Krieg ideologische Auseinandersetzungen geben mußte. Daß andere sie uns abnahmen, kam unerwartet und machte es nicht einfacher.

Aber nicht nur die eigene Situation kommt mir in den Sinn, wenn ich an 1945 zurückdenke. Am 17. April war ich in Gefangenschaft gekommen, weil ich auf dem Rückweg von einem Meldegang noch zwei schwerverwundete Kameraden verbunden hatte, während die Kompanie aus plötzlichem Granatwerferfeuer geflohen war. Meine Eltern wurden benachrichtig, daß ich von einem Meldegang nicht zurückgekehrt sei, und mein Vater ging nach seinen Erfahrungen im Ersten Weltkrieg davon aus, daß ich gefallen sei. Weitere Nachricht erhielten meine Eltern nicht mehr. Als ich dann am 19. September 1945 unerwartet durch den nicht verschlossenen Kücheneingang in die Tübinger Zuflucht unserer Familie eintrat, ließ meine Mutter das Küchenmesser auf den Boden fallen, starrte mich wie ein Gespenst an und sagte entgeistert: »Bist du's Ulrich?« Nach der Zeit im »Baby-Cage« von Attichy konnte ich lachend sagen: »So dick ist doch kein Gespenst!« Dann fielen wir uns in die Arme, und ich erfuhr, daß die engere Familie wohlbehalten war. Mein fünfzehnjähriger Bruder hatte mit einem Freund schnell aus einem »Wehrertüchtigungslager« im Allgäu durch das schon von französischen Truppen besetzte Schwaben heimkommen können. Mein Vater war wegen einer inzwischen überwundenen Krankheit um die erneute Einberufung zum Volkssturm herumgekommen. »Nur« mein siebzigjähriger Großvater in Danzig und mein Vetter Otto, der zuletzt als Soldat bei Berlin eingesetzt war, wurden vermißt. Sie kamen ebensowenig wieder wie Christian, mein bester Freund, der noch am 20. April 1945 gefallen war.

JÜRGEN FLIMM

Endlich Stille, keine Bomben mehr

1

Wir hockten stumm und starr auf der anderen Seite der breiten Straße und konnten es einfach nicht fassen: Das hohe Haus brannte lichterloh! Schwere Angriffe sollten bevorstehen, das hatte unsere Nachbarin dem englischen Feindsender schon abgelauscht, leise, ganz leise, weil der Herr H. von nebenan nichts hören durfte, der war nämlich so ein richtiger Nazi, arbeitete bei der Reichsbahn und war sehr wichtig; grantig war er auch, schimpfte uns Kinder immer, wenn wir mit Roller und Dreirad auf den Fluren unsere Rennen ausfuhren. Ich war noch keine vier Jahre alt, ein Dreikäsehoch mit himmelfahrender Nase und vielen blonden Löckchen, Bäuchlein und dickem Hintern in der Strickhose.

Als das erste zittrige Brummen näher kam, bügelte meine Mutter Ellen gerade, auf dem Tisch in der Küche glänzte goldgelb ein frischer Käsekuchen, der roch so gut! Das Gebrumme verstärkte sich, wurde lauter, mein großer Bruder Dieter griff sich seinen schlappohrigen Teddy und seinen größten Schatz, die abgenutzten Lebensmittelkarten; dann tappte er an der Hand der Nachbarin hinunter in die Unterwelt. »Ich bleib' bei dich«, soll ich zu meiner Mutter gesagt haben, die seelenruhig leise zischend weiterplättete; das war ja nicht der erste Fliegerschwarm, und der letzte würde es leider auch nicht sein! Ich saß auch zu gerne im Kinderzimmer vor dem blauen Verdunkelungsrollo und zählte Sonne, Mond und Sterne, die mein praktischer Vater Werner uns vielfarbig auf die schwarzen Bombennächte geklebt hatte.

Wie die zittrigen Brummer aber nicht nach Osten weiterflogen und begannen, ihre tödlichen Teppiche über den Dächern unserer großen Stadt abzustecken, da schob mich meine Mutter rasch in die Hose, warf mir den kleinen Rucksack über die dünnen Schultern; schleunigst stolperten wir zu den anderen in den Luftschutzkeller: Endstation. Dann begann schnell ein Prasseln und Schütteln und Klappern, und das ganze große Haus begann zu schwingen, zu zittern, zu ächzen, zu singen. Das kam von den vielen Explosionen und den geschwinden zornigen Feuern, das klang wie geborstene Orgelpfeifen und zerrissene Blasebälge.

Mein kleiner ängstlicher Gedanke galt allein dem runden goldgelben Käsekuchen dort oben im dritten Stock, der nun auf dem Küchentisch verbrennen und so ganz schwarz verschrumpeln würde, ein Häufchen Asche. Da mußte ich auf einmal ganz schrecklich und lauthals weinen.

2

Das war an einem späten Samstagnachmittag, am 29. Oktober 1944 in Köln-Mülheim, Frankfurter Straße, als alliierte Bomberformationen wieder einmal die leidgeprüfte heilige Stadt am Rhein heimsuchten und ihren Feuerzorn abluden.

Sie mußten ein Loch in die Kellerwand stemmen, sonst wären wir, verschüttet, nicht mehr durchgekommen. Die Kinder schubsten sie zuerst durchs Loch, dann krochen die Älteren durch Staub und Schutt in die rauchige Luft. Der Nachmittag war schwarz wie die Nacht, wir saßen frierend im Rinnstein, und das große Haus brannte lichterloh.

Mein Vater fand uns schließlich nach langem Suchen und verzweifeltem Rufen, und wir eilten durch die brennenden Straßen in das städtische Krankenhaus. Liebliche Nonnen betteten uns im Verbandslager hoch unter einer garstigen Betondecke auf weichen Mullgebirgen, so schliefen wir irgendwann getröstet ein, lang und süß. Nebenan krakeelte der Doktor von der Röntgenologie, seine Abteilung war just abgebrannt, er hatte sich besinnungslos betrunken. Er hieb seinen Kopf immer wieder auf die Tischplatte und rief alleweil: »Deutschland erwache!«

Am nächsten hellen Morgen ging es auf einen langen Weg über Siegburg ins Hessische, auf Karren und zu Fuß, mit dem Kinderwagen, in dem heulende Knaben saßen. Kinder sind nicht gemacht für solche rasende Aufbrüche über Stock und Stein, durch Straßengräben! Der Bauer, der uns freundlich aufnahm, hieß Kinkel und war der Vater von Mienchen, welche wiederum das Hausmädchen von meiner lieben Großmutter, der Frau Professor Varges, war. Wir lebten zu fünft in einem Zimmer, und auf dem Hof gab es Hühner und Gänse und Kühe, und Dieter sagte: »Hier is ja lauter Frieden.« Und oben auf dem Bahndamm, von dem man die ganze mühsame, weite Ebene bis zu den rotgewürfelten Dächern des kleinen Städtchens überschauen konnte, nistete ein großes schwarzes Maschinengewehr, drumrum hockten SS-Männer aus dem Flamenland, die waren nett und winkten manches Mal. Einmal schoß sich ein Offizier beim Reinigen seiner Pistole ins Bein, meine Mutter, die Frau Doktor, wurde zur Versorgung geschwind herbeigerufen. Als sie zurückkehrte, rief sie uns noch in der Tür aufgeregt zu: »Die packen, die wollen weg, der Krieg ist vorbei!«

3

In der Nacht donnerten laute Kolbenhiebe auf die große blaue Holztür zum Hof des Bauern Kinkel. Der öffnete einen ängstlichen Spalt und blickte in lauter schwarze Gesichter mit ziemlich weißen Augen. Die Sieger stürmten an ihm vorbei, lärmten die Treppen hoch, traten die Türen auf, sie suchten die freundlichen Flamen. Als sie aber in unser Zimmer kamen, sahen sie die Kinder friedlich schlummern, da machten sie auf ihren schweren Absätzen kehrt und flüsterten: »Oh, sorry, babies!«

Solch ein Aufatmen. Endlich Stille, keine Bomben mehr, kein Rauch und keine Feuersbrünste. Das war der Frieden: Die Amis knatterten mit ihren hochbeinigen stolzen Jeeps durch die winkligen Dorfstraßen, da gab's Kaugummi in rauhen Mengen und süße Schokolade, da begann ja alles, ach, der Wilde Westen und Tom Mix und Stagecoach: Launsbach (Texas)! Einmal gar reichte ein riesiger schwarzer Soldat meinem großen Bruder die Pranke. Seine kleine Hand griff mutig zu, und dann wunderte er sich aber: Es hatte ja gar nicht abgefärbt!

Die Bomberschwärme zogen allerdings immer noch hoch über unseren Köpfen mit tödlicher Last ihre Bahnen nach Osten; wir aber waren in der Freiheit angelangt, thank heaven und der US-Army!

Bald gingen wir wieder zurück in die gnadenlos zerstörte heilige Stadt am Rhein, dort regte sich rasch wieder Leben in Trümmern und Schutt. Und als die unvermeidliche Zeit der Pappnasen kam – nimm dem Kölner alles, Hab und Gut, zerbomb den Dom zum hohlen Zahn, vergifte den Rhein, dies nimmst du ihm nicht, den Fastelovend! –, da hüpften und tanzten sie wieder – »Ajuja, ajuja, jetzt jeiht es widder los!« – durch die Ruinen, die dicke Trumm vor den Bauch geklemmt, als wäre der schreckliche braune Terror einfach so wegzuschunkeln. Und mitten unter ihnen im Rosenmontagszug marschierte im Stechschritt ein richtiger Hitler. »Da kütt dä Adolf!« schrien die

Jecken und reckten jauchzend ihre Hände in den gritzgrauen Nachkriegshimmel, und dieser riß puppenhaft immer wieder den rechten Arm hoch, rollte mit den Augen, blieb plötzlich stehen, drehte sich rasch im Kreis wie ein Dilldopp, und die Narren warfen mit Konfetti und lachten sich halbschief: »Heil! Heil! Ich han dä Mädche nix jedonn!« Während der Ruß der Lageröfen noch die Sonne verfinsterte, Celan einen Meister aus Deutschland besingt, »Dein aschenes Haar Sulamith«, und Adorno keine Verse mehr in den Sinn kommen wollen, da sangen sie schon wieder fröhlich, heidewitzka, daß sie die Eingeborenen von Trizonesien seien und: »Wir sind keine Menschenfresser, doch wir küssen um so besser!«

Da war der schlimme Krieg schließlich vorbei und die endlose Zeit der schrecklichen Mörder und ehrlosen Schinder und unbarmherzigen Leisetreter. Ein sehr schwieriger Friede begann – und die Last der Freiheit.

ROSEMARY FRIEDMAN

Mein Offizier

Am Dienstag, dem 8. Mai 1945, am Tag des für uns siegreichen Kriegsendes in Europa, feierte die Bevölkerung Londons eine Riesenparty, und man gewann den Eindruck, daß sich alle Bewohner der Stadt auf den Straßen versammelt hatten. Ich war sechzehn Jahre alt und fühlte mich aus ganz persönlichen Gründen von diesem Überschwang der Gefühle abgestoßen, der die Menschen veranlaßte, ihrer Freude durch hemmungsloses Tanzen und Singen Ausdruck zu verleihen. Zu lange hatten sie solche Gefühle nicht mehr zeigen können. Doch mir schien es, als tanzten sie auf den Gräbern der vielen tausend jungen Männer, die ihr Leben in einem fünf Jahre dauernden Kampf gegen rohe Gewalt, Verrat, Ungerechtigkeit, Unterdrückung und Verfolgung hingegeben hatten.

Betrachtet man heute diese um fünfzig Jahre zurückliegenden Ereignisse im Spiegel der Erinnerungen, dann wird einem manches verzerrt erscheinen. Doch an die Sorgen, die ich mir im Hinblick auf mein privates ebenso wie auf das öffentliche Leben gemacht habe, kann ich mich bis heute sehr deutlich erinnern.

In der Geschichte der Menschheit ist kein Kriegsausbruch so deutlich vorhersehbar gewesen wie der des Zweiten Weltkrieges. In meiner Kindheit haben sich die Erwachsenen in halblaut geführten Gesprächen, deren Inhalt nicht für mich bestimmt war, immer wieder zu diesem Thema geäußert. Zunächst ging es darum, *ob* es zum Kriege kommen würde, aber sehr bald fragte man sich nur noch, *wann* man mit dem Kriegsausbruch rechnen müsse.

Mitte 1939 hatten wir uns bereits an die »Verdunkelung« (zum Schutz gegen die Gefahr der Luftangriffe in der Nacht), an das Geheul der Luftschutzsirenen – noch heute weckt das Heulen von Sirenen die Erinnerung an längst vergangene Zeiten – und die Akronyme wie W.V.S. (Women's Voluntary Service) und A.R.P. (Air Raid Precautions) gewöhnt. In der Schule sangen wir anstelle der bisher üblichen Choräle patriotische Lieder wie »Land of Hope and Glory«

und »I Vow to Thee my Country«, um uns bewußt zu werden, welche Anforderungen der Krieg an uns stellte, und auf dem Schulhof skandierten wir zu unseren Hüpfspielen:

»Under the spreading chestnut tree,
Neville Chamberlain said to me:
›If you want to get your gas mask free,
join the blinking A.R.P.‹«

Das entsprach allerdings nicht ganz der Wirklichkeit, denn die Bevölkerung war bereits kostenlos mit Gasmasken versorgt worden, sogar die Babys und Kleinkinder mit den Gasmasken der Typen »Mickey Mouse« und »Donald Duck«.

Mir brachte der Krieg jedenfalls keine besonderen Nachteile. Angesichts des Leidens von Millionen machte es einem Mädchen in meinem jugendlichen Alter kaum etwas aus, daß es wegen der Rationierung von Textilien zu Nadel und Faden greifen mußte, um seine Garderobe zu ergänzen, sich mit dreizehn Zentimeter Wasser in der Badewanne zu begnügen hatte (nach einer Verordnung des Energieministeriums) und daß für drei Heringe ein paar Stunden Schlange zu stehen waren.

Zwar mußte ich gewisse Unbequemlichkeiten hinnehmen und auf manches verzichten, empfand das aber im Laufe der Zeit als ganz normal. Ich brauchte weder zu frieren noch zu hungern, mußte aber plötzlich Pflichten übernehmen, die über das hinausgingen, was einem jungen Menschen in meinem Alter sonst zugemutet wird. So erlebte ich einen sehr plötzlichen Übergang von der Kindheit in die Welt der Erwachsenen, ohne in den Genuß der Sorglosigkeit zu kommen, die das Leben eines Teenagers unter normalen Umständen kennzeichnet.

Als der Premierminister Neville Chamberlain an jenem frischen Herbstmorgen, es war Sonntag, der 3. September 1939, um 11.15 Uhr im Beratungszimmer seines Kabinetts in der Downing Street 10 eine Erklärung abgab und uns mitteilte: Da der Termin für die Erklärung der deutschen Regierung, sie habe ihre Truppen aus Polen zurückgezogen, verstrichen sei, »... befindet sich unser Land im Krieg gegen Deutschland ... Gott schütze Sie alle«, befand ich mich – ich hatte meine Gasmaske mitgenommen – mit meinen Eltern und Großeltern in einem Hotel im englischen Seebadeort Bournemouth. Es sollten für viele Jahre meine letzten Ferien sein.

Als Chamberlain seine Erklärung abgab, hatten sich die Gäste vor dem Radioapparat in der Hotelhalle versammelt. Als am Schluß die Nationalhymne gespielt wurde, sangen sie alle mit und versuchten sich anschließend mit der Behauptung zu beruhigen: »Zu Weihnachten wird alles vorüber sein.« Einige von ihnen hatten Tränen in den Augen, und ich konnte nicht verstehen, weshalb sie weinten.

Viele von ihnen hatten die Katastrophe von 1914–1918 noch nicht vergessen, in deren Verlauf zwei Millionen Menschen eines sinnlosen Todes hatten sterben müssen. Sie erinnerten sich noch mit einiger Verbitterung an den »Krieg, der das Ende aller Kriege hatte bedeuten sollen«. Nun sagte ihnen ihre Erfahrung – und das waren besonders diejenigen, deren Söhne damit rechnen mußten, zum Militärdienst eingezogen zu werden –, daß uns düstere Zeiten bevorstanden. Ich teilte diese Befürchtungen nicht.

Während viele Stadtkinder – einige von ihnen waren nicht älter als vier oder fünf Jahre – von ihren Eltern getrennt (die traumatischen Auswirkungen dieses Verfahrens lassen sich kaum abschätzen) und mit Namensschildern um den Hals mit der Bahn zu Pflegeeltern aufs Land verschickt wurden (die Evakuierung erfolgte freiwillig, aber die Eltern konnten nicht bestimmen, wohin die Kinder verschickt wurden), hatte ich das Glück, mit meiner ganzen Familie evakuiert zu werden. Mein Bruder war zu jung und mein Vater zu alt, um zum Militär eingezogen zu werden. Zuerst wurden wir in einem Ort an der Küste untergebracht, wo auf den strengsten Winter seit Menschengedenken ein wunderbares Frühjahr folgte. Anschließend wurden wir an einen sicheren Ort im Binnenland verlegt.

Wie viele andere Kinder meines Alters mußte ich unmittelbar nach Ausbruch des Krieges sehr häufig die Schule wechseln, bevor wir nach vielem Hin und Her eine Dauerunterkunft im Dorf Brackley in Northamptonshire fanden. Wie die meisten meiner Altersgenossen konnte ich mir kaum erklären, was diese ganze Unruhe bedeutete. Heute werden zehn oder elf Jahre alte Kinder, deren Vorstellungen von ihren Erfahrungen auf der Straße geprägt werden, das kaum verstehen. Aber ich gehörte dem bürgerlichen Mittelstand und einer Generation an, wo man von den Kindern erwartete, daß sie sich zwar sehen, aber nicht hören ließen, und man sie fürsorglich vor allem »schützte«, was in der Außenwelt geschah und ausschließlich Sache der Erwachsenen war.

Im großen und ganzen waren die ersten Kriegsjahre eine sehr glückliche Zeit für mich. Wir mieteten ein geräumiges Haus auf dem Lande, das mein Vater später kaufte, und hier lebten auch meine Großeltern (die nach einiger Zeit in diesem Haus starben) und einige Vettern, die auf die Einberufung zum Militär warteten und deren Eltern die jüngeren Geschwister in die Vereinigten Staaten geschickt hatten, weil sie fürchteten, England könnte zum Kriegsgebiet werden.

Zu unserer erweiterten Familie gehörte damals auch ein ängstlicher, außerordentlich schüchterner zwölfjähriger Flüchtlingsjunge, der kein Wort Englisch sprach und mit dem letzten Kindertransport nach England gekommen war. Wir hatten keine Ahnung, wovor er geflohen war, und wie üblich hat uns das auch niemand gesagt. Ohne viel darüber nachzudenken, nahmen wir zur Kenntnis, daß er seine Familie in Deutschland zurückgelassen hatte, aber Euphemismen wie das Wort »Kristallnacht« und Bezeichnungen wie Dachau, Theresienstadt und Belsen wurden erst viel später in das tägliche Vokabular aufgenommen. Mein älterer Bruder, meine jüngere Schwester und ich hatten keine Vorstellung von der Judenverfolgung durch die Nazis, vor der unser Hausgast Max geflohen war, oder von den Gefühlen, die ein so alleingelassenes Kind bewegten. Auch ahnten wir natürlich nicht, daß Max seine große Familie, die er von Herzen liebte, niemals wiedersehen würde.

Max lernte sehr bald englisch zu sprechen und wurde damit für mich in ganz natürlicher Weise zum Teil unseres erweiterten Haushalts. Zu meinen Pflichten in diesem Haushalt gehörte es auch, jeden Abend unsere vielen Fenster zu verdunkeln, die von unseren Hühnern im Garten gelegten Eier zu sammeln und in ein Wasserglas einzulegen, obwohl sie dort sehr oft schlecht wurden, aus Karotten »Aprikosenkuchen« zu backen und die Beete in unserem Garten umzugraben, in denen wir all unser Gemüse zogen.

Als mein Vater im Special Investigation Branch der Royal Air Force eine besondere Aufgabe übernehmen mußte, beschloß meine Mutter, in der ruhigen Zeit nach den ersten deutschen Luftangriffen gegen London ihm in die Hauptstadt zu folgen, wo wir uns eine Wohnung nehmen mußten, da unser altes Haus beschlagnahmt worden war. Wir kamen gerade an, als die zweite Welle der deutschen Luftangriffe begann.

Mit fünfzehn Jahren erlebte ich eine für mich erregende Zeit. Ich fühlte mich so frei und ungebunden wie nie zuvor, vor allem weil die Erwachsenen zu sehr damit beschäftigt waren, ihre Aufgaben im Rahmen der Kriegsanstrengungen zu erfüllen, ohne sich viel darum kümmern zu können, was wir taten. So waren wir ganz auf uns selbst angewiesen.

Das Leben in London während des Krieges steht mir noch sehr deutlich vor Augen, und ich sehe immer noch das grelle Licht der Scheinwerfer, die den nächtlichen Himmel nach feindlichen Flugzeugen absuchten. Trotz der erschütternden Berichte in den Morgenzeitungen über das Ausgraben von Leichen in den Trümmern der zerbombten Häuser und trotz der alles verzehrenden Flammen, die einen mehr an Dantes Inferno denken ließen als an die Stadt London, die durch diese Brände verwüstet wurde, empfand ich keine Furcht und ließ mich kaum davon schrecken. Das lag vielleicht daran, daß ich diese Dinge schon jetzt mit den Augen der späteren Schriftstellerin beobachtete. Wenn wir mit angehaltenem Atem darauf warteten, daß die unbemannten V1-Raketen in einem fremden Haus einschlugen, und uns die Hälse verdrehten, um die feindlichen Flugzeuge als solche zu identifizieren, war es im Grunde nicht viel mehr als ein erregendes Ratespiel.

Ohne auf die Warnungen meiner Eltern zu hören, entdeckte ich die Schönheit des nächtlichen Himmels. Ich suchte mir mühsam den Weg durch die abgedunkelten Straßen, wo man in Panik geraten konnte, wenn man sich verirrte. Dabei half mir nur das schwache Licht einer mit Seidenpapier abgeschirmten elektrischen Taschenlampe. Mein Ziel war eine Mannschaftskantine, wo ich half, die Gäste zu bedienen. Meine Frisur war eine sogenannte Victory Roll, ein rund um den Kopf festgesteckter Haarkranz. Hier flirtete ich mit Männern in schicken Uniformen und tanzte zu den von Vera Lynn gesungenen neuesten Schlagern, deren Texte irgendwie Ausdruck vergeblicher Hoffnungen waren. Sie lauteten etwa »Spring Will Be a Little Late this Year« oder »The White Cliffs of Dover«.

Da es mich langweilte, die Abende im Luftschutzbunker zuzubringen, den die ganze Familie einschließlich des Hundes aufsuchte, sobald die Sirenen heulten, blieb ich mit einem alten Stahlhelm, den ich irgendwo gefunden hatte, überzeugt von meiner Unverwundbarkeit im Bett liegen und schlief weiter. Welch sträflicher Leichtsinn das war, begriff ich erst, als ein anderes Mädchen eines Morgens weinend in die Schule kam, deren vierzehnjähriger Bruder sich in der letzten Nacht geweigert hatte, mit der Familie in den Schutzraum zu gehen und in ihrem Haus in Hampstead geblieben war, das von einer Bombe getroffen und völlig zerstört wurde.

Eines Tages kam ich vom Unterricht, der jetzt im Andersonbunker abgehalten wurde, als sei das die natürlichste Sache der Welt, nach Hause und mußte feststellen, daß unsere Wohnung von einem Bombentreffer zerstört worden war. Zum Glück waren wir alle nicht dort gewesen, hatten jetzt aber unsere Unterkunft verloren. Der Krieg war uns ein Stück näher gerückt, und es dauerte nicht sehr lange, bis auch ich persönlich ganz unmittelbar von den Kriegsfolgen berührt wurde.

Da wir keine Ersatzwohnung bekommen konnten, zogen wir in ein kleines Privathotel, wo wir lebten, bis alles vorüber war. Der Sohn des Hotelbesitzers, ein gutaussehender, neunzehnjähriger junger Mann, diente in einer Aufklärungsstaffel der Royal Air Force und flog nachts in einem Wellingtonbomber nach Deutschland, um Luftaufnahmen von den Zielgebieten unserer Angriffsverbände zu machen. Wie nicht anders zu erwarten, verliebten wir uns ineinander, und der Krieg, der bisher augenscheinlich nur für andere Menschen eine Bedeutung gehabt hatte, nahm auch für mich eine neue Dimension an.

Im Krieg verstärken sich nicht nur die leidenschaftlichen Gefühle der Menschen, sondern auch die Zeit, die einem für das Zusammensein mit geliebten Menschen geschenkt wird, erhält einen höheren Wert. Die jungen Menschen erlebten das Zusammensein intensiver, denn sie konnten nicht wissen, ob und wann sie sich jemals wiedersehen würden. Die Leidenschaft ihrer Küsse war Ausdruck des Bewußtseins, daß jede Umarmung die letzte sein könnte. So überraschte es nicht, daß auch die Schlagertexte gefühlvoller und sentimentaler wurden (»I'll See You Again«, »Moonlight Becomes You« und »Who's Taking You Home Tonight«). Der Krieg dauerte schon zu lange. Es gab kaum eine Familie, die nicht gefallene oder verwundete Angehörige zu beklagen hatte. Überall in Europa waren die Lichter verlöscht, und plötzlich hatte man das Gefühl – das auch ich teilte –, daß die letzte und entscheidende Schlacht kurz bevorstand.

Ich trug das Pilotenabzeichen meines Freundes in der Form einer goldenen Brosche und ein RAF-Halstuch in den Farben Blau und Braun und führte ein Leben zwischen Hoffen und Bangen. Ich mußte es ertragen, tagelang vergeblich auf ihn warten zu müssen, und hörte voller Entsetzen, wenn in den Morgennachrichten im Rundfunk berichtet wurde: »Zwei unserer Maschinen wurden abgeschossen.« Wenn er dann von einem solchen Einsatz zurückkam, war er erschöpft und schien in seinen Pilotenstiefeln und der Schaffelljacke um Jahre gealtert. Ganz sachlich erzählte er, wie seine Maschine von der deutschen Flak getroffen und fast abgeschossen worden war. An die deutschen Piloten der Dorniers oder Messerschmitts dachten wir nicht, obwohl es die gleichen jungen Burschen waren wie unsere. Hier herrschte das Gesetz des Dschungels: Töten oder getötet werden.

Ich war stolz, mich mit einem so gutaussehenden, jungen Offizier in der ordengeschmückten Uniform der Air Force sehen zu lassen. Die dunklen Straßen und Kinos mit ihren langen Programmen, wo neben dem Hauptfilm auch Kurzfilme und Wochenschauen gezeigt und dafür geworben wurde, mehr Kartoffeln zu essen, boten den jungen Leuten reichlich Gelegenheit, unbemerkt Zärtlichkeiten auszutauschen. Zu den beliebtesten Filmen gehörten »One Hundred Men and a Girl« und »The Stars Looked Down«. Immer häufiger sprachen wir über die Zeit, die uns nach dem Krieg erwartete, und machten romantische Zukunftspläne.

Im Dezember 1944 und nach dem Durchbruch der alliierten Truppen durch die deutschen Linien in der Normandie hatten wir den Eindruck, der Krieg könne nur noch wenige Monate dauern. Mein Freund, der Pilot, unternahm seine Feindflüge nun von Feldflughäfen in Frankreich und Belgien aus. Fast täglich bekam ich von der Zensur geöffnete und abgestempelte Feldpostbriefe von ihm.

Natürlich durfte er mir nicht schreiben, was er im einzelnen tat, und erwähnte nur, daß es »harte Arbeit« sei und er viel zu tun habe. Ihn und seine Kameraden langweilte dieses Leben, sie sehnten sich danach, wieder nach Hause zu kommen, und er beschwerte sich in seinen Briefen über die Kälte, die eingefrorenen Wasserleitungen und die Tatsache, daß er nicht warm baden konnte. Erst als unsere Männer erfuhren, was die belgischen Familien in den Dörfern, in denen sie einquartiert waren, zur Zeit der deutschen Besatzung hatten aushalten müssen, wurde ihnen klar, wofür sie kämpften.

Der nächste Urlaub für meinen Freund, den Piloten, war für den April 1945 vorgesehen. In seinen Briefen kam deutlich die Freude darüber zum Ausdruck, daß sich der Krieg seinem Ende näherte. Daneben sprach er immer wieder davon, wie sehr er mich liebte und was wir unternehmen würden, wenn er endlich entlassen würde.

Am 30. März 1945, fünf Wochen vor dem offiziellen Ende des Krieges in Europa, erhielt der Besitzer des kleinen Hotels, der Vater meines Freundes, ein Telegramm vom Luftfahrtministerium in der Oxford Street in London: »Wir bedauern, Ihnen mitteilen zu müssen, daß Ihr Sohn vermißt gemeldet ist und wir vermuten müssen, daß er im Verlauf von Luftoperationen am 21. März sein Leben verloren hat. Weitere Nachrichten werden nach Möglichkeit sofort an Sie weitergeleitet werden . . .«

Doch der Vater meines Freundes mußte auf solche Nachrichten ebenso vergeblich warten wie die Mütter der deutschen Piloten der Dorniers und Messerschmitts, die, wie in einem tödlichen Kinderspiel, ihr Feuer gegen die Wellingtons und Spitfires gerichtet hatten.

Das offizielle Telegramm des Luftfahrtministeriums, das im gleichen Wortlaut täglich viele Familien im ganzen Land erreichte, machte mir die Tatsache bewußt, daß die vergangenen fünf Jahre mehr bedeuteten als Opfer und Entbehrungen für die Zivilbevölkerung und nicht nur aus dem Sammeln von Altpapier und Altmetall und aus Schlangestehen bestanden hatten. Zum erstenmal bekam ich eine Ahnung davon, was ein Krieg wirklich bedeutet.

Nach dem Entsetzen, den der persönliche Verlust ausgelöst hatte, kam das Entsetzen über die Gesamtverluste an Menschenleben, als die Zeitungen Bilder von Szenen brachten, wie sie noch niemand gesehen hatte, und ein Zahlenspiel begann, bei dem sie die Zahl der Opfer in den Konzentrationslagern zu schätzen versuchten. Diese Menschen waren meine Brüder. Daß ich ihr Schicksal nicht hatte teilen müssen, hatte ich nur der Gnade Gottes und der Tatsache zu verdanken, daß meine jüdischen Großeltern Polen verlassen und nach England gegangen waren.

Das waren die Gründe dafür, daß ich mich am 8. Mai 1945 nicht an den Siegesfeiern beteiligen konnte und es mir schwerfiel, die Ausgelassenheit dieser Siegespartys mitanzusehen, denn obwohl wir uns über diesen Sieg freuen durften, wurden dabei die Gefühle zu vieler Menschen verletzt.

Hätten die jungen Flugzeugbesatzungen der deutschen Dorniers und der englischen Wellingtons ihren Enkeln erzählen können, was wirklich geschehen war, würden sie vielleicht heute ungehindert nach Manchester und München trampen. Die Jugendherbergen in England und Deutschland erinnern uns an diese Möglichkeit, während eine neue Generation, die endlich ungehindert die Ländergrenzen in Europa überschreiten darf, die Freiheit genießt, die mit dem Blut ihrer Vorfahren erkauft wurde.

(Aus dem Englischen von Hans-Jürgen Baron von Koskull)

THEODOR FRIEDMAN

Zweimal das Leben gerettet

Als der Krieg ausbrach, war ich siebzehn Jahre alt. Ich habe das Bild der vielen tausend Uniformierten vor Augen, die eine Woche nach dem Kriegsausbruch am 1. September 1939 in meine Geburtsstadt Radom einmarschierten. Man erklärte Radom bald zur Distrikthauptstadt, und hier wurden die SS- und Polizeiführer, die Gestapo, die Schutzpolizei, die Ordnungspolizei usw. stationiert. Auch die Wehrmacht war vertreten.

Die SS-Leute in schwarzer Uniform, die mit ihrem Totenkopf an der Mütze den Menschen Angst einjagten, residierten in der Lubelska 27. In demselben Hof dieser Straße lag eine jüdische Mittelschule mit einem großen Garten, und auch die Druckerei meines Vaters grenzte daran. Zwei SS-Leute mit Karabinern und Reitpeitschen standen vor dem Tor. Jeder Jude, der dort passieren wollte, wurde »eingeladen«, die Einheit »zu besuchen«. Die Juden bekamen einen Fußtritt mit den blankgewienerten Stiefeln und einen Hieb mit der Reitpeitsche, und auf dem Hof erfolgte dann die »Sonderbehandlung«. Einer der Juden mußte die Latrine säubern und dann einem anderen den Kübel mit Dreck über den Kopf stülpen. Ein SS-Mann schlug mit einem Stock auf den Kübel, als ob dieser eine Pauke wäre, bis das Blut zusammen mit dem Kot vom Kopf des Opfers herunterrann. Dann wurde die Gruppe von den SS-Leuten photographiert – zur Erinnerung an die Behandlung, die sie den Juden in Polen haben angedeihen lassen.

Im April 1941 wurde in Radom das Getto eingerichtet. Doch ich war bereits im August 1940 zur Zwangsarbeit an der deutschen Front abgeholt worden. Ich mußte mithelfen, auf einer Länge von rund fünfzig Kilometern Gräben als Sperre für russische Panzer auszuheben. Etwa zehntausend Juden aus verschiedenen Städten des Generalgouvernements, aus Radom, Krakau, Warschau, Lublin usw., waren dort eingesetzt. Unter dem Befehl von jungen SS-Leuten und unter der Bewachung der ukrainischen Miliz arbeiteten wir von sechs Uhr früh bis sechs Uhr abends an den Schützengräben. Wer beim

Pausemachen erwischt wurde, den bestrafte man auf sadistische Weise. Der Betroffene wurde beispielsweise gezwungen, seine Mütze in Richtung Zaun zu werfen, dann sollte er sie zurückholen. Als der junge Jude, der im gleichen Alter wie der SS-Mann war, seine Mütze vom Zaun holen wollte, wurde er erschossen. Zur Begründung hieß es, er habe auf die russische Seite flüchten wollen. Die anderen Juden mußten für ihn ein Grab ausheben. Solches geschah einige Male. Alle paar hundert Meter hatten SS-Leute ihre Wachposten und tobten sich dort aus, bis sie an die Front geschickt wurden, um wirklich zu kämpfen. Bis dahin führten sie ihren Krieg gegen die jüdischen Zwangsarbeiter, die wehrlos waren, die vor jedem SS-Mann strammstehen mußten, der sie dann schlug oder auspeitschte.

Der Ort, wo ich arbeitete, hieß Belzec Cieszanow. Im November 1941 war in Belzec mit dem Bau eines Vernichtungslagers begonnen worden. Nach sechs Wochen, es war Anfang 1942, faßte ich Mut und rannte fort. Ich flüchtete mich aber nicht auf die nur etwa zehn Meter entfernte russische Seite. Der Zusammenhalt in einer jüdischen Familie war so eng, daß man nicht Vater, Mutter und Geschwister zurückließ und selbst davonlief, sondern man blieb mit ihnen zusammen. Daher lief ich die sechshundert Kilometer bis nach Radom, um wieder bei meiner Familie zu sein.

Ich meldete mich freiwillig zur Arbeit bei der deutschen Wehrmacht, und zwar in einem Kriegslazarett. Es war in einer Kaserne untergebracht, in der früher die polnische Armee, das 72. Infanterieregiment, stationiert war. Nicht weit davon, in der Targowa 6, lag unser Haus. Damals hörten wir morgens aus den offenen Kasernenfenstern den Gesang der polnischen Soldaten. Die wilde Jagd auf Juden in den Straßen und die Überfälle auf ihre Wohnungen hatten aufgehört. Bis 1940 hatte man auf diese Weise Juden zur Arbeit geholt und sie abends mit blutigem Kopf nach Hause geschickt. Dann richtete der Judenrat ein jüdisches Arbeitsamt ein, das unter der Obhut des deutschen Arbeitsamtes einige tausend Juden zur Arbeit für die Wehrmacht einteilte. Sogar zivile deutsche Firmen, die Bauunternehmen betrieben, holten sich Juden zur Arbeit. Das geschah sogar noch bis 1942, obwohl 1941 schon das Getto bestand.

Ich arbeitete mit etwa zwanzig Juden im Kriegslazarett unter der Aufsicht von Feldwebel Hessel und Unteroffizier Lang. Beide hießen Johann und stammten aus Frankfurt am Main, beide hatten vorher geschäftlich mit Juden zu tun gehabt. Wir Juden wurden von ihnen sehr anständig behandelt und fast nie geschlagen. Unsere Aufgabe bestand darin, die Kaserne sauberzuhalten. Kartoffeln, Gemüse, Mehl, Brot und andere Nahrungsmittel waren aus dem Verpflegungslager der Armee heranzutransportieren, Kohlen aus den Waggons an der Rampe auf Lastwagen zu laden, so daß ich bald daran gewöhnt war, einen 75-Kilo-Sack zu schleppen. Als der Krieg mit Rußland begann und die ersten Verwundetentransporte im Lazarett eintrafen, mußten wir die Öfen mit Holz und Kohle versorgen.

Bis zum Sommer 1942 waren wir Juden im Kriegslazarett beschäftigt, und ich sah viele verwundete deutsche Soldaten, denen die Füße amputiert waren und die auf Krücken liefen. Unsere Zahlmeister und Inspektoren, die den Rang eines Hauptmanns hatten, haben sich uns gegenüber anständig verhalten. Für unsere Arbeit bekamen wir als Belohnung ein Mittagessen aus den Resten der Mahlzeiten für die Soldaten, und so konnten wir sehr oft davon etwas nach Hause zu unseren Familien mitnehmen. Die Unteroffiziere und die Mannschaft hatten sich an uns Juden gewöhnt. Aufgrund der Ähnlichkeit von jiddischer und deutscher Sprache lernten wir Juden im Laufe der Zeit Deutsch und verstanden auf den leisesten Wink, was der Unteroffizier von uns wollte. So bekamen wir fast nie Prügel.

Ich arbeitete dann eine Zeitlang in der Entlausungskammer, wo alle Kleider der verwundeten Soldaten gereinigt wurden. In den Uniformtaschen fanden sich manchmal auch Sardinenbüchsen und Schokolade. Unser Vorgesetzter in der Entlausungskammer war ein Stabsgefreiter mit Namen Seppel, der ein Jahr später zum Unteroffizier befördert wurde. Er erwischte mich einmal beim Stehlen einer Sardinenbüchse, gab mir ein paar Ohrfeigen und warf mich aus der Entlausungskammer. Der Zahlmeister aber verzieh mir, und ich arbeitete wieder bei den Kohlen. (Im Sommer 1946, als ich in München war, kehrte ich am Bahnhof in ein großes Restaurant ein. Der Kellner, der mich bediente, war Seppel. Als er mich anschaute, wurde er weiß wie die Wand, und er hatte Angst, daß ich ihn verraten könnte. Er sagte: »Gut, daß Sie am Leben geblieben sind. Ich möchte Ihnen sagen, daß ich vor Hitler in München bei Juden als Oberkellner gearbeitet habe.« Er entschuldigte sich bei mir wegen der Ohrfeigen und brachte mir alle möglichen guten Sachen, damit ich ihn nur nicht meldete.)

Eine »Sonderbehandlung«, die ich nie im Leben vergessen werde, bekam ich von einem SS-Mann. Vor ihm, dem späteren SS-Rottenführer, mußte ich strammstehen. Dann schlug er mich mit seiner Reitpeitsche, hieb mir mit der Faust ins Gesicht und gab mir Fußtritte in den Bauch, während er mir befahl, den Sack nicht von der Schulter fallen zu lassen. Dann mußte ich mich unter seinen Lastwagen legen, und er fuhr vor und zurück, um mich zu töten, wenn ich nicht auswich. Zwei Tage schlug er mich noch, dann rannte ich davon. Später suchte ich mehr als zwanzig Jahre nach ihm und fand ihn schließlich in Hamburg, wo er zusammen mit anderen SS- und Gestapo-Leuten vor Gericht stand. Er wurde leider freigelassen, weil er mich ja nicht totgeschlagen hatte und es keine Zeugen gab, die gesehen hätten, daß er andere Menschen totschlug.

Mitte Dezember 1942 wurden einige tausend Juden, die bei verschiedenen deutschen Firmen für die Wehrmacht arbeiteten, sowie ältere Männer und Frauen, die die SS nicht mehr am Leben lassen wollte, in Marsch gesetzt. In Begleitung von SS, Polizei, Schutzpolizei und ukrainischer Miliz ging es zu Fuß zu der dreißig Kilometer entfernten Stadt Szydlowiec, wo sich ein Getto befand. Dort wurden die Juden für den Weitertransport in das Vernichtungslager Treblinka gesammelt. Ich sah mir die Gesichter der Juden an, die wochenlang auf ihre »Endlösung« warteten. Ich faßte den Beschluß, zusammen mit einem Juden, der so blond war wie ich, zu flüchten. Das Flüchten ist eine Frage von Geschicklichkeit und Glück. Man muß den Augenblick ausnützen, da der Wachposten ein paar Sekunden wegschaut. Wir gelangten abends ins Getto von Radom zurück, und nach zwei Tagen meldete ich mich wieder freiwillig zu einer Arbeit bei der Luftwaffe.

Im Januar 1943 sollte ich mit meiner Schwester und anderen Juden nach Treblinka deportiert werden, doch dank der Intervention des deutschen Zahlmeisters und unserer Kraft im Judenrat wurden wir verschont. Die Deportation nach Treblinka fand am 13. Januar 1943 statt, wir aber blieben im Getto zurück.

Es war im März 1943, am jüdischen Feiertag Purim, als in der Frühe zwei große Busse am Getto vorfuhren, um die jüdische Intelligenz abzuholen, die auf der sogenannten Palästinaliste stand. Man wollte sie zum Zug nach Warschau bringen, um sie dann gegen deutsche Offiziere in britischer Kriegsgefangenschaft auszutauschen. Die jüdischen Ärzte, Advokaten, Ingenieure, Lehrer und andere Intellektuelle, die Diplome besaßen, stiegen mit ihren Koffern in die Busse ein. Meine Schwester hatte eine Diplomurkunde von ihrem Verlobten. Er wollte sich nicht auf die Liste setzen lassen, weil er sie für einen Trick der Deutschen hielt. Meine Schwester ging mit der Urkunde zu dem SS-Untersturmführer, der das Kommando begleitete, und bat ihn, ihr zu erlauben, mit ihrem Bruder nach Palästina auszureisen. Sein Name war Kapke. Er sagte leise zu ihr: »Fräulein, Sie sind nicht auf der Liste, daher kann ich Sie nicht mitnehmen.« Sie versuchte ihn zu überreden, und er fragte, wie alt der Bruder sei. »Er ist neunzehn Jahre und arbeitet für die Luftwaffe«, antwortete sie. »Ihr seid zu jung«, entgegnete der SS-Untersturmführer, »ihr habt keine Diplome vorzuweisen, ihr bleibt da.« Meine Schwester gab nicht auf und argumentierte weiter, er jedoch sagte ihr, daß sie das nächste Mal mitkommen würde, aber nicht jetzt. Trotzdem lief sie los, um mich zu holen, und fand mich unter den Zuschauern, die die reichen, intelligenten Juden beneideten, die nach Palästina fahren durften. Sie sagte zu mir: »Komm, wir fahren auch mit«, und sie stellte mich dem SS-Mann vor. Der meinte nur: »Das nächste Mal nehme ich euch mit.«

Meine energische Schwester riß mich mit, und wir stiegen dennoch in den Bus. Sobald er voll war, fuhr er ab. Die Fenster waren vergittert, und die Tür wurde automatisch verriegelt, keiner konnte mehr hinaus. Dann merkten wir, daß der Bus nicht zum Bahnhof fuhr. Wir wurden vielmehr zum Friedhof von Szydlowiec gebracht. Dort wurde den Insassen des ersten Busses befohlen, auszusteigen und sich an die Wand zu stellen. Sie sollten Kleider und Koffer auf die Seite legen und alle Wertsachen in einen Korb werfen. Dann wurden sie auf den Friedhof gejagt. Ein junger Rechtsanwalt, der ein polnischer Offizier war, versuchte noch, einem SS-Mann das Gewehr aus der Hand zu reißen. Er wurde sofort von den SS-Leuten erschossen. Wir in dem zweiten Bus sahen durch die vergitterten Fenster, was geschah. Die Menschen in dem Bus begannen sich zu umarmen, sich um Vergebung zu bitten, voneinander Abschied zu nehmen und zu beten, denn sie wußten nun, daß sie bald sterben würden. Diese Szenen sind mir unvergeßlich, bis heute sehe ich sie vor meinen Augen. Meine Schwester weinte leise und warf sich vor, mich in den Tod geschickt zu haben. Ich sagte zu ihr, daß ich nicht das Gefühl habe, daß wir heute sterben müßten.

Der Motor unseres Busses lief, damit wir nicht das Schreien und die Schüsse hinter der Friedhofsmauer hören sollten. Doch wir bekamen alles mit. Nachdem sie alle Insassen des ersten Busses erschossen hatten, kamen die blutbespritzten SS-Leute zu unserem Bus und befahlen dem Chauffeur, die hintere Klappe zu öffnen und uns aussteigen zu lassen. Doch niemand von uns wollte heraus. Die Frauen und Männer drückten sich an die Wand und wollten noch eine Minute länger am Leben bleiben, vielleicht geschah ja ein Wunder. Als sich niemand zum Aussteigen rührte, sagte meine Schwester in energischem Ton zu mir: »Komm, wir wollen die ersten sein.« Wir sprangen hinaus, und meine Schwester lief mit mir auf den SS-Untersturmführer Kapke zu. Seine Leute wollten uns mit ihren Gewehren von ihm wegdrängen, doch er befahl, uns nicht zu schlagen. Meine Schwester redete leise auf ihn ein, sie hatte Tränen in den Augen. Sie sagte: »Herr Offizier, Sie sind doch unser Zeuge, daß wir zwei nicht auf der Liste waren.« Darauf schrie er erregt: »Dummes Fräulein, ich habe

Ihnen zwei- oder dreimal gesagt, nicht einzusteigen. Sie sollten das nächste Mal fahren, nicht dieses Mal. Da Sie meine Warnung nicht verstanden haben, kann ich jetzt nichts mehr machen. Ich bin jetzt mitten in der Aktion.«

Meine Schwester Bella appellierte nun an sein Gewissen, daß er auch ein Engel des Lebens sein könne, und wenn er wolle, könne er uns retten, denn er sei ja der Chef der Aktion. Der SS-Untersturmführer stellte uns beide auf die Seite und sagte einem seiner Leute, daß er bei uns bleiben solle, damit man uns nicht wegtreibe. Er entfernte sich einige Schritte und beriet sich mit dem Chef der Polizeitruppe, die bei den Judenerschießungen half. Er zeigte auf uns. Inzwischen scharte sich um uns eine Gruppe von achtzehn Menschen. Sie drängten sich an meine Schwester und flehten: »Bella, rette uns!« Als der SS-Untersturmführer zurückkam, war er erstaunt, diese Menschengruppe bei uns zu sehen. Man schlug sie, aber sie wichen nicht von unserer Seite.

Man zwang nun alle anderen Juden mit Gewalt, sich an die Friedhofswand zu stellen und die Kleider auszuziehen. Dann wurden sie auf den Friedhof zu dem Massengrab geführt. Diese Erschießungsaktion dauerte länger, als vorgesehen war. Uns wurde befohlen, die Koffer, Wertsachen und Kleider dieser Menschen auf ein Lastauto zu legen und dort auf unsere eigene Erschießung zu warten. Doch inzwischen wurde es dunkel, und als die SS mit ihrem Kommando zurückkam, war es bereits Nacht. Es wurde uns befohlen, uns auf die Lastwagen zu setzen, man würde uns zurückfahren. Manche von uns sagten, die SS wolle uns in ein Gefängnis bringen, um uns beim Licht des nächsten Tages zu erschießen. Bei Nacht würden keine Erschießungen durchgeführt, damit niemand entkomme. Doch wurden wir nach Radom zum Gettotor gebracht und hineingelassen. Sicher dachten die SS-Leute, daß ihnen ihr Vieh schon nicht davonlaufe.

Es vergingen zwei Monate. Dann wurden im Mai 1943 etwa fünfzig Juden um Mitternacht aus den Betten geholt und zur jüdischen Kommandantur gebracht. Unter den Gefangenen war ich. Die jüdische Polizei nahm nur Juden, die nicht für SS oder Gestapo arbeiten mußten, um nicht von den erzürnten SS-Leuten erschossen oder erschlagen zu werden, weil sie »ihre« Juden weggeholt hatten. Diese Spezialjuden wurden im Getto geschont. Als wir erfuhren, daß der SS-Untersturmführer Kapke mit seinem Kommando kam, wußten wir, daß wieder Erschießungen bevorstanden. Als meine Schwester davon erfuhr, lief sie zu Kapke, und die jüdische Polizei ließ sie gewähren, denn sie war ja die Retterin von achtzehn Seelen. Sie stand dann vor dem SS-Untersturmführer und sagte ihm, daß er uns damals gerettet habe und daß wir nun wieder zur Erschießung abgeführt werden sollten. Zu ihr sprach er kein Wort, aber er gab dem jüdischen Polizeikommandanten den Befehl, mich freizulassen. Kapkes Kommando führte die restlichen rund fünfzig Juden ab. Er brachte sie nach Wolano und hielt sie dort den Tag über fest. Er ließ sie jedoch nicht erschießen, sondern brachte sie ins Getto zurück.

Bis zum Jahresanfang 1945 mußte ich noch manches Schwere überstehen, bis endlich am 17. Januar die russische Armee in Radom einmarschierte. In der Stunde der Befreiung war ich mit einem Revolver und einer Handgranate bewaffnet, die ich 1944 einem deutschen Unteroffizier weggenommen hatte.

Unmittelbar nach Kriegsende widmete ich mich viele Jahre der Suche nach den SS- und Gestapo-Leuten, die in Radom, aber auch in anderen Städten des Distrikts an der Judenvernichtung beteiligt gewesen waren. Der SS-General Bötscher und sein Stellvertreter Wilhelm Blau wurden von mir schon im Jahre 1946 aufgespürt, nach Polen ausgeliefert, vor Gericht gestellt und aufgehängt. Aber ich hatte kein Herz, nach Kapke zu suchen. Er hatte mir zweimal das Leben gerettet. Ich ließ ihn etwa zweiundzwanzig Jahre lang in Ruhe.

Eines Tages saß ich mit meinem Kollegen Martin in Deutschland in einem Café. Es war ein sehr elegantes Kaffeehaus. Plötzlich entdeckte ich am Tisch gegenüber einen grauhaarigen Herrn in Begleitung einer Dame. Unsere Augen trafen sich. Mein Herz begann zu klopfen, denn ich glaubte, Kapke zu erkennen. Beide blieben wir sitzen, und von Zeit zu Zeit warfen wir uns Blicke zu. Auch Martin sagte leise, daß dieser Herr dem Kapke sehr ähnlich sehe. Einige Minuten verstrichen, dann bemerkten wir, daß der Mann unruhig wurde. Er bezahlte hastig und verließ mit schnellen Schritten das Café. Martin fragte mich, ob wir ihm nachgehen sollten, denn vielleicht würde er uns zu seiner Wohnung führen. Ich sagte ihm, daß das nicht nötig sei, da ich inzwischen den SS-Untersturmführer Kapke bei der Staatsanwaltschaft Hamburg auch auf die Suchliste gesetzt habe. Der Oberstaatsanwalt Duhn nehme einige Zeugenaussagen aus Radom auf. Wenn Kapke in Westdeutschland lebe, würde er seine Adresse haben.

Warum hatte Kapke einigen Juden das Leben geschenkt, später dann doch weitere Erschießungen durchgeführt? Aufgrund der unterlassenen Erschießungen wurde Kapke nicht zum Obersturmführer befördert. Er stand später in Hamburg vor Gericht, machte seine Aussage und wurde freigelassen, da die Ärzte ihn für unzurechnungsfähig erklärten.

WOLFGANG FRÜHWALD

Ein Todes- und ein Lebensjahr

In einer einzigen Februarnacht des Jahres 1944 haben britische und amerikanische Bomber meine Heimatstadt zerstört. Nie wieder war das Leben für das Kind nach diesem Angriff so wie vorher, unbeschwert und geborgen, das Kriegs- und Mordgeschehen der Welt in den Sondermeldungen des Rundfunks und in der Wochenschau der »Gaufilmstelle« in ein Epos von Siegern und Helden verklärt. Die kleine Straße, in der wir wohnten, hatte dabei noch Glück gehabt, denn die »Christbaum« genannte Leuchtbombe, die unseren Stadtteil erhellen sollte, lag als Blindgänger in der Kirche; nur ein Wohnhaus der Straße war so von einer Sprengbombe getroffen worden. Den Staubgeruch, der durch die Gasschleuse auch in unseren Keller gedrückt wurde, meine ich noch auf der Zunge zu spüren. »Das war unser Haus«, sagte meine Mutter, bis der Luftschutzwart die Nachricht brachte, daß unser Haus noch stand, aber die Menschen einen Block weiter in ihrem Keller verschüttet lagen. Am Morgen des nächsten Tages trug einer der Nachbarn seine Frau auf den Armen an unserem Haus vorbei. Mit bloßen Händen hatte er sie ausgegraben, sie hatte als einzige der Verschütteten überlebt. Das sechsjährige Kind auf ihrem Arm – noch am Nachmittag dieses Tages hatten wir miteinander auf dem eisglatten Kirchenhügel gespielt – war tot.

In dieser Schreckensnacht wurde die ganze Stadt von Panik ergriffen. »Sie kommen wieder!« hieß es in den Flüsterparolen. In einem Pulk von Menschen suchten wir am Morgen nach dem Angriff den kleinen Außenbahnhof zu erreichen, wo soeben der einzige fahrbereite Zug – irgendwohin – von der Menge gestürmt wurde. Aus Angst, mit den Kindern zertrampelt zu werden, kehrten die Eltern um und schlugen sich, abseits der breiten Fluchtstraße, nach Hause durch. Der kleine Hund mit den großen Brandwunden, der uns auf diesem Weg begegnete, erschien meiner Mutter in den Fieberträumen der Nacht. Damals muß jenes Gefühl der Bedrohung in mir entstanden sein, das Angstgedächtnis, von meiner Frau und den

Kindern oft als Zweckpessimismus belächelt, das mich zeitlebens nicht mehr verlassen hat, das mich von jüngeren Generationen trennt, die der Welt nicht zögernd und mißtrauisch, sondern spontan und vertrauensvoll entgegengehen und den Instinkt für die Gefahr in langer Lebenserfahrung erwerben müssen, ehe sie lernen, die dünne Schicht der Zivilisation zu durchschauen. Ähnlich wird es in dreißig Jahren den Mitlebenden ergehen, die sich noch der Teilung der Welt in ein sozialistisches und ein kapitalistisches Lager erinnern, wenn sie ihre Erfahrungsbasis grundlegend von der jener Menschen geschieden sehen, die den Fall der Mauern und die Beseitigung der Todesstreifen in Europa nur aus den Erzählungen ihrer Eltern kennen.

Das Jahr bis zum Ende des Krieges ist auch im erlebnisfrischen Gedächtnis des Kindes so rasch vergangen, daß sich Bilder, Geräusche und Gerüche der Erinnerung ineinanderschieben. Noch habe ich das rollende »R« jenes »Führers« im Ohr, der nun immer häufiger die »Vorrrsehung« beschwor, von der er sich geleitet meinte; ich sehe den Nachbarn die Trauerbirke pflanzen, unter die er die Grabtafel für seinen achtzehnjährig in Rußland gefallenen Sohn stellte; ich höre den Rundfunksprecher den »Einflug feindlicher Kampfverbände in das Reichsgebiet über Kärnten und Steiermark« melden, was bedeutete, daß wenige Minuten später – und jetzt auch bei Tage – die Sirenen heulten und die Luft erfüllt war vom eintönigen Brausen der Flugzeuge, die Staffel um Staffel, Gruppe um Gruppe ihre todbringende Fracht immer weiter in den Osten Deutschlands trugen; noch rieche ich den Gestank der Phosphorbomben, den bitteren Rauch der immer wieder und immer noch einmal brennenden Stadt. Wie es meine Eltern erreicht hatten, mich von der Kinderlandverschickung (und damit vom KLV-Lager) freistellen zu lassen, weiß ich nicht, doch waren wir acht Kinder im Privatunterricht, und nicht immer gelang es mir, bei Fliegeralarm mit dem Holzroller nach Hause zu sausen, ehe »akute Luftgefahr« gegeben wurde und die Flugabwehrgeschütze zu schießen begannen. Oft reichte die Zeit nur bis zu dem auf halber Strecke liegenden Luftschutzkeller der beiden Mädchen, die so oft mit rot geweinten Augen im Unterricht saßen, weil ihr Vater, einst Landtagsabgeordneter der SPD, wieder »abgeholt« worden war. Das Wort »KZ« gehörte deshalb zu den Schreckensworten meiner Kinderjahre, denn was in diesen Lagern geschah, konnte ich im Blick der Kinder des gequälten Mannes lesen. Die Stimme, die im Juli 1944 vom Attentat einer »ganz kleinen Clique ehrgeiziger, gewissenloser und zugleich verbrecherischer dummer Offiziere« sprach, vermischt sich in meinem Gedächtnis mit dem rasch verstummenden

Jubel über die Anfangserfolge der Ardennenoffensive (im Dezember 1944), mit der Klage Gerhart Hauptmanns über den Untergang Dresdens, dem Motorengeheul der Tiefflieger, die auf alles schossen, was sich bewegte, mit den schreckerfüllten Nächten in der drangvollen Enge des Bombenkellers, dessen Boden sich hob und senkte im Rhythmus der pfeifend nahenden und dumpf detonierenden Bomben.

Der letzte mir bewußte Satz aus dem Volksempfänger des sterbenden Dritten Reiches ist die Meldung aus der Festung Berlin: »...jeder Arbeiter verteidigt mit der Waffe in der Faust sein Haus!« Dann ist es mir, als sei jäh Stille eingekehrt, in der wir, ohne Rundfunk, ohne Zeitung, ohne Verbindung zur Welt ängstlich auf das Rasseln der Panzerketten, auf den letzten zerstörenden Luftangriff, auf das Feuer der Artillerie warteten. Wenige Tage lebten wir im Schweigen des Niemandslandes, selten wagten sich die Kellerbewohner an die wärmenden Strahlen der Aprilsonne; eine Episode nur unterbricht das gespannte Dunkel der Erinnerung, als nämlich die Frauen unseres Hauses den ernsten Soldaten zu bleiben beschworen, der, feldmarschmäßig ausgerüstet, in ihrer Mitte stand und – weil sein Urlaub abgelaufen war – zu seiner Truppe zurückkehren wollte, als die Panzerspitzen der Amerikaner schon am Stadtrand hielten. Für uns Kinder war dieser Gebirgsjäger, der bei Narvik und auf der Krim gekämpft hatte, der die Nahkampfspange und das Verwundetenabzeichen trug, der Inbegriff des Helden. Ein Jahr, nachdem er stumm und unwirsch an diesem Tag das Haus verlassen hatte, kehrte er abgemagert und krank aus der Gefangenschaft zurück. Die Tage nahmen kein Ende, die Zeit war angehalten, und dieser Frühling 1945 schien der erste und der letzte Frühling unserer Welt. Seit der Lektüre von Horst Bieneks Beschreibung der Besetzung von Gleiwitz, in der die Dehnung der Erzählzeit das Gefühl des Aus-der-Zeit-Fallens abbildet, weiß ich, daß die Erfahrung einer Zeit ohne Zeit der Erfahrung des Sterbens gleicht, früh erlebt und fest im Gedächtnis verankert. Niemand wußte, was geschehen werde, und doch waren sich alle sicher, daß das Schicksal der Stadt und ihrer Menschen auf des Messers Schneide stand, daß Hunderte von Bomben bereitstanden, ihr, wenn sie verteidigt wurde, den Todesstoß zu versetzen. Ein Dutzend Hitlerjungen war draußen vor der Stadt noch gestorben, als sie mit Panzerfäusten auf die anrückenden Kolonnen der Amerikaner schossen und diese das Feuer erwiderten, jetzt aber hatten Männer einer Widerstandsgruppe den »Festungskommandanten« in seinem Befehlsbunker eingeschlossen, und die Stadt kapitulierte.

Wir lebten damals in einer kleinen Mietwohnung an der Eisenbahnstrecke Augsburg–München. Jenseits des hohen Bahndamms war seit Stunden schon der Lärm durchziehender Truppen zu hören, bei uns, im Schutz des Dammes, herrschte noch immer jene unnatürliche Ruhe. Beide Zugänge zu der kleinen Gartenstadt nämlich, die Fußgängerunterführung an der einen und die Eisenbahnbrücke an der anderen Seite unserer Straße, waren von abziehenden deutschen Soldaten durch herabgestürzte Eisenbahnwagen blockiert worden. Es dauerte zwei Tage, ehe sich die erste amerikanische Patrouille, von uns vom Turm der Kirche aus ängstlich beobachtet, über den Bahndamm wagte, es dauerte eine Woche, ehe die großen Bulldozer der Besatzungstruppen die Straße räumten, um auch auf unserer Seite die Menschen aus den beschlagnahmten Wohnungen zu vertreiben. Vor den Türen der Villen und der Reihenhäuser saßen nun, schwatzend und lachend, schwarze und weiße GIs, tauschten schneeweißes Brot gegen unser schwarzes, mit klebrigen Kartoffeln durchsetztes, warfen halb gerauchte Zigaretten in die Gruppen sich darum balgender Kinder, schenkten uns den ersten Kaugummi unseres Lebens und lehrten uns die Litanei der Flüche, mit der sie uns überschütteten, wenn wir ihre Jeeps und Lkws ratzekahl stahlen. »Goddam«, fluchten sie, »you damned son of a bitch«, aber der Dieb lag längst wieder im Schutz der Gartenhecke, und der Posten hatte nur so getan, als ob er schießen wollte.

Ein neuer Tag war angebrochen, eine neue Zeit, Zeit des Abenteuers und der Entdeckung, Zeit des Lebens ohne die tägliche Drohung des Todes. Wenn es für den knapp zehn Jahre alten Jungen damals so etwas wie ein Gefühl der Befreiung gab, dann war es dieses Gefühl, der steten Bedrohung entgangen zu sein, und die Sirene, die abends die Sperrstunde ankündigte, war nur noch ein bequemes Signal, das Spiel auf der Straße abzubrechen. Das Leben in diesem Frühjahr 1945 war weit davon entfernt, normal zu sein, aber wir hatten alle überlebt, der Vater hatte Arbeit als Hilfsschlosser; wir sammelten Tannenzapfen und dürres Holz, bis der Wald aussah wie ein gepflegter Park. Einen ganzen, lebenden Baum bekam unsere vierköpfige Familie als Brennholz zugewiesen, und das Fällen der hohen Kiefer, die uns den Winter hindurch Wärme spendete, war eines der Wunder, die das neue Leben für uns bereithielt. »Organisieren« war ein neues Wort, das die Zehnjährigen lernten, und wir organisierten alles, von den Breakfast-Päckchen der amerikanischen Soldaten über rostige Nägel, die geradegeklopft wurden, eine ganze Kiste mit ranziger Butter aus der Müllgrube des US-Lagers nahebei bis zu den Munitionskästen im Lechwasser, deren leicht angerosteten Inhalt wir mit der Zange öffneten, um an das Pulver zu kommen. »Hamstern« hieß das andere, lebensnotwendige Wort, es meinte nicht, sich die Taschen vollzustopfen, sondern den blühenden Tauschhandel: eine alte Flasche Kölnisch Wasser gegen ein Kilo schwarzes Mehl, eine noch leidlich gute Schuhbürste gegen einen Sack Kartoffeln; Eier und Speck aber nur gegen die alle Schätze der Welt erschließende Währung: Zigaretten, deutsche Sondermischung, die es auf Marken gab, oder amerikanische Chesterfield, Lucky Strike, Camel – stückweise, auch halbiert, denn diese Währung folgte ihren eigenen Gesetzen, und ein ganzes Päckchen solcher Zigaretten war ein kleines Vermögen. Daß das Leben im Morgenlicht des Abenteuers in Erinnerung geblieben ist, der Hunger, die Kälte, die Krankheit aber tief ins Unterbewußte abgedrängt wurden, zeigt die Kraft des Lebenswillens. Ich war unterernährt, ohne Zweifel, denn ich bekam eine monatliche Sonderration von fünfzig Gramm Butter zugeteilt und hörte ab und zu, als Ministrant, nach der Frühmesse, den geflüsterten Hinweis des Küsters (Bruder Albert): »Bua, schaug in'n Beichtstuhl!« Wenn ich dann verstohlen den Vorhang des alten Beichtstuhls im Winkel der Kirche öffnete, lagen dort Eier, Mehl, Gemüse, Butter . . . Bruder Albert nämlich ging im Habit der Dominikaner zum Hamstern und hatte so mehr Erfolg als meine Mutter und ich, die wir nur an das Mitleid der Bauern appellieren konnten. Gewiß, ich hatte Läuse, und der Staubkamm, der die Lauseier in meinen zerzausten Haaren suchte, war ein mir vertrautes Werkzeug; an Händen und Füßen brachen im Winter die Frostbeulen auf, gegen die kein Kraut gewachsen war als ein linderndes heißkaltes Wechselbad; die Narben der Krätze kann ich noch nach fünfzig Jahren an meinem Körper finden, und doch: Dieses Jahr 1945 war ein glückliches Jahr, in dem ich mein Bett mit einem Flüchtlingskind teilte und lernte, was die Bitte um das »tägliche Brot« besagen wollte.

Im Herbst dieses aufgeregten Jahres begann die Schule wieder. Neue, wie mir schien, ernstere und strengere Lehrer standen in den Klassenräumen. Wir mußten nicht mehr vor der Tür des Schulzimmers antreten, ich rief nicht mehr »Achtung!«, wenn der Lehrer kam, damit die Klasse im Chor antwortete: »Heil Hitler, Herr Lehrer!« – und den kleinen Mann mit dem hellen Hut und dem gelben Stern auf dem schwarzen Tuchmantel, dem ich 1943 auf dem Schulweg noch begegnet war, habe ich nie mehr wiedergesehen. Doch die Lieder, die wir zu Beginn des Unterrichts sangen, von Lehrer Gramatte auf der Geige begleitet, waren noch die gleichen: »Muß i denn, muß i denn zum Städtele hinaus . . .«, »Ich hab' mich ergeben mit Herz und mit Hand . . .«, »Nun ade, du mein lieb' Heimatland . . .«. Vor dem Tor der Schule erneuerte im Herbst 1945 eine Kolonne älterer Arbeiter, mit kleinen Streichbrettern, den Belag des Gehweges; ihre Knie waren mit Stücken alter Autoreifen gegen die Hitze des flüssigen Teers geschützt. Unter ihnen erkannte ich den ehemaligen Rektor der Schule. Sein weißer Spitzbart war verwildert und die randlose Brille vom Schweiß der ungewohnten Arbeit beschlagen.

Da hatte ich zum erstenmal nachts schwere Träume und wußte, daß ich in wenigen Jahren nicht nur den Hunger, die Not und die Freundschaft, die Todesgefahr und die Elternliebe erfahren, sondern auch die Zeichen des Mordes und der Versöhnung, Schuld und Sühne gesehen hatte – die ganze Fülle des Lebens.

WERNER GOLDBERG

Neue Brücken schlagen

Meinen sechsundzwanzigsten Geburtstag beging ich im Februar 1945 in einem Krankenhaus in Neuruppin. Nach einem schweren Verkehrsunfall war ich im Dezember des alten Jahres dort eingeliefert worden. Der Krieg war spürbar nach Deutschland zurückgekommen, von wo er seinen Ausgang genommen hatte. Am 15. März wurde ich nach Berlin entlassen. Ich kehrte zu meinen Eltern zurück, die ein schweres Verfolgungsschicksal durch die Nationalsozialisten gezeichnet hatte. Mein schwerkranker Vater bekam keine ärztliche Betreuung, weil es »arischen« Ärzten verboten war, nicht »deutschblütige« Patienten zu behandeln. Jüdische Behandler gab es nicht mehr. So sehnten wir den Tag herbei, der uns von den Peinigungen und Ängsten der letzten zwölf Jahre befreien würde. Die Verwandten väterlicherseits waren deportiert worden oder aus Deutschland geflohen. Über ihr Schicksal wußten wir nichts. Freunde und Kameraden waren entweder an den Fronten oder ebenfalls deportiert worden oder geflohen. Die Angehörigen mütterlicherseits hatten uns in der schwersten Zeit unterstützt. Mit einer Ausnahme: Ein Bruder meiner Mutter war ein Parteifunktionär mit einem höheren Rang. Er mied jeglichen Kontakt mit uns.

Die letzten Kriegstage verbrachten wir zusammen mit den anderen Hausbewohnern im Keller. Der Bau stammte aus der Zeit vor dem Ersten Weltkrieg und war von einer besonderen Stabilität, die ein gewisses Sicherheitsgefühl vermittelte. Kellerverliese und Gänge zu den Nachbarhäusern ließen Vergleiche mit den Katakomben zu. Somit ging das Sicherheitsgefühl über den Luftschutz hinaus, falls der Krieg wirklich von Stalingrad, dem Baikalsee, Nordafrika, Sizilien oder der Atlantikküste in unserer Berliner Vorortstraße stattfinden würde. Das entzog sich allerdings der Vorstellungswelt der meisten Mitbewohner. Auch wir hielten das für absurd! Und doch wurde es sehr schnell Wirklichkeit!

Im Keller hatte sich eine Schicksalsgemeinschaft herausgebildet, die alle Unterschiede verwischte und Solidarität herausforderte. Das fiel um so leichter, als die in unserem Haus zuvor wohnenden hohen Parteifunktionäre mit einer Ausnahme die Sicherheit unserer Keller nicht mehr in Anspruch nahmen. Sie waren verschwunden! Die Ausnahme machte ein hoher SS-Rang aus dem Reichsgesundheitsministerium. Von Beruf war er Arzt.

Zwiespältigkeit der Gefühle begleitete uns in diesen Tagen besonders. Deutschland hatte sich von dem braunen Regime aus eigener Kraft nicht befreien können. Gewissen und Geist gegen Gewalt – das war zum Mißerfolg verurteilt. Zudem war die Verstrickung in die Kriegsmaschinerie so tief geworden, daß jeder Eingriff mit Gewalt zugleich eine militärische Niederlage bedeuten mußte. Daraus konnte eine neue Dolchstoßlegende entstehen, die dann Zukunftswirksamkeit hätte entfalten können. Daher blieb nur noch die Hoffnung auf eine bedingungslose Kapitulation Deutschlands übrig. Jede Bombe der Alliierten sehnten wir herbei, die die »tausend Jahre« des Hitlerreiches verkürzen würde. Das bedeutete zwar auch die eigene Gefährdung, aber dieser waren ja alle ausgesetzt, egal ob an der Front oder in der Heimat. Wir wünschten den noch schnelleren Vormarsch der alliierten Streitkräfte herbei, um endlich der Ungewißheit und der Angst zu entkommen.

Als die ersten deutschen Wehrmachts- und SS-Einheiten auf dem Rückzug bei uns durchkamen, deutete sich endlich das Näherkommen der Front an. Wir konnten mit einem Randbezirk Berlins, der von der Roten Armee bereits eingenommen worden war, noch telefonieren. Dadurch erfuhren wir, was die auf uns zukommende Kriegswirklichkeit bedeutete. Frauen und Kinder wurden mit Schlafgelegenheiten in einen nur über einen anderen Kellerraum erreichbaren Nebenkeller gebracht, und der Zugang wurde durch einen großen Kleiderschrank verstellt. So war nicht erkennbar, daß sich dahinter noch ein Raum befand.

Am Nachmittag des Tages erschien ein Wehrmachttrupp von etwa achtzehn Soldaten mit einem Oberleutnant in unserem Kellerverlies. Man konnte allen die Strapazen des Frontkrieges ansehen, aber auch die Kriegsmüdigkeit! Der Oberleutnant verkündete, daß er den Befehl habe, das Haus zu verteidigen. Dazu müsse er die entsprechenden Vorkehrungen treffen. Die Front sei augenblicklich noch zwanzig bis fünfundzwanzig Kilometer entfernt, so daß es zunächst eine verdiente Ruhepause geben solle.

Wir waren alle entsetzt und verstört, boten jedoch unsere Lagerstätten an, damit die übermüdeten Leute einmal schlafen konnten. Am späten Abend entkorkte ich eine Flasche Wein und ergriff in einem der Kellerverliese die Gelegenheit, mit dem Offizier zu sprechen. Manche sich aufdrängenden Gedanken wurden dabei ausgetauscht, und ich merkte bald, daß es manche Gemeinsamkeiten zwischen uns gab. Das ermutigte mich, die Frage anzusprechen, ob die Verteidigung eines zivilen Ortes geeignet sein könnte, das Blatt des Krieges zu wenden. Ich führte ihn zu dem Nebenkeller, schob den Schrank beiseite und zeigte ihm die darin untergebrachten Frauen und Kinder. Dann fragte ich, ob es nicht jedweder Verhältnismäßigkeit widersprechen würde, erkennbar vergebliche weitere zivile Opfer und Trümmer zu erzeugen. Er zeigte mir daraufhin ein Photo, das seine Frau mit seinen drei Kindern darstellte. Als Familienvater sehne er sich auch nach dem Ende des Krieges, das er mit dem Wunsch verbinde, danach ein neues Leben für sich und die Seinen aufzubauen. Er versicherte mir, daß er den rechten Zeitpunkt abpassen wolle, um mit seinen Soldaten das Haus zu verlassen, auch dann, wenn ihm dies als Befehlsverweigerung ausgelegt werden könnte.

In der Nacht nahm das Artilleriefeuer zu, was auf einen bevorstehenden Angriff schließen ließ. Danach nahmen auch andere Kriegsgeräusche zu. Gewehrschüsse, MG-Salven, Panzerabwehrgeschütze deuteten auf die Annäherung der Front hin. Gegen vier Uhr am Morgen ließ der Oberleutnant seine Mannschaft im Kellergang antreten. Ich bat ihn, dafür Sorge zu tragen, daß kein militärisches Gerät im Hause verblieb. Er sicherte das zu, gab den Befehl, ihm durch die offene Tür in den Hof zu folgen und verabschiedete sich von mir durch Handschlag. Dann stürmte er, die entsicherte Pistole in der Hand, gefolgt von seinen Männern, die Treppe hinauf in das Morgengrauen und den Kriegslärm.

Als ich die Tür schließen wollte, fiel mir ein Karabiner entgegen, der dort neben einem Koppel mit Gepäck abgelegt worden war. Das gab zunächst Rätsel auf, denn alle abziehenden Soldaten hatten ihre Ausrüstungen komplett mitgenommen. Ich durchsuchte daher zunächst den Keller sodann das ganze Haus. Als ich den zweiten Stock erreicht hatte, entdeckte ich, daß das Nebenhaus durch eine Granate getroffen worden war, die das ganze obere Stockwerk weggerissen hatte. Auch unser Haus war dadurch in Mitleidenschaft gezogen worden, denn die Pappen vor den Fenstern, die als Glasersatz gedient hatten, waren herausgerissen. Trümmerstücke waren in unsere Wohnungen geflogen. Im Schlafzimmer entdeckte ich im Doppelbett einen Soldaten, der sich dort wohl einmal wieder richtig ausschlafen wollte. Jedoch hatte ihn ein Splitter am Hals getroffen und die Hauptschlagader durchtrennt, so daß er verblutet war. Ich holte den SS-Arzt zu Hilfe, um den Gefallenen, zu dem offenbar auch der Karabiner und das Koppel gehörten, aus dem Haus zu schaffen. Wir beschlossen, den Toten im Hofgarten zu bestatten. Als wir die Hausecke passierten, fand ich dort den Oberleutnant, der am gestrigen Abend mein Gesprächspartner gewesen war, von einer Geschoßsalve getroffen, tot im Gras liegend. Ich nahm seine Erkennungsmarke zu der des anderen Soldaten, und wir beerdigten beide zusammen. Auf das Grab stellten wir ein schnell improvisiert gebasteltes Holzkreuz.

Nun erschienen die ersten Sowjetsoldaten in unserem Keller. Mein Vater ging ihnen entgegen und zeigte den gelben Stern, den ihm die Nazis seinerzeit zur Kenntlichmachung aufgezwungen hatten. Er erhielt von einem der beiden eine schallende Ohrfeige. Ich wollte ihn schützen, als der zweite, ein Oberleutnant, einen Schemel ergriff und mir über den Kopf schlug. Der Schlag wurde durch unter der Kellerdecke verlaufende Röhren jedoch gebremst. Blutüberströmt flüchtete ich durch einen Seiteneingang in das Nebenhaus. Die dort versammelten, völlig verängstigten Bewohner nahmen mich aber nicht auf, sondern trieben mich auf die Straße. Zu meinem Schrecken kam mir dort der Sowjetoberleutnant entgegen. Er breitete seine Arme aus und umschlang mich weinend. Seine Sprache konnte ich nicht verstehen, aber er stillte mit einem Verband meine Kopfwunde, und seine Gestik ließ erkennen, daß es ihm sehr leid tat, mich verletzt zu haben.

Nun hatte der Zwiespalt neue Nahrung erhalten: Ich empfand die Befreiung, hatte aber die Niederlage mit ihren Folgen mit jenen zu teilen, die vorher Verfolger gewesen waren.

Weitere Sowjetsoldaten kamen und gingen. Am nächsten Tag entdeckten einige von ihnen in einem Keller eine SS-Uniform, die dem SS-Arzt gehörte. Die Mütze setzte mir einer von ihnen auf und packte mich am Arm, riß mich die Treppe hinauf in den Garten und stellte mich an die Hauswand. Den Waffenrock mit den Rangabzeichen warf er vor mir auf die Erde. Ein zweiter Rotarmist kam dazu, und beide redeten aufeinander ein. Da erschien plötzlich auf der Treppe einer unserer aus Litauen stammenden Hausbewohner, der die russische Sprache beherrschte. Er rief den beiden auf russisch etwas zu. Daraufhin nahm einer den Waffenrock auf, riß mir die Mütze vom Kopf, und beide verschwanden vom Hof. Ich konnte in den Keller zurückkehren. Dort erfuhr ich, daß der gebürtige Litauer zu meinem Lebensretter geworden war. Er hatte mitbekommen, daß die beiden sich darüber auseinandersetzten, wer von ihnen die fällige Exekution vornehmen solle. Daraufhin habe er ihnen zugerufen, daß der vor ihnen stehende Mann nicht der Eigentümer der Uniform sei, dieser wäre nicht mehr im Haus.

Ich machte dem SS-Arzt schwere Vorwürfe, schlug aber zugleich vor, zu unserem weiteren Schutz eine Lazarettstation bei uns einzurichten. Als Arzt könne er behandeln, und andere würden die Patientenbetreuung übernehmen. So geschah es dann auch mit dem erwarteten Erfolg.

Mir kam der Kindergottesdienst in der evangelischen Grunewaldkirchengemeinde wieder in den Sinn. Dort hatte ich durch den Vikar Dietrich Bonhoeffer beeindruckend den ersten Paulusbrief an die Korinther vermittelt bekommen. Der Vers 13,13 hat mich niemals losgelassen: »Nun aber bleibt Glaube, Hoffnung, Liebe, diese drei; aber die Liebe ist die größte unter ihnen.« In den durch den Krieg zerstörten prachtvollen bunten bleiverglasten Fenstern der Kirche hatte ich diesen Vers auch stets vor Augen. Das ist mir bis heute unvergessen geblieben. Der Glaube war geächtet und verpönt worden. Aber er verhieß in der damaligen Lage, daß aus ihm neue Kraft zu schöpfen sei! Die Hoffnung war zerstört worden; sie konnte aus den Ruinen aber neu erwachen! Und die Liebe, die durch das Predigen zum Haß verdrängt worden war, hatte in vielen Einzelbeispielen Bewährung erfahren können. Eines davon ist das Geschehen in der Rosenstraße in Berlin-Mitte Ende Februar/Anfang März 1943, das auch mich betroffen hatte.

Es entstand in mir die Vision, mit denen und für diejenigen, die sich Glaube, Hoffnung und Liebe bewahrt hatten, einen Neuanfang zu wagen und neue Brücken zu schlagen. Nicht nur innerhalb unseres Landes, sondern auch zu den Völkern, denen Deutschland so böse mitgespielt hatte. Es galt, ein neues Deutschland als Vaterland wiederzufinden, das von dem Geist beseelt ist, der die entstandenen Gräben zuschütten und neue, von Vertrauen getragene Freundschaften beleben kann. Stalin hatte nach der Einnahme Berlins durch die Rote Armee Schilder aufstellen lassen: »Die Hitler kommen und gehen, aber das deutsche Volk bleibt.« Mir war bewußt, daß auch Stalin gewisse Sympathien für Hitler empfunden hatte, dem das deutsche Volk in seiner großen Mehrheit gefolgt war. Ich wußte aber auch, weil ich es selbst erlebt hatte, daß es nicht geringzuschätzende Kräfte im deutschen Volk gab, die neben der Macht in der Politik auch gleichwertig den Anspruch auf Moral sahen. Diese Kräfte zu sammeln und mit ihnen neu anzufangen war mein Wunsch. So begann ich, mich kommunalpolitisch zu betätigen und innerhalb unserer relativ kleinen Gemeinde in Berlin den Versuch zu machen, der von den braunen Machthabern hinterlassenen Not abzuhelfen. Alle Bereiche des Lebens waren davon betroffen: Obdachlosigkeit nach Zerstörung, Hunger, medizinische Versorgung, Verkehr, Sicherheit. Eine kaum vorstellbare Herausforderung! Zuerst kümmerten wir uns um die Ernährung. Es gelang bereits in wenigen Tagen, pro Person eine Scheibe Brot zur Verteilung zu bringen! Für Säuglinge wurde Milch rationiert abgegeben. Auch wurde täglich ein warmes Essen auf dem Rathausvorplatz bereitgestellt. Polizei und Feuerwehr wurden improvisiert. Da ohne Geld nichts zu bewegen ist, sammelten wir innerhalb der freiwilligen Mitarbeiter und bekamen fast zwanzigtausend Mark zusammen. Teilweise konnte Geld aus den Rinnsteinen aufgesammelt werden. Man hatte es weggeworfen, weil niemand daran glaubte, daß es nach Kriegsende weiterhin einen Wert als Zahlungsmittel behalten würde. Ich erinnere mich an einen Mitbürger, der Zutritt zur Reichsdruckerei und Reichsbank hatte, als Berlin im Kriegschaos versank. Er hatte große Pakete ganzer Druckbögen von Hundertmarkscheinen mitgenommen. Ich kam eines Tages dazu, als er zusammen mit seiner Ehefrau dabei war, auf dem Eßzimmertisch solche Bögen auseinanderzuschneiden. Er war ein sehr vermögender Mann geworden. Niemand fragte jemals, wie das gekommen war.

Wenige Tage nach Kriegsende fanden wir auch die Karteien der beiden Ortsgruppen der NSDAP unter Koks in einem Keller versteckt. Sie enthielten nicht nur Parteimitglieder, sondern straßenweise geordnet alle Bewohner mit einer Charakterisierung und politischen Beurteilung. Eine wahrhafte Fundgrube! Auf der Karteikarte meiner Familie entdeckte ich die mit Rotstift hervorgehobene Eintragung auf Anweisung des SS-Arztes aus unserem Haus: »Kann wohnen bleiben.« Damit war für mich ein Rätsel gelöst, das uns sehr oft beschäftigt hatte: Wie war es möglich, daß mein Vater die Wohnung über die ganze Zeit für uns erhalten konnte? Die Mietzahlung war durch Untervermietung gesichert worden. Danken konnte ich dem bis dahin unbekannt gebliebenen Beschützer allerdings nicht mehr: Sowjetsoldaten hatten wenige Tage zuvor unser Haus umstellt und ihn, den SS-Arzt, abgeführt. Alle Versuche, etwas über sein Schicksal zu erfahren, waren vergeblich. Nach einem unbestätigten Gerücht soll er unmittelbar nach seiner Festnahme standrechtlich erschossen worden sein.

Täglich mußte ich zur Berichterstattung in die Kommandantur. Eines Tages teilte mir der sowjetische Kommandant, Major Saizew, mit, daß die Neugründung politischer Parteien für Berlin geplant sei. Das war für mich der Anlaß, Gleichgesinnte zu sammeln und jene Kräfte neu zu vereinen, die den Widerstand gegen Hitler getragen hatten und sich in politischer Hinsicht abendländischer Kultur und christlicher Ethik verpflichtet fühlten. Dabei mußten die gemachten

Erfahrungen Pate stehen, und die feste Absicht mußte mitwirken, niemals wieder zuzulassen, daß Haß und Gewalt die Richtlinien deutscher Politik bestimmen. Abkehr von den Irrwegen der jüngsten Vergangenheit mußte demnach auch Entschädigung für die Betroffenen beinhalten, sofern das überhaupt machbar wäre. Die Verurteilung und Bestrafung derjenigen, die sittliche Grundauffassungen beseitigt und Verbrechen staatlich begünstigt hatten, gehörte ebenfalls zu den Forderungen einer Erneuerung.

Als die Westalliierten ihre Sektoren Berlins besetzten, beschlagnahmten die Briten auch unser Haus, in dem wir über dreizehn Jahre gewohnt hatten. Wir mußten innerhalb von vierundzwanzig Stunden die Wohnung unter Zurücklassung unseres gesamten Mobiliars räumen. Nur persönliche Wertsachen, die wir tragen konnten, durften von uns mitgenommen werden. Versuche, eine Ausnahmeregelung zu erreichen, scheiterten. Nach den Drangsalierungen und der Verfolgung der zurückliegenden zwölf Jahre mußte der Preis der Befreiung entrichtet werden! Oder es galt, die Niederlage zu teilen, die wir als jetzt wieder gleichwertige Deutsche erlebten, als wir nun in die Verantwortung für die Verbrechen Hitlers und seiner Gefolgschaft miteinbezogen wurden.

Doch der Behauptungswille behielt Oberhand, obwohl mein Vater dies alles nicht begreifen konnte. Der Arzt, den er nun wieder aufsuchen konnte, hielt ihm vor, daß er nicht früher gekommen sei. Eine Hilfe käme nun zu spät. Diese Diagnose traf zu, denn mein Vater starb zwei Monate später an den Folgen seiner Krankheit.

Angesichts der Ruinen in materieller, kultureller und geistiger Hinsicht, war ich dennoch voller Ideale. In der Überzeugung, daß die Vergangenheit die Lehren erbracht haben würde, daß Visionen nicht zu Utopien verkommen müßten, stellte ich mich den neuen Aufgaben. Glaube, Hoffnung, Liebe sollten Kernstück des Neuaufbaus sein, für den es sich – ohne nach Gegenleistung zu fragen – zu verdingen galt.

Das historische Schicksalsjahr ist für mich nicht das Jahr 1945, sondern 1933, als der deutsche Irrweg begann. Befreiung und Niederlage können daher keine Alternative bilden.

HANS HANSEN

Gefährliche Reise ins Ungewisse

Wenn ich mich recht erinnere, war der 31. März 1945 der Karsamstag in diesem Schicksalsjahr. Fast fünfzig Jahre danach kommt mir dieser Tag in Erinnerung jedenfalls so vor: Es war trübe, naßkalt, unangenehm. Ich hatte die Nacht davor in einem Erdloch verbracht, in eine Zeltplane eingewickelt, so wie wir es aus Berichten der Propagandakompanien kannten. Zu Beginn des Krieges hatten wir solche Hinweise noch mit leuchtenden Augen vernommen, später etwas reservierter betrachtet und dann in der kurzen Rekrutenzeit eingeprägt wie vieles andere mehr, das man beherrschen mußte, wenn man überleben wollte.

Die letzten Wochen waren wie im Fluge vergangen: der Eisenbahntransport bei Nacht, um Tieffliegern auszuweichen, der Schlaf in den mit Stroh ausgelegten Waggons, die Erinnerung an das besetzte und dennoch von uns »gelobte Land« Dänemark. Die Gedanken waren an der dänischen Westküste, sie führten zurück zu dem MG-Bunker am nördlichen Atlantikwall, zu Freunden, die unvorsichtig in eigene Minenfelder gerieten und dabei getötet wurden, zu Gefechtsübungen im tiefen Sand des Strandes oder in der Heide.

Und die Erinnerungen in jener Nacht gingen zurück zum 20. Juli 1944, als die Rekrutenkompanie morgens ausrückte und in der Nähe von Oksböl plötzlich der Befehl »volle Deckung« erging. Erst am Abend konnten wir in die Unterkünfte zurückkehren, und am nächsten Tag wußten wir, warum wir am Vortag zur Untätigkeit verurteilt worden waren. Der Kompaniechef berichtete über Graf Stauffenberg, über die Wolfsschanze, über die »Niederschlagung« des Attentats gegen Adolf Hitler, über die »Gewissenlosigkeit asozialer Elemente«, über die »Vorsehung«, die den »größten Feldherrn aller Zeiten« gerettet habe.

Im nachhinein stellt sich vielen von uns die Frage, warum wir dies alles zustimmend zur Kenntnis nahmen, was wir uns dabei dachten und warum wir als Achtzehnjährige so hassen konnten. Vielleicht war es die Erziehung in der Schule, vielleicht auch der Druck durch das System, das uns seit 1933 formte und uns keine Alternative ließ, das uns Nachbarn über Grenzen hinweg vorenthielt, das den Volksempfänger so konstruierte, daß er die hörbaren Frequenzen in Grenzen hielt. Vielleicht war es auch ein bißchen Angst vor dem, was man ahnte, aber nicht wußte oder wissen wollte, so daß man Haß und Verachtung für alles empfand, was nicht in die Stromlinienform des Systems paßte.

Die Beschaulichkeit des militärischen Lebens an der dänischen Küste wich dem Reserveoffizierslehrgang zwischen dem dänischen Apenrade und dem heimatlichen Flensburg. Anfang 1945 verdichteten sich die Vermutungen, daß nach Ende des Lehrgangs nicht die übliche »Frontbewährung« bevorstehe, sondern daß der Besuch der Kriegsschule in Wetzlar und in Weilburg vorgesehen sei.

Es kam, wie man es vermutet hatte: Die Angehörigen der Maschinengewehrkompanie fanden sich in der »schweren Inspektion« im Weilburger Windhof wieder und wurden so ausgebildet, wie es das Reglement befahl. Dazu gehörte auch das vorschriftsmäßige Verhalten im Offizierskasino. Das Glas Wasser vor dem richtigen Knopf und das »Bitte ergebenst, auf das Wohl von Herrn Oberst trinken zu dürfen« erregten trotz Gehorsams eine gewisse Heiterkeit, weil gleichzeitig die etwa hundert Kilometer südlich abgefeuerten und einschlagenden Granaten zunächst ein »Grummeln« und dann durch näher kommende Einschläge ein Beben des Kellergewölbes verursachten.

Vielleicht habe ich in jenen Tagen die Sinnlosigkeit mancher Ausbildung gespürt. Aber die Gedanken wurden durch den markigen Spruch des Inspektionschefs weggewischt, wonach wir »die Offiziere des kommenden deutschen Gegenangriffs« werden sollten.

Gegenangriff? Der Feind stand doch schon weit im eigenen Land! Und für die »Aufrechterhaltung militärischer Moral« patrouillierten SS-Männer durch Weilburg, um jene zur Verantwortung zu ziehen, die entweder, von der Truppe »versprengt« umherirrten oder sich schon »abgesetzt« hatten, was nicht selten mit drakonischen Strafen vor dem Kriegsgericht endete. Der Krieg näherte sich unaufhaltsam. Tief fliegende Jagdbomber stürzten sich auf Stadt und Menschen. Die Splitter ihrer Bomben richteten viel Unheil an.

Verwundete hielten uns den bitteren Ernst des Krieges vor Augen. Als in Dänemark »gut Gepflegter« lag ich als Blutspender unmittelbar neben Schwerverwundeten. Die gewollte »Glorifizierung« des

Krieges geriet angesichts verschmutzter und blutdurchtränker Verbandsstoffe ins Wanken. Kalt lief es mir über den Rücken. Der Ernst der Stunde wurde deutlich. In einem solchen Augenblick denkt man an sein Zuhause, an die Mutter, an den Vater, der – selten, dann aber eindrucksvoll – über seine Zeit im Ersten Weltkrieg zu berichten gewußt hatte.

Hoffnung, daß es eine Wende gebe, kam auf, als bei einem Marsch am Rande Weilburgs in der Ferne in Richtung Limburg V2-Geschosse senkrecht emporstiegen, dann in einer bestimmten Höhe waagerecht in Richtung Westen ihre Bahn zogen, deren Verlauf man in der kalten Winterluft durch Kondensstreifen verfolgen konnte – sicherlich mit dem Ziel London.

Im Weilburger Windhof war Warten angesagt – und Vorsicht dazu, was unbedachte Äußerungen betraf. Das Gerücht, ein Verwandter Himmlers sei unter uns, wollte nicht verstummen.

Der Marsch gen Süden war in gewisser Hinsicht eine Erlösung. In der Nähe von Idstein – am Rande eines Waldes gelegen – gab es die erste unmittelbare Feindberührung. Sie endete damit, daß wir über Lautsprecher zur Aufgabe aufgefordert wurden. Die »psychologische Kriegsführung« hatte schon begonnen und nervte jene viel mehr als uns, die Stalinorgel und russische Panzerangriffe überstanden hatten und jetzt einer Kampfgruppe von Fahnenjunkern angehörten Der Feldberg im Taunus, das beschauliche Schmitten, Hausen-Anspach, das brennende Usingen am Abend und Grävenwiesbach waren damals jene Stationen, in denen wir uns behaupten mußten, weil wir weiterleben wollten. Aber es waren zugleich Anlässe zum Nachdenken, manchmal auch zum Verzweifeln und für bohrende Fragen nach Sinn oder Sinnlosigkeit unseres Tuns, die schließlich unbeantwortet blieben oder bleiben mußten, weil jedes Gespräch mit dem Nebenmann die Gefahr der Denunziation in sich barg.

Zurück zum 31. März, jenem ungemütlichen Tag, als Amerikaner und Kanadier gegen acht Uhr morgens ihre Artillerie eine laute Sprache sprechen ließen. Wir hatten uns eingegraben – das Maschinengewehr, ein MG 42, in Stellung. Gegen Nachmittag verlagerten die Amerikaner das Artilleriefeuer in unseren rückwärtigen Bereich, um uns den Rückzug unmöglich zu machen. Dann griffen sie an. Zwei unserer MGs feuerten noch in die Angreifer. Neues Artilleriefeuer wurde offensichtlich angefordert. Das zweite MG fiel aus. Unser MG hatte keine Munition mehr. Die Amerikaner griffen erneut an und fanden uns wehrlos vor.

Diesen Augenblick werde ich in meinem ganzen Leben nicht vergessen: Als wir am Boden hockten und uns den drei Amerikanern gegenübersahen, hielten wir unsere letzte Stunde für gekommen. Hatten wir nicht auf unsere Angreifer geschossen? Waren vielleicht deren Kameraden gefallen oder verwundet worden? Ist Rache in einem solchen Fall nicht sogar verständlich? Wer fragt schon später danach, ob ein Schuß oder ein Seitengewehr im Kampf Mann gegen Mann den Ausschlag gab?

Wir haben überlebt – und für uns war das ein Wunder! Ich habe jahrelang darüber nachgedacht, wie *ich* mich im umgekehrten Fall wohl verhalten hätte. Vielleicht hat dieser 31. März 1945, als drei Amerikaner uns nach rückwärts in die Gefangenschaft schickten, mein Leben entscheidend mitgeprägt und mir die Erkenntnis vermittelt, daß Fairneß und Großmut Rache und Vergeltung übertreffen können – auch wenn Emotionen unüberlegtes Handeln verständlich machen könnten.

Die Gefangenschaft dauerte nur fünf Stunden. Als der amerikanische Transporter langsam eine Haarnadelkurve passierte, sprang ich ab, fiel in den Seitengraben, blieb reglos liegen, um dann – immer durch amerikanische oder englische Linien hindurch – in Richtung Osten zu marschieren, wo Coburg bis kurz vor Kriegsende noch in deutscher Hand sein sollte.

Mein Glück hat mich auf dieser Reise nicht verlassen: Als ich hörte, daß Coburg »gefallen« war, änderte ich meinen Kurs in Richtung Ostheim vor der Rhön, wanderte nach Suhl, passierte den Thüringer Wald bei Unterneubrunn, bewegte mich durch Frauenwald nach Ilmenau und von Erfurt nach Sondershausen. Weiter führte der Weg durch den Harz nach Quedlinburg, Halberstadt und Wulferstedt bei Oschersleben – das waren die Stationen einer frühlingshaften Odyssee, bis ich am 8. Mai 1945 im »Reichssender Flensburg« von der Kapitulation der deutschen Wehrmacht erfuhr.

Ich beschäftigte mich zwischenzeitlich acht Wochen lang als landwirtschaftlicher Arbeiter, lernte Pferde pflegen und Kühe melken. Dann – es war der 28. Juni – ging es mit Milchzügen, Kohlentendern und Holzkocherautos nach Hamburg, als Flüchtling über die gesperrte Elbbrücke, mit dem Zug weiter nach Neumünster und schließlich nach Flensburg.

Vater und Mutter waren nicht zu Hause. Aber sie kamen bald – mit frisch gepflückten Erdbeeren, als hätten sie geahnt, daß ihr Ältester nach mehr als einem halben Jahr endlich wieder etwas von sich hören ließ: Er kam sogar höchstpersönlich zurück!

Glück hat mich bis in diese Tage der Kriegs- und Nachkriegswirren begleitet. Denn als ich am Tag nach meiner Heimkehr die britische Militärzeitung las, mußte ich zur Kenntnis nehmen, daß die Sowjets zwei Tage nach meiner Abfahrt von Wulferstedt im Zuge der Realisierung der Potsdamer Beschlüsse bis Helmstedt vorrückten und die Amerikaner das sowjetisch zu besetzende Gebiet geräumt hatten.

Heimgekehrt war ich – aber mißtrauisch, was wohl aus uns würde. Freude über das Ende des Krieges erfüllte mich – aber auch Angst, wie unsere durch Propaganda als unmenschlich eingestuften Gegner uns wohl behandeln würden. Ausgemergelt, hungrig, manchmal auch verzweifelt über die nicht vorhandene Perspektive – so wandelten wir zwischen Mißtrauen und Hoffnung. Für viele von uns brach eine Welt zusammen, die allerdings – wie man nachher wußte – doch ein zerbrechliches Kartenhaus gewesen war.

Wie sollten wir unsere Zukunft in einer Welt gestalten, in der manche von uns – langsam kam uns das zum Bewußtsein – Schuld auf sich geladen und dabei den deutschen Namen beschmutzt hatten? Waren wir jetzt der Rache der Sieger ausgeliefert? Wenn man Deutschland nun zwischen den Siegern aufteilte – zu wem würden wir dann geschlagen? Waren wir durch die Alliierten »befreit«, oder wollte man die verhaßten Deutschen endlich einmal so in den Griff nehmen, daß sie – wie Hitler es getan hatte – nie wieder einen Krieg vom Zaun brechen konnten?

Fragen über Fragen – Zweifel über Zweifel! Optimismus schien nicht angebracht, zumal man den Eindruck hatte, die Siegermächte scherten alle Deutschen über einen Kamm.

Väter und Brüder kehrten heim. Bittere Schicksale wurden Wirklichkeit. Führende Parteigenossen setzte man fest, aber sie hatten andere viel unmenschlicher behandelt. Die »Entnazifizierung« begann. Deutsche mußten sich dabei vorwerfen lassen, rücksichtsloser zu urteilen als die Engländer. Verunsicherung war an der Tagesordnung. Lebensmittelkarten gestatteten nur den Einkauf des Lebensnotwendigen. Der Handel mit Teppichen, Schmuck und goldenen Ringen gegen landwirtschaftliche Erzeugnisse trieb seine Blüten. Zigaretten waren wertvolles Schwarzmarktgeld. Die Polizei kontrollierte den Personenverkehr zwischen Stadt und Land.

Trotz allem: Der Wiederaufbau begann. Langsam kehrte das Leben zurück. Die Hoffnung besiegte die Zweifel. Man sagte, was man sagen wollte, und nicht, was man sagen durfte. Eisen- und Straßenbahnen nahmen den Verkehr auf. Der Marshallplan setzte ein positives Zeichen für den gewollten Aufbau in Deutschland. Selbst Sportvereine wurden wieder tätig – allerdings argwöhnisch von den Besatzungsmächten beobachtet.

Aus der Niederlage von 1945 ist kein Sieg geworden! Aber der Fleiß der Deutschen, ihr Organisationstalent und die Bereitschaft, ganz einfach anzupacken, haben dafür gesorgt, daß neues Leben in manchen Ruinen entstand – auch mit Rückschlägen und Problemen, die einfach in einer solchen Situation unerläßlich sind.

Der Westen, jedenfalls die westlichen Länder – mit unterschiedlicher Sympathie –, der Westen hat uns leben lassen. Im Osten war es schwerer. Marshallplan auf der einen, Reparationsleistungen über vierzig Jahre hinweg auf der anderen Seite.

Wenn Geburtsort und Geburtstag für Glück und Zufriedenheit ausschlaggebend sind, dann waren wir zufrieden. Unser eigenes Glück aber ist erst vollkommen, wenn wir nach dem Gewinn der Freiheit für alle auch gleiche Lebensbedingungen in ganz Deutschland haben werden.

Daran allerdings dachten wir 1945 noch nicht!

HANNS DIETER HÜSCH

Am Ende des Krieges – am Anfang des Friedens

Eigentlich interessiert mich die Sache nicht mehr so sehr. Das mag befremden. Aber je älter ich werde, desto weniger stehe ich auf der Seite der Geschichte, weder auf der Sonnenseite noch auf der Schattenseite. Ich gerate mehr und mehr in eine Gegend, in der ich nicht mehr so recht weiß, wo ich denn hingehöre und in welcher Weise ich einige Tugenden auf meine unsichtbare Fahne sticken soll. Das kann man nicht mit diesen schnellen und flachen Vokabeln, wie »Politikverdrossenheit«, erklären. Das ist eine Heimatlosigkeit, die mit den Jahren entstanden ist und vielleicht schon im Jahre 1945, also im Jahre Null als Jugendkrankheit in meinen kleinen Schläfen saß. Was ich am Ende des Krieges und am Anfang des Friedens dachte und träumte, hoffte, wollte und erlebte, habe ich schon mal versucht aufzuschreiben. Ich könnte es einfach abschreiben, aber siehe oben, wichtiger ist mir heute, warum mich die Sache nicht mehr so sehr interessiert. Ich bin der Dinge nicht müde, ich habe auch nicht kapituliert oder gar resigniert, o nein, vielleicht daß mich vieles inzwischen belustigt. Ganz gewiß sogar, denn es werden viele, sehr viele sich wiedererinnern müssen. Reden produzieren und Bekenntnisse formulieren. Es wird vieles verklärt werden, und am Ende wird man uns mit vollem Mund auffordern, doch fröhlich in die Zukunft zu sehen, Menschenskind noch mal! 1945, na ja. Stunde Null, na und? Ich habe ja großes Glück gehabt. Denn meine Füße standen bei meiner Geburt hundertachtzig Grad nach hinten und in der Achse neunzig Grad nach innen. Diese Deformation konnte zwar bis zum vierzehnten Lebensjahr behoben werden, aber Gott sei Dank doch nicht so ganz, daß ich hätte Soldat werden müssen, um den Rest der Welt zu erobern. Ich wurde »wu« geschrieben. Das heißt wehruntauglich. Wunderbar. Ich durfte zu Hause bleiben. Ich hatte wohl auch einen Schutzengel, denn ich überstand alle täglichen und nächtlichen Bombenangriffe auf meine Heimatstadt Moers am Niederrhein, und ich wartete nun sehnsüchtig und klopfenden Herzens auf die Amerikaner. Amerika, das war schon in der Schule für mich und meine Freunde Demokratie, das war Gedankenfreiheit, Toleranz, Respekt vor jeder anderen Meinung, das hieß für uns, den anderen ausreden lassen, jeder kommt mal dran, zuhören, fair sein, den Dialog pflegen, also einfach miteinander reden und füreinander leben, und das hieß auch Jazz und lange Haare. Und für mich bedeutete das: endlich keine Uniformen, keine Orden und keine Hymnen mehr. Und unser Wort hieß: Nie wieder Krieg! Nie wieder Faschismus!

Und das sollte jetzt alles kommen. Das alles stand vor unseren Toren und Haustüren. Denn die Amerikaner waren gelandet und kamen immer näher, und eines Tages kamen sie ganz leise auf dicken Gummisohlen, die Maschinenpistolen im Anschlag, auf unseren Bürgersteigen daher, beobachteten ängstlich und mißtrauisch unsere Häuser, ob vielleicht nicht doch noch hinter den Fenstern ein letzter Scharfschütze stünde, um sie abzuschießen. Aber da stand nur ich, hinter dem Klofenster, vorne zur Straße raus, wie man sagt, und guckte ihnen durch die Gardine zu. Dann kamen die Jeeps mit den flinken farbigen Fahrern, und dann kam der Stab mit dem fülligen Oberst, der immer eine lange Zigarre im Mund hatte. Und ich konnte durch die Gardine alles ganz genau beobachten. Dann mußte das Haus gegenüber geräumt werden, und die Familie Twardokus kam mit Sack und Pack zu uns. Und in das schöne alte Vetzoldsche Haus zog jetzt der Stab ein. Und der Oberst saß jeden Tag im Schaukelstuhl vor der Haustür und guckte seinen verspielten Jeepfahrern und seinen baseballspielenden Jungs zu. Wie die Kinder. Fronttruppen. Wir waren ja erst wenige Stunden zuvor aus unserem Luftschutzbunker in unser Haus zurückgekehrt. Ich hatte noch in der Bäckerei Hüsken ein Brot besorgt, immer schnell in Deckung gehend, wenn die ersten Jeeps an mir vorbeiflitzten. Und jetzt durften wir vorerst nicht aus dem Haus und mußten warten und zugucken, was sich tat. Am Sonntag morgen zwischen elf und zwölf Uhr stellten die Amerikaner in unserer Straße und in einigen Nebenstraßen große Lautsprechersäulen auf, und ich konnte, wenn ich das Klofenster einen Millimeter aufmachte, eine Stunde lang besten Jazz hören. Und mein Herz hüpfte vor Freude und Angst. Die letzten Nazis hatten uns noch, von einem Lastwagen herab, Durchhalteparolen zugerufen und waren dann über den Rhein geflohen. Diese feigen Verbrecher. Keiner wußte, was werden würde. Nur ich: Freiheit, Gleichheit, Brüderlichkeit. Der Starke hilft dem Schwachen. Der Sehende führt den Blinden. Jeder nimmt jeden in den Arm. Keiner erhebt sich über den anderen oder erniedrigt sich unter den anderen. Keiner kommt auf den Gedanken, er sei besser oder schlechter, wichtiger oder wertloser als der andere. Keiner. Demokratie. Solidarität der Kreaturen. Meine Kindheitsphantasien werden jetzt in Erfüllung gehen, sagte ich mir. Das Kommen und Gehen des Menschen bekommt einen Sinn, über alle Zeiten hinaus – und nicht gerade mal von 1925 bis zum Jahre 2000. Und die Kunst, dachte ich mir, muß und wird den Menschen helfen, sie muß Mut machen, sie muß aufklären und trösten, sie muß aus Feinden Freunde machen. Es muß ein ganz neues gutes altes Deutschland entstehen, dachte ich. Und wir müssen unsere Schuld abarbeiten, eingestehen und wiedergutmachen. Und das nicht nur einmal, sondern immer. Und wir müssen unseren Kindern immer wieder erzählen, daß wir mit vielen anderen Menschen auf der Erde leben und wir alle verschieden an Haut und Haar, Rasse und Religion, Geschmack und Geschichte sind, dachte ich. Und was ich nicht noch alles dachte, um diese Stunde Null im Jahre 1945 nach Christus zu nutzen, regelrecht auszunutzen, auszubeuten. Alle alten Menschenträume sollen jetzt doch endlich Wirklichkeit werden, dachte ich, und erzählte es jedem, der es hören und nicht hören wollte, jedem, der es wissen und nicht wissen wollte. Und bald schon gehörte ich zu den unverbesserlichen Romantikern, die mit der blauen humanistischen Blume im Knopfloch, zu den krankhaften Utopisten, zu denen, die keine realistische Anpassungsfähigkeit besitzen und keinen gesunden Menschenverstand haben. Ich gehörte auf einmal zu denen, die von allen guten Geistern verlassen sind. Und letzten Endes zu denen, die mittlerweile zwischen tausend Stühlen immer noch die kleine weiße Friedensfahne hochhalten, um zu sagen: »Nicht schießen! Wir sind Freunde!«

Und so weiter. Und so weiter. Und so weiter: Die amerikanischen Fronttruppen zogen nach acht Tagen weiter, englische Besatzungssoldaten rückten nach. Die Familie Twardokus, die wir aufgenommen hatten, konnte nun wieder in das schöne alte Haus einziehen. Aber das Haus war häßlich und älter geworden. Die Amerikaner hatten es siegestrunken auf den Kopf gestellt, in jedem Zimmer wohl ständig ein Gelage gefeiert. Die Betten auseinandergerissen, die Stühle zerschlagen und die Schränke zerstört und wohl auch Sektgläser mit Nachttöpfen verwechselt. Und auf die Tapeten hatten sie mit Filzstift geschrieben: »Wir bitten das Haus so zu verlassen, wie man es anzutreffen wünscht.« Fronttruppen. Wie die Kinder. Im Krieg und in der Liebe ist alles erlaubt, sagt man ja.

Ich will heute nicht klagen und nichts beklagen. Wir haben seit fünfzig Jahren Frieden, wir haben Wohlstand, und das Land ist wiedervereint. Wer unzufrieden ist, bekommt die Leviten gelesen. Miesmachen gilt nicht. Es ist alles o. k.!

Nur manchmal denke ich inzwischen: Ich bin eine Pusteblume in einer überflüssigen Gegend. Was hilft's? Gottfried Benn hat gesagt: »Im dunkeln Gutes tun.« Also mach, und halt dich ran! Die Zeit wird knapp. Die Zeit ist um.

UDO JÜRGENS

Leben lernen an den Klippen des Abgrunds

1945, als der Krieg der Kriege zu Ende ging. In achtundsechzig Ländern sind sechzig Millionen Menschen erschossen, vernichtet, vergast – und ich bin zehn Jahre jung.

Geboren 1934, ein Jahr nach Hitlers Machtergreifung, lebe ich mit meinen Eltern Käthe und Rudolf Bockelmann auf unserem Gutshof Schloß Ottmanach bei Klagenfurt.

1995, als der Krieg der Kriege fünfzig Jahre vorbei ist. In achtunddreißig Ländern werden in Bürgerkriegen Menschen erschossen, Frauen Witwen, Männer Krüppel, Kinder Waisen. Allein in Afrika sind zehn Millionen Menschen auf der Flucht vor wahnsinnigen Diktatoren, Stammesherren, Glaubensfürsten – und ich bin sechzig Jahre alt.

Ich lebe in der friedlichen Schweiz, allein, über den Dächern von Zürich, und in Portugal, wo Europa ins Meer stürzt, versuche, mich zwischen den Kulturen, den Disharmonien der Welt, der Harmonie meiner Töne einzufinden, einzurichten und nein zu einer Nachkriegszeit zu sagen, die zu einer Vorkriegszeit zu verkommen droht.

Mai 1945: Die Wiesen blühen, die Vögel singen, die Sonne scheint.

Sie scheint auf Mörder und Gemordete, Gräber, Gefängnisse, Sieger und Besiegte. Der Mond erhellt Granattrichter, Liebespaare, Häusergerippe.

Als alles in Schutt und Asche liegt. Und in allen Hoffnung auf ein »Nie wieder!« wütend keimt.

Und Musik erklingt. Töne gegen Bomben, Panzer, Maschinenpistolen.

Mai 1995: Die Wiesen blühen braun, die Vögel singen ängstlich, die Sonne versengt trotz Schutzfilter 25.

In Südamerika werden Wälder abgeholzt, Tiere aus Raffgier gemordet, Löwen, Ozelots, Kröten als »fast ausgerottet« photographiert. Und weltweit kocht die Masse Mensch mit dem Segen von Papst, Mullahs, Multis und Muftis aus allen Nähten.

Bis alles wieder in Schutt und Asche liegt. Und in mir die Hoffnung auf ein »So nicht!« wieder ausbricht.

Und Musik erklingt. Töne gegen Krieg, Rassismus, Nazismus, Intoleranz, Folter, Panzer, Hunger, Haß.

Mai 1945 – Mai 1995: Fünfzig Jahre Leben. Fünfzig Jahre, sich in seinem Leben als Musiker, als Mann, Vater, Liebhaber, Träumer, Zweifler, Ängstlicher und Hoffender in seiner kleinen Welt einzurichten.

Fünfzig Jahre Poesie in Dur und Moll Tag für Tag, Nacht für Nacht, auf achtundachtzig Tasten zu formulieren. Auf schwarzen und weißen Tasten, ohne in Schwarz und Weiß zu denken, zu fühlen, zu leben, zu lieben. Ohne Nostalgie. Ohne Verlogenheit. Ohne »Führer«, ohne Weltenretter, ohne Päpste, ohne Geld-Poeten. Ein Student des Lebens eben.

Ohne Schmerz wird nichts geboren. Ein einfacher Satz, sicher auch trivial.

Aber Einfachheit und Trivialität – das wirft man mir seit vierzig Jahren vor. Ich habe gelernt, damit zu leben. Immerhin erlaube ich mir nach genau diesen vierzig Jahren Showbusineß, große Worte klein, kleine Worte groß zu interpretieren, zu intonieren.

An der Schwelle zum Alter muß ich auf nichts und niemand Rücksicht nehmen, außer auf mein Gewissen.

Die Gattung Mensch hat wenig bis nichts aus den Greueln der Vergangenheit gelernt:

Neonazis, wohin man blickt;
Rassismus, mitten in Europa;
Ethnische Vernichtung ganzer Volksgruppen,
Habgier statt Helfen,
Töten statt Bewahren,
Hilflose Politiker,
Geistige Bombenleger,
Raffgier überall,
Haß statt Liebe.

Haben wir das nach 1945 so gewollt? Wollten wir denn alle, unsere Eltern, unsere Politiker, ja selbst wir Kinder damals nicht eine neue

Welt aufbauen? Eine friedliche? Ohne Haß, Rassismus, Verfolgung, Atom, Mord, Vernichtung?

Wie armselig verschließen wir doch unsere Augen heute und jetzt. Ganz fest, um nichts zu wissen, nichts zu sehen, nichts zu hören von dem Wahnsinn, den wir vor fünfzig Jahren geglaubt haben, überwunden zu haben.

Nichts haben wir überwunden. Im Gegenteil. Die Vergangenheit wird heute verniedlicht, zerschwätzt, verdiskutiert. Aus dem einstigen Sieger Rußland wurde ein Verlierer, ein bitterarmes Land, arrogant belächelt von den Reichen – den Verlierern von einst!

Oft, wenn ich nachts aus meinem Fenster über die friedlich schlafende Stadt Zürich blicke, frage ich mich, nachdem in irgendwelchen Aufsätzen, Artikeln, Talk-Shows der Zweite Weltkrieg verharmlost, nur mehr als vergangenes Zahlenwerk behandelt wird:

Haben wir Menschen kein Gewissen mehr? Keine Fähigkeit, uns zu erinnern? Sind sechzig Millionen Tote nicht genug, um nach fünfzig Jahren zur Tagesordnung überzugehen? Und so zu tun, als seien Millionen vergaste Juden nur ein Ausrutscher der Geschichte, ein Wimpernschlag in der langen Geschichte der Unmenschlichkeit?

1945–1995: fünfzig Jahre. Oder 18 250 Tage zwischen Inferno und Paradies. Und doch nur ein Zucken in der Weltgeschichte.

1945–1995: fünfzig Jahre eigenes Leben, eigenes Erleben, eigenes Leid, eigene Freude, eigene Erinnerungen, eigene Erfolge, eigene Niederlagen, eigener Aufstieg.

Heute, 1995, erinnere ich mich an damals, 1945, als wäre dieses Jahr länger als ein Jahrzehnt. Minuten sind in meiner Erinnerung Stunden, Stunden sind Tage, Tage Wochen.

Meine kleine Welt Anno 1945, sie war nicht heil, auch wenn ich sie nicht in stickigen Schutzkellern in zerbombten Großstädten erlebte. Das Inferno fand in Berlin, Rostock, Köln, Warschau, Auschwitz, Bergen-Belsen statt – in Ottmanach und in der Lüneburger Heide lernte ich aber schnell, daß keiner abseits stehen kann. Daß Schrekken, Leid, Mord und Tod nicht vor einem Land, einer Region, einem Ort, einem Alter haltmachen.

Den Krieg ahnte ich als kleiner Landbub in der Lederhose als etwas Schreckliches, auch als Abenteuer oder Schicksal; er war für mich damals etwas, was man nicht beeinflussen konnte, war wie das Niedergehen eines Gewitters oder eines Hagelschauers. Ein Naturereignis, dem man nur machtlos gegenüberstehen kann.

Was wußte ich damals schon von Luftangriffen und Feuerstürmen, Aufständen und Plünderungen, Völkerwanderungen und Vertreibungen, Vergewaltigungen, von Kollaborateuren, von Kriegsgefangenen, Lagern, was von Vernichtungslagern, von KZs?

Was ich aber schon als Zehnjähriger wußte, war, daß Nazis, daß Hitler, daß ein Wahnsinn, ein Irrsinn die Welt unterjochte.

1934 geboren wuchs ich in den Wahnwitz »Nationalsozialismus« hinein. Natürlich sah auch ich im fernen Kärnten Aufmärsche, Braunhemden, Uniformen. Natürlich fieberten auch wir Pimpfe dem Tag entgegen, »groß« zu sein – was damals soviel bedeutete wie Hitler-Jugend. Schnell kapierten wir, daß diese Uniform ein Kult war: Wer »das Kleid des Führers« trug, dem konnte der Lehrer nur mehr wenig anhaben.

Ja, ich lernte damals erstmals in meinem Leben, wie man durch eine äußere Erscheinung Macht ausüben und Einfluß auf andere nehmen kann.

Als ich im September 1940 in die Zwergschule kam, in der in einem einzigen Raum Schüler zwischen sechs und zehn Jahren von nur einem Lehrer unterrichtet wurden, wurde mir auch schnell bewußt: Der Lehrer ist hoffnungslos überfordert mit den vierzig Kindern vor ihm. Der kleine bucklige Lehrer war alt, war ein böser Gnom, der mit einem Rohrstock verzweifelt um Zucht und Ordnung prügelte, war ein Mann, der Schüler auf ein dreikantiges Holzscheit knien ließ, bis sie zusammenbrachen.

Zucht und Ordnung nur mit Wehrlosen exerzieren – eine widerliche Erfahrung!

Doch dem Lehrer kann ich keinen Vorwurf machen. Er war hilflos.

Und jüngere Lehrer, die gab es nicht!

Weil alle jüngeren Lehrer im Krieg waren. Weil sie erschossen in Massengräbern irgendwo in den Weiten Rußlands lagen. Weil sie Opfer von Tätern waren, denen ein Menschenleben kein Gedanke wert war.

In der Zeit bis 1944 vermieden es meine Eltern, mit mir über Hitler und die Schandtaten der Nazis zu reden. Sie hatten schreckliche Angst, ich könnte mich bei irgendeiner unpassenden Gelegenheit verplappern und sie selbst in Gefahr bringen.

Und doch kann ich mich heute als Sechzigjähriger noch genau an den Ton, an das Grollen, das Aufbrausen, die Angst erinnern, wenn Flugzeuge über unser Schloß Ottmanach donnerten.

Ja, ich konnte dieses nahende Grollen, dieses Anschwellen tödlicher Gefahr sogar auf dem Flügel nachmachen, der bei uns im sogenannten Damenzimmer stand und an dem ich Stunde um Stunde verbrachte. So gekonnt, daß meine Eltern ins Zimmer stürmten, um mir zu sagen: »Hör endlich mit diesen schrecklichen Klängen auf.«

Sicherheit?
Ein Wort, das so überstrapaziert ist und für mich nurmehr wenig Bedeutung hat.

Was alles nennen wir heute doch Sicherheit? Und was ist wirklich sicher? Wir Menschen jedenfalls sind das größte Sicherheitsrisiko.

Vielleicht hätte Noah die Abfahrt seiner Fähre doch versäumen sollen – vielleicht wäre das eine Chance für die Welt gewesen.

Sicherheit?

Ich weiß heute noch, wie mein Vater uns nach Norddeutschland in »Sicherheit« bringen wollte.

Anfang 1944: »Millionen Deutsche, Männer und Frauen, Knaben und Mädchen bis herab zu Kindern, stehen bereit, als Volkssturm und Werwolf den Feind zu besiegen«, brüllte Adolf Hitler so laut, daß auch wir in Ottmanach es hörten.

Den Krieg kannten wir bis dahin nur vom Hörensagen. Ab und zu sahen wir Buben, daß irgendwo in der Ferne ein Kampfflugzeug brennend vom Himmel stürzte. Für uns Kinder war das aber eher eine aufregende Abwechslung. Voller Neugierde und Sensationslust fuhren wir mit den Fahrrädern in die Richtung, in der wir die Absturzstelle des Flugzeugs vermuteten.

Wir standen schaudernd vor Flugzeugtrümmern und zerfetzten Menschen.

Meine Eltern hatten Angst.

Um uns, ihre drei kleinen Kinder. Um das Leben, dort in Ottmanach. So beschlossen sie, in völliger Verkennung der weiteren Kriegsentwicklung, daß meine Mutter mit uns besser auf dem Familiengut in der Lüneburger Heide aufgehoben sei als in Kärnten.

Dorthin wollte uns mein Vater in »Sicherheit« bringen.

Es wurde eine Reise des Schreckens, eine mir bis heute gegenwärtige Odyssee.

Sicherheit?
Um nach Lüneburg zu kommen, mußten wir mit dem Zug über Berlin fahren, erreichten die Stadt genau an dem Tag zwischen den beiden stärksten alliierten Luftangriffen.

Die damalige Reichshauptstadt glich einem Feuerinferno aus Tränen und Verzweiflung. Was wir bis dahin nur aus Erzählungen kannten, wurde mit einemmal grauenhafte Wirklichkeit.

Mit einem Nottransport erreichten wir schließlich Hamburg. Als wir auf dem Gut meiner Verwandten in Barendorf bei Lüneburg ankamen, herrschte dort in der Gegend das Chaos. Belgische, englische und kanadische Truppen nahmen eine Ortschaft nach der anderen im Sturm. Tausende von Flüchtlingen zogen durch den Ort.

Fanatische Nazis wollten meine Mutter dazu zwingen, meinen damals dreizehn Jahre alten Bruder John mit dem Volkssturm in den »Endkampf« zu schicken.

Meine Mutter dazu nur: »Ihr könnt meinen Jungen haben, aber zuvor müßt ihr mich erschießen. Solange ich lebe, werde ich es nicht gestatten, daß er mit euch kommt.«

Meine Mutter, eine politische Frau mit tiefsitzendem Haß gegen die Nazis, machte kein Hehl aus ihrer Ablehnung. Und hatte doch unvorstellbares Glück, damals nicht von einem dieser wildgewordenen Kerle erschossen worden zu sein: Im Nazideutschland wurde man wegen weit geringerer »Vergehen« erschossen!

Wir, meine Mutter, John, Manfred und ich lebten also in Barendorf. Doch mein Vater – er wollte, er mußte zurück nach Ottmanach. Er war Bürgermeister, glaubte, daß er in Kärnten gebraucht werde.

Sicherheit?

Obwohl mein Vater Rudolf nur etwa vierzehn Tage von Ottmanach fort war, um uns in vermeintliche Sicherheit zu bringen, wurde er bei der Gestapo angezeigt: Unbelehrbare warfen ihm, dem Bürgermeister, vor, er habe sein öffentliches Amt wissentlich im Stich gelassen. Schlimmer noch: Man beschuldigte ihn, Wertsachen der Familie fortgeschafft zu haben.

Mein Vater verteidigte sich – erfolglos.

Er wurde von der Gestapo verhaftet, ins KZ geworfen! Nach endlosen Verhören zum Tode verurteilt!

Drei Monate saß er in überfüllten Zellen. Der stattliche, 80-Kilo-Mann magerte auf unter vierzig Kilo ab.

Doch die alliierten Truppen rückten unaufhaltsam vor, Richtung Kärnten. Im Norden standen bereits die Russen. Und aus dem Süden drängten Titos Partisanen vor.

Die Vollstreckung des Todesurteils wurde immer wieder hinausgeschoben.

Die Nazibonzen, die Gestapo-Schergen – ihnen saß die Angst immer mehr im braunen Nacken. Feige versuchten sie jetzt, ihre eigene Haut zu retten!

Mein Vater saß im Knast, mußte um sein Leben zittern. Mit ihm ein amerikanischer Fallschirmspringer namens Preston. Der schaffte es tatsächlich, via Funk die Alliierten über die militärische Lage in Kärnten zu informieren. Wobei ihm das große Wissen meines Vaters um seine Wahlheimat zu Hilfe kam.

Die Nazis begannen, um ihr eigenes Leben zu zittern. Einer nach dem anderen haute ab, versteckte sich, suchte sein Heil in der Flucht. Um ihre Haut zu retten, ließen sie meinen Vater und den Amerikaner aus der Haft, wenige Tage, bevor auch Kärnten von den Alliierten befreit wurde.

In einer eilig gebildeten demokratischen Übergangsregierung arbeitete mein Vater nach Kriegsende als offizieller Verbindungsmann zu den Engländern, die bald darauf in Kärnten Einzug hielten.

Sicherheit?

Doch all das erfuhr ich erst später von meinem Vater. Von der Gefahr, in der er schwebte, ahnten meine Mutter und wir Kinder in Norddeutschland nichts.

Fast zwei Jahre lang gab es keinerlei Verbindung zwischen uns. Vater wußte nicht, ob seine Familie in Lüneburg die Bombenangriffe auf Hamburg und den Krieg in Norddeutschland überlebt hatte.

Wir wußten nicht mal, ob Papa überhaupt Ottmanach erreicht hatte.

Ja, was wußten wir Kinder denn wirklich vom Krieg? Sicher mehr, als wir damals begreifen konnten, sicher zuwenig, um die grauenhafte Wirklichkeit zu erkennen.

Einige Erinnerungssplitter habe ich heute noch: So sehe ich die drei Buben in unserem Alter, aus unserer Schule, die damals in Barendorf zum Volkssturm eingezogen wurden. Über Nacht lernten sie, wie sie mit Gewehren und Panzerfäusten umzugehen hatten. Vor Angst zitternd hockten sie in einem Erdloch. Als eine alliierte Panzereinheit auf sie zurollte, sie mit ihren Panzerfäusten herumfuchtelten, wurden sie von mehreren Maschinengewehrgarben tödlich getroffen.

Dreizehn Jahre alt waren unsere Freunde.

Dreizehn Jahre!

In den Tod gejagt von Erwachsenen, von Mördern! Nur wenige Tage vor dem Ende des Zweiten Weltkrieges, vor dem 8. Mai, als wir alle im Radio hörten: »Deutschland hat kapituliert!«

Dieser 8. Mai veränderte auch das Leben für uns Kinder. Alliierte Truppen lagerten in Zelten rings um Barendorf. Trotz Ausgehsperre spielten wir Kinder weiter, pirschten uns an die fremden Soldaten heran, an die Belgier, Engländer und Kanadier, und versuchten, von ihnen Eßbares zu ergattern. Und sie fütterten uns, schenkten uns das, was wir so lange vermißt hatten: Schokolade, Fleischkonserven, Kekse.

Später wurden wir noch mutiger: Wir robbten uns an die Proviantdepots heran und klauten, was nicht niet- und nagelfest war. Ja, wir fanden auch Waffen, Decken, Uniformen, die deutsche Soldaten auf ihrer Flucht weggeworfen hatten, um nicht als »Nazis« erkannt zu werden.

All das verscharrten wir Kinder in einem Loch, das wir für unsere »Fundsachen« gebuddelt hatten.

Ganz besonders hüteten wir Photographien, die wir bei diesen Nazisachen fanden: Es waren nackte Frauenkörper, Skulpturen des Bildhauers Arno Breker.

Heute weiß ich, daß diese geheime, diese scheue, diese verlogene Sexualität des »Tausendjährigen Reiches« meine Generation geprägt hat: Die Erotik war tabuisiert, war etwas Vebotenes, etwas, was nur im geheimen blühte. Und das Ende des Krieges beendete diese Verlogenheit nicht. Wie auch aus den Nazis nicht über Nacht Demokraten wurden!

Sicherheit?
1945. 8. Mai. Kriegsende.

Sagt man heute.

War der Krieg wirklich zu Ende? Aus? Vorbei?

Durch Gesetz wurden in Österreich alle Nazis verpflichtet, sich registrieren zu lassen. Mein Heimatland wurde in vier Besatzungszonen aufgeteilt. In der Schweiz wurden alle Konten von Deutschen eingefroren. Die erste Atombombe explodierte, der Boogie-Woogie wurde zum Hit der Saison. In den Lichtspielhäusern sah man »Kinder des Olymp« und »Rom, offene Stadt«. In den Buchhandlungen sah man plötzlich Hemingway, Steinbeck, Remarque.

Und wir, die Bockelmanns? Wir waren immer noch getrennt.

Mein Vater schlug sich Wochen danach durch das zerbombte Deutschland durch. Keine Züge, keine Busse, nichts, nur ein paar marode Lastwagen, auf denen es ihm irgendwie gelang, nach Barendorf zu kommen, um seine Familie zu suchen, sie zurück nach Kärnten zu holen.

Auf der Ladefläche eines dieser Lastwagen saßen wir dann auf unserem Weg zurück in die Heimat. Eng aneinandergekauert, hungrig, durchgefroren, dreckig, von ein paar Bauern mit einer Scheibe Brot, einem Teller Suppe versorgt.

Und wieder ein Stopp, wieder eine neue Besatzungszone, wieder Kälte, Hunger, Leid.

Waren es Tage? Es waren Wochen, die wir auf Lastwagen zubrachten. Bis wir endlich daheim waren. Was für ein Wort: »daheim«!

Was für eine unsägliche Freude, plötzlich die Wiesen, die Wälder, die Mauern, die Straßen, die Weiden, die Berge zu sehen – die Heimat meiner Kindheit.

Die Welt meiner Kindheit – sie hatte sich verändert. Nicht lautlos, sondern mit dem größten Knall der Weltgeschichte, dem Zweiten Weltkrieg.

Als Kind sah ich, wie Erwachsene aus der Welt ein Inferno machten. Ja, es sind immer Erwachsene, die Kriege anzetteln, die junge Männer in Schlachten schicken, junge Frauen zu Witwen machen. Es sind Erwachsene, die Religionskriege führen, umweltfeindliche Fabriken bauen, den Regenwald roden, die Menschheit an den Abgrund jagen.

Ist Erwachsensein ein erstrebenswerter Zustand?

Der Krieg, die Greueltaten, der Rassismus, die Umweltzerstörung, die vielen neuen Nazis, die aus ihren braunen Löchern kriechen – haben wir sie uns nicht alle »verdient«?

Durch unser Schweigen, durch unser Stillsein, durch unsere Toleranz, durch unser Weghören?

Erst fünfzig Jahre ist es her, seit die Welt in Schutt und Asche lag.

Erst fünfzig Jahre ist es her, seit sechzig Millionen Menschen in einem Krieg ihr Leben ließen.

Erst fünfzig Jahre ist es her, seit Millionen Juden vergast wurden.

Und doch: Wo bleibt das Positive?

Auch wenn ich heute nur zehn Jahre älter bin als der Waffenstillstand: Der Tag, an dem der Krieg endlich beendet war, ist ein Tag zum Feiern. Zwar haben wir Menschen wenig bis nichts aus der Stunde Null der Menschheit gelernt. Doch eben deshalb ist 1945–1995 so wichtig, ins Gewissen gezerrt zu werden: damit das mörderische Handwerk, der Rassismus, das verfluchte Nazitum, nicht vergessen wird, daß es nicht für neue Menschenverachter und Menschenvernichter anziehend wird. Damit die braune Brut nie wieder an die Macht kommt.

Fünfzig Jahre, ein halbes Jahrhundert, fünf Jahrzehnte zwischen Krieg und Frieden. Eine lange Zeit im Lauf der Geschichte, in der kein neuer Krieg wieder alles vernichtet hat.

Ich bin sechzig Jahre alt, wenn die Welt das Ende des Zweiten Weltkrieges feiert. Wie die Literatin Ingeborg Bachmann bin ich in Klagenfurt geboren. Und daher erlaube ich mir, einen Vers aus ihrem Gedicht »Hinter der Wand« zu zitieren:

»Ich bin der großen Weltangst Kind,
die in den Frieden und die Freude hängt.«

Sind wir Menschen wirklich die einzig Unbelehrbaren unter diesem weiten, schönen Himmel?

In einer wunderschönen Welt, mit der wir nichts anderes tun können, als sie zu zerstören?

Ich glaube an den Menschen.

Auch an seine Belehrbarkeit.

Mozart und Beethoven, Strauß und Tschaikowsky, Bernstein und die Beatles – sie alle waren Menschen. Sie alle haben der Menschheit Frieden, Freude, Freunde, Liebe und Lust beschert.

Ich glaube an die zwölf Töne, nicht an die Zehn Gebote.

Ich glaube an die schwarzen, die weißen Tasten, an eine Welt, die zu Menschen strebt, nicht an Menschen stirbt.

Sicherheit?

Ja, ich glaube an den Menschen.

Auch wenn er uns wieder an den Abgrund führt.

1995 könnte ein Jahr der Menschlichkeit werden, wenn die Menschen es nur wollen.

Wollen wir es?

Ich will!

MANFRED KARNETZKI

Als Luftwaffenhelfer mit Urlaubsschein

I.

März 1945 in Berlin: Eben erst war ich in mein Elternhaus zu Mutter und Großmutter heimgekehrt – als Luftwaffenhelfer mit einem unbegrenzten Urlaubsschein, ausgestellt in einer Flakkaserne in Leipzig: Dort gab es keine »Flugabwehrkanonen« mehr. Wir sechzehnjährigen Luftwaffenhelfer waren überflüssig geworden. Wer eine Heimatadresse hatte, konnte auf unbestimmte Zeit beurlaubt werden.

In mir waren noch die Bilder der vergangenen Wochen: der endlose Treck der Pferdewagen aus Oberschlesien auf der Flucht vor der anrückenden Roten Armee, der Tag und Nacht an unserer Batterie in Markstätt bei Breslau vorbeizog; der unerwartet schnelle Abschied von Breslau auf dem Freiburger Bahnhof (der Marschbefehl eines einsichtigen Offiziers hatte einen Trupp von etwa zwanzig Luftwaffenhelfern aus der »Meßstaffel« in einen der letzten Züge Richtung Leipzig gesetzt); ein Aufenthalt in dem noch unzerstörten Dresden für zwei Tage und Nächte mit Kino und Zirkusvorstellung (das alles gab es dort noch im sechsten Kriegswinter!) und schließlich die Ankunft in der Leipziger Kaserne – sinnloses Marschieren mit sinnlosen Liedern (»Mein Schlesierland, mein Heimatland, wir sehn uns wieder am Oderstrand«) und sonst nichts. Und dann in der Nacht des 13. Februar sahen wir den Himmel rot über Dresden – über eine Entfernung von mehr als hundert Kilometern.

Ich versuche, mich an meine Empfindungen zu erinnern: Beherrschend war zweifellos der Wunsch, zu überleben und in das Elternhaus zurückzukehren, die Mutter wiederzusehen, die Großmutter, den Vater, der jetzt noch in Prag war, und den Bruder, der als Artillerist in Ostpreußen kämpfte. Der Zusammenbruch des NS-Deutschland machte mich nicht sonderlich traurig. Zuviel Absurdes und Schreckliches war in seinem Namen geschehen. In meiner Stube in der Leipziger Kaserne lagen ein paar Jungs aus der Gegend von

Auschwitz. Was sie zu erzählen wußten, überstieg jede Vorstellungskraft. Ich zweifelte nicht an ihren Berichten. Unter meinem Kopfkissen hielt ich ein paar englische Flugblätter versteckt. Ihre Botschaft vom unmittelbar bevorstehenden Ende des Krieges erschien mir glaubhaft. Ein Kamerad sagte zu mir: »Du bist verrückt, daß du so etwas aufhebst. Wenn das jemand findet, bist du dran ...«

Ich lebte von Briefen, die mir Mutter und Vater schrieben – besorgte, liebevolle Briefe. Jedes Lebenszeichen stärkte die Hoffnung auf ein Davonkommen und auf ein »Danach«, wie immer das aussehen mochte. Die Katastrophe, in die der Krieg für uns hineinstürzte, lähmte freilich die Fähigkeit, dieses »Danach« auszuphantasieren. Die Gegenwart, das waren Essen und Trinken, ein nachlassender Drill und Langeweile, das Warten auf Post und die Gespräche mit Dieter, dem Freund aus der Schulklasse des Breslauer Sankt-Matthias-Gymnasiums, das es jetzt auch nicht mehr gab. Unsere Außenseiterrolle als Evakuierte aus Dortmund und Berlin hatte uns nachhaltig verbunden.

II.

April 1945: Die Rote Armee rückt auf die Reichshauptstadt zu. Meine Mutter entschließt sich mit Großmutter und mir zur Flucht ins Erzgebirge – nicht zuletzt in der Hoffnung, dort meinen Vater – aus Prag kommend – in Empfang nehmen zu können. Im Flakbunker am Zoo bekomme ich meine Entlassung als Luftwaffenhelfer mit der absurden Aufforderung, mich so bald wie möglich zum Arbeitsdienst zu melden. Die Militärbürokratie funktioniert noch: Außer der Entlassungsurkunde erhalte ich ein Dankschreiben »für den dem Deutschen Reich in jungen Jahren geleisteten Dienst« und ein Schriftstück, das mir die Uniform übereignet. Andere Kleidungsstücke besitze ich nicht mehr. So erleben wir das ebenso ersehnte wie gefürchtete Ende des Krieges in einem Dorf am Rande Annabergs im Erzgebirge.

Vieles, was unser Leben dort ausmachte, habe ich längst vergessen. Es war ja ohnehin ein Leben auf Abruf. Aber einzelne Bilder und die sie begleitenden Gefühle haben sich mir eingeprägt:

Noch in den letzten Tagen des Krieges wurden KZ-Häftlinge durch unser Dorf getrieben: erschöpfte Gestalten in ausgeblichener Häftlingskleidung. Es handelte sich offenbar um einen jener Todesmärsche, an die bis heute vielerorts erinnert wird. Wenige Tage später – der Krieg war inzwischen zu Ende – kamen sie in kleinen Trupps auf dem gleichen Weg zurück. Auf ihren Gesichtern war kaum Erleichterung zu entdecken, nur der Wunsch, zu überleben und irgendwie nach Hause zu kommen. Wir wußten wohl, daß es viele Konzentrationslager gab und daß dort Ungezählte umgebracht wurden. Aber darüber zu sprechen war gefährlich. So blieb unsere Wirklichkeit seltsam abgeschirmt gegenüber jenem millionenfachen Verbrechen und seinen Opfern. Deshalb wohl machte uns die erste reale Berührung mit ihnen seltsam hilflos und stumm. Vielleicht war es eine Ahnung von Mitschuld, die sich in unser beklommenes Schweigen mischte.

Das Einrücken der Roten Armee in Annaberg vollzog sich vergleichsweise ruhig und entsprach keineswegs den Schreckensbildern der deutschen Propaganda. Ein paar Tage lebte ich in der Furcht, meiner Militärklamotten wegen gefangengenommen zu werden. Es geschah nicht. – Bald stellte sich so etwas wie eine neue Normalität ein. Dazu gehörte auch, daß der Bürgermeister unseres Dorfes jetzt ein deutscher Kommunist war, der alsbald ein Wehrmachtslager mit Kleidung für die Bevölkerung öffnete. Ich war überrascht, wie viele Kommunisten es auf einmal gab. Von einer KPD im Untergrund hatte ich nie etwas gehört. Die NS-Propaganda hatte uns eingeredet, die Kommunisten in Deutschland hätten ihrer Partei und Ideologie abgeschworen.

Daß die Kommunisten jetzt unter der Herrschaft der Roten Armee und als ihr verlängerter Arm das Sagen bekamen, begriff ich, als der Gauleiter von Sachsen, Martin Mutschmann, auf dem Marktplatz von Annaberg öffentlich vorgeführt und ausgestellt wurde. Kurz zuvor hatte man ihn in seinem Versteck in den Bergen aufgetrieben. Eben noch war er der mächtigste und gefürchtetste Mann in Sachsen, und jetzt demonstrierten Sowjets und deutsche Kommunisten an seiner Jammergestalt auf einem Gerüst in der Mitte des Platzes, daß es mit der Naziherrschaft endgültig zu Ende war. Die Menge auf dem Platz reagierte eher eingeschüchtert als begeistert. Mir ging es ähnlich. Den Beginn einer neuen Zeit erlebte ich hier nicht, eher ein Beispiel von Rache und Machtausübung; und ich spürte, wie sich die Menschen darunter duckten und den neuen Machtverhältnissen anpaßten.

III.

Nur langsam begann ich, über den Tag hinaus zu denken. Daß Deutschland für Jahrzehnte aufhören würde, als selbständiger Staat zu existieren, ahnte ich noch nicht. Eher erwartete ich so etwas wie eine Rückkehr zur Weimarer Demokratie, ohne allerdings daran besondere Hoffnungen zu knüpfen.

Kurz nach Kriegsende fand uns mein Vater – aus Prag kommend. Von seinen Erlebnissen im Zusammenbruch der deutschen Herrschaft im »Reichsprotektorat Böhmen und Mähren« erzählte er wenig. Wichtiger war ihm, unsere Rückkehr nach Berlin zu organisieren. Wenige Tage, bevor wir glücklich in unser Haus in einem westlichen Vorort Berlins heimkehrten, hatten die Amerikaner dort ihren »Sektor« von der sowjetischen Besatzungsmacht übernommen. Wir nahmen es mit einer gewissen Erleichterung zur Kenntnis. Vom antikommunistischen Pathos des »freien Berlin« war damals noch keine Rede. Das beherrschende Lebensgefühl war: Gottlob, wir sind davongekommen. Alles Weitere wird sich finden.

Es hat noch lange gedauert, bis ich das Ende des Krieges und den Zusammenbruch des NS-Reiches wirklich als Befreiung begreifen konnte. Viele Wege mußte ich dazu gehen: nach Lidice und Theresienstadt zum Beispiel – und nach Auschwitz vor allem. Ich mußte lernen, die NS-Geschichte mit den Augen ihrer Opfer zu sehen. Ich mußte begreifen, welche Last am 8. Mai 1945 von jenen Schreckensgestalten abfiel, die kurz zuvor durch unser Dorf getrieben worden waren – und daß keiner jemals den Schrecken jener Jahre aus ihrer Seele nehmen konnte.

HANS KLEIN

Und abends hatte ich »Dienst«

In den letzten Wochen waren immer wieder Transportzüge mit Flüchtlingen auf dem Bahnhof von Mährisch-Schönberg eingetroffen. Kinder, Frauen, Greise. Lastautos mit Holzvergasern brachten sie samt ihrer armseligen Habe in Schulen und andere notdürftig als Aufnahmelager eingerichtete öffentliche Gebäude der Stadt. Und wir Buben zwischen dreizehn und fünfzehn – die wir zu den letzten zu Hause verbliebenen »Männern« gehörten – halfen beim Ein- und Ausladen.

An diesem Samstag hatte ich gut und gern meine fünf oder sechs solcher Transporte hinter mir. Und abends hatte ich »Dienst«. In Uniform. Kurze schwarze Cordhose, braunes Hemd, Koppel und Schulterriemen, schwarzes Halstuch mit Lederknoten und die grüne Schnur des Jungzugführers. Wir waren in das Capitol-Kino befohlen. Zur lokalen Uraufführung des Veit-Harlan-Durchhaltefilms »Kolberg«.

Wir »fühlten« uns – wie man damals sagte, um das Halbwüchsigenbewußtsein von Ernstgenommenwerden zu beschreiben. Und so tapfer, wie der Bürgermeister Joachim Nettelbeck (Heinrich George) und der Generalfeldmarschall Graf Neidhardt von Gneisenau (Horst Caspar) die pommersche Kleinstadt Kolberg erfolgreich gegen das übermächtige Heer Napoleons verteidigt hatten, so tapfer wollten auch wir unsere Stadt vor der anstürmenden Sowjetarmee verteidigen. Mit diesem Entschluß ging ich an jenem Samstag zu Bett.

So gegen sechs Uhr morgens klopfte es an das Fenster unseres Schlafzimmers, das ebenerdig zur Straße hin lag. Meine Mutter schaute nach. Draußen stand Heinz Kober, mein Fähnleinführer. »Hannes«, rief er ziemlich aufgeregt, »die Russen kommen!«

Heinz war ein Jahr älter als ich und mit mir im Frühherbst 1944 in unserem Gymnasium ausgewählt worden, gemeinsam mit zehn etwa gleichaltrigen Buben zum »Werwolf« ausgebildet zu werden. Der Hauptfeldwebel Ewald Wulfen, der Unteroffizier Wiltschek und der

Obergefreite Hildebrandt waren uns in dem folgenden Dreivierteljahr Idole, Lehrer, Vorgesetzte und – was am nachhaltigsten auf uns wirkte – Kameraden. Sie gehörten, wenn ich's recht erinnere, der Division Brandenburg an, jener kühnen Einsatztruppe, die allenfalls in den Green Berets der Amerikaner eine Entsprechung hat.

In Abendstunden, an Wochenenden, in den Ferien trafen wir uns unter strengster Geheimhaltung in leeren Privatwohnungen irgendwo in der Stadt, in einem Kasernengebäude (Mährisch-Schönberg war seit k. u. k. Zeiten eine Garnisonsstadt), auf dem weitläufigen Exerzierplatz, auf Berghütten im Altvatergebirge.

Wir lernten, zunächst nach dem Schema der Grundausbildung der deutschen Wehrmacht, schießen mit dem Karabiner 98 und dem MG 42. Dann brachten uns die Brandenburger den Gebrauch sämtlicher damals in Europa verwendeten Handfeuerwaffen bei. Nach einigen Monaten konnten wir die Nagan, den siebenschüssigen russischen Revolver, belgische Pistolen, englische Gewehre, amerikanische Maschinenpistolen in einem abgedunkelten Raum auseinandernehmen und wieder zusammenbauen.

Wir machten Schießübungen mit Panzerfäusten, lernten mit Stielhandgranaten und Eierhandgranaten, mit Pioniersprengstoff und Plastiksprengstoff, mit schwarzen und mit grünen Zündschnüren umzugehen. Bald beherrschten wir auch Morsen und Winken.

Wir schlugen Holzkisten mit Dachpappe und Ölpapier aus, füllten sie mit Fleischkonserven, Hartwürsten, Schokakola-Büchsen, zum Zwecke der Haltbarkeit gerösteten Brotscheiben, mit Waffen und Munition und vergruben sie nach einem wohlausgeklügelten Plan im Gebirge.

Unsere taktische Aufgabe war, uns von den Sowjets überrollen zu lassen, um dann hinter der Front Sabotageakte zu verüben und Partisanentätigkeit zu entfalten. Für den Tag X war ein Bauernhof am Rande von Frankstadt, einem östlich von Mährisch-Schönberg gelegenen Dorf, als Treffpunkt verabredet.

Irgendwann am Vormittag holte mich Heinz Kober ab. Mein Tornister war seit Monaten gepackt. In die Gesäßtasche steckte ich die Zbrojowka-Pistole, Kaliber 7.65. Ich hing das Sturmgewehr um und verabschiedete mich von meiner weinenden Mutter. Ich vergoß keine Träne, denn ich war ein potentieller Held.

Auf dem Weg zu dem Treffpunkt – wir hatten über eine Stunde zu marschieren – kam uns eine nicht abreißen wollende Kolonne von Panzern, Mannschaftswagen, Flüchtlingsfuhrwerken, Lazarettautos, Zugmaschinen mit schweren Geschützen entgegen. Aus Richtung Front.

Auf dem Bauernhof, wo wir zwei von den drei Brandenburgern, nämlich Wulfen und Hildebrandt, trafen, erlebten wir eine demütigende Enttäuschung. »Was wollt ihr denn hier?« fragte Wulfen in abweisend-kaltem Ton, in dem nichts mehr von der sympathischen Kameradschaftlichkeit der letzten Monate mitschwang. »Schert euch schleunigst nach Hause, und versteckt euch unter den Schürzen eurer Mütter!«

Es hat ein paar Jahre gedauert, bis mir die Anständigkeit dieses Soldaten voll zu Bewußtsein kam, der verhindern wollte, daß in den letzten Kriegszuckungen ein paar Schulbuben verheizt wurden. Heinz und ich waren übrigens die einzigen aus unserer Zwölfergruppe, die zu dem verabredeten Treff gekommen waren.

Sehr genau erinnere ich mich aber an unsere damalige Reaktion. Wir waren beleidigt und zornig. Zweifelte Wulfen an unserem Mut? Ließ er in schwerer Stunde sein Vaterland im Stich? War er schon innerlich zum Feind übergelaufen?

Diese Empfindungen standen uns offenbar ins Gesicht geschrieben. Fast gemütlich, aber halt sehr überlegen sagte Wulfen: »Macht keine Sperenzchen. Ich bin über fünfzigmal hinter sowjetischen Linien abgesprungen und mit ganz anderen Situationen fertig geworden als mit zwei trotzigen Lausbuben. Und jetzt haut ab.«

Von den Jesuiten stammt wohl die pädagogische Maxime, daß die Seele junger Menschen um so formbarer sei, je früher man damit beginne. Und als Jahrzehnte später das Gespenst des linken Terrorismus in der Welt umging, kam mir immer wieder jenes »Werwolf«-Erlebnis in den Sinn.

Voller böser Gedanken schlichen mein Freund Heinz und ich damals noch eine ganze Weile um den Bauernhof herum. Aber schließlich trollten wir uns doch.

Jugendlicher Heldenmut, der am hellichten Tage funkelt und sprüht wie Sonnenstrahlen in blanker Wehr (solche Sprachbilder aus Sagenwelt und Ritterzeit trugen wir in uns), sinkt rapid bei Einbruch der Dämmerung. Natürlich gestanden wir einander nicht ein, daß mit zunehmender Dunkelheit allmählich die Angst in uns hochzukriechen begann. Über der Straße nach Mährisch-Schönberg lag unheimliche Stille. Die Kolonne zurückflutender Soldaten und Flüchtlinge hatte offenbar längst die Stadt erreicht. Wann würden die Sowjets nachstoßen, in Stunden, in Minuten? Daß sie erst zwei Tage später kommen würden, ahnten wir nicht. Wir verließen jedenfalls die Straße und schlugen den Heimweg über die Felder ein.

Plötzlich gewahrten wir in unserer Richtung ein kleines Feuer mitten auf der Straße. Langsam pirschten wir uns heran. Unter einer

Zugmaschine mit hochbeladenem Anhänger lag ein deutscher Soldat, der mit einer Lötlampe hantierte. Es war der ostpreußische Obergefreite Hildebrandt, der irgendein gebrochenes Teil zusammenschweißte. Daß jeden Augenblick die Russen auftauchen konnten, berührte ihn so wenig, wie ihn die mehreren hundert Tellerminen auf seinem Anhänger davon abhielten, die Lötlampe zu benutzen.

Wir marschierten weiter. In gebührendem Abstand zur Straße. Da – Motorengeräusch! Wir warfen uns hinter einem Gebüsch in Dekkung. Heinz konstatierte sofort: »T 34.« Aber Augenblicke später entdeckten wir aufatmend, daß es Hildebrandt war mit seiner Zugmaschine, die mit quälender Langsamkeit der Stadt zustrebte. Wir legten das letzte Wegstück im Laufschritt zurück.

Vom Rest dieses Tages blieben mir nur Panik und surrealistische Bilder im Gedächtnis: der vor unserem Haus parkende Omnibus der Deutschen Reichsbahn. Meine sehr beherrschte Mutter. Frauen und Kinder aus der Nachbarschaft, die mit rasch zusammengerafftem Fluchtgepäck in das Fahrzeug drängten. Abfahrt wenige Minuten nach meinem Eintreffen, so als hätte man – und man hatte auch – nur auf mich gewartet. Richtung Westen, hieß die Losung. Denn vom Osten kommt der grausame Feind.

Die genaue Fahrtroute habe ich vergessen, vielleicht aber auch gar nicht wahrgenommen. Jedenfalls führte sie uns in das Herz Böhmens, in die unmittelbare Nähe von Prag. Wir ahnten nicht, daß wir den Sowjets, die von Oberösterreich und von Sachsen aus in das damals so genannte Protektorat vorstießen, direkt in die Arme fuhren.

Farben, bedrückende Farben tauchen in meinem Gedächtnis auf, wenn ich an diese Fluchtfahrt denke: das nächtliche Schwarz verdunkelter Städte und Dörfer, das fahle Gelb der schmalen Scheinwerferkegel unseres Omnibusses, das unbestimmte Grau der Umrisse von Mitpassagieren, Koffern und Rucksäcken sowie das gelegentlich am Horizont aufscheinende grelle Rot in Brand geschossener Häuser.

Und dann sehe ich mich wieder auf jener Dorfstraße. Sie scheint ins Nichts zu führen. Der Fahrer verlangsamt das Tempo. Wir müssen wenden. Der Beifahrer macht sich im hinteren Teil des Wagens am Gepäck zu schaffen. Ich steige aus und winke, weil die Straße zu schmal ist, unser Gefährt in eine Hofeinfahrt ein. Schier endloses Rangiermanöver. Der Ort, offenbar von seinen Bewohnern verlassen, ist totenstill. Das Motorengeräusch des Omnibusses, das sicher kilometerweit zu hören ist, weckt Furcht in mir. Gleichzeitig aber finde ich mich mutig. Ich, der Dreizehnjährige, stehe auf der nächtlichen Dorfstraße und dirigiere den Wendevorgang.

Eine Viertelstunde später waren wir wieder auf einer Hauptverkehrsstraße. Eingekeilt in eine Wehrmachtskolonne. Auf einer Moldaubrücke in der Nähe von Melnik ging es plötzlich weder vor noch zurück. Und hier erlebte ich etwas, von dem ich nicht mehr weiß, ob ich es damals oder erst später vermöge inzwischen erworbener Einsichten so empfunden habe. Hunderte deutscher Soldaten, die meisten hochdekoriert für ihre Tapferkeit an allen Fronten Europas, warfen aus Panzern und Mannschaftsfahrzeugen ihre Waffen weg. Zwei tschechische, mit deutschen Karabinern 98 bewaffnete Milizionäre verwehrten der Kolonne die Durchfahrt. Der deutschen Landser hatte sich vom einen auf den anderen Augenblick ein Gefühl der Müdigkeit und der Vergeblichkeit bemächtigt. Zwei Generale, deren scharlachrote Aufschläge ich noch vor Augen habe, und ein höherer Stabsoffizier zwangen die Soldaten, ihre Waffen wieder aufzunehmen. Dann preschten sie in ihrem VW-Kübelwagen vor. Es fielen Schüsse. Die Kolonne fuhr weiter.

Auf dem Marktplatz eines kleinen tschechischen Ortes hielt unser Omnibus an. Uns quälte – die daheim eilends mit Tee oder Wasser gefüllten Thermosflaschen waren seit langem leer, und die Sonne jener strahlenden Maitage heizte das Wageninnere auf – brennender Durst. Einige Dorfbewohnerinnen machten sich erbötig, uns zum nahen Brunnen zu führen. Aber kaum hatten wir den Bus verlassen, stieg ein tschechischer Milizionär ein und fuhr damit weg.

Und wir sahen uns plötzlich umringt von Rotarmisten, die ihre kurzläufigen Maschinenpistolen mit den charakteristischen Munitionstrommeln auf uns richteten. Die Uniformen aus billigem erdfarbenem Drillich kannten wir aus der Wochenschau: halbhohe Schaftstiefel, eine Art Reithosen, knielange Hemdblusen mit den besonders breiten Schulterstücken, abgesteppte Pudelmützen mit dem Sowjetstern. Mit dem Ruf »Dawei, dawei« trieben sie uns an, einen Lkw zu besteigen, der mehrfach anfuhr, bevor noch alle von uns aufgestiegen waren. Schreckensschreie von Müttern und Kindern, die getrennt zu werden fürchteten.

Am Ortsrand blieb das Fahrzeug stehen. Wir wurden auf eine kleine Anhöhe gewiesen. Ein sowjetischer Panzer, keine fünfzehn Meter von uns entfernt, drehte seinen Geschützturm auf uns.

Wir glaubten, daß unsere letzte Stunde geschlagen habe. Meine Mutter sagte: »Ich hab' euch ja alle so lieb gehabt.« Das galt meinen beiden gefallen gewähnten älteren Brüdern und mir.

Ein Soldat kletterte aus dem Panzer und bedeutete uns, wir sollten nach Hause gehen. Makabres Spiel? Zögernd setzten wir uns in Bewegung. Als nach mehreren hundert Schritten der Panzer uns noch immer nicht beschossen hatte, begann die Todesangst zu weichen.

Meine Mutter kam vier Wochen später um. Unter Umständen, unter denen sie keine Abschiedsworte mehr sprechen konnte. Und so blieb mir der liebevolle Satz, den sie auf jener Anhöhe gesagt hatte, als ihre letzten Worte in Erinnerung.

»Der Sand«, so leitet Friedrich Sieburg seine Napoleonbiographie ein, »der durch die Uhr der Zeit läuft, ist aus unserer Asche gemacht. Was wir einst waren, heute sind und einmal sein werden, diese Folge von Geschlechtern und Schicksalen, die aus weit zurückliegendem Dunkel auftaucht, durch den flüchtigen Lichtstreif der Gegenwart wandert und den Weg in die Undurchdringlichkeit der Zukunft nimmt, das alles wäre nur gestaltloser Stoff, wenn es nicht den Geist der Geschichte gäbe, der sich gern herbeirufen läßt, um den Weg zu deuten.«

Nach allem, was ich später erlebt und erfahren, begriffen oder als unfaßbar empfunden habe, vermag ich den Geist der Geschichte indes nur unter schmerzhaften Mühen herbeizurufen.

Einzeln oder zu zweit, also fast im Gänsemarsch, hielten wir uns an den äußersten Straßenrand. Denn in entgegengesetzter Richtung rollte die schier endlose Kolonne schwerer sowjetischer Panzer an uns vorbei. Die Soldaten warfen uns Kindern aus den geöffneten Turmluken Bonbons und Schokolade zu. Vermutlich hatten sie irgendwo ein Süßwarenlager geplündert und hielten uns für befreite Tschechen.

Die sechsjährige Tochter einer Nachbarin, »Christele«, ein Mädchen mit hellblondem Lockenkopf, lief zu ihrer nur wenige Meter weiter vorn gehenden Mutter. Sie scherte zu weit nach links aus, wurde von den Ketten eines zweiundsiebzig Tonnen schweren Josef-Stalin-Panzers erfaßt und zermalmt.

Wir legten den verstümmelten kleinen Leichnam auf die Wiese neben der Straße, bedeckten ihn mit einer Jacke und zwangen die Mutter, mit uns weiterzugehen. Unser Häuflein war inzwischen Teil eines riesigen, mehrere hundert Personen zählenden Flüchtlingspulks, der sich auch längst neben der Straße bewegte. Wir mußten in dieser großen Zahl zusammenbleiben. Wer einzeln oder in ganz kleinen Gruppen ging, über den fiel der tschechische Mob her, der uns in geringem Abstand begleitete. Er mißhandelte und mordete in einem Rausch von Rachsucht, für den ich keine Erklärung hatte.

Verbrechen an Deutschen habe ich in jenen Tagen selbst erlebt. Über Verbrechen von Deutschen wußte ich damals noch nichts.

Zu abgenutzt sind die Begriffe, zu routiniert die Schambekenntnisse, zu politisiert die Betroffenheitsdarstellungen, mit denen öffentliche »Vergangenheitsbewältigung« betrieben wurde, um den Geist der Geschichte frei von Mißdeutung beschwören zu können.

Das Wiederwachrufen der eigenen Angst, die Erinnerung an die miterlebten Grausamkeiten schlossen mich in späteren Jahren auf für die Empfindungen anderer, die Ähnliches oder Schlimmeres durchgestanden haben, für die Erzählung von Heinz Galinski – zu dessen politischen Meinungsäußerungen ich oft im Gegensatz stand – über die letzten Worte seiner Frau auf der Rampe in Auschwitz, für die Darstellung, die mein Freund Noah Klieger, Chefreporter von *Yediot Aharonot,* von seiner Kindheit im KZ gab, oder für den Bericht des rußlanddeutschen Vetters meiner Frau über die Todeslager in Sibirien.

Vergangenheit – diese Einsicht wuchs in mir seit dem Mai 1945 – ist nicht zu bewältigen. Verbrechen können durch andere Verbrechen weder gerechtfertigt noch relativiert werden. Und Aufrechnen führt rasch zum Abrechnen. Aber Trauer um seine Toten muß jedem Volk erlaubt sein, auch dem deutschen.

Den damaligen tage- und nächtelangen Fußmarsch nach Sachsen, den Hunger und die Erschöpfung auf dem Weg durch Schlesien zurück nach Nordmähren zu beschreiben würde den Rahmen dieses Beitrags sprengen. In meiner inzwischen sowjetisch besetzten und tschechisch regierten Heimatstadt Mährisch-Schönberg wieder eingetroffen, überschlugen sich die bösen Nachrichten. Von zu Tode vergewaltigten Schulfreundinnen, von der willkürlichen Erschießung eines völlig unpolitischen Onkels, von marodierenden Sowjetsoldaten und plündernden Tschechen.

Schließlich fiel der tschechischen Miliz eine Mitgliederliste der örtlichen »Werwolf«-Organisation – ohne Akten auch keine Geheimaktion – in die Hände. Ich wurde verhaftet, von einem Standgericht zunächst zum Tode dann, in Ansehung meiner Jugend und der »humanistischen Tradition des tschechischen Volkes«, zu lebenslänglich und in einem dritten Durchgang zu zwanzig Jahren Zwangsarbeit verurteilt.

Nicht ganz ein Jahr davon »verbüßte« ich bei einem tschechischen Bauern im benachbarten Blauda. Dieser Ort, der auf tschechisch Bludov heißt, ist die einzige slawische Siedlung im Altvatergebiet, die älter ist als die deutschen Ortsgründungen.

Der Bauer, Karel Kotrly, war während des Krieges – was von den deutschen Bewohnern der fünf Kilometer entfernten Kreisstadt buchstäblich keiner gewußt hat – zusammen mit vierzehn anderen Bauern enteignet und in ein Lager verbracht worden. Auf die Höfe wurden arme deutsche Bergbauern gesetzt.

Bei allem berechtigten Zorn auf die Deutschen nahm mich die Familie wie einen Sohn auf. Und das bäuerliche Jahr, das ich sozusagen in umgekehrter Reihenfolge, beginnend mit der Ernte und endend mit dem Säen, erlebte, blieb mir als eine der glücklichsten Zeiten meines Lebens in Erinnerung.

JOEL T. KLEIN

Mein Ende des Zweiten Weltkrieges

Ich stand im einundzwanzigsten Lebensjahr. Schon im Herbst des vergangenen Jahres hatte ich mich für den Weg entschlossen, den ich künftig gehen wollte. Ich war Student im ersten Semester an der Universität Budapest. Von den Fächern, die einem Studenten offenstanden, der den einschränkenden Bestimmungen des Numerus clausus unterworfen war, entschied ich mich für das Studium der Psychologie, der Geschichte des orientalischen Altertums und der semitischen Sprachen.

Die Atmosphäre in unserer Stadt war äußerst gespannt. Die tätlichen Ausschreitungen gegen Juden in der Stadt veranlaßten mich, einige Tage keine Vorlesungen zu besuchen. Ich wollte jedoch nicht ganz aufgeben und hoffte auf bessere Zeiten.

Die Spannungen in meiner Vaterstadt nahmen ständig zu. Menschen, die nicht nachweisen konnten, daß sie ungarische Staatsbürger waren, wurden nachts mit ihren Familien aus ihren Wohnungen geholt und abtransportiert – niemand wußte, wohin und was mit ihnen geschehen sollte. Es kursierten die unglaublichsten Gerüchte, die angeblich von gut informierten, hochrangigen und zuverlässigen Personen stammten.

Eine Erklärung schien glaubwürdig: Die abtransportierten Personen waren vielleicht keine ungarischen Staatsangehörigen. Möglicherweise waren ihre Familien aus anderen Ländern nach Ungarn eingewandert. Wir blieben optimistisch. Wir waren uns unserer selbst absolut sicher. Wir hatten nie gegen die Gesetze verstoßen. Unsere Vorfahren hatten für dieses Land gekämpft. Viele von uns hatten im Verteidigungskampf für unsere Nation Opfer gebracht. Deshalb durfte die Regierung uns die Anerkennung der Staatsbürgerschaft nicht verweigern. Wir glaubten, nur »Fremde« könnten auf diese Weise ausgesondert werden, denn sie waren anders als wir. Wir waren hier zu Hause. Wir waren Bürger unseres Landes. Wir durften so nicht behandelt werden. So etwas konnte uns nicht geschehen.

Dann kam 1944 jener unvergeßliche Sonntag. Eine unheimliche Ruhe hing über der ganzen Stadt, eine Stille, wie man sie vor einem verheerenden Sturm erleben kann. Das Radio schwieg schon seit einiger Zeit, dann ertönte plötzlich Marschmusik aus den Lautsprechern.

Am frühen Nachmittag rollten Panzer mit ihrem monotonen, aber bedrohlich klingenden Motorengeräusch durch die Hauptstraßen der Stadt und rissen mit ihren Ketten die Pflastersteine auf. So entstanden holperige Verkehrswege, die uns irgendwie zeigten, womit wir in Zukunft zu rechnen hatten.

Obwohl die Vorlesungen zum Teil ausfielen, blieben einige von uns noch im Universitätsgebäude. Auch hier herrschte eine unwirkliche Stille. Niemand sprach ein lautes Wort. Zwei Herren in eleganten Uniformen betraten das Gebäude. Nachdem sie es sich angesehen hatten, hörten wir nur zwei Worte: »Zu alt.« Zunächst begriffen wir nicht, was sie damit gemeint hatten. Später erfuhren wir, daß es Eichmann und Wesenmayer gewesen waren. Sie suchten ein Gebäude, in dem die Geiseln vor ihrer Deportation untergebracht werden konnten. Obwohl sie dieses Gebäude zunächst für nicht geeignet gehalten hatten, wurde es schließlich doch als Zwischenlager eingerichtet.

Als ich am Abend nach Hause fuhr, ließen sich deutsche Soldaten und ungarische Polizisten die Personalausweise der Passagiere zeigen, und hin und wieder hörte man nur die Worte: »Jude, aussteigen!« Diese Menschen wurden abtransportiert, wieder wußte niemand, wohin.

Die nun folgenden Tage waren gekennzeichnet durch eine Mischung aus Furcht und Optimismus. Die Furcht überwog, als eines Tages jeder, der nur einen jüdischen Großvater oder eine jüdische Großmutter hatte, den Befehl erhielt, an seiner Kleidung den deutlich sichtbaren gelben Judenstern zu befestigen.

Im Haus gegenüber befand sich das öffentliche Bad. Deutsche Soldaten besuchten es in ihrer freien Zeit oder legten dort auf ihren Streifengängen eine Pause ein. Wenn ich an ihnen vorüberging, wäre ich am liebsten in den Hauswänden verschwunden, um ihren Blicken zu entgehen.

Zehn Tage später erhielt ich meinen Gestellungsbefehl, der mich aufforderte, mit dem nächsten Zug in eine weit entfernte Stadt zu fahren, die vor nicht langer Zeit zu einem anderen Land gehört hatte, und mich dort bei der Rekrutierungsbehörde zu melden. Ohne etwas Böses zu ahnen, machte ich mich auf den Weg, denn ich vertraute darauf, daß meine Regierung mir mitteilen würde, ich sei vom Militärdienst befreit. Meinen Angehörigen sagte ich nicht: »Auf Wiedersehen«, sondern nur: »Bis dann.« Die Reise sollte nicht länger als drei Tage dauern. Meine Mutter habe ich aber nie wiedergesehen.

Mein Sonderstatus wurde nicht anerkannt, vielmehr wurde ich bei der Registratur nach dem Namen der Hure gefragt, die mich geboren hätte.

Wie Millionen von Leidensgenossen wurde ich gedemütigt und erniedrigt, und man versuchte, mir auf jede nur denkbare Weise die Selbstachtung zu nehmen. Es hat keinen Sinn, im einzelnen zu berichten, wie wir gequält, dem Hunger ausgesetzt und auf den Todesmärschen bis zur völligen Erschöpfung weitergetrieben wurden, wie wir sinnlose Zwangsarbeit leisteten, mit Schlägen ins Gesicht »behandelt« wurden, wenn wir erkrankten, und bis auf die Knochen abmagerten. Und das schlimmste bei allem war, daß wir getrennt von unseren Angehörigen und Freunden keine Ahnung hatten, was inzwischen mit ihnen geschehen war. Ich brauche auch nicht zu schildern, wie ich auf der einen Seite hoffte, den Tag der Befreiung doch noch zu erleben und die Furcht vor der Zukunft mir auf der anderen Seite sagte, daß der Tod vielleicht besser wäre als eine Existenz unter diesen Umständen, die man nicht als Leben bezeichnen konnte.

Wenn der elende Zustand, in dem ich mich befand, das Verlangen, lieber zu sterben, in mir weckte, dann waren es die Worte meiner Mutter, die sie mir auf ihrer letzten Postkarte geschrieben hatte, die den unumstößlichen Entschluß in mir am Leben gehalten haben, den Kampf fortzusetzen. An dem Tag, an dem sie abgeholt wurde, um dann in der Gaskammer ermordet zu werden, schrieb sie diese Worte, die mir wie ein Echo immer wieder durch den Kopf gingen: »Mein lieber Sohn, wir wissen nicht, was die Zukunft bringen wird, und doch erfülle unter allen Umständen deine Pflichten.«

Ich hatte keine Ahnung, was meine Pflichten waren. Ich hatte jedes Treuegefühl verloren und nur noch eine einzige Pflicht. Sie bestand darin, zu überleben und wieder mit meiner Familie vereinigt zu werden. Ich wußte noch nicht, daß es dazu nicht mehr kommen würde.

Trotz allem ergab sich eines Tages noch eine letzte Chance, daß sich unsere Hoffnungen erfüllen könnten. Es schien, als sei das Ende nähergekommen. In einem fremden Land, in dem wir noch immer überall auf die verhaßten Uniformen stießen und Flammenwerfer, Geschütze, Gewehre und das Feuer aus den verschiedensten Waffen unser Leben bedrohten, zeigte sich nun ein Hoffnungsschimmer, und wir hatten das Gefühl, ein Überleben sei doch noch möglich. Unsere Einheit, die schwere Verluste erlitten hatte, befand sich in Auflösung. Wieder war es Zeit, eine wichtige Entscheidung zu treffen. Wir konnten entweder versuchen, irgendwo auf dem Lande auf einem Bauernhof Arbeit zu finden und dort bis zum Ende unentdeckt zu bleiben, oder in die Hauptstadt gehen in der Hoffnung, unseren Häschern zu entkommen, die noch immer Jagd auf diejenigen machten, die ihnen bisher entgangen waren.

Zu unserer Überraschung redete uns ein alter Mann in unserer Muttersprache an und fragte, wer die drei Männer seien, die verängstigt auf den zum Stadttheater hinaufführenden Stufen saßen. Wir wagten es, ihn zu belügen, und machten falsche Angaben über unsere Identität. Offenbar glaubte der alte Mann, es könnte ihm später etwas nützen, wenn er nachweisen konnte, daß er uns in dieser Situation geholfen hatte. Er erklärte sich bereit, uns zu verstecken. Das Versteck war ein abgeschlossener Raum hinter den zwei Stockwerke hohen Trümmern eines zerbombten Hauses. Wir waren zunächst sicher untergebracht. Bevor es bei einem Fliegerangriff schwer beschädigt worden war, hatte ein Arzt in diesem Haus seine Praxis gehabt. Hier wurden wir zum erstenmal wieder menschlich behandelt, nachdem wir lange Zeit nur der Grausamkeit und Bestialität unserer Verfolger ausgesetzt waren. Wir fragten unsere Retter nicht nach ihren Motiven. Endlich hatten wir wieder ein Dach über dem Kopf, und unsere Freunde teilten sogar das wenige, das sie zu essen hatten, mit uns, den Flüchtlingen. Wir lebten allerdings während der zehn Tage in unserem Versteck in ständiger Angst. Zugleich hegten wir die Hoffnung, daß ein Überleben möglich sei.

Ganz anders war es uns in der ersten Nacht nach unserer Flucht gegangen. Ein zunächst furchterregender Zufall wollte es, daß wir in der Wohnung eines Luftwaffenpiloten Unterschlupf fanden. Seine Frau, eine Hausmeisterin, erlaubte uns, auf dem Fußboden in ihrer Küche zu schlafen. Irgendwie kam es uns unwirklich vor, daß der Pilot, nachdem er und seine Frau zu Abend gegessen hatten, eine Schallplatte mit dem Lied »Es geht alles vorüber« auflegte. Vielleicht würde sich das bewahrheiten und unsere Flucht ein glückliches Ende nehmen.

Dann kam der Tag, an dem das Wunder geschah. Am Morgen kletterte der alte Mann über die Trümmer und flüsterte uns zu: »Es ist vorüber. Die Russen sind schon ganz in der Nähe.«

Die beiden folgenden Tage bekamen wir die Sonne noch nicht zu sehen. An diesen zwei Tagen lebte ich mit dem Gedanken, den ich zehn Jahre lang nicht gewagt hatte, in Worte zu fassen. Vielleicht würden wir nun nach all den Jahren der physischen und psychischen Leiden, der totalen Entmenschlichung, wieder zu menschlichen Wesen werden können.

Als ich mich endlich traute, mein Versteck zu verlassen, hatte sich das ganze Bild der Stadt verändert. Als wir durch die Straßen gestreift waren, bevor der alte Mann uns in unser Versteck führte, wimmelte es von uniformierten Männern und Frauen, die stolz ihre Armbinden trugen, die ihren Rang bezeichneten. Jetzt dagegen war jede Haustür und jedes Gartentor gekennzeichnet durch die Inschrift: »Nur für Zivilisten«. Meine Überraschung und mein Zorn ließen mich das schlimmste befürchten. Ich konnte nicht glauben, daß sich die Haltung der Menschen über Nacht verändert hatte. Ich sah nur die Oberfläche, aber ich fürchtete das, was sich unter dieser Fassade verbarg. An einen so plötzlichen Wandel konnte ich nicht glauben. Deshalb wagte ich es auch noch nicht, meine Identität preiszugeben.

Zugleich stellte ich mir vor, was ich wirklich zu sehen wünschte. eine Welt, in der es keine Soldaten, sondern nur noch Zivilisten gäbe. Ich machte mir ein Bild von friedlichen Bürgern, die bereit wären, anstelle einer neuen Weltordnung eine neue Welt aufzubauen. Obwohl Wolken den Aprilhimmel bedeckten und die Sonne nicht schien, wurde mein Herz von einem inneren Sonnenschein erwärmt und von den Gedanken an eine leuchtendere Zukunft. Ohne daß ich etwas Berauschendes zu mir genommen hatte, fühlte ich mich wie ein Betrunkener. Meine Schwierigkeiten beim Gehen waren nicht die Folge des Unfalls, bei dem ich mir vor fünf Wochen die Beine mit Dieselöl verbrannt hatte. Ich wog nur noch sechsundsechzig Pfund. Jeder Schritt bereitete mir daher große Mühe. Aber obwohl es mir schwerfiel zu gehen, glaubte ich zu fliegen. Ich war frei.

Jetzt wollte ich den Ort sehen, von dem aus mein Vaterland über Jahrhunderte regiert worden war: die Wiener Burg. Ich hatte starkes Herzklopfen. Der »Häftling«, der Gefangene, der Verurteilte ging durch die Straßen der Stadt wie ein Tourist auf der Suche nach Sehenswürdigkeiten. Endlich stand ich vor dem großen eisernen Tor und sah dahinter einen gepflegten Park. Und dann wäre ich fast ohnmächtig geworden, so als hätte mir jemand mit einem Hammer auf den Schädel geschlagen. Neben dem Tor war ein gelbes Plakat befestigt, auf dem mit schwarzen Buchstaben die Worte standen: »Für Hunde und Juden verboten.« Ich ärgerte mich, nein . . ., ich war wütend. Ich ballte die Faust, so, als wollte ich einen unsichtbaren Feind zusammenschlagen. Man hatte Zeit gehabt, an die Haustüren und Hoftore mit Kreide die Worte: »Nur für Zivilisten« zu schreiben, um die Furchtsamen zu beruhigen, aber niemand hatte die Zeit gefunden, dieses Zeugnis der Schande zu entfernen.

Der Tag der Befreiung war gekommen, aber er bedeutete noch keine Freiheit für mich. Ich wußte, ich würde nicht bestraft werden, wenn ich den Park betrat, aber ich brachte es nicht fertig, die Schwelle zu überschreiten, die dieses Tor markierte. Ich erlebte den Tag meiner Befreiung, aber die Erniedrigungen, denen ich elf Jahre lang ausgesetzt gewesen war, verfolgten mich weiter. Die Erinnerungen durchbrachen alle Schleusentore. »Hunde und Juden«. In jenem Steinbruch hatten uns ein Zwölfjähriger mit seiner Maschinenpistole und sein riesiger verhätschelter Hund bewacht, als Herren über Leben und Tod, und sie hatten die ständige Furcht in uns wachgehalten. Für die Wertschätzung von Juden und Hunden galten verschiedene Maßstäbe. Damals hatte ich mir gewünscht, so rücksichtsvoll behandelt zu werden wie jener Hund, doch als ich vor dem Tor der Wiener Burg stand, spürte ich tief im Herzen wieder die Demütigung. Das waren meine ersten unseligen Eindrücke nach der »Befreiung«.

Während ich langsam wieder in mein Versteck zurückging, mußte ich an das Zuhause denken, das ich verlassen hatte, an meine Angehörigen, von deren Schicksal ich nichts wußte. Immer noch war ich voller Hoffnung, ich sehnte mich nach ihnen. Für mich war der Krieg vorüber. War er auch für sie zu Ende? Ich konnte diese Frage nicht beantworten. Was meinen Willen beflügelte weiterzuleben, war einzig das Verlangen, die Stadt zu verlassen, in der ich mich wie ein Tourist fühlte. Ich hatte nur noch den Wunsch, meine Heimat wiederzusehen. Was ich hier erlebt hatte, verstärkte meine Ängste. Ich wagte es noch nicht, mich zu meinem religiösen Glauben zu bekennen. Nach weiteren fünf Tagen in Wien machte ich mich zu Fuß auf den Heimweg.

Wenige Häuserblocks von unserem Versteck in der Stadtmitte entfernt, sahen wir eine beträchtliche Menge Menschen zusammenstehen. Uniformierte Männer umringten sie. Wir hatten eigentlich nichts zu befürchten, trugen sie doch nicht die Uniformen unserer Unterdrücker. Wir nahmen vielmehr an, daß es unsere russischen Befreier wären. Ein Soldat rief mich an, faßte mich am Arm und stieß mich in eine Gruppe von Männern, die in militärischer Formation angetreten waren. Ich protestierte lautstark. Als unsere Befreier, so nahm ich an, müßten sie doch wissen, welches Schicksal wir erlitten hatten. Zu den wenigen Worten, die ich von ihren Landsleuten gelernt hatte, gehörte auch das russische Wort für Jude. Ich war Ungar und lebte voll und ganz in der Kultur meines Landes. Ungarisch war meine Muttersprache. Dieser Soldat erkannte einen Juden aber nur daran, daß er jiddisch sprach, was ich nicht beherrschte. Für ihn war ich daher kein Jude und mußte in den Reihen ihrer etwa zweitausend Kriegsgefangenen marschieren. So endete meine erste Woche nach der Befreiung.

Aber wir lebten in einer Zeit, in der wir rasch Entschlüsse fassen mußten, von denen oft das weitere Schicksal abhing. Hinter mir lag der deutsche Plan für die »Endlösung«, vor mir der Marsch ins Kriegsgefangenenlager, wo mich höchstwahrscheinlich der Tod erwartete. Ich aber wollte am Leben bleiben. Zum Glück gelang es mir und den beiden Männern, mit denen ich das Versteck geteilt hatte, unsere Wachen zu überlisten und zu fliehen.

Was sollte ich nun tun? Auf welchem Fundament sollte ich jetzt mein neues Leben aufbauen, da das alte in Trümmern lag? Zunächst mußte ich mir darüber klarwerden, wohin ich gehörte. Ich habe niemals ein besonderes Interesse für die Politik gehabt. So konnte ich kein Nazi sein, aber auch kein Kommunist. Da ich überlebt hatte, mußte ich mich allerdings für eine bestimmte politische Richtung entscheiden. Mir schien das politische Programm der Sozialdemokraten in meinem Land vor dem Kriege eine vernünftige Lösung zu sein. Als Mitglied in dieser Partei würde sich mir vielleicht die Gelegenheit bieten, an der Verwirklichung einer Idee mitzuarbeiten, über die ich in der Schule einen Aufsatz geschrieben hatte. Darin hatte ich eine Welt geschildert, in der der freie Handel den Nationen erlaubte, ihren Reichtum miteinander zu teilen und das, was sie besaßen, gegen das einzutauschen, was sie brauchten. Mein faschistischer Lehrer hatte damals vor, mich aus der Schule entfernen zu lassen, weil er glaubte, in meinen Gedanken kommunistische Ideen entdeckt zu haben.

Welche Freude war es andererseits für mich, als der Völkerbund aufgelöst wurde und an seine Stelle die Vereinten Nationen traten, aus deren Namen sich schon erkennen ließ, daß sie zur Verwirklichung meiner Ideale und Träume beitragen würden. Die Euphorie, mit der die Menschen auf den Straßen dieses Ereignis feierten, entsprach ganz meinen Vorstellungen. Der Krieg war für die ganze Welt und nicht nur für mich zu Ende gegangen.

Meine Begeisterung dauerte aber nicht sehr lange. In meinem Land, in das ich nach Ende des Krieges zurückkehrte, übernahm einige Jahre später eine kommunistische Minderheit, gestützt auf die Bajonette der Roten Armee, die Regierung und verdrängte die Sozialdemokraten aus dem politischen Leben.

Auch die deutsche Jugend hatte sich wahrscheinlich ähnliche Hoffnungen gemacht, die auf die gleiche Weise enttäuscht wurden wie die meinen. Das harmonische Zusammenleben der Nationen und ihre politische Zusammenarbeit konnten nicht verwirklicht werden, auch ihr Land wurde in zwei Teile aufgespalten, und zwei feindliche politische Systeme standen einander gegenüber.

In Wirklichkeit waren die Feindseligkeiten des Krieges für die Welt praktisch zu Ende gegangen, aber wie ich erkennen mußte, galt das nicht für mich persönlich. Während meine Hoffnungen langsam dahinschwanden, die Greueltaten, die Menschen von ihren Mitmenschen angetan wurden, der Vergangenheit angehörten, und ich selbst die meisten Familienangehörigen verloren hatte, konnte ich feststellen, daß mein Krieg eben erst begonnen hatte. Ich schwor mir, nie wieder meinen Fuß auf deutschen Boden zu setzen. Und ich habe mich bis heute an diesen Schwur gehalten. Ich bin dreimal durch Deutschland gereist, habe dabei aber deutschen Boden nicht mehr betreten.

Ein Erlebnis hat mich in diesem Entschluß bestärkt. Irgendwann im Jahr 1957 hielt mein Zug mitten in der Nacht auf dem Hauptbahnhof in Frankfurt am Main. Ich kurbelte das Fenster herunter, um etwas frische Luft zu schnappen. Dabei hörte ich ein Gespräch zwischen einem uniformierten Bahnbeamten und einem Zivilisten mit, der denselben Zug nehmen wollte. Der Mann in Uniform erklärte, er sei enttäuscht, daß Hitler die Vernichtung der Juden nicht wirklich zu Ende gebracht hat. Das erinnerte mich daran, wie ich kurz nach meiner Rückkehr aus der Deportation das Haus aufsuchte, das ich 1944 verlassen hatte, um mich zum Militärdienst zu melden. Der Hausmeister sah mich erstaunt an und sagte: »Es tut mir wirklich leid, aber es sind mehr Juden zurückgekehrt, als uns damals verlassen haben.« Da waren sie wieder, meine unerfüllten Träume und die grausame Wirklichkeit.

Mein Zorn richtete sich gegen beide Männer und irgendwie gegen die ganze Welt. Er richtete sich gegen diejenigen, die schweigend zugesehen hatten, wie der Völkermord seinen Höhepunkt erreichte, und gegen diejenigen, denen das, was geschehen war, noch nicht ausreichte. Mein Zorn richtete sich gegen die Deutschen und gegen alle, die so bereitwillig mit ihnen zusammengearbeitet hatten. Den Krieg in der Erinnerung noch einmal zu erleben war sehr viel schwerer, als dieses Geschehen damals über sich ergehen zu lassen. Ich habe von Anfang an bis heute alles gelesen, was ich über den Holocaust in die Hand bekommen konnte. Ungeachtet der Schmerzen, die es mir verursachte, habe ich mir jeden Dokumentarfilm über die Judenvernichtung angesehen. Es fiel mir schwer, meine eigene Besessenheit zu begreifen, die mich in eines der Arbeitslager zurücktrieb, wo ich die Leichen derer, die zu beerdigen ich gezwungen worden war, exhumieren und identifizieren wollte.

Um als Psychotherapeut meine eigenen schmerzlichen Empfindungen zu verstehen und die dabei gewonnenen Erkenntnisse in der Praxis zu nutzen, beschloß ich, mit Vietnamveteranen zusammenzuarbeiten. Ich glaubte, ich würde für ihr Leiden Verständnis aufbringen können. Das ist mir jedoch nur zum Teil gelungen. Sie erzählten von Erinnerungen, die sie in der Form von grausigen Traumbildern erlebten. Ich konnte meine eigenen Erfahrungen nicht in diesen Rückblenden wiederfinden. Ich hatte keine Ahnung, was eine solche Rückblende war, sondern habe das erst erfahren, nachdem sich mein Leben völlig verändert hatte.

Es betraf ein Erlebnis mit meinem Enkel. Ich liebte dieses Kind und wollte ihm alle Zärtlichkeiten geben, deren ich fähig war. Eines Tages, er war noch ein Baby, hob ich ihn auf. Plötzlich ergriff mich eine nicht zu bändigende Wut. Ich zitterte am ganzen Körper. Ich fürchtete, schwach zu werden und das Kind fallen zu lassen. Die Erinnerungen, die ich so lange verdrängt hatte, überfielen mich mit nicht zu beschreibender Gewalt. Bisher hatte ich noch nie etwas Ähnliches erlebt, auch nicht, als ich unsere eigenen Kinder in den Händen hielt. Nun sah ich, wie die Babys in die Luft geworfen und von den SS-Männern mit ihren Bajonetten aufgefangen, wie sie zerfetzt wurden. Und daneben standen die zu Tode erschrockenen Eltern. Ich sah die Babys in den Armen ihrer Mütter in den Tod gehen. Noch einmal erlebte ich meinen Krieg, und ich erlebe ihn immer wieder. Ich erlebe ihn in meinen Träumen und Alpträumen, wenn die Gestapo kommt, um mich abzuholen, wenn ich fliehen will und erkennen muß, daß ich in eine Falle geraten bin. Ich erlebe meinen Krieg, wenn ich mich in meinen Träumen nach Hilfe umsehe, nach einem Menschen, der mich verstecken könnte – und niemand da ist, der bereit wäre, mir zu helfen, mir die Hand zu reichen.

Der Krieg ist zu Ende, und ich bin um einige Erfahrungen reicher geworden. Ich verstehe die Deutschen. Ich kann den jungen Leuten, die es nicht besser wußten, keine Vorwürfe machen. Man hatte sie indoktriniert. Sie glaubten der nationalsozialistischen Rassentheorie, an ihr reines Blut, an Minderwertigkeit und Überlegenheit. Das war die einzige Lehre, die sie kannten. Man hatte sie gefühllos gemacht und sie gelehrt, angesichts der Brutalität ihr Gewissen zum Schweigen zu bringen. Ich glaube sogar, hier gibt es nichts zu verzeihen. Aber ich werde zornig, wenn ich sehe, was die neue Generation tut. Ich werde wütend, wenn ich erlebe, daß man der neuen Generation das Recht verwehrt, zu wissen, welche Greueltaten die Generationen ihrer Väter und Großväter verübt haben, wenn ich sehe, daß in ihren Geschichtsbüchern über einen Zeitraum von mehr als zehn Jahren nur in einer Fußnote berichtet wird, und wenn ich sehe, wie Chauvinismus und Nationalismus wieder ihre häßlichen Fratzen zeigen.

Der Krieg ist zu Ende, und ich habe viel daraus gelernt. Jetzt wird mir jeden Morgen, wenn ich aufwache, bewußt, welche Gnade es ist, daß ich leben darf, daß ein neuer Tag für mich angebrochen ist. Mein Leben wird nur eine bestimmte Zeit dauern. Und nun überhäuft mich das Leben mit Gaben, die es mir auch hätte verweigern können. Ich habe mit vielen Überlebenden gesprochen. Sie haben mir vom Verlust ihres Glaubens und von ihren Enttäuschungen erzählt. Ebenso wie ich haben sie sich darum bemüht, die Gerechtigkeit in dieser Welt zu finden und ihren Glauben an Gott bestätigt zu sehen. Sie fragen, wo dieser Gott damals war, ob es einen Gott gab und wie es möglich war, daß Er (oder Sie) mit geschlossenen Augen dabeistand und zuließ, was alles geschah.

Mein Denken ist durch diesen Krieg in eine andere Richtung gelenkt worden. Ich habe nicht danach gefragt, wie es möglich war, daß diese Millionen sterben mußten. Eine Frage hat mich nach dem Krieg immer wieder berührt. Ich war nicht besser und nicht schlechter als die Millionen, die umgekommen sind. Sie sind nicht mehr. Welche Aufgabe habe ich zu erfüllen, da ich am Leben geblieben bin? Ich werde versuchen, diese Frage zu beantworten, solange ich lebe. Doch von einem bin ich zutiefst überzeugt. Wenn man mich fragt, wie ich ein normales Leben führen, eine Familie gründen und einen normalen Beruf ausüben kann, nachdem ich das alles erlebt habe, lautet meine Antwort nur: Ohne diese Erfahrungen wäre ich nicht der Mensch, der ich heute bin.

(Aus dem Amerikanischen von Hans-Jürgen Baron von Koskull)

RICHARD KNÖCHEL

Das Ende des Bombardements

8. Mai 1945, ein Dienstag, trotz schönem Wetter dennoch strapaziös. Ich bin auf dem Weg nach Hause – inzwischen statt durch die Wälder, nunmehr auf Feldwegen, denn es geht das Gerücht, daß der Krieg nun endgültig zu Ende sei. Schön wär's schon, aber Skepsis ist in diesen Zeiten immer angebracht. Zuviel ist geschehen, zuviel haben die letzten Jahre uns an Tod und Verderben erleben lassen, das erst verarbeitet und eingeordnet werden muß.

Der Zweite Weltkrieg fand für mich persönlich jedoch schon viel früher ein Ende. Als Kriegsfreiwilliger, der nach dem Erlebnis des Beschusses der löschenden Feuerwehr durch angreifende feindliche Flieger sich spontan zur Luftwaffe meldete, mußte ich bereits 1944 das Ende meiner Luftwaffeneinheit erleben. Sie wurde aufgelöst und zum größten Teil (»Rechter Flügel [über 1,80] rechts raus!«), ohne gefragt zu werden, an die Waffen-SS überstellt. Erst lange nach Kriegsende wurde mir bewußt, wie gefährlich meine Beschwerde bei Göring über diese Versetzung zu der »die Luftwaffe zerstören wollenden SS« war. Aber ich hatte Glück und wurde zusammen mit meinem Funker, der ebenfalls diesen Protest mit unterschrieben hatte, nach zehn Tagen zur Luftwaffe zurückversetzt, einen Tag, bevor die Tätowierung begann.

Ich hatte den Untergang Kölns miterlebt, die brennende Wupper, die Bombennächte des Ruhrgebiets und unsere Ohnmacht, die Bevölkerung wirksam schützen zu können. Die Verschärfung des Luftkampfes nach dem Eingreifen der Amerikaner war auch nicht gerade dazu angetan, uns junge Verteidiger der Frauen, Kinder und Greise über das Unrechtsregime Hitlers nachdenken zu lassen. Dazu hielt uns der Gegner zu sehr Nacht für Nacht in Atem. Und wenn ich heute gar manchen von damals von seinem Widerstand gegen Hitler reden höre, dann staune ich mitunter schon, habe ich selbst diese Kameraden doch meist ganz anders erlebt.

Mut, nein Mut zum Widerstand hatten wir nicht, dazu fehlte uns wohl auch mangels entsprechender Informationen die Motivation, überdeckten doch unsere eigenen Erlebnisse in den Luftkämpfen über Deutschland unsere Gefühle und unser Denken. Ständig den Tod unschuldiger Menschen vor Augen und die Wut, dies nicht verhindern zu können, ließen kaum jemand über anderes nachdenken, als wie man dieses Grauen, wenn schon nicht beenden, so doch wenigstens weitestgehend einschränken könnte. Ich bin noch heute davon überzeugt, daß es unseren weitaus besser informierten Kameraden der britischen Luftabwehr ähnlich erging. Die Ohnmacht der Hölle aus Bomben und Feuer aus Phosphor nicht Einhalt gebieten zu können, die Wut über den Abschuß hilflos am Fallschirm hängender Kameraden ließen uns gar nicht erst auf den Gedanken kommen, daß all dies der Vernichtung Hitlers dienen könne. Wir hätten es wahrscheinlich auch gar nicht begreifen können, rechtfertigt doch nichts den vorsätzlichen Massenmord von unschuldigen Frauen und Kindern in den Städten, die zu schützen unsere Aufgabe war.

Das Ende des Zweiten Weltkrieges erlebte ich bereits am 21. April 1945, einem heißen Frühlingstag, im Schwarzwald. Nach unzähligen Rückzugsgefechten, immer und immer wieder, kaum freigekämpft, erneut von französischen Truppen eingekesselt, trat in der Nacht vom 20. zum 21. April der Befehlshaber unseres AK in die kleine Kabine unseres Funktrupps der Stabskompanie. Er hoffte noch immer, eine Verbindung zu »seinem Führer« zu bekommen. Seit Tagen schon hatten wir keine Verbindung zum Führerhauptquartier. Der letzte von dort eingegangene Funkspruch mit Befehl »Rückzug auf die Alpenfestung« lag Tage zurück. Es ging das Gerücht um, wonach der »Führer« Selbstmord begangen haben solle. Eine Bestätigung war auch den Funksprüchen der Franzosen nicht zu entnehmen.

Es war gegen vier Uhr morgens, als der kommandierende General die Auflösung des AK und unsere offizielle Entlassung aus der Wehrmacht anordnete. Entlassungstag war der 21. April 1945. Sein an diesem Tag herausgegebener letzter Tagesbefehl endete mit den Worten: »Kommt alle gesund nach Hause. Der Krieg ist aus. Es lebe das deutsche Vaterland!«

Ich erinnere mich noch, daß wir während des Gefechts in einem Keller am Ortsrand von Bad Dürheim Deckung suchten und dort einen völlig verängstigten jungen französischen Soldaten vorfanden, der sich uns ergab und darauf bestand unser Gefangener zu sein. Wir konnten ihm nicht verständlich machen, daß wir dazu weder Zeit noch Lust, noch Möglichkeiten hätten, und vertrauten ihn schließlich den Frauen des Hauses an, welche ihn dann beim Einmarsch der Franzosen diesen übergeben sollten. Ich hoffe noch heute für den jungen Mann, daß sie auch ihr Versprechen hielten und den Franzosen nichts über sein Verhalten uns gegenüber verrieten. Für uns war der Krieg ja aus, und er sollte auch für den jungen Mann zu Ende sein.

Auf dem Rückweg nach Hause – wir marschierten nur nachts – sahen wir die weißen Fahnen an fast allen Häusern und Frauen, die sich, während ihre Männer irgendwo in Gefangenschaft waren, mit den Siegern einließen. All dies hob nicht gerade unsere Stimmung, vor allem nachdem ich einmal mit meinen Männern einem Hilferuf auf einem einsam gelegenen Hof im Hochschwarzwald Folge leistete, wo marodierende Schwarzafrikaner die dort lebenden Frauen vergewaltigten. Hier war es auch, wo ich zum letztenmal den Befehl zu schießen gab und zum ersten- und letztenmal selbst zur Waffe griff, um auf einen Menschen anzulegen. Mich hat dies so angewidert, daß ich danach unsere Waffen vernichten ließ. Es ist eben ein Unterschied, ob ich auf ein angreifendes, seine Bombenlast auf Zivilisten abwerfen wollendes Kampfflugzeug schieße oder unmittelbar auf Menschen. Seit dieser Zeit danke ich Gott, daß ich niemals sonst gezwungen war, direkt auf Menschen schießen zu müssen.

Am 8. Mai war ich in Walldürn angelangt und hört vom Ende des Krieges, der Kapitulation der deutschen Wehrmacht, und die Hoffnung stieg, daß nun alles vorbei sei, nur glauben, glauben konnte ich dies noch nicht so recht. Als ich dann am 10. Mai in Aschaffenburg eintraf, fand ich meine Heimatstadt in Schutt und Asche gelegt und erkannte, daß das Bombardement der Städte endlich ein Ende gefunden hatte; der Tod fand in den Menschen keine Helfer mehr.

Es brauchte jedoch noch lange, bis auch ich den vollen Umfang der Naziverbrechen erfuhr und verarbeitet hatte. Der Verstand war einfach überfordert und weigerte sich zunächst, diese Ungeheuerlichkeiten in ihrem vollen Umfang als nackte Tatsachen zu akzeptieren. Diese Akzeptanz wurde sicher auch dadurch erschwert, daß wir Soldaten – ich war auf dem Weg zu meiner Frau nach Erfurt am 12. Mai noch in Gefangenschaft geraten – vor einem mit amerikanischen Flaggen übersäten Tisch und einem mit unzähligen Fahnen geschmückten Saal geloben mußten, »nie mehr hinter einer Fahne herzumarschieren«. Diese Zeremonie zerstörte bei vielen von uns die Glaubwürdigkeit der Amerikaner auf lange Zeit und erschwerte sicher so auch vielen von uns, die Verbrechen von Buchenwald, Auschwitz und anderen KZs als Tatsachen anzuerkennen und zu akzeptieren.

Jene Maitage des Jahres 1945 haben uns Deutsche zutiefst verändert. Wir wurden zu Wissenden und damit, wie einst Adam und Eva, aus dem Paradies unserer Unschuld vertrieben. Wir mußten erkennen, daß wir uns zu lange der Wahrheit verschlossen hatten. Seit dieser Zeit aber sind unsere Sinne geschärft, und so versuche nicht nur ich seit jenen Tagen im Mai 1945 durch aktiven Widerstand gegen alle menschenverachtenden Tendenzen von rechts und links wenigstens einen Teil unserer Schuld zu tilgen.

MANFRED KÖHNLECHNER

Nie wieder!

Ich war neunzehn, als ich im Sommer 1945 nach Würzburg zurückkehrte. Ich hatte das Glück gehabt, in amerikanische Kriegsgefangenschaft zu geraten – die Amerikaner entließen am zügigsten. Aus spärlichen Nachrichten und Gerüchten im Lager wußte ich, daß es meine Heimatstadt gegen Kriegsende noch ganz schwer getroffen hatte. Meine einzige Sorge war: Was war mit meinen Eltern geschehen? Der erste Eindruck war niederschmetternd. Würzburg war bekanntlich noch am 16. März von einem besonders schweren Bombenangriff heimgesucht worden. Was nicht schon Ruine war, wurde dann durch die sechs Tage dauernden Kämpfe bei der Eroberung durch die Amerikaner zerstört. Kein Stein schien mehr auf dem anderen zu sein. Auch mein Elternhaus gab es nicht mehr. Die wenigen Menschen, auf die man traf, konnten nur mit den Schultern zucken. Zum Glück gab es schon wieder so etwas wie eine Verwaltung. Hier erfuhr ich, daß meine Eltern lebten und ein Notquartier gefunden hatten.

Archivar Dr. Max Domarus schrieb später: »Es hat wohl keine Stadt im ganzen eroberten Deutschland gegeben, die nach dem Zusammenbruch mit solchen Schwierigkeiten zu kämpfen hatte. Die Aufgabe, die der neue Oberbürgermeister (die Amerikaner hatten ihn schon am 5. April eingesetzt) in der total zerstörten Stadt ohne Licht, Wasser und Versorgungseinrichtungen zu erfüllen hatte, war angesichts der unbeschreiblichen allgemeinen Not, der Berge von Schutt- und Trümmermassen ungeheuer groß.« Merkwürdigerweise hielt man das damals alles irgendwie für gottgegeben. Die Monate und Jahre des Krieges zuvor hatten bereits so viel Elend gebracht, daß sich eine Art Kruste um die Seele gelegt hatte, die vor der letzten Verzweiflung bewahrte. Das Gefühl »Ich bin davongekommen« überwog und gab neuen Lebensantrieb.

Die damals viel gehörte Formulierung »Das Leben geht weiter« mag zwar banal klingen, trifft aber genau den Kern der Stimmung, die

die meisten Menschen beherrschte. Man konnte zwar in diesem Sommer 1945 in keiner Weise sehen, wie es denn nun weitergehen würde. Aber ich kann heute noch diese Stimmung nachempfinden: daß man sich zwar dessen bewußt war, was hinter uns lag, daß man aber nun anfing, den Blick in die Zukunft zu richten. Die Nöte der Gegenwart hielten davon nicht ab. Im Gegenteil: Je schwieriger die Nöte wurden – allein die Ernährungslage war ja katastrophal –, desto stärker nistete sich ein Gefühl der Hoffnung ein. Man mochte diesen Optimismus bei nüchterner Überlegung als reichlich irreal empfinden – aber er war wohl bei den meisten Menschen vorhanden.

Zwei kleine Beispiele mögen das illustrieren. Schon in diesem Sommer 1945 kam jemand zu mir und bat mich, ein paar Schülern Nachhilfe in Latein zu geben! Die Schulen hatten noch nicht wieder geöffnet, aber daß sich jemand bereits Sorgen um die künftigen Lateinnoten seiner Kinder machte, schien »Perspektiven« zu eröffnen. Und dann gab es da noch einen kleinen Fußballverein. Sie spielten bereits wieder! Ich war in meiner Jugendzeit selbst begeisterter Fußballspieler – jetzt fragte man mich, ob ich nicht die Mannschaft trainieren wolle! Mit viel Eifer trat ich meine beiden ersten »Jobs« an. Sie lenkten nicht nur von den Alltagsproblemen ab, sie verbesserten auch ein wenig die »Versorgungsprobleme« von meinen Eltern und mir, denn wenn das Honorar mal aus Kartoffeln bestand, waren die nächsten Tage schon wieder gerettet. Noch wichtiger dabei aber war, daß man das Gefühl bekam: Das Leben geht tatsächlich weiter...

Ich hatte das Abitur bereits in der Tasche. Jetzt konnte ich überlegen, wie es mit mir selbst weitergehen könnte. Auch die Universität in Würzburg war natürlich der Zerstörung anheimgefallen. Eigentlich wollte ich Medizin studieren. Doch die medizinische Fakultät hatte im Herbst noch geschlossen. Ich hatte neben diesem Wunsch aber noch eine andere Neigung: die Rechtswissenschaft. Manchmal im letzten Kriegsjahr hatte ich diese beiden Möglichkeiten gegeneinander abgewogen. Jetzt gaben die Tatsachen den Ausschlag. Es gab nichts abzuwägen, ich wollte so rasch wie möglich einen beruflichen Weg gehen. Die juristische Fakultät in Würzburg eröffnete ihren Betrieb schon im Wintersemester 1945. Kurz entschlossen schrieb ich mich an ihr ein und ging dann fünfundzwanzig Jahre lang den Weg eines Juristen. Ich habe das auch später nicht bedauert. Hätte ich damals die rasche Möglichkeit gehabt, Medizin zu studieren, wer weiß, ob sich mir dann zwanzig Jahre später die Möglichkeit zur Naturheilkunde eröffnet hätte.

Aus der Sicht der Naturheilkunde denke ich manchmal unter einem ganz speziellen Aspekt an die Notzeit der ersten Jahre nach dem

Krieg zurück. Die Versorgungssituation damals war in der Tat minimal. Vor allem beherrschte der Nahrungsmangel die meisten Menschen. Gert Fröbe hat es ja auch als abgemagerter »Otto Normalverbraucher« im Film demonstriert. Niemand würde sich eine solche Situation zurückwünschen. Aber eines gab es damals kaum: die ernährungsbedingten Wohlstandsleiden wie Diabetes, Gicht, Herzinfarkt, Leberleiden usw. Heute müssen wir uns in vergleichbare »Fastensituationen« versetzen, um uns davor zu bewahren...

Die Zerstörungen und die vielen Toten waren ein deutlicher Beweis für den Wahnsinn des Hitlerregimes. Nach und nach enthüllte sich dann, daß der Wahnsinn noch viel weiter gegangen war. Ich erinnere mich noch deutlich daran, wie fassungslos wir damals die ersten Nachrichten von schier unglaublichen Greueltaten der Naziherrschaft aufnahmen. Wir wissen alle, wie lange es gedauert hat, bis sich die Mehrzahl der Deutschen dieses Wahnsinns bewußt geworden ist. Diese Bewußtseinsbildung ist ja wohl heute noch nötig. Doch ein Gefühl beherrschte uns schon damals: Nie wieder!

HANS KOSCHNICK

Befreiung zu neuen Ufern

Es ist kein einfaches Unterfangen, so über die Erinnerungen an das Kriegsende 1945 zu reflektieren, daß wirklich die damaligen Eindrücke und Erfahrungen sichtbar werden und nicht die Verarbeitung dieser Zeit in den vergangenen Jahrzehnten. Immerhin muß ein Mensch wie ich, der seit rund vierzig Jahren in der aktiven Auseinandersetzung um den generell richtigen Weg in der Politik steht, befürchten, daß seine Rückbesinnung auf die Zeit des Jahres 1945 zu sehr geprägt ist von später erworbenen Erkenntnissen und er zwar, wie viele Biographien belegen, eine Rückschau für absolut wahr hält, die aber nur noch bedingt widerspiegelt, was er tatsächlich damals zum Kriegsende dachte und empfand. Zu bedenken habe ich auch mein damaliges Alter. Ich war gerade sechzehn Jahre alt und aufgewachsen in der zeitbedingten Enge des NS-Regimes, das uns in der Hitlerjugend, in der Schule und nicht zuletzt in der Kinderlandverschickung zu prägen versuchte.

Geboren am 2. April 1929, wurde ich Anfang 1945 für den Reichsarbeitsdienst mit anschließendem Wehrdienst gemustert und für tauglich befunden. Wegen gewisser körperlicher Länge, war ich für den Einsatz in der Waffen-SS vorgesehen und konnte mich diesem nur durch eine »Freiwilligenmeldung« zu den Fallschirmjägern entziehen. Bei meinem familiären Hintergrund wäre ein Einsatz im Rahmen der Waffen-SS sowieso ein Widerspruch in sich gewesen, denn meine Eltern sind schon gleich nach der sogenannten Machtergreifung der NSDAP verhaftet und für lange Zeit »aus dem Verkehr« gezogen worden. Wer deshalb wie ich – für viele Jahre vom Vater getrennt, für kürzere Zeit auch von der Mutter – bei den Großeltern aufwuchs und zu Hause die Ablehnung des Systems erfuhr, der war gegenüber der Waffen-SS und anderen NS-Verbänden relativ gefeit.

Zum Einsatz bei den Fallschirmjägern kam es nicht mehr. Mitte März 1945 wurde ich zu einem Verband des Reichsarbeitsdienstes einberufen, der damals schon als normale Infanterieeinheit ausgebildet war. Dieser Verband kam als ganzer zwar nicht mehr zum Einsatz, ausgenommen die zehn Arbeitsmänner, die zum Sprengen von Straßenkreuzungen und speziellen Verkehrswegen vorbereitet wurden. Ich war einer von ihnen. Doch zum Glück hatte die Marineeinheit, die uns mit Sprengstoff versorgen sollte, ausgewachsene Männer im fortgeschrittenen Alter, die sich weigerten, »Kindern« die Sprengmittel anzuvertrauen. Wir mußten wohl mit unseren jugendlichen Gesichtern – wir waren ja auch gerade um die sechzehn Jahre alt – auf diese Männer einen so verheerenden Eindruck gemacht haben, daß sie uns für unfähig hielten, mit so einem gefährlichen Kriegsmaterial, wie es ein Torpedo war, »sachgerecht« umzugehen. Wir waren gekränkt, hielten wir uns doch aufgrund der schon frühen Wehrausbildung für hinreichend befähigt.

Am nächsten Tag empfanden wir jedoch große Dankbarkeit den alten Soldaten gegenüber, als uns die Engländer überrollten und wir deren Ausrüstung sahen. Uns hatte man gesagt, es handele sich bei unserem Einsatz um das Aufhalten einiger weniger durchgebrochener Panzer – und dann erschien eine imposante Kriegsmaschinerie.

Zugegeben, es war ein Schock, so belogen worden zu sein, und wir fragten uns, was denn noch alles nicht stimme von dem, womit uns die oberste wie auch die unterste Führung bislang konfrontiert hatte. Und wir erfuhren nach dem 2. Mai 1945, dem Tag, an dem ich mit meinen Kameraden in der Nähe von Bremervörde in britische Gefangenschaft geriet, bald mehr.

Man brachte uns per Lkw mit einigen Übernachtungen auf freier Wiese nach Belgien. Auf der Fahrt sahen wir den Umfang der Zerstörung in deutschen und niederländischen Städten und hörten von Mitgefangenen, die unseren Konvoi auffüllten, von den schrecklichen Eindrücken bei der Konfrontation mit den Menschen, die gerade aus dem Konzentrationslager Bergen-Belsen befreit worden waren und sich in einem elenden gesundheitlichen Zustand befanden.

In der Nacht des 8. Mai 1945, der formalen Stunde der Kapitulation, marschierten wir dann durch Brüssel, um in der Nähe der belgischen Hauptstadt unser Gefangenencamp zu beziehen. Für uns Jungen war ein Jugendcamp vorbereitet, die Älteren kamen in das Nebenlager, in dem deutsche Soldaten seit den Kämpfen um Arnheim untergebracht waren, die nicht glauben wollten, was sie durch die Neuankömmlinge erfuhren. Wie dann über Wahrheiten, über augenscheinliche Fakten gestritten wurde, Informationen schlicht als Feindpropaganda abgetan wurden, verstörte uns Jungen. Wir begriffen langsam, was uns das Regime angetan hatte. Und da wir relativ gut versorgt waren, Hunger nicht leiden mußten, waren einige von uns schon damals bereit, nach Rückkehr in die Familie gegen das anzugehen, was einer jungen Generation an Verfälschung, Irreführung und Mißbrauch der Gesinnung zugemutet worden war.

Einige wollten allerdings nicht mehr mit Politik in Berührung gebracht werden, trachteten danach, ihr eigenes Leben zu leben, wollten nichts mehr von den Parteien wissen, die nach ihrer Meinung vor 1933 versagt hatten, und andere – darunter auch ich – versuchten darüber nachzudenken, ob es nicht neue und bessere Formen des Eintretens füreinander geben könne. Es war eine Suche nach Wegen, die uns und unser Volk besser aus dem Elend führen sollten. Wir alle erwarteten aber ein Strafgericht über die Deutschen, nachdem immer mehr ruchbar wurde, was wirklich den Menschen in Europa im deutschen Namen und durch Deutsche angetan worden war.

Ganz unbestritten gab es einen erheblichen Unterschied im Denken und Fühlen zwischen uns ganz Jungen und den Älteren im Nachbarcamp. Viele von den dortigen Kriegsgefangenen, namentlich diejenigen, die dort seit Frühjahr 1944 untergebracht waren, verstanden den Kriegsausgang nur als Katastrophe für das deutsche Volk, manche sogar als unverschuldet, da ja »nur gegen das Schanddiktat von Versailles« gekämpft worden war, für das »gute Recht des deutschen Volkes«, andere sahen dagegen die Katastrophe in der Befürchtung einer rächenden Strafaktion der alliierten Sieger, nahmen die Sorgen vor der Realisierung des Morgenthauplanes auf, die ja Bestandteil der Durchhaltepropaganda der Nazis gewesen waren. Nur wenige sahen in dem 8. Mai 1945 einen Tag der Befreiung von einer Diktatur, die Schande und Elend über das deutsche Volk gebracht hatte.

Ich glaube, daß ich damals trotz der familiären Erfahrungen mit den Verfolgungen des NS-Staates auch mehr die mögliche Rache der Sieger, denn die Tatsache der Befreiung gesehen habe. Dies als Chance für den Neubeginn zu sehen war vielmehr ein Ergebnis der Verarbeitung von Informationen über das Werden, Wachsen und Versagen der Demokratie in Deutschland. Nicht zuletzt deshalb hatte ich gezögert, mich parteipolitisch zu engagieren. Ich ging meinen Weg über Jugendverbandsarbeit, über ein gewerkschaftliches Engagement und über die Aufbauarbeit im Sinne der späteren Aktion Sühnezeichen. Ich wollte in den fünfziger Jahren zusammen mit meiner Frau unseren Beitrag zur Beseitigung der Trümmer der Vergangenheit bei den stark betroffenen Nationen West- und Osteuropas, später in Südosteuropa und in Israel leisten. In den siebziger Jahren konnten wir uns in Polen engagieren.

Wir wollten, daß es die nach uns kommende Generation leichter haben sollte, wieder freundschaftliche Bande mit der ihr gleichaltrigen Generation in den betroffenen Nachbarländern zu schließen. Wir hatten jedenfalls damals das Empfinden, daß es die Arbeit einer Generation bedürfe, um ein neues Miteinander in Europa möglich zu machen. Gott sei Dank haben wir uns in dieser Zeitperspektive geirrt, es wurde früher möglich.

Zurück zum eigentlichen Thema: das Ende des Krieges 1945, die Gefangenschaft bis Ende September, der Eintritt in den öffentlichen Dienst und die freiwilligen wie verordneten Einsätze zum Trümmerräumen, zur Backsteingewinnung und zu Aufbaumaßnahmen sind die eine Seite der Medaille. Die andere Seite waren die Diskussionen innerhalb der jungen Generation über das »Warum« und das Ausmaß unverständlicher Ereignisse der NS-Zeit, die uns bewegten. Wie konnte es gerade bei uns in einem Land mit einem hohen Grad an Assimilierung der jüdischen Mitbürger und Mitbürgerinnen zu einer Genozidpolitik kommen? Wie war es möglich, daß einem liberalen Bürgertum in einem solchen Umfang nationalistische Gedankenwelt entgegengestellt werden konnte? Wie war das Versagen der Kirchen zu erklären oder in meinem Fall das der Arbeiterbewegung in ihrem politischen wie gewerkschaftlichen Teil? Gab es einen erklärbaren Grund, daß die Auflösung aller Postulate von Menschenwürde, Ethik und Moral in so breitem Umfange Fuß fassen konnte? Fragen über Fragen, und wir fanden keine Antworten.

Aus der mangelnden Sensibilität nach der gesellschaftlichen Einschätzung der Verantwortlichen und der Mitläufer des NS-Regimes, bei denen eigentlich nur die Mitläufer begrenzte Konsequenzen tragen mußten, ergab sich für den größten Teil meiner Generation die Hinwendung zu einer Haltung des »Ohne mich«, für uns anderen das Eintreten in eine bewußte gesellschaftliche Auseinandersetzung, manchmal zum Unverständnis der älteren Generation.

Waren wir zu kritisch, zu unvollständig informiert über die reale Situation der gesellschaftlichen Befindlichkeit der Deutschen zwischen 1919–1933–1945, so blieben die anderen bei ihrer Verweigerungshaltung.

Geschichtliche Reflexion war in der Wiederaufbauzeit bald nicht mehr gefragt. Die Sieger haben kaum Rache geübt, doch auch Gerechtigkeit nicht hinreichend praktiziert. Vergessen, Verdrängen war die Praxis, und das alles hatten wir nach dem totalen Zusammenbruch des Regimes, nach der totalen Kapitulation der Wehrmacht nicht für möglich gehalten. Vielleicht waren wir zur gleichen Zeit zu idealistisch und zu betäubt, um der wirklichen Entwicklung richtig folgen zu können. Verführte einst, Vertriebene jetzt, sich der Wiederaufbau-Aufgabe ganz hingebend, gingen wir unseren Weg.

Es war ein Weg aus der Katastrophe – für die Mehrzahl ein Weg aus der Niederlage, für wenige ein Weg aus der Unterdrückung. Später haben wir gelernt – und auch nur als eine Minderheit –, daß das Kriegsende mehr als das Ende des Kriegsschreckens, sondern wirkliche Befreiung zu neuen Ufern war.

JOSEF KRINGS

Ums Überleben

Wenn ich mich an den 8. Mai, den Tag der Kapitulation, erinnere, sehe ich mich auf dem Oberdeck eines Fährprahms sitzen. Das ist die schlichteste Form eines Schiffes: Ein langgestreckter, ungegliederter hohler Raum trägt ein eisernes Dach. Am Oberdeck das Steuerhaus und eine Kanone. Das Schiff ist überfüllt mit Matrosen und Zivilisten, eine Arche mit Überlebenden. Wir nähern uns von der Ostsee her der Stadt Kappeln an der Mündung der Schlei. Einer pfeift »Seite«, wie ich es nun seit fast einem Jahr kenne. Die Kriegsflagge wird eingeholt. Ich sehe einen Feldwebel, Berufssoldat, der wie ich gerade den Untergang des Kreuzers »Lützow« überstanden hat. Er weint. Der Krieg ist zu Ende.

Erst später habe ich mich gefragt, ob ich mich befreit fühlte, weil die NS-Diktatur zu Ende ging, weil Hitler nicht mehr lebte. War ich deprimiert, weil Deutschland den Krieg verloren hatte? Ich fühlte mich nicht befreit, ich war nicht deprimiert. Ich war damals einfach leer.

Langsam ging ich unter Deck. Ein schrecklich bekanntes Geräusch holte mich zurück auf Deck. Bei dem Versuch, die Kanone zu sichern, hatte sich ein Schuß gelöst: Menschen schrien vor Schmerz. Blutende Körper legte man auf Bahren. Matrosen trugen die Toten von Bord an Land. Menschen starben sinnlos. Minuten nach Kriegsende. Ich konnte nichts fühlen, nichts denken, aber ich wußte, ich hatte überlebt. Ich konnte mich nicht einmal darüber wundern oder freuen.

Als der Krieg ausbrach, war ich dreizehn Jahre alt gewesen. Die Wochenschau zeigte Bilder vom Polenkrieg und von Sturmpionieren am Westwall. Sturmpionier, das imponierte mir damals. Aber ich war erst dreizehn Jahre alt, und der Krieg würde sicher bald ein Ende finden. Ich wollte Lehrer werden. Das war für Mittelschüler nur möglich, wenn sie eine Lehrerbildungsanstalt besuchten. Meine Ausbildungsstätte war das ehemalige Kloster in Vallendar-Schönstatt. Als ich ankam, war der Eingang zur Kapelle vernagelt, die Marienskulptur über dem Eingang mit der Fahne der Hitlerjugend verdeckt.

Hitlerjungen waren wir damals fast alle, kraft eines Gesetzes seit 1939, aber auch aus Überzeugung. Dieses eine Jahr Lehrerbildungsanstalt prägte mich. Ich löste mich aus dem Elternhaus und erlebte ungewöhnliche Lehrer; Dr. von der Mühlen war einer von ihnen. Er gestaltete den Unterricht so fesselnd, daß wir das Zeichen zum Ende der Stunde oft überhörten. In dieser durch NS-Ideologie geprägten Schule brachte mich sein Geschichtsunterricht zum Nachdenken. Er philosophierte mit uns über das Wesen von Geschichte, deckte überraschende weltgeschichtliche Zusammenhänge auf. Das NS-Weltbild wurde fragwürdig. Es zeigte Risse, aber es stürzte nicht ein. Ein neuer Schulleiter kam, ein hoher SS-Führer. Es ging brutaler zu an der Schule.

Eines Tages erschien eine Waffen-SS-Delegation. Die ordengeschmückten Männer erzählten »Heldengeschichten« aus dem Krieg und fragten schließlich, wer sich freiwillig zur Waffen-SS melden möchte. Von den hundertzwanzig Schülern waren nur wenige bereit, vielleicht sieben oder acht.

Als aber der Schulleiter jeden Schüler einzeln in sein Zimmer bestellte, entschieden sich hundert zur Waffen-SS, »freiwillig«, ohne Zustimmung der Eltern. Zwanzig zeigten Anmeldungen für die Luftwaffe oder die Marine. Auch ich hatte mich wenige Tage vorher freiwillig zur Marine gemeldet.

Ums Überleben ging es im April 1945. Der Kreuzer »Lützow« lag zwischen Swinemünde und Usedom. Am hellen Tag griffen uns britische Bomber an. Die Bomben rissen die Schiffswand auf. Der Kreuzer ging auf Grund. Matrosen sprangen in Panik über Bord und ertranken. Ich mißtraute meinen schwimmerischen Fähigkeiten und band ein Floß los, ließ das Floß über die Bordwand ins Wasser gleiten, rutschte nach und paddelte an Land. Ich überlebte. Irgend jemand befahl mir, Seesäcke zu bewachen. Ich wachte stundenlang. Als ich abgelöst wurde, war fast die ganze überlebende Besatzung nach Berlin abmarschiert, um bei den Endkämpfen eingesetzt zu werden. Ich sah keinen wieder. Ich überlebte.

Ein Schnellboot brachte Tage später die letzten Überlebenden der »Lützow« auf die Reede von Swinemünde, und ein Fährprahm übernahm sie schließlich für die Fahrt nach Schleswig.

Gerne hätte ich vom Widerstand im NS-Regime erzählt. Doch es ist die Geschichte des Überlebens geworden. Es brauchte Zeit, bis auf das Überleben das Nachdenken folgen konnte.

Am Ende eines Schulhelferkursus im Herbst 1946 sagte der Lehrgangsleiter Otto Schrank, Duisburger SPD-Ratsherr bis 1933, Lehrer in einer freien Schule, Verfolgter und ohne Beruf in der NS-Zeit, zu mir: »Sie denken noch mit vielen NS-Rudimenten, aber Sie fragen, diskutieren. Darum werden Sie allein als ehemaliger Schüler einer Lehrerbildungsanstalt den Kurs bestehen.« Kurz darauf begann ich meinen Dienst als Volksschullehrer in Düsseldorf.

Otto Schrank war mein Oberschulrat.

JURI KWIZINSKIJ

Der zerronnene Sieg

Es verfliegen die Tage. Die Jahre vergehen. Generationen wechseln sich ab. Erbarmungslos und unbeirrt bringt uns die Zeit dem großen Datum näher, der Fünfzigjahrfeier des Endes des blutigsten Krieges der Menschheitsgeschichte. Für die einen war es ein Tag des Jubels und der Tränen der Freude, der Tag des Sieges. Für die anderen ein Tag der bitteren Tränen und der Niederlage. Die Tränen waren allen gemeinsam, gleich ob Sieger oder Verlierer, obwohl in jenen Tagen ein Abgrund des Hasses und der Entfremdung zwischen ihnen lag. Kriege werden von Politikern begonnen, geführt werden sie jedoch von den Völkern, die den Preis bezahlen müssen. Zu teuer kam der Sieg für die einen. Zu bitter war es für die anderen, die Sinnlosigkeit der Opfer zu begreifen und zu verstehen, daß das Unglück noch lange nicht vorbei war und schwere Prüfungen die Verlierer noch erwarteten.

Deutschland wurde vom Faschismus befreit gegen den erbitterten Widerstand der Mehrheit seiner Bürger, so traurig es auch sein mag, dies ins Gedächtnis zu rufen. Den Krieg begann Deutschland mit dem Ziel, die Welt zu verändern und Lebensraum für das »Herrenvolk« zu erlangen durch Versklavung, Verdrängung und Vernichtung anderer europäischer Völker. Nun stand die Teilung Deutschlands selbst bevor, begann ein langer Weg bis zur Wiederherstellung des deutschen Volkes als gleiches unter gleichen. Die alliierten Siegermächte regierten über das Schicksal der Welt. Die Siegestrunkenheit auf der einen und die Tragik der Niederlage auf der anderen Seite ließen die Menschen in jenen Tagen und Jahren die Vergänglichkeit und Unbeständigkeit eines jeden Erfolges und Mißerfolges vergessen, ließen sie vergessen, daß früher oder später oben zu unten wird, Schiefes zu Geradem, und alles zu seinen Anfängen wieder zurückkehrt. Großer Weisheit liegt auch große Trauer inne, und deshalb ist Weisheit wohl nicht sonderlich gefragt an Tagen der Freude.

An diesem denkwürdigen Tag waren die Gedanken der meisten

Menschen in der Sowjetunion voller Freude und Hoffnung. Die Zukunft erschien nicht leicht, doch zweifelsohne licht, und dies aus einem einfachen Grund: Der Krieg war vorüber. Friedenszeiten brachen an. Dies war eine atemberaubende Zukunftsperspektive. In meinen Augen, den Augen eines damals achtjährigen Jungen, war das Leben meines Volkes, meiner Verwandten und der mir nahen Menschen in zwei Teile geteilt: in die Zeit vor dem Krieg und in die Zeit des Krieges. Alles, was in der Vorkriegszeit war, erschien gut. Die Erwachsenen nannten diese Jahre »golden«. Natürlich gab es die grausame Kollektivierung und später den Wahn der »Säuberungen«. Doch war dies alles nun vorbei, die Machthaber hatten die »Exzesse« verurteilt, die Handlanger waren bestraft und hatten versprochen, in Zukunft ihre Fehler nicht zu wiederholen. Und konnte man denn die Massenverhaftungen des Jahres 1936 vergleichen mit der deutschen Invasion, den Millionen Verwundeter und Gefallener, der Verwüstung und Zerstörung der Hälfte des Landes, den Flüchtlingsströmen, dem Hunger und den Entbehrungen, die über alle ohne Ausnahme hereinbrachen? Nein, die Zeit des Friedens war trotz allem eine ruhige Zeit. Damals erwartete man nicht tagtäglich Gefallenenmeldungen. Damals konnte man gute Waren in den Geschäften kaufen, für richtiges Geld und nicht auf Essensmarken, was fast wie ein Märchen klang. Damals gab es keine Notwendigkeit, jeden Sonntag aufs Land zu ziehen, um sich in Schwerstarbeit Kohl, Kartoffeln und Hirse für den Winter zu beschaffen. Damals konnte man sich überall gegenseitig besuchen in unserem unendlich großen Land. Damals nahmen die Menschen Urlaub, manche verbrachten sogar die Ferien in Kurorten am Schwarzen Meer. Damals war alles anders. Sicher, nicht alles war gut, doch im Vergleich zu dem, was am 22. Juni 1941 begann, erschienen alle vergangenen Unannehmlichkeiten nicht sonderlich bedeutend.

Der Krieg war die Wende, die uns vom normalen Leben trennte. Der Sieg bedeutete die Möglichkeit, zu ihm zurückzukehren. Doch sollte es nicht einfach die Rückkehr zu den alten Verhältnissen sein. Der Krieg war derart grausam, verheerend und blutig gewesen, daß wir mit der festen Überzeugung in die Friedenszeit eintraten, daß es keine Kriege mehr geben darf. Die sowjetische Regierung sollte von nun an dafür Sorge tragen, daß keinerlei Kriegshandlungen auf unserer Erde mehr stattfinden und daß jeder potentielle Aggressor nicht eine Bewegung machen könnte, ohne zu riskieren, auf der Stelle vernichtet zu werden. Genug. Genug gelitten. Deshalb sollte man heute nicht denken, daß der Kampf für den Frieden, den Stalin einige Jahre nach der Beendigung des »heißen« Krieges und dem Beginn des

Kalten Krieges ausrief, nichts als eine müßige Erfindung der Propagandaabteilung des Zentralkomitees der KPdSU war. Im Gegenteil. Darüber hinaus fand Stalins Erklärung, die Sowjetunion müsse nach dem Krieg ein bestimmtes Niveau der Erdölförderung, Stahl- und Energieerzeugung erreichen, um sich gegen »alle möglichen Widrigkeiten« abzusichern, tatsächlich großen Widerhall in den Seelen der Sowjetbürger. Alle wollten den Frieden, doch verstand jeder, daß Wollen allein nicht genug ist. Um in Frieden zu leben, muß man stark sein. Die Militärmacht besaßen wir bereits. Doch benötigten wir auch die wirtschaftliche Macht, und Stalin versprach, sie aufzubauen. Jenen unserer Möchtegernhistorikern und -politikern, die heute diese »totalitären« Zielsetzungen verspotten oder brandmarken, hätte damals wohl kaum jemand Gehör geschenkt, vielleicht wären sie einfach verprügelt und vom Rednerpult gejagt worden – ohne irgendwelche Weisungen von seiten der Parteiorgane. Es wäre eine spontane Gefühlsbekundung gewesen, auf der Grundlage vollkommener Eintracht aller im Sowjetregime. Denn der Krieg bedeutete eine weitere Bewußtseinswandlung: Er vereinte die nach der Oktoberrevolution, der Kollektivierung und Stalins Repressionen gespaltene Gesellschaft aufs neue, es war also ein im wahrsten Sinne des Wortes vaterländischer Krieg gewesen. Er wurde geführt für das Überleben des Landes, für das Recht auf Leben und Zukunft für die Völker der damaligen Sowjetunion, die von den Ideologen des Faschismus dem Stand der Untermenschen zugerechnet wurden. Der Tag des Sieges wurde deshalb für uns alle zum Feiertag.

Die Jahre vergingen. Die Menschen und die Lage im Land und in der Welt veränderten sich. Und dieser Feiertag hatte ebenfalls jedesmal einen anderen Beiklang, in den letzten Jahren geriet er leider immer hysterischer und gezwungener. Doch ist dies ein Kapitel für sich. Im Mai 1945 geschah etwas Wunderbares und Einmaliges – ein Ausbruch von Gefühlen der Erleichterung, des Stolzes, der Freude und der ungezügelten Hoffnungen auf die Zukunft: Es ist vollbracht! Wir haben gesiegt! Und wir errangen diesen Sieg nicht etwa durch List, Heimtücke und Täuschung, nicht durch fremder Hände Arbeit. Wir kamen nicht erst, als alles bereits entschieden war. Wir errangen den Sieg durch schwere Verluste, im erbitterten Kampf, als eine Macht die andere brach. Uns rettend retteten wir auch andere, und deshalb wünschten unseren Sieg die meisten anderen Völker und Staaten herbei. Sie hatten unterschiedliche Einstellungen zu Stalin, den Bolschewiken und Rußland, doch wußten sie alle nur zu gut, daß allein die Sowjetunion dem faschistischen Deutschland das Rückgrat brechen konnte. Wie das russische Reich einst Europa vor Napoleon rettete, so rettete die Sowjetunion einhundertdreißig Jahre später die Welt vor Hitler. Wie konnte man nicht stolz sein auf ein solches Land, ein solches Volk? Und wir alle, klein und groß, waren voller Stolz in diesem Freudentaumel.

Im recht kleinen und provinziellen sibirischen Krasnojarsk sprach man bereits seit Ende April von der bevorstehenden Kapitulation Deutschlands. Der Sturm auf Berlin war im Gange, und alle warteten tagtäglich auf den Sieg. Zwar war Berlin, wie es schien, längst gefallen, aber der Krieg fand einfach kein Ende. Jede neue Gefallenenmeldung, die die Familien in jenen Tagen erhielten, empfand man als eine bittere Ungerechtigkeit des Schicksals: Wieviel sollen wir denn noch leiden, wenn doch alles bereits entschieden ist? Es ist Zeit, ein Ende zu machen, es ist Zeit, daß die Bauern nach Hause zurückkehren, es ist Zeit, uns um unser verwüstetes Land zu kümmern, wieder Familien zu gründen, Kinder in die Welt zu setzen, aufzubauen, zu arbeiten, zu lernen – mit einem Wort, es ist Zeit, daß jeder wieder etwas Nützliches tut. Etwas Nützliches, nicht sich gegenseitig abschießen.

Man tat diese Ungeduld eher leise kund. Sie schien irgendwie unangebracht in einer Zeit, da der letzte Kampf stattfand. Er mochte noch so gerecht sein, doch war es trotzdem bitter, in ihm zu fallen. Und das Land brauchte immer noch Selbstopfer und Heldentaten, ein letztes, alles entscheidendes Anspannen aller Kräfte. Im Krieg kommt man nicht ohne Opfer, also auch nicht ohne Heldentaten aus. Wenn die Dinge gut stehen, gibt es mehr Helden, weil es dann einfacher ist, ein Held zu sein. Ungleich schwerer ist es, ein Held zu sein in schweren Zeiten, wenn du nicht weißt, ob man dich als Held anerkennen oder dich verfluchen wird für deine Hingabe an eine verlorene Sache oder an ein unglückliches Land. Doch braucht man immer Helden, sei es auch nur, weil die Mehrheit der Menschen recht wenig heldenhaft ist und dafür egoistisch genug, um von anderen Selbstopfer zu verlangen im Namen des Wohls der Allgemeinheit. Dazu kommt, daß jede Philisternatter, die sich unter einem Stein verkrochen hat, im tiefsten Inneren hochzufrieden darüber ist, daß sie niemand, aber auch niemand zu irgendeiner selbstaufopfernden Tat bewegen kann. Doch ohne Helden gibt es kein volles Leben, auch nicht für die Antihelden. Und wenn ruhmlose Zeiten anbrechen, wenn die Nattern und Opportunisten triumphieren, ist es ein sicheres Symptom für die schwere Krankheit, die sich in der Gesellschaft ausbreitet. Wenn jeder nur für sich allein existiert und alle allen gleichgültig sind, so erreicht der Verfall der staatlichen Ordnung und der Gesellschaft sein Maximum, wie heute bei uns in Rußland.

Damals, 1945, war alles anders. Es gab ein Ziel, es gab Enthusiasmus und Einigkeit und den Glauben an die Zukunft. Und in unseren Augen – den Augen der Bauersfrauen, Alten und Kinder von Krasnojarsk – war jeder Mensch in Uniform ein potentieller Held, ein Teilhaber an einer großen gemeinsamen Sache: den Sieg zu erringen, einen Sieg für alle. Wie es später in den Liedern besungen wurde, waren wir bereit, den Preis dafür zu zahlen.

In jenen Maitagen arbeiteten die Fabriken in Krasnojarsk in drei Schichten, die Militärzüge mit Einberufenen und Kriegstechnik zogen gen Westen, und die Menschen standen seit den Morgenstunden in den Brotschlangen: 800 Gramm für Arbeiter, 450 für Angestellte, 250 für nichtberufstätige Familienmitglieder. In den zwei Kinos an der Hauptstraße liefen ununterbrochen Filme. Genesende aus den Krankenhäusern und Soldaten auf Heimaturlaub spazierten mit den Mädchen im Stadtpark, und im regionalen Radio lief täglich das Unterhaltungsprogramm »Feuer auf den Feind«. Die Sendung war recht primitiv, mit grobschlächtigen Soldatenwitzen und manchmal sogar recht vulgären Schimpfkanonaden gegen die Faschisten, die die Frauen mit vorwurfsvollem Kopfschütteln hörten. Doch klang die Sendung jeden Tag immer fröhlicher und sorgloser, man spürte, daß bald der Krieg vorüber sein und die Sendung sicherlich eingestellt werden würde. Deshalb konnten die beiden führenden Unterhaltungskünstler Schmeljkow und Wetscherkow ruhig vor dem Finale etwas Unfug treiben auf den Ätherwellen.

Der Zeitunterschied zu Moskau beträgt in Krasnojarsk fünf Stunden. In Moskau wurde die Nachricht von der deutschen Kapitulation für den Morgen des 9. Mai »aufgehoben«. In Krasnojarsk war der Arbeitstag bereits in vollem Gange. Wir saßen im Unterricht, als die Schuldirektorin, Anna Michailowna Telegina, ins Klassenzimmer kam und sagte, daß der Krieg zu Ende sei, wir gesiegt hätten und noch etwas Ähnliches. Dann umarmte sie unsere Lehrerin Maria Petrowna Rastorgujewa, deren Mann an der Front war und folglich nun sicher am Leben bleiben würde. Beide Frauen lachten und weinten. Die ganze Klasse brüllte und tobte. Ein seltsames Gefühl der Verlorenheit kam auf. Endlich war der langersehnte, einmalige Tag gekommen, ein Tag, der einmalige Taten forderte, doch wußte niemand genau, was für Taten. Mit dem Unterricht war nun Schluß, und wir liefen in den Schulhof. Einer der Lehrer hielt eine Rede zu unserem Sieg, er sprach stockend, aus dem Stegreif. Keiner hörte richtig zu. Dann entließ man uns nach Hause, und ich lief die Straßen entlang, die leer waren, da alle noch bei der Arbeit waren. In Krasnojarsk war es für die Jahreszeit ein recht milder Tag, in den Höfen schwirrten die Frauen umher, um die improvisierten Festmahle vorzubereiten. Die Vorräte waren karg, und doch kam alles auf den Tisch: Gemüse aus dem eigenen Beet, die heißersehnte Büchse Schmorfleisch, amerikanisches Erbsensuppenkonzentrat und amerikanisches Eipulver. In einigen Geschäften verordnete die Leitung, auf normale Lebensmittelkarten für Zucker, Grieß auch noch Pralinen, Wodka und andere Mangelwaren auszugeben. Alle rannten, um sich möglichst schnell einzudecken.

Bei uns daheim war es ruhig. Vater und Mutter waren im Institut bei einer Versammlung. Großmutter weinte. Sie erinnerte sich an ihren 1942 gefallenen Sohn, meinen Onkel Schura, und sagte, daß im Krieg immer die Besten und Begabtesten fielen. Großvater schimpfte sie ein bißchen, doch war er offensichtlich sehr aufgeregt und wiederholte dauernd, Stalin werde bald eine Rede halten und man solle deshalb am Radio bleiben. Ich nutzte den Augenblick, um zu verschwinden und ging auf die Hauptstraße unserer Stadt, den Stalinprospekt. Dort fanden alle großen städtischen Ereignisse statt, und man konnte, wie mir damals schien, wichtige Bürger dort antreffen. Der Prospekt war auch wirklich voller Menschen. Alle redeten aufgeregt, man umringte zufällig vorbeigehende Soldaten und begann, sie unter Hochrufen in die Luft zu werfen. Die Leute sangen Lieder und versuchten hier und da zur Ziehharmonika zu tanzen, und dazwischen immer die Rufe: »Es lebe Stalin, es lebe der Sieg!« Es roch nach Wodka, und alle waren heiter, gutgelaunt und glücklich. Es wurde langsam dunkel. Arbeiter hingen festliche Lampionketten zwischen den staatlichen Gebäuden auf. Man sagte, daß auf dem Marktplatz am Stadtpark ein Salut geschossen werde. Aber da ging ich nicht hin. Ich glaubte nicht so recht an ein Salut, weil es so etwas noch nie in unserer Stadt gegeben hatte. Außerdem war es Zeit, nach Hause zu gehen, um nicht von Mutter gescholten zu werden. Das tat ich auch, obwohl ich innerlich etwas darüber enttäuscht war, daß nichts Außergewöhnliches geschah. Wie immer: Man wartet und wartet auf den großen Tag, und wenn er kommt, passiert nichts. Natürlich war es schon sehr gut, daß wir die Schule schwänzen durften. Aber war das genug an *solch einem Tag*? Selbstverständlich war ich in meinem Jungenalter nicht von politischen Gefühlen überwältigt. Fernsehen gab es damals noch nicht. Für die meisten Menschen aus der Provinz war Moskau eine märchenhaft ferne, wunderbare und geheimnisvolle Stadt. Die örtlichen Behörden machten aus diesem Tag, was sie konnten. Wahrscheinlich sah es überall anders aus. Bei uns war es so, wie ich es beschrieb. Ich habe es wohl richtig beschrieben – Kindermund tut Wahrheit kund.

Danach gab es eine Siegesparade und Stalins berühmte Ansprache.

Er sollte in dieser Rede einen Hochruf auf das große russische Volk ausbringen, um eine Brücke zu schlagen zu jener tragischen Ansprache von 1941, von der jeder wußte, daß der Georgier Stalin sich seiner großen Schuld vor Rußland bewußt war, daß er um Vergebung gebeten hatte und darum, ihm noch einmal Glauben zu schenken und alle Kränkungen und Ungerechtigkeiten zu vergessen, um sich für die eigene Rettung zusammenzuschließen. In jener Ansprache hatte er den Sieg versprochen. Nun hatten wir den Sieg errungen. Er wußte, alle wußten, zu welchem Preis, mit wieviel Blut die begangenen Fehler bezahlt worden waren. Nun eröffnete sich ein neues Kapitel, und alle wollten daran glauben, daß nach dem 9. Mai alles anders werde. Wie ihm damals alle lauschten! Und wie komisch und traurig es heute ist, die selbstgefälligen Betrachtungen grünschnabeliger Publizisten und Historiker zu den Fehlern dieser Rede zu lesen. Obgleich, so unnatürlich ist das alles wohl gar nicht. Sie haben den Sieg nicht errungen und hatten nicht teil an den Gefühlen der Menschen jener Zeit oder haben teil nur vom Hörensagen. Das, was der große englische Staatsmann und aufrichtig überzeugte Antikommunist Churchill hinsichtlich Stalins finsterer Größe anzuerkennen verstand, gelang unseren Einfaltspinseln, die sich zweifelhafte Lorbeeren durch das Verschmähen unserer Geschichte verdienen, nicht. Jedem das Seine.

Es besteht kein Zweifel daran, daß der Sieg für uns die Stunde Null einer neuen Zeitrechnung war. Alles, was die Rückkehr zur Normalität bedeutete, von den Erfolgen des friedenschaffenden Aufbaus zeugte und neue Grenzen des wissenschaftlich-technischen Fortschritts eröffnete, wurde »Pobeda« (Sieg) getauft. Unser erstes Nachkriegs-Automodell, das soviel Stolz und Enthusiasmus hervorrief, nannte sich »Pobeda«, unsere vaterländische Armbanduhr, nebenbei für damalige Verhältnisse von erstklassiger Qualität, hieß ebenfalls »Pobeda«, meine Mutter brachte die ersten vaterländischen modischen Schuhe nach Hause, die den gleichen stolzen Namen trugen, unsere neue superharte Legierung für Bohrer hieß »Pobedit« (»Er wird siegen«). Und wie viele neueröffnete Stadtparks, Theater, Straßen damals auf diesen Namen, der ein neues Leben symbolisierte, getauft wurden! Wie viele Fabriken, Kolchosen, Sowchosen wurden auf den gleichen Namen getauft! Man kann nicht alles aufzählen. »Pobeda« – Sieg – spiegelte Hoffnung und war gleichzeitig ein unwiderlegbarer Beweis dafür, daß, wenn wir es nur wollen, wenn wir uns zusammenschließen zu einer Faust und alle Kräfte anspannen, wir es dann schaffen – trotz aller Schwierigkeiten, von außen bedingten Störungen, trotz unserer eigenen Rückständigkeit, unserer Armut, unserer fehlenden Organisiertheit und unserer Schlamperei.

Es ist kein Zufall, daß wir über so viele Jahre hinweg, da es uns immer schlechter erging und der Krieg immer weiter in die Vergangenheit rückte, ekstatisch das Jahr 1945 beschworen, die Trommeln rührten, Denkmäler bauten und endlose Kinofilme über unseren siegreichen »Großen Vaterländischen Krieg« drehten. Wir versuchten instinktiv, wieder und wieder aus der Vergangenheit Lebenskraft zu schöpfen, da wir in unserer Gegenwart immer weniger davon vorfanden. Leider ist es jeder Generation nur einmal gegeben, den eigenen Krieg zu verlieren. Unsere Väter und Großväter besaßen die nötige seelische Kraft und das Pflichtbewußtsein, um Siege zu erringen und Schritt für Schritt das Vaterland zu erheben. Wir hingegen verloren den Kalten Krieg ohne jegliche Gegenwehr und verloren dann, gleichgültig zusehend, unser Vaterland. Anscheinend hat alles seine Zeit, und ein jedes Ding hat seine Zeit unter dem Himmel. Es gibt keine rationale Erklärung für das, was mit uns geschah. Aber die Zeit wird kommen, da Gott das Vergangene rufen und jeder nach seinen Verdiensten belohnt werden wird.

In jenen Tagen des Sieges im Jahre 1945 kam selbstverständlich niemand auch nur auf den Gedanken, daß es ein solches Ende nehmen würde. Wenige machten sich damals, zumindest im weitab gelegenen sibirischen Krasnojarsk, Gedanken über das Schicksal der Besiegten. So war es überall in unserer Provinz. Wir waren in erster Linie mit uns selbst, mit unseren Problemen beschäftigt. Wir glaubten damals daran, daß die Nachkriegszusammenarbeit mit den westlichen Alliierten, in erster Linie den Amerikanern, Zukunft habe. Es war, als wäre Deutschland ganz verschwunden von unserem Horizont, als wäre es plötzlich zu etwas weniger als Zweitrangigem geworden. Die Deutschen hatten wir verjagt aus unserem Land, sie stellten keine Gefahr mehr dar. An Deutschland erinnerten nur die erbeuteten Armbanduhren, Akkordeons, das unvollständige Geschirr und die Bücher in unseren Kommissionsgeschäften. Im europäischen Teil unseres Landes erinnerten die deutschen Kriegsgefangenen und die zerstörten Städte und Dörfer, die die deutsche Wehrmacht hinterließ, an Deutschland. In Sibirien gab es weder Ruinen noch deutsche Kriegsgefangene.

In Moskau hielt man Reden und schrieb diplomatische Noten über die Zukunft Deutschlands und die europäische Nachkriegsordnung. Doch schien dies alles endlos weit entfernt und kaum von Interesse. Wenn auch erst vor kurzem jeder Sowjetbürger mit Gedanken an die Deutschen einschlief und aufwachte, so waren diese Gedanken nun verschwunden, zu unserer großen Freude und Erleichterung. Was blieb, war die beständige Feindseligkeit den Deutschen und Deutschland gegenüber und der Wunsch, in Zukunft nichts mit ihnen zu tun zu haben. Sollten sie sich doch allein befreien aus der Unglückslage, in die sie sich brachten, als sie ihren Hitler unterstützten. Sollten sie sich doch freuen, daß sie als Volk weiterexistierten: Uns hatten sie ja als Volk vernichten wollen.

Natürlich erinnerten sich alle daran, daß Stalin dazu aufrief, die Deutschen nicht mit Hitler gleichzusetzen, daß er sogar den Schriftsteller Ehrenburg für seine ungezügelten Artikel und Pamphlete rügte, daß es deutsche Antifaschisten gab und daß wir uns für ein geeintes demokratisches Deutschland einsetzen sollten und uns daran erinnern, daß wir es mit einem großen Volk zu tun haben. Jedoch, wo waren all die Millionen deutscher Kommunisten, die großen Träger des deutschen Humanismus und der deutschen Kultur, als Deutschland uns angriff, als Vergeltungsaktionen gegen die Zivilbevölkerung durchgeführt wurden, als Frauen zur Zwangsarbeit ins Deutsche Reich verschleppt und gefangene Offiziere und Kommissare der Roten Armee reihenweise erschossen wurden? Sie alle waren doch nicht irgendwelche abstrakten Parteibonzen, sondern Verwandte, Freunde und Bekannte, die Studenten, Lehrer und Ingenieure von gestern. Alles in allem war die »politisch ausgewogene« Einstellung den Deutschen gegenüber für den Mann von der Straße lange Zeit nichts als »politische Spielchen«, eine Beschäftigung für die Obrigkeit. Mißtrauen, oft auch unverhohlene Feindseligkeit, den Deutschen gegenüber nach diesem grausamen Krieg war für die Mehrheit der einfachen Bürger das Gebot der Stunde. Diese Einstellung zu Deutschland war in den sechziger und siebziger Jahren keine Seltenheit. Ich spürte deren Echo klar auch während der Debatten im Obersten Sowjet der UdSSR zur Frage der Ratifizierung des Zwei-plus-vier-Abkommens.

Die Tatsache, daß unsere psychologische Einstellung den Deutschen gegenüber sich trotz allem bereits seit der Mitte der fünfziger Jahre graduell zum Positiven wandelte, war im entscheidenden Maße bedingt durch die Schaffung der DDR. Hätte es keine DDR gegeben, hätten wir nicht »unsere« Deutschen gehabt, die Freunde und Alliierte der UdSSR waren im Gegensatz zu den »Revanchisten« der Adenauerschen BRD, dann hätten die germanophoben Gefühle in den Jahren des Kalten Krieges bei uns gefährliche Ausmaße annehmen können. Dazu gab es genug sowohl subjektiver als auch objektiver Gründe.

Die Teilung des Landes war eine schwere Prüfung für das deutsche Volk. Jedoch, wer weiß, ob diese Phase der deutschen Geschichte sich nicht als die goldene Brücke erwies, deren Überquerung es den Deutschen ermöglichte, das Vertrauen zu sich selbst wiederherzustellen und zu einem heißersehnten Partner für die ehemaligen Gegner sowohl im Osten als auch im Westen zu werden?

Es würde nicht schaden, über all das zum fünfzigsten Jahrestag der Befreiung Deutschlands vom Faschismus und des Beginns seiner Rückkehr zu normaler Zusammenarbeit mit anderen Völkern einmal nachzudenken. Der Weg war keineswegs leicht, doch war er so, wie er war, und er stellte sich schließlich als der richtige heraus sowohl für die Deutschen selbst als auch für die anderen Völker Europas. Dies ist das Verdienst nicht eines, sondern zweifelsohne beider deutscher Staaten, die im jeweils eigenen spezifischen Koordinatensystem existierten und agierten – entsprechend den Realitäten der Nachkriegswelt. In jener Welt gab es einfach keine anderen Realitäten.

(Aus dem Russischen von Georges A. Perouansky)

KARL-HANS LAERMANN

Diese frühen Erfahrungen

Bei Ausbruch des Zweiten Weltkrieges war ich noch nicht einmal zehn Jahre alt, lebte in einem Dorf südwestlich von Mönchengladbach. Die Geschehnisse im damaligen Dritten Reich und in der Welt erreichten die Dorfbewohner kaum – und erst recht nicht uns, die Kinder. Meine Lehrerin in der Volksschule, Fräulein von Gehlen, hatte meine Eltern überzeugt, daß sie mich doch zur Oberschule schicken sollten. So verließ ich dann zu Ostern 1940 zum erstenmal die »Bannmeile« des Dorfes Beckrath, besuchte nun die Oberschule für Jungen in Rheydt und verspürte von da ab, daß Krieg herrschte: Das Schulgebäude war von Militär belegt, unterrichtet wurde in einem ehemaligen Seminar, von älteren, zum Teil schon pensionierten Lehrern. Erst 1941, nach dem »Westfeldzug«, zogen wir wieder ins eigentliche Schulgebäude, das aber bei dem ersten Luftangriff auf die Städte Rheydt und Mönchengladbach im August 1943 ausbrannte. Die Oberschule in Odenkirchen nahm uns auf, Unterricht fand im Wechsel vormittags und nachmittags statt, immer öfter unterbrochen von Luftalarm. Die Mitschüler der höheren Klassen wurden, soweit sie nicht schon zu Arbeits- und Wehrdienst eingezogen wurden, als Flakhelfer eingesetzt. Dann kam die Entscheidung, daß die Restschule nach Pobershau im Erzgebirge verlegt werden sollte. Zu meinem großen Kummer wurde ich »ausgemustert« – durfte nicht mitfahren, weil ich wohl im »Jungvolk« unbotmäßig aufgetreten war, mußte mich statt dessen der Musterung stellen. Ich war aber noch von so kleiner Statur – war bis dahin und auch noch später der Kleinste in der Klasse –, daß die Meßskala nach unten nicht reichte, ich war fast so groß wie der 97er Karabiner lang. Also erhielt ich dann sozusagen einen Gestellungsbefehl zum Schanzeinsatz in den Niederlanden. Im Herbst 1944 wurde aber auch schon mit dem Ausheben von Panzergräben in der Nähe meines Heimatortes begonnen. Statt in den Niederlanden meldete ich mich dann in Heimatnähe.

Mein Vater war um Neujahr 1944 in Rußland schwer verwundet

und im Herbst des Jahres aus der Wehrmacht entlassen worden. Er wußte vieles zu berichten, über Unmenschlichkeiten und schreckliche Greueltaten. Mir wurde nun erst manches klar, lernte Ereignisse und Vorkommnisse einzuordnen, vermochte Hintergründe zu erkennen. ich verstand aber auch die Kraft, den natürlichen Gemeinsinn einer Dorfgemeinschaft: Da wurde die jüdische Frau einer einfachen Familie verhaftet, der Ehemann und Vater Soldat – die Dorfgemeinschaft setzte ihre Freilassung durch; eine junge Kriegerwitwe geriet in zu große Nähe zu einem polnischen Kriegsgefangenen und wurde verhaftet – die Dorfgemeinschaft erwirkte ihre Freilassung. Und da waren Stani, Stephan, Sophie und andere, polnische Kriegsgefangene, Zwangsarbeiter und Zwangsarbeiterinnen aus Polen und Rußland, die auf den Bauernhöfen arbeiteten. Sie wurden als Menschen behandelt, manche halten heute noch Kontakt!

Von Westen her rückte die Front immer näher, die Dörfer voller Soldaten, im Elternhaus waren monatelang zehn, zwölf Soldaten einquartiert. Im Januar/Februar 1944 setzte die Evakuierungs- und Fluchtwelle ein, die Zivilbevölkerung floh vor der nach Osten vorrükkenden Front; die Straßen zum Rhein hin waren von diesen Trecks und den zurückweichenden deutschen Truppen hoffnungslos verstopft. Deshalb blieben die Bewohner meines Heimatdorfes zu Hause. Beckrath war so der erste Ort, in dem die amerikanische Armee – mit vielen Soldaten polnischer Herkunft und wegen der unsinnigen Propaganda über »Werwolf« und Volkssturm höchst mißtrauisch – zuerst auf deutsche Zivilbevölkerung stieß. Aber es gab keinen Volkssturm! Die Bevölkerung, wir Jungen und die Alten, zermürbt von ständigen Luftangriffen, Artillerieangriffen, des unsinnigen Krieges leid, wir sehnten geradezu die »Amerikaner« herbei. Diese rückten dann endlich, unter heftigen Kämpfen, unter Panzer- und Artilleriegefechten, am Morgen des 27. Februar 1945 in das Dorf Beckrath, ein etwa ein Kilometer langes Straßendorf, ein – Haus für Haus sichernd. Die Truppen holten die Menschen aus den Häusern und Kellern heraus, manche kamen von sich aus, weiße Tücher schwenkend. Ich verließ als erster den Keller unseres Hauses, weil ich glaubte, ich könnte mich mit ein wenig Schulenglisch verständlich machen. Weit gefehlt: Angeschrien wurde ich, ich verstand überhaupt nichts, Gewehre und Maschinenpistolen waren auf mich gerichtet. »Raus, raus!« Mein Vater humpelte hinter mir her, danach kam meine Mutter in panischer Angst; wir wurden auf die Straße getrieben, in den Zug der Nachbarn und Dorfbewohner, der durch die kämpfenden Truppen zum Westende des Dorfes gedrängt wurde. Dann wurden Frauen mit Kindern und Männer getrennt. Weil ich noch so klein war, ließ man mich zu meiner Mutter. Durch ein Spalier von Maschinengewehren mußten wir uns auf einem Bauernhof vor dem geschlossenen Scheunentor aufstellen. Alle hatten schreckliche Angst, weinten: »Die schießen uns jetzt alle tot!« Ich glaube, daran zweifelte in diesem Augenblick niemand mehr. Aber dann trat ein Offizier vor, fragte ganz ruhig, ob vielleicht jemand Englisch spricht – aber da war ja niemand, und so habe ich Knirps mich zaghaft vorgetraut. Der Offizier hat auf mich eingeredet. Das meiste habe ich nicht verstanden. Dann hat er ganz langsam gesprochen: »Die Frauen und Kinder sollen ruhig sein, es wird ihnen nichts geschehen, alles Vorsicht!« Ob jemand verletzt sei. »Ja, eine Frau hat einen Streifschuß an der Wange!« Sie wurde von einem Sanitäter gleich behandelt. Dann erklärte er, daß wir alle, auch die Männer, nun zum nächsten Dorf hinter der Front geführt würden, wie auch die Zivilbevölkerung aus den Nachbarorten, die etwas später besetzt wurden. Auf drei Bauernhöfen wurden einige tausend Menschen zusammengepfercht – in den Wohnhäusern, Scheunen, auf Dachböden und in Ställen, in Kuh- und Pferdemist. Acht Tage lang – die ersten drei Tage ohne Essen. Dann fingen einige Männer zwei freigelassene Schweine ein, kochten Suppe in den großen Kupferpfannen auf einem der Bauernhöfe, in denen ansonsten Rübensirup gekocht wurde. Alle waren ausgehungert, die Wirkung war schrecklich! Am vierten Tag durfte der Bäcker, mein späterer Schwiegervater, mit einigen Männern zurück in seine Backstube und Brot backen – ohne Strom, die Teigknetmaschine wurde provisorisch von Hand bedient. Nach etwas über einer Woche durften die Menschen wieder zurück in ihre Häuser, die nicht von der amerikanischen Armee besetzt waren. Alles war durchwühlt, geplündert, zum Teil waren die Häuser von Artilleriegranaten zerstört.

Ein besonderes Erlebnis muß ich hier noch berichten: Die ersten amerikanischen Besetzer waren abgezogen, da fuhr an einem Sonntagmorgen eine Versorgungseinheit mit einem langen Troß von Lkws ins Dorf ein, lauter schwarze Soldaten. Die Straße lag wie ausgestorben. Die älteren Bewohner, auch meine Mutter, waren äußerst verängstigt, sie hatten noch die französische Besatzungszeit in unguter Erinnerung. Ich lugte hinter der Gardine hervor, ein schwarzer Soldat zwinkerte mir zu, winkte mir – schon war ich trotz Verbot der Mutter draußen, ein Kaugummi landete in meiner Hand, wir radebrechten in Englisch. Ein Nachbarjunge kam, noch einer, die ganze Clique der Nachbarjungen – Kaugummi, Schokolade verscheuchten jede Zurückhaltung. Bald saßen wir auch auf den Lastwagen – der Bann war gebrochen –, und ich war anerkannt als »translator«. Diese Einheit blieb einige Wochen, wir Jungen vom Dorf hatten unseren Spaß.

Aber wir mußten auch unschöne Vorgänge erleben, für die wir kein Verständnis hatten: Die weißen Offiziere traten und schlugen mit der Peitsche oftmals – und nach unserem Eindruck grundlos – auf die Soldaten ein, wenn diese zum Beispiel an den Lastwagen arbeiteten.

Mühsam begann die Versorgung; auf dem Land waren dazu immerhin einige Möglichkeiten vorhanden. Es waren harte Zeiten, der Krieg dauerte noch an. Einerseits waren die Menschen in den schon besetzten Regionen erleichtert, daß für sie der Krieg vorüber war. Unter großen Entbehrungen und mit primitiven Mitteln wurde begonnen, die Kriegsschäden zu reparieren. In diesen Notzeiten standen alle zusammen in großer Hilfsbereitschaft. Andererseits aber trugen alle schwer an der Ungewißheit, wie sich nun die Zukunft entwickeln würde. Viele Männer waren noch nicht zurückgekehrt, viele Schicksale ungewiß: Waren sie in Gefangenschaft geraten, verwundet oder verschollen, gefallen? Und nun erst wurde auch das ganze Ausmaß des verbrecherischen, menschenverachtenden Regimes der Nationalsozialisten offenbar und bekannt. Die aus dem Krieg heimkamen, verwundet, ausgemergelt, von Hunger und Entbehrungen gezeichnet, der Strom der Vertriebenen aus den Ostgebieten, die Demontage von Industriebetrieben beziehungsweise dessen, was Bombenangriffe davon übriggelassen hatten, der Mangel an Lebensmitteln und Kohlen – das alles stürzte die Menschen in Hoffnungslosigkeit und Angst vor der Zukunft.

Die Älteren und unsere Eltern hatten den Ersten Weltkrieg, die Not der Nachkriegszeit, Inflation, Besetzung des Rheinlandes, die große Arbeitslosigkeit Ende der zwanziger/Anfang der dreißiger Jahre durchlitten. Und wir, die Jungen? Wir sahen keine Zukunftsperspektiven. Aber ganz allmählich begann ein Prozeß der Normalisierung. Mein Vater, von Beruf Stukkateur, verlor seinen Arbeitsplatz wegen seiner Behinderung durch die Verwundung. Aber es gab ja so viel zu tun, durch den Krieg war so vieles zerstört. So machte sich mein Vater mit amtlichem Permit selbständig, und ich war sein erster Gehilfe, fuhr mit einer Ziehkarre über die Dörfer, um ihn mit Handwerkszeug und Material zu versorgen. Auch als im Herbst 1945 die Schule wieder begann, half ich nach Schulschluß und in den Ferien. Es waren harte Zeiten. In der Rückschau aber muß ich feststellen, sie haben mich geprägt und innerlich gefestigt; sie waren Voraussetzung für das, was ich mir in späteren Jahren erarbeitet habe.

Diese frühen Erfahrungen waren es, die mich später motivierten, für Engagement in der Gesellschaft, für Demokratie und Freiheit einzutreten.

URSULA LEHR

Man konnte es gar nicht glauben

1943/44 häuften sich die Luftangriffe auf Frankfurt, meine Heimatstadt, in der ich 1930 geboren wurde, in der ich mit meinen Eltern, meiner 1935 geborenen Schwester und meinem 1939 geborenen Bruder lebte. Mein Vater, selbst schon fünfundvierzig Jahre alt, wurde zu dieser Zeit als »letzte Reserve« zum Volkssturm eingezogen; Mutter stand mit uns drei Kindern von dreizehn, acht und vier Jahren allein da. An die Verdunklung, an die gräßlichen Sirenen, die Fliegeralarm signalisierten, an den tickenden Wecker im Volksempfänger, der jeweils über die Lage der einfliegenden Bomber berichtete, hatte man sich allmählich schon gewöhnt. Erst wenn es ernst zu werden drohte, hetzte man in den Bunker, oft die Schüsse der Flakkanonen oder gar die Bombeneinschläge im Ohr.

Als dann meine Schulklasse in den Odenwald evakuiert wurde, die Schulklasse meiner kleinen Schwester nach Oberhessen, beschloß meine Mutter, mit uns drei Kindern nach Rosenberg/Oberschlesien auf den Bauernhof ihrer Eltern zu fahren. Einige Monate erlebten wir dort eine verhältnismäßig ruhige Zeit, hatten vom Kriegsgeschehen wenig gespürt. Dann kam die Nachricht, daß zwei der vier Brüder meiner Mutter in Stalingrad gefallen waren, kurze Zeit später auch der dritte an der Ostfront sein Leben lassen mußte und der vierte und jüngste Bruder meiner Mutter an der Westfront schwer verwundet wurde.

Anfang/Mitte 1944 wurde es dann mulmig. Wir verfolgten mit großer Spannung die Wehrmachtsberichte, nahmen gierig auf, was »Schwarzsender« berichteten, deren Abhören strengstens verboten war, hörten Greuelmärchen von den immer näher rückenden Russen – so daß meine Mutter im Herbst 1944 beschloß, mit uns zurück nach Frankfurt zu fahren: lieber im Bombenhagel im Westen auf den Einmarsch der Alliierten warten, als den Russen in die Arme fallen. Wir waren innerlich darauf vorbereitet, daß es von unseren Verwandten ein Abschied für immer war.

Ende 1944/Anfang 1945 wurden die Luftangriffe immer heftiger; wir verbrachten ganze Tage und Wochen im Bunker. In der Ziehenschule in Frankfurt-Eschersheim gab es zwar noch Unterricht für alle Daheimgebliebenen, doch die meiste Zeit wurde auch dort im Luftschutzkeller verbracht. Es hagelte Hiobsbotschaften: Immer mehr Bekannte wurden als vermißt, gefangen oder gar gefallen gemeldet; die Zahl der Fliegergeschädigten und Ausgebombten in unserem Bekanntenkreis nahm zu. Stromausfälle häuften sich; man saß bei Kerzenlicht, fror und hungerte. Die Lebensmittel wurden knapp, die Brotmarken waren schon Anfang der Woche eingetauscht. Man dachte nur ans nackte Überleben; erwartete, ersehnte und befürchtete gleichzeitig den Einmarsch der Amerikaner – weitere Zukunftspläne gab es nicht.

Endlich war es dann soweit! Die Amerikaner marschierten im April 1945 in Frankfurt ein. Man konnte es gar nicht glauben, als im Bunker die Türen geöffnet wurden und endgültig »Entwarnung« gegeben wurde. Die befürchtete Schießerei blieb aus; die Soldaten verteilten sogar Schokolade, Kaugummi (der uns bisher völlig unbekannt war) und Zigaretten, die man gut gegen notwendige Grundnahrungsmittel eintauschen konnte. Eine Dose Ananasstückchen bedeutete geradezu ein Paradies auf Erden.

Mutter versuchte, die Wohnung wieder einigermaßen herzurichten; die zerstörten Fensterscheiben wurden mit Pappe verklebt, die Koffer aus dem Luftschutzkeller hochgeholt. Die meisten Familien aus der Nachbarschaft waren noch evakuiert, doch unter den Zurückgebliebenen erlebte man eine unglaubliche Hilfsbereitschaft. Die meisten Menschen – auch wir – hatten viel verloren, doch die Kunst des Improvisierens wurde entdeckt; neuer Lebensmut war erwacht. Ich sehe heute noch die blühenden Kirschzweige, die Mutter in einer einfachen Milchflasche (da alle unsere Vasen beim Luftangriff zerstört waren) auf den Wohnzimmertisch stellte. Jetzt mußte nur noch Vater von der Front zurückkommen; wir hatten Wochen nichts mehr von ihm gehört. Doch wir waren froh, erleichtert und glaubten an einen neuen Anfang.

Plötzlich klopfte es an die Tür, und es hieß, in drei Stunden müßten alle Wohnungen geräumt werden. In alle Wohnungen unserer Siedlung, der Römerstadt, kämen polnische Fremdarbeiter herein. Der Traum von einem allmählich wieder sich normalisierenden Leben zerplatzte wie eine Seifenblase. Wir packten das Notwendigste zusammen und zogen es auf einem geliehenen Leiterwägelchen zu der uns zugewiesenen Wohnung, deren Eigentümer noch evakuiert waren. Es galt, wieder neu anzufangen, in fremder Umgebung. Doch die ganze Siedlung ereilte das gleiche Schicksal; keinem aus der Nachbarschaft ging es besser, man tröstete sich gegenseitig und war froh, daß man überhaupt noch am Leben war.

Da meine Mutter Polnisch sprach, gelang es ihr, nach einigen Tagen noch einmal mit mir in unsere eigene Wohnung zurückzukehren. Die Eindrücke waren erschütternd. Die neuen Bewohner hatten, um heizen zu können, Möbel mit dem Beil zerhackt und verfeuert, Türen ausgehängt und meine Puppen, den Puppenwagen und Kaufladen zerstört. Das war für mich als Vierzehnjährige sehr schwer zu verstehen. Wir dachten damals, den Krieg überstanden zu haben, und nun erlebten wir ihn beziehungsweise seine Folgen erst recht.

Das Leben war damals hart. Ausgangssperre ab zwanzig Uhr; Hunger, Kälte, nur ein »geliehenes Dach« überm Kopf; zwei kleine Geschwister, die die Welt nicht mehr verstanden, und meine bewundernswert tatkräftige Mutter, die erlebt hat, wie vergänglich materielle Werte sind. Ich als »Große« sprach manchmal abends mit ihr darüber; all unser gutes Porzellan, unser Silber (zu jedem Namenstag und Geburtstag bekam ich von meiner Patentante einen Löffel oder eine Gabel schon für die »Aussteuer« geschenkt) war hin. Ich stellte damals den Wert eines jeden materiellen Besitzes in Frage. Wir lernten, uns nur auf das Wesentliche zu konzentrieren.

Doch im Moment war vor allem zunächst einmal wichtig, nicht zu verhungern. Was an Haushaltsgegenständen noch gerettet war, wurde gegen Lebensmittel eingetauscht. Als Vierzehnjährige zog ich mit Anneliese, einer gleichaltrigen Freundin, über Land, um in Niederursel beim alten Müller oder beim Bauern um ein Pfund Mehl, ein paar Kartoffeln oder etwas Gemüse zu bitten und zu betteln. Zehn Pfund gelbe Rüben machten uns glücklich, auch wenn es dann eine Woche lang das gleiche Essen gab. Aber nicht immer hatten wir Erfolg. Einmal, als wir nach vier- bis fünfstündigen erfolglosen Besuchen bei Bauern ganz verzweifelt waren, nahmen Anneliese und ich von einem großen Salatfeld je drei Salatköpfe mit – mit allerschlechtestem Gewissen ob dieses »Diebstahls« (den man im Rheinland »fringsen« nannte). Tag für Tag, bei Wind und Wetter, zogen wir los zum Hamstern, getrieben vom Hunger – unserem eigenen und dem von Mutter und Geschwistern. In dieser Zeit war unsereins gezwungen, früh erwachsen zu werden.

Nach einigen Wochen wurde uns eine feste Wohnung in Niederrad, auf der anderen Mainseite, zugewiesen. Mit dem Leiterkarren zogen wir die paar restlichen Sachen, die uns noch verblieben waren, an das andere Ende der Stadt, wiederum in eine fremde, beschlagnahmte kleine Dreizimmerwohnung, in die wir noch eine ausgebombte Dame als Untermieterin eingewiesen bekamen. Es waren für heute unvorstellbar beengte Verhältnisse, doch man mußte sich arrangieren. Mit gepumpten Fahrrädern sind wir in den nahen Stadtwald gefahren und haben Holz organisiert, damit die eiskalte Wohnung wenigstens etwas geheizt werden konnte. Im Herbst 1945, aber auch im Herbst 1946 haben wir dann stundenlang Pilze gesammelt, um den eintönigen Speiseplan, der fast nur aus Maisspeisen bestand (Maisbrot, Maiskuchen, Brotaufstrich aus Maisbrei), etwas abwechslungsreicher zu gestalten. Es war eine harte Zeit. Man stand in langen Schlangen an um Lebensmittelmarken, Schuhbezugsscheine, Kleiderkarten; und wurde endlich einmal ein Bezugsschein vom Bezugsscheinamt ausgestellt, dann war noch lange nicht sicher, ob man auch die entsprechende Ware erhielt.

Ein Lichtblick in dieser schweren Zeit Ende 1945/1946 war die auch während der Nazizeit im Untergrund aktiv gewesene katholische Pfarrjugend in Niederrad, die mich sofort in ihrer Mitte aufnahm und voll integrierte. Wir hatten unsere Gruppenstunden, in denen gesungen und gelacht wurde, in denen wir aber auch Hermann Hesse und Rainer Maria Rilke lasen und diskutierten. Wir haben uns selbst zu allerlei »sozialen Diensten« eingeteilt, haben Ältere und Kranke besucht, haben für sie um Milch und Brot Schlange gestanden, haben für ausgebombte Gemeindemitglieder alte Möbel organisiert und zusammengebastelt. Wir haben aber auch im Sommer 1946 Fahrten veranstaltet, möglichst zu Landpfarreien, mit Unterstützung der dortigen Kapläne und Pfarrer; wir erlebten Lagerfeuer, schliefen in Scheunen, kochten mit gehamsterter Milch auf selbstgebastelter Feuerstelle Pudding und diskutierten bis in die späte Nacht hinein. Hier hatte man das Gefühl, daß eine Zukunft vor uns liegt, die wir gestalten müssen, trotz aller damals sehr spürbaren Einschränkungen und Begrenzungen. »Make the best of it« war damals schon unsere Devise.

Uns Kindern oder frühreifen Jugendlichen, uns Fünfzehn-, Sechzehnjährigen, wurde damals schon klar, daß man *selbst* etwas tun muß, um die Welt – und sei es auch nur die Nachbarschaft, die Pfarrgemeinde – zu verändern. Persönlicher Einsatz war gefragt. Wir haben nicht gewartet, bis uns jemand finanziell unterstützt hat; wir haben aus gesammelten Wollresten Decken gestrickt und gehäkelt und diese bei einem Weihnachtsbasar verkauft; wir haben die Weihnachtsgeschichte als Krippenspiel (mit eigenen Texten, in die Nachkriegszeit hineinversetzt) aufgeführt; wir haben aus alten Strümpfen Puppen gebastelt und sie dann an Flüchtlingskinder verschenkt. In der katholischen Pfarrjugend erlebte man Gemeinschaft, Getragensein von anderen, aber auch Herausgefordertwerden zu den verschiedenartigsten Aufgaben.

Doch endlich fing der Schulunterricht wieder an; die Offenbacher Gymnasien eröffneten früher als die Frankfurter – ein Grund, die Schule zu wechseln. Außerdem erreichte man damals von Niederrad aus Offenbach schneller als die Frankfurter Innenstadt, denn die zerstörten Mainbrücken waren ja noch nicht befahrbar. Und mir wurde damals als Fünfzehnjähriger klar: Du mußt schnellstens zu einem guten Schulabschluß kommen (was mir auch durch Überspringen der Obertertia gelang), Abitur machen, studieren, um in der Welt deinen Mann/deine Frau zu stehen. Ich erlebte in der Kriegs- und Nachkriegszeit, wie sehr Frauen gefordert wurden, wie notwendig für sie eine Berufstätigkeit war; wie arm sie dran waren, wenn sie nur Hausfrauen waren und dann zu irgendwelchen Hilfsdiensten dienstverpflichtet wurden. Damals formte sich als Ziel für meine persönliche Zukunft heraus: *voller Einsatz im Beruf,* denn nur so ist eine Mitgestaltung der Gesellschaft möglich, aber auch *voller Einsatz in der Familie,* auf die ich keineswegs verzichten wollte, deren Kraft und Geborgenheit gerade in der schweren Kriegs- und Nachkriegszeit allzu deutlich gespürt wurde.

Heute, im Rückblick, kann ich sagen: Mir ist beides – dank der Hilfe meines Mannes – gelungen. Die Zeit damals trug gewiß zum frühzeitigen Erwachsenwerden bei: Mit neunzehn Jahren heiratete ich als Pfarrjugendführerin den vierundzwanzigjährigen Pfarrjugendführer; mit einundzwanzig Jahren brachte ich unseren ersten Sohn zur Welt mit sechsundzwanzig den zweiten. Ein Studium trotz Kind war für mich damals selbstverständlich. Und gerade die eigene, selbstgegründete Familie half dazu, daß ich es nach acht Semestern erfolgreich abschließen konnte. Die Situation und Verantwortung für meine eigene Familie »zwang« mich, schnell und konzentriert zu studieren, mit dreiundzwanzig Jahren meinen Doktor zu machen. Mein Mann verdiente damals Anfang der fünfziger Jahre 250,– DM im Monat, von meinen Eltern konnte ich keine Unterstützung erwarten. Bafög, Erziehungsurlaub oder Erziehungsgeld gab es damals nicht. Eine längere Studienzeit konnte man sich nicht leisten. Im Studentenschnelldienst nahm ich 1949, 1950 und 1951 jede Putz- und Aushilfsarbeit, die ein paar Pfennig einbrachte, an. Man hatte gelernt, mit wenigem auszukommen.

Die Kriegs- und Nachkriegszeit war eine harte Zeit, die meine Entwicklung nachhaltig prägte; es war eine Zeit, die ich – trotz allem – nicht missen möchte.

WERNER LEICH

Ende und Anfang – Erinnerungsbilder

1945 – ein Schicksalsjahr nicht nur für Deutschland und die Welt, nein, auch ganz persönlich für mich! Das war mir damals nur undeutlich bewußt. Erst im Rückblick erkenne ich die tiefen Einschnitte in meinem Leben, verursacht durch die deutsche Kapitulation nach einem mörderischen Krieg.

Mein Erinnerungsmaterial besteht aus Bildern. Farbig, oft detailgetreu und bedrängend laufen sie vor mir ab, auch nach fünfzig Jahren.

Ein erstes Erinnerungsbild: Mit Hunderten von Soldaten der deutschen Wehrmacht laufe ich am 5. Mai 1945 auf eine Brücke zu. Einst flutete hier der Verkehr und besonders der Nachschub für die Ostfront über die Elbe. Jetzt ist die Brücke zerbombt. Trümmer aus Beton und Eisen sind mit Holzbohlen provisorisch miteinander verbunden. Auf schwankenden Stegen, vorsichtig balancierend, überqueren wir den Strom.

Hinter mir liegt der Krieg, vor mir die Gefangenschaft, nicht irgendeine, sondern die amerikanische. Dafür hatten wir die letzten Energien einer geschlagenen Truppe mobilisiert: Nur nicht in die Hände der Russen fallen, möglichst die Amerikaner erreichen! Wir hatten es geschafft. Am anderen Ufer standen die GIs mit ihren beneidenswerten leichten Uniformen. Haufenweise lagen deutsche Gewehre und Maschinenpistolen herum. Auch meine MP landete auf einem der Stapel. Gott sei Dank war ich sie los. Plötzlich griff einer der Wachsoldaten nach meinem linken Handgelenk. Er hatte meine Armbanduhr gesehen, und schon wechselte sie den Besitzer. Ich hatte sie nicht versteckt. Bei den Russen hätte ich es getan, aber die Amerikaner besaßen ihre eigenen Uhren. Sehr schnell wurde mir das ungeschriebene Gesetz der Kriegsbeute am eigenen Leibe vermittelt: Den Siegern gehört alles.

Langsam wurde mir bewußt, daß ich persönlich für den verbrecherischen Krieg mitzuhaften hatte. Mit siebzehn Jahren hatte ich mich freiwillig gemeldet mit dem Ziel, aktiver Offizier zu werden. Der Lebensweg schien klar vorgezeichnet. Schon in der Luftwaffenhelferzeit hatte ich einige Zusammenstöße mit den kleinen Führern Adolf Hitlers. Die Männer des 20. Juli 1944 waren mir Vorbild. Einen ehrenvollen Frieden zu erlangen und zu verhindern, daß Deutschland besetzt würde, dafür wollte ich mein Leben einsetzen. Danach, das war meine Überzeugung, mußten Heer und Luftwaffe die SS entmachten und mit dem Nationalsozialismus aufräumen.

Am östlichen Ufer der Elbe blieben die nationalistischen Wunschträume eines verblendeten Jugendlichen zurück. Aber was sollte mein Leben künftig ausfüllen? Die schwankenden Bohlen der zerstörten Elbbrücke waren wie ein Symbol. Ich glaubte, keinen Halt mehr unter den Füßen zu haben.

Ein zweites Bild der Erinnerung: Bei Tangermünde überquerten wir die Elbe und marschierten, von amerikanischen Soldaten bewacht, auf die Stadt zu. Plötzlich sah ich, daß ich über Massen von Geldscheinen lief. Offenbar gingen vor uns Zahlmeister im Zug, die das Geld weggeworfen hatten. Ich bückte mich nicht. Die Reichsmark hat sowieso keinen Wert mehr, das war unser aller Überzeugung. So konnte ich das erhabene Gefühl nicht auskosten, den schnöden Mammon einfach mit Füßen getreten zu haben. Ein Irrtum hat nichts Erhabenes an sich. Die alte Währung blieb noch lange Zahlungsmittel. Als ich das begriff, hatte ich die Straße der Geldscheine für immer hinter mir gelassen. Was wäre wohl aus mir geworden, wenn ich die Gefangenschaft mit einem Brustbeutel voll hoher Geldscheine verlassen hätte? Ein Schieber? Ich weiß es nicht. Aber es ist gut so, daß es anders kam.

In Tangermünde säumten die Einwohner die Straßenränder. Sie beobachteten die entkräfteten und hoffnungslosen Gestalten des Gefangenenzuges und riefen uns zu: »Die nehmen euch im Lager alles ab!« Geschwächt von langen Gewaltmärschen entledigten wir uns von allem überflüssigen Gepäck. Rindfleisch und Schweineschmalzbüchsen rollten über die Straße, von den hungrigen Städtern hastig aufgegriffen. Bis hierher hatten wir die Büchsen mitgeschleppt aus Heeresdepots, die wir auf dem Rückzug geplündert hatten. Außer meiner Uniform besaß ich nun nichts mehr. Aber Sorgen kamen deshalb nicht auf. Wie in einem unwirklichen Traum erlebte ich die ersten Tage nach dem Zusammenbruch.

Zusammengepfercht auf offenen Güterwagen, das ist das dritte Bild meines Erinnerns, erreichten wir – achtzig Gefangene auf einem Waggon – ein Sammellager bei Kalbe an der Milde. Die Sieger nahmen uns nichts ab. Aber sie konnten uns auch nichts geben. Wie sollte in kurzer Zeit für fast hunderttausend Hungrige Verpflegung organisiert werden? In drei harten Hungertagen sahen wir im Traum unsere Fleischbüchsen über die Tangermünder Straßen rollen. Dann kam die erste Lebensmittelzuteilung: für dreißig Mann ein Kommißbrot. Nie werde ich vergessen, wie gierig wir das Aufschneiden beobachteten und wie gut ein kleines Stück Brot nach drei unfreiwilligen Fastentagen schmeckt.

Eines Tages lud ein katholischer Pfarrer zum Gottesdienst ein. Eine Riesenschar versammelte sich um einen notdürftig errichteten Altar. Ich erinnere mich nicht, ob es eine Lautsprecheranlage gab. Wahrscheinlich nicht, ich verstand wenig. Nichts ist von den Aussagen des Gottesdienstes in meinem Gedächtnis hängengeblieben. Wir haben gemeinsam das Vaterunser gebetet. Das ist das einzige festgehaltene Detail aus jener Versammlung unter freiem Himmel. Dennoch muß mich der Gottesdienst angerührt haben. Sein Bild hat sich unauslöschlich eingeprägt. War das ein erster unbemerkter Anstoß zu meiner späteren Berufswahl?

Nach einigen Wochen lösten die Amerikaner das Massengefangenenlager auf. Eine große Gruppe wurde in ein ehemaliges Hilfskonzentrationslager bei Halberstadt verlegt. Dazu gehörte ich. Das ist die vierte bildhafte Erinnerung. Wir brauchten nicht mehr unter freiem Himmel in improvisierten Zelten zu schlafen, wo wir jeden Morgen steif gefroren aufwachten. Die ehemaligen Häftlingsbaracken boten ein Dach über dem Kopf und wehrten die nächtliche Kälte ab. Ich kann mich nicht daran erinnern, einige Gedanken an die Bewohner vor uns, die Häftlinge, verschwendet zu haben. Dafür schäme ich mich. Welches Leid wurde hier im Namen unseres Volkes unschuldigen Menschen zugefügt! Noch war ich völlig mit mir selbst beschäftigt. Wie sollte es weitergehen? Ein Fähnrich freundete sich mit mir an, Martin war sein Name. Endlose Gespräche drehten sich um zwei Themen: Welchen Beruf sollen wir ergreifen, und – verblüffenderweise – welches sind unsere liebsten Speisen? Wir garnierten die kärgliche Gefangenenkost, indem wir die anspruchsvollsten Kochrezepte erfanden. Eines Tages kam eine Abordnung des Roten Kreuzes in das Lager. Wir konnten einer mitleidigen Frau unsere Adressen zustecken. Das Unfaßbare trat ein. Martin und ich bekamen jeder ein Päckchen. Meine Spenderin habe ich im Tagebuch festgehalten: Gerda Wentz, Westeregeln, Breite Straße 25. Eine Tüte Anisplätzchen, ein Kuchen und Kartoffeln waren der unbezahlbare Inhalt. Martin bekam eine Rotwurst (hausgeschlachtet!), ein halbes Brot, zwei Soßenwürfel, Zahnbürste und Zahnpasta.

Die längsten Gespräche aber fragten nach der Zukunft. Die Nazipropaganda hatte verbreitet, daß die Alliierten Deutschland zu einem reinen Agrarland machen wollten, um für immer kriegerische Abenteuer zu unterbinden. In Gedanken sahen wir uns auf dem Feld arbeiten und Ställe ausmisten. Heute wundere ich mich darüber, daß es kein inneres Aufbegehren gegen diese Aussichten gab. Ein anderer Gedanke stand wie bei vielen Mitgefangenen im Vordergrund: Auf dem chaotischen Rückzug hatte ich eine Unzahl von Toten und Verstümmelten gesehen. Mehrfach hatte ich selbst besonders bei Tieffliegerangriffen auf freiem Feld die Nähe des Todes gespürt. Das nackte Leben unversehrt gerettet zu haben, diese Gewißheit überlagerte dankbar alle Gedanken an die ungewisse Zukunft. Letztlich konnte es nur aufwärtsgehen, gleichgültig auf welchen Wegen.

Tatsächlich landete ich zunächst in der Landwirtschaft. Das ist das fünfte Bild in der Erinnerung. Ich wurde in Magdeburg aus der Gefangenschaft entlassen nach Cobbel, Kreis Wolmirstedt. Dort wies mich der Bürgermeister dem Bauern Nielebock zu mit der Bemerkung: »Da wirst du es gut haben!« Und ob es der Hilfsarbeiter gut hatte! Die ganze Familie, zu der drei Töchter gehörten, nahm sich des geschwächten Gefangenen an. Langsam kehrten die körperlichen Kräfte durch gutes Essen und ausreichende Bewegung zurück. Ich mußte mich zusammenreißen, um bei der Heumahd auf den saftigen Elbwiesen, bei der Spargelernte auf riesigen Feldern und beim Ausmisten der Ställe notdürftig mitzuhalten. Fast wäre ich in der Landwirtschaft geblieben. Die älteste Tochter und ich waren einander zugeneigt. Aber ich konnte doch nicht übersehen, daß mir alle Voraussetzungen für einen guten Landwirt fehlten. So ergriff ich die erste Möglichkeit, um nach Hause zu fahren. Die Dankbarkeit gegenüber meinen Arbeitgebern und Freunden ist in mir geblieben. Eine erste Klärung war geschehen für den neuen Anfang in meinem Leben. Zugleich hatte ich unvergeßlich erlebt, wie arbeitsintensiv und umsichtig Landwirtschaft betrieben werden muß, wenn sie Erträge bringen soll.

Die Reichsbahn hatte ihren fahrplanmäßigen Verkehr erst seit wenigen Tagen wiederaufgenommen. Drei bis fünf Stunden Verspätung gehörten zum normalen Ablauf. In Wolmirstedt bestieg ich den ersten Zug und kam mitten in der Nacht in Gotha an. Das ist das sechste Bild, das ich in mir trage. Der Schalterbeamte belehrte mich über die Sperrstunde und riet mir, im Wartesaal zu übernachten. Aber so nahe am Ziel konnte mich nichts mehr zurückhalten. Auf wenig begangenen Straßen wollte ich mein Elternhaus im Westviertel erreichen. Als ich am Schlachthof vorbeikam, stellte mich eine sowjetische Wache. Todesängste stiegen in mir auf. Das konnte Verschleppung nach Rußland und endlose Gefangenschaft bringen! »Du Dokument?« rief mich einer der Soldaten an. Vorsichtshalber hatte ich mir in Cobbel vom Bürgermeister eine polizeiliche Abmeldung geben lassen. »Ich habe eine polizeiliche Abmeldung«, antwortete ich mit wirklich schlotternden Knien. »Du Polizei«, riefen die beiden Soldaten, »dann gut!« Ich konnte weitergehen. Ein Mißverständnis und meine Uniform hatten mich gerettet. Mitten in der Nacht war das Wiedersehen mit meinen Eltern und meinem Bruder überwältigend. Sie hatten ja ein halbes Jahr lang kein Lebenszeichen von mir bekommen. Nach einigen Tagen des Ausruhens tauchte wieder die Frage nach dem kommenden Beruf in mir auf. In der technisch sehr gut ausgerüsteten und von Bombenangriffen verschonten Werkzeugmaschinenfabrik Loos und Hempel bekam ich eine Anstellung als Volontär. Die Arbeit ließ sich gut an. Nach einiger Zeit konnte ich in der Endmontage stufenlos schaltbarer Bohrmaschinen meinen Mann stehen und selbständig schaffen. Stundenlohn: vierzehn, später einundzwanzig Pfennig! Der Gedanke, Ingenieur zu werden, wurde mir immer vertrauter. Vielleicht könnte ich auf diesem Weg doch noch – nun im zivilen Bereich – den ersten Berufswunsch verwirklichen und Flugzeugführer werden! Aber dann fiel die moderne Maschinenfabrik im Rahmen der Reparationsleistungen an die Sowjetunion. Am 10. April 1946 waren die letzten wertvollen Maschinen verpackt und verladen. Ich wurde mit allen meinen Kollegen arbeitslos.

Trotz der Enttäuschung nahm ich aus dieser Zeit viel mit. Der gute Zusammenhalt unter den Arbeitern in der Notzeit, die Anfänge einer (damals noch wirklich freien) Gewerkschaftsbewegung und die Mühsal des immer wiederkehrenden Arbeitstages in der Fabrik schufen wichtige Erfahrungen für das spätere Leben.

In der Zeit meiner Schlosserlehre hatte ich auch erste Berührungen mit der Politik. Ich sehe vor mir, wie ich an CDU-Versammlungen teilnehme, das ist das letzte Erinnerungsbild aus dem Schicksalsjahr 1945. Damals war die CDU unter dem Einfluß von Jakob Kaiser auch in der sowjetischen Besatzungszone noch eine von den Kommunisten unabhängige Partei mit einem eigenständigen Programm. Auf ihr ruhten die Hoffnungen vieler, besonders derer, die wie ich nach dem furchtbaren Kriegsende und in der Not ihren Halt in der Kirche suchten. Nie hatten wir im Hitlerstaat eine wirklich freie Aussprache über politische Themen erlebt. Dabei neigten wir Gymnasiasten vom Gothaer Ernestinum zum Widerspruch gegen die NS-Propaganda. Ein konservativ-humanistisch eingestellter Lehrer hatte uns dazu immer wieder ermutigt. Jetzt genossen wir es, nach einem Vortrag Fragen zu stellen, Widerspruch anzumelden und leidenschaftlich zu streiten. Die Kriegsschuld als Belastung für das ganze Volk überlagerte alle Aussprachen. »Jeder Soldat ist ein Kriegsverbrecher, und die Versehrten sind gezeichnete Verbrecher«, dieser Satz eines Gothaer Antifaschisten wühlte uns auf. Als damals Achtzehnjährige wollten wir nicht die Schuld Hitlers übernehmen, aber freisprechen konnten wir uns auch nicht.

Ich wurde sogar CDU-Mitglied. Aber als ich 1947 zum Theologiestudium in die »Westzone« ging, suchte ich keine neuen Kontakte. In der Heimat wurde Jakob Kaiser abgesetzt. Die CDU geriet immer mehr unter die Führung der SED. Auch war mir schon damals gewiß, daß ein Gemeindepfarrer parteipolitisch ungebunden sein muß, um für alle Gemeindemitglieder in gleicher Weise ansprechbar zu sein.

Diese Erkenntnisse führen über das Jahr 1945 hinaus. Am Ende des Schicksalsjahres waren Entscheidungen gefallen über das, was zurückbleiben mußte. Sie hatten großes Gewicht und bestimmen mich heute noch. In die Zukunft hinein war jedoch alles offen. Doch in der Tiefe der Seele, davon bin ich überzeugt, war die Entscheidung über den künftigen Weg schon vorgeprägt. Große Aufgaben und reiche Erfahrungen hat er mir gebracht, in der Kirche Gottes Christus zu dienen und Menschen durch die Kraft seines Geistes zum Glauben zu rufen.

WOLFGANG LEONHARD

Als Mitglied der »Gruppe Ulbricht«

Meine Erinnerung an den Mai 1945 wird sich von den meisten in diesem Band veröffentlichten Darstellungen erheblich unterscheiden.

Mai 1945 – der hoffnungsvollste Monat meines Lebens. Diesen entscheidenden Monat erlebte ich freilich unter recht außergewöhnlichen Umständen – als Mitglied der »Gruppe Ulbricht« im Auftrag der politischen Hauptverwaltung der sowjetischen Truppen in Deutschland. Vor allem: Die Rückkehr nach Deutschland war zugleich der Abschluß meines fast zehnjährigen Lebens in der Sowjetunion unter Stalin.

Seit Mai 1944 war ich Rundfunksprecher des Senders »Freies Deutschland« in Moskau – getrennt von allen anderen in Moskau stationierten Sendern arbeiteten wir in der Schabolowka 3 – und wohnten im Hinterhaus des Hotels »Lux«. Seit Anfang Februar 1945 hörte ich – gemeinsam mit hundertfünfzig deutschen kommunistischen Emigranten – einmal wöchentlich Instruktionsreferate über die zukünftige politische Arbeit im Nachkriegsdeutschland.

Am 27. April wurde ich überraschend zu Walter Ulbricht gebeten. Dort – im Hotel »Lux« – erfuhr ich, daß ich Mitglied der »Gruppe Ulbricht« sei und wir bereits in wenigen Tagen nach Deutschland zurückfliegen würden. Von den im Zimmer anwesenden zehn deutschen Genossen kannte ich nur drei: Hans Mahle, damals dreiunddreißig und als Jugendführer vorgesehen, den Schriftsteller Fritz Erpenbeck und Karl Maron, später Innenminister der DDR. Alle anderen waren mir bis dahin unbekannt – so Otto Winzer, der spätere Chef der Privatkanzlei des DDR-Präsidenten Wilhelm Pieck, und Richard Gyptner, der spätere Sekretär des ZK der SED und Vizepräsident der Volkspolizei.

Ulbricht war der unumstrittene Leiter; er gab nur kurze praktische Anweisungen, wo wir unsere sowjetischen Dokumente abzugeben hätten und wie wir mit neuer Kleidung ausgestattet würden; er übergab uns sowjetisches Geld für die letzten Besorgungen in Moskau und zweitausend Mark in den neuen von den Alliierten ausgegebenen Geldscheinen für die erste Zeit in Deutschland. Nach einigen weiteren Besprechungen trafen wir uns am Abend des 29. April zu einer kleinen Abschiedsfeier in der Wohnung Wilhelm Piecks im Hotel »Lux«. Es ging gemütlich zu, inoffiziell und freundschaftlich, für jeden von uns war ein Gläschen Wodka bereitgestellt. »Auf die zukünftige Arbeit in Deutschland«, so Piecks kurzer Trinkspruch.

Am nächsten Morgen um sechs Uhr früh standen wir vor dem Nebeneingang des Hotels »Lux«, bereit zum Flug nach Deutschland. Jeder hatte nur einen Koffer mit dem notwendigsten Gepäck für einige Tage. Der Autobus brachte uns zum Flughafen. Dort stand, abseits von den anderen Flugzeugen, eine DC 3-Transportmaschine für uns bereit. Niemand außer Ulbricht wußte, ob es sich um einen kurzen Parteiauftrag (»Kommandirowka«) handelte oder ob wir endgültig nach Deutschland zurückflogen.

Von den zehn Mitgliedern der »Gruppe Ulbricht« war ich mit dreiundzwanzig Jahren der jüngste. Gewiß – ich war zu dieser Zeit noch ein überzeugter Anhänger des Marxismus-Leninismus, aber keineswegs unkritisch. Während meiner zehn Jahre in der Sowjetunion von 1935 bis 1945 hatte ich manchen kritischen Gedanken: über die entsetzliche Verhaftungswelle von 1936 bis 1938, der auch meine Mutter, eine Freundin Karl Liebknechts und Rosa Luxemburgs, zum Opfer fiel (sie verbrachte neun Jahre im Lager Workuta); über den grauenvollen sowjetischen Staatssicherheitsdienst (damals NKWD), den Hitler-Stalin-Pakt vom August 1939 und den mir schon damals maßlos übertrieben scheinenden Führerkult um Stalin; über die erniedrigenden Formen der Selbstkritik, die ich in der Kominternschule 1942/43 erlebte, die Notwendigkeit, bei jeder Äußerung äußerste Vorsicht zu üben, die Unmöglichkeit, selbst im Rahmen des Marxismus-Leninismus ungehindert Fragen stellen und frei diskutieren zu können. Nun aber, am 30. April 1945, während des Fluges nach Deutschland, war ich voller Hoffnung – in der Annahme, in Deutschland werde manches anders zu machen sein, als ich es in der Sowjetunion Stalins erlebt hatte.

Nach etwa drei Stunden Flug landete das Flugzeug auf einem kleinen, primitiven Feldflugplatz bei Calawa (Kalau), etwa sechzig Kilometer östlich von Frankfurt/Oder. Schon bald stieß ein höherer Sowjetoffizier zu uns. Wir fuhren weiter – wieder sagte uns niemand, wohin.

Das Land auf beiden Seiten der Straße machte einen trostlosen Eindruck – ab und zu sahen wir Lastwagen mit zurückkehrenden

Fremdarbeitern oder befreiten Kriegsgefangenen, die die Fahnen ihrer Heimatländer an den Wagen angebracht hatten. Besonders erschüttert war ich über die Verwüstungen und Zerstörungen in der Gegend um die Seelower Höhen westlich von Küstrin.

Endlich hielten unsere Wagen – in Bruchmühle, fünfunddreißig Kilometer östlich von Berlin. Wir fanden uns vor einem dreistöckigen Gebäude in der Buchholzer Straße 8, dem »Säulenhaus«. Bruchmühle machte auf mich einen schmucken, freundlichen Eindruck; es war weniger zerstört als die meisten Orte, die wir auf der Fahrt gesehen hatten. Bruchmühle war nicht zufällig ausgewählt worden: Hier befand sich die politische Hauptverwaltung der Armeen Marschall Shukows.

Wenige Minuten später wurden wir von den sowjetischen politischen Offizieren – die übrigens alle gut Deutsch sprachen – begrüßt und zum Essen in das Kasino der Hauptverwaltung eingeladen: in das »Gesellschaftshaus«, Fichtestraße 38, später in »Jägerheim« umbenannt. Dort erhielt jeder von uns ein eindrucksvolles Beglaubigungsschreiben, das den Inhaber namentlich als Mitarbeiter der politischen Hauptverwaltung im gesamten Bereich der »Ersten Bjelorussischen Front« auswies. Ulbricht fuhr gleich zu seiner ersten Inspektionsreise nach Berlin, wir anderen nahmen an einer längeren Besprechung mit den höheren sowjetischen politischen Offizieren teil. Thema: Die Situation in Deutschland und unsere zukünftigen Aufgaben.

Abends, nach der Rückkehr Ulbrichts, wurden wir in den Sitzungssaal im zweiten Stock der Buchholzer Straße 8 zusammengerufen. Nun erst erhielten wir unsere »Direktiven«. Wir sollten in den zwanzig Berliner Stadtbezirken neue Verwaltungen einsetzen (einschließlich des jeweiligen Bezirksbürgermeisters) und für diese Funktionen »antifaschistische Demokraten« ausfindig machen

Am Morgen des 2. Mai 1945 – am gleichen Tag, als die letzten Einheiten der Wehrmacht in Berlin kapitulierten – fuhren wir von Bruchmühle über Biesdorf und Friedrichsfelde in das Stadtzentrum Berlins. Erst jetzt wurde mir das volle Ausmaß der Zerstörung und des Grauens bewußt. Brennende Trümmer, umherirrende Menschen in zerfetzten Kleidern, ratlose deutsche Soldaten, die nicht zu begreifen schienen, was vor sich ging; singende, jubelnde, oft auch betrunkene Rotarmisten. An den Häusern wehten weiße Fahnen als Zeichen der Kapitulation oder rote zur Begrüßung der sowjetischen Truppen. Viele Berliner trugen damals weiße oder rote Armbinden – ganz vorsichtige beide zugleich. Die Untergrundbahn Berlins war überschwemmt, die Betriebe lagen still, auf den Straßen strömten die Menschen mit ihrer übriggebliebenen Habe und allen möglichen primitiven Fahrzeugen. Überall sah man Schutthalden und Trümmerberge. In der Umgebung des Alexanderplatzes konnte man vor Qualm kaum einen Weg durch die Trümmer finden.

Zunächst fand eine kurze Besprechung mit der zentralen Sowjetkommandantur von Berlin statt, die sich damals in Lichtenberg befand. Dann fuhren die Mitglieder der »Gruppe Ulbricht« in die verschiedenen Berliner Bezirke. »Du bleibst bei mir, wir fahren nach Neukölln«, sagte Ulbricht zu mir. Nach einem kurzen Gespräch in der dortigen Bezirksverwaltung hielten wir vor einem beschädigten Mietshaus. Schon beim Eintreten hörten wir laute Gespräche und Diskussionen – hier befand sich eine Gruppe aktiver Kommunisten Neuköllns. Wir traten ein. Einige sprangen überrascht und erfreut auf, riefen »Ulbricht!«; der aber ließ keine Wiedersehensfreude erkennen. Die Neuköllner Kommunisten berichteten über ihre praktische Tätigkeit: wie sie Lebensmittel- und Wasserversorgung organisierten, Verbindungen zu Ingenieuren und Technikern herstellten, um die Versorgung mit Licht und Gas in Gang zu bringen. Ich war tief beeindruckt – welch ein Kontrast zu den endlosen, phrasenreichen, beschönigenden Versammlungen, die ich in der Sowjetunion erlebt hatte! Um so mehr war ich über Ulbricht enttäuscht. Kühl und sachlich, wie üblich alle Namen im Kopf, fragte er fast wie bei einem Verhör, wie sich dieser oder jener in der Nazizeit verhalten habe. Dann gab Ulbricht die »politische Linie« bekannt – in einem Ton, der keinen Widerspruch zuließ.

Abends in Bruchmühle berichtete jeder über den ihm zugewiesenen Berliner Bezirk. Danach gab Ulricht die Direktiven, wie die Bezirksverwaltungen »politisch richtig« zusammengestellt werden sollten: In den Arbeiterbezirken Berlins sollten wir Sozialdemokraten als Bürgermeister einsetzen, in den bürgerlichen Vierteln – etwa Wilmersdorf, Charlottenburg und Zehlendorf – einen »bürgerlichen Antifaschisten, falls möglich mit Doktortitel, mit dem wir gut zusammenarbeiten können«.

Zu Dezernenten für Ernährung, Wirtschaft, Soziales und Verkehr sollten wir Sozialdemokraten ernennen – »die verstehen was von Kommunalpolitik«, meinte Ulbricht ironisch –, für Gesundheitsfragen sollten wir antifaschistisch eingestellte Ärzte finden, für das Post- und Verbindungswesen sachkundige »parteilose Spezialisten« und für den »Beirat für Kirchenfragen« »antifaschistische Geistliche«.

Erst ganz am Schluß erwähnte Ulbricht »unsere Genossen«, also Kommunisten. Diese sollten jeweils nur den Ersten Stellvertretenden Bürgermeister sowie die Dezernenten für Personalfragen und Volksbildung stellen. Außerdem sollten wir in jedem Bezirk »einen ganz zuverlässigen Genossen« für den Aufbau der Polizei finden.

Einige von uns blickten skeptisch drein. Es war nicht gerade einfach, in den Maitagen 1945 so viele Sozialdemokraten und »Bürgerliche« mit Verwaltungsambitionen zu finden. Aber Ulbricht beendete die Diskussion: »Es ist doch ganz klar: Es muß demokratisch aussehen, aber wir müssen alles in der Hand haben.«

Bereits an diesem Abend erhielt jeder von uns einen Berliner Bezirk zugeteilt – ich erhielt Wilmersdorf –, und am nächsten Tag begann unsere Arbeit. Eine groteske Situation: Als Dreiundzwanzigjähriger gerade aus der Sowjetunion zurückgekehrter Kommunist sollte ich nun in Wilmersdorf einen »bürgerlichen« Bezirksbürgermeister einsetzen – und dazu noch eine Bezirksverwaltung nach dem von Ulbricht dargelegten Schema. Ununterbrochen war ich nun unterwegs – auf der Suche nach antifaschistischen Demokraten. Nur ein einziges Mal gestattete ich mir einen privaten Abstecher: Ich fuhr in die Künstlerkolonie am Laubenheimer Platz, zur Bonner Straße 12. Hier hatte ich als Kind in den Jahren 1931/32 gewohnt.

Nach manchen Schwierigkeiten – und auch Überraschungen – gelang mir die Erfüllung des Parteiauftrages: Bürgermeister von Wilmersdorf wurde Dr. Willenbücher, in der Weimarer Republik Mitglied der Deutschen Volkspartei, als Antifaschist nach dem 20. Juli 1944 von den Nazis verhaftet, Oberregierungsrat a. D. und noch dazu mit Doktortitel – genau, wie Ulbricht gewünscht hatte. Als Stellvertreter schlug ich Gerhard Fuchs vor – einen Kommunisten. Der Sowjetkommandant von Wilmersdorf bestätigte beide Kandidaten umgehend – nicht anders als die übrigen später von mir vorgeschlagenen Dezernenten. Am 8. Mai 1945 – der sich als Tag der Kapitulation erweisen sollte – erhielten wir morgens die Anweisung: »Fahrt abends mit euren Wagen nicht mehr nach Bruchmühle zurück, sondern nach Berlin-Lichtenberg, Prinzenallee 80. Dort haben wir ein Haus zur Verfügung gestellt bekommen.«

Unser neues »Hauptquartier« lag etwa auf halbem Wege zwischen den U-Bahnhöfen Lichtenberg und Friedrichsfelde: ein größerer Neubau, bedeutend geräumiger als unser Haus in Bruchmühle. Jeder erhielt ein eigenes Zimmer; im Parterre wurden Büroräume eingerichtet. Die Arbeit nahm nun organisierte Formen an. Stenotypistinnen und Sekretärinnen nahmen unsere Berichte auf, da sich unsere Aufgaben mit jedem Tag erweiterten.

Wir steckten so tief in unserer Arbeit, daß wir die Kapitulation Hitlerdeutschlands und die Siegesfeiern der sowjetischen Truppen kaum bemerkten. Gerade an jenem 8. Mai wurde uns von Ulbricht nämlich eine neue Aufgabe gestellt: »Die Bezirksverwaltungen können vorläufig zurückstehen; wir müssen jetzt eine Stadtverwaltung für ganz Berlin zusammenstellen.«

In diesen Tagen war ich ständig unterwegs, lernte Dutzende von Menschen kennen. Mein Notizbuch war voll Adressen von Antifaschisten der verschiedensten Richtungen, von eigenen Genossen, aber auch von Verwaltungsfachleuten, Technikern und Ingenieuren, die zur Arbeit herangezogen werden sollten.

Am 10. Mai trafen in der Prinzenallee 80, heute Einbeckerstraße 41, zwei Lastwagen mit befreiten Häftlingen aus dem Zuchthaus Brandenburg-Görden ein. Sie wurden herzlich begrüßt; einige von ihnen zogen gleich bei uns ein und wurden in die Arbeit der »Gruppe Ulbricht« integriert.

Am gleichen Tag – getrennt von den übrigen »Brandenburgern« – kam auch der damals dreiunddreißigjährige Erich Honecker zu uns. Im Unterschied zu den anderen wurde er nicht in unsere Arbeit eingegliedert, sondern tippelte schon bald darauf weiter in seine Wohnung in der Landsberger Straße 37.

Am 17. Mai war der Berliner Magistrat, damals Großberliner Magistrat genannt, bereits zusammengesetzt – nach Ulbrichts Schema. Zum Oberbürgermeister wurde Dr. Werner ernannt, bei uns als Liberaler geführt. Drei Schlüsselpositionen nahmen »unsere Leute« ein: Karl Maron als Erster Stellvertretender Oberbürgermeister, Arthur Pieck – der Sohn Wilhelm Piecks, der in sowjetischer Uniform in Berlin eintraf – als Personalchef und Otto Winzer als Dezernent für Volksbildungswesen. Ein weiterer Stellvertretender Bürgermeister, Karl Schulze, und der Dezernent für Handel, Josef Orlopp, waren Sozialdemokraten. Ernährungsdezernent Dr. Hermes, später Begründer der CDU, Gesundheitsdezernent Professor Sauerbruch, Baudezernent Scharoun und Wirtschaftsdezernent Dr. Landwehr sowie Pfarrer Buchholz repräsentierten die »Bürgerlichen«. Bei der Amtseinführung der neuen Dezernenten war der Saal in der Parochialstraße mit einer großen Losung geschmückt: »Die antifaschistische Einheit – das Unterpfand für die Neugeburt des deutschen Volkes«.

Offen und unumwunden gebe ich zu: Ich glaubte 1945 daran, daß nun – weit über die Bildung der Bezirksverwaltungen und des Berliner Magistrats hinaus – eine antifaschistisch-demokratische Entwicklung, gestützt auf Personen aus unterschiedlichsten Richtungen, beginnen werde. Darin wurde ich bestärkt, als am 11. Juni 1945 in dem Aufruf zur Neugründung der Kommunistischen Partei Deutschlands die Errichtung einer »parlamentarisch-demokratischen Republik mit allen demokratischen Rechten und Freiheiten für das Volk« als Ziel verkündet wurde.

Zwischen Juni 1945 und März 1949 wurden mir Schritt für Schritt alle Illusionen und Hoffnungen vom Mai 1945 genommen. Immer deutlicher, krasser – und enttäuschter! – nahm ich die Entwicklung wahr: das Verbot einer Urabstimmung der Sozialdemokraten bei der Vereinigung mit der KPD zur SED Ende März 1946; die Unterordnung der »Blockparteien«; die Proklamierung der »führenden Rolle« der SED; die Hetze gegen Sozialdemokraten, nun als »Schumacher-Agenten« beschimpft; die Errichtung von Parteikontrollkommissionen, die ich schon von der Sowjetunion her kannte; Unterwürfigkeit gegenüber der sowjetischen Besatzungsmacht (»Von der Sowjetunion lernen heißt siegen lernen«); Verherrlichung Stalins, der in den offiziellen Parteiverlautbarungen von 1945 noch nicht erwähnt worden war; die verpflichtende Schulung nach dem *Kurzen Lehrgang* der Geschichte der KPdSU, von dem ich bereits damals wußte, daß er voller Geschichtsverfälschungen steckte; nicht zuletzt die »Wachsamkeitskampagnen« und Säuberungen.

All das wurde zunehmend unerträglich. Seit Herbst 1948 bestand für mich kein Zweifel mehr: Ziel war nicht eine antifaschistisch-demokratische Republik, sondern die Errichtung des diktatorischen Stalinsystems auf deutschem Boden. Am 12. März 1949 zog ich die Konsequenz: Ich floh aus der Sowjetzone Deutschlands – knapp vier Jahre nach jenem Mai 1945, der für mich voller Hoffnung auf einen antifaschistisch-demokratischen Neubeginn Deutschlands gewesen war.

HERBERT LEUNINGER

Die Verpuffung einer Diktatur

Als hätten die mittelalterliche Handelsgeographie und die alten Gesetze des Machtwechsels noch immer Geltung, erlebte ich im März 1945 als Zwölfjähriger im Westerwald wie in einem Reagenzglas die Verpuffung der Hitlerdiktatur.

Nach dem ersten Tausendbombenangriff auf eine deutsche Großstadt war meine Mutter mit uns drei Kindern im Mai 1942 von Köln nach Mengerskirchen geflüchtet, woher sie und mein Vater, der noch als Vierzigjähriger vor Leningrad gelegen hatte und mittlerweile bei einer Versorgungseinheit im Taunus stationiert war, stammten.

Mengerskirchen hatte in seiner Geschichte häufig Machtwechsel erlebt. Einträglich und interessant genug war der Ort für die verschiedensten geistlichen und weltlichen Herrschaften. Der Marktflecken lag am Schnittpunkt zweier Handelsstraßen. Eine führt vom Rhein an den Main, die zweite von Limburg nach Köln. Im Mittelalter war Mengerskirchen ein bevorzugter Ausspann für die Fuhrleute und besaß eine einträgliche Zollstätte. Das mit einer Basaltsteinmauer umgebene Mengerskirchen hatte seit dem 14. Jahrhundert ein burgähnliches Schloß. Nun stand der für Mengerskirchen wohl größte und von der Bevölkerung geradezu herbeigesehnte Machtwechsel an. Die erzkatholische 1200-Seelen-Gemeinde hatte immer im passiven Widerstand gegen Hitler gestanden. Bei der letzten Reichstagswahl konnte die NSDAP dort nur drei Prozent der Stimmen erringen.

Das bevorstehende Machtvakuum deutete sich bereits mit ständig wechselnden Einquartierungen deutscher Einheiten an. Sie befanden sich anfänglich auf einem einigermaßen geordneten Rückzug und waren wohl auch noch mit großen Vorräten an Versorgungsgütern ausgestattet. Als dann aber der Treibstoffmangel größer und die Rückzugsbewegung hektischer wurde, ließen sie die meisten in Scheunen gestapelten Vorräte einfach zurück. Dabei erfüllte auch die mittelalterliche Zehntscheune, die an der Stadtmauer stand, noch einmal ihre alte Speicherfunktion.

Es war die Woche vor Ostern. In unserem Hof war eine Feldbäckerei aufgebaut worden. Mein jüngerer Bruder Ernst (elf) hatte die Soldaten ins nahe gelegene Wäldchen begleitet, um Tannenreisig für die Tarnung zu holen. Derweil sorgte sich Mutter um ihre paar Hühner, denen jetzt der Auslauf genommen war. Diese Sorge zerstreute der Spieß der Einheit mit dem Hinweis, es würden genügend Brotkrumen für die Hühner abfallen. Tatsächlich hat die Bäckerei aber kein einziges Kommißbrot gebacken, bevor sie eiligst wieder abgebaut wurde.

Die Amerikaner hatten über die unzerstörte Brücke von Remagen starke Kräfte auf das rechte Rheinufer geworfen und konnten bei Oppenheim einen Brückenkopf bilden. Köln war zur fraglichen Zeit bereits eingenommen. Den Alliierten standen nach dem Übergang über den Rhein fünfundachtzig Divisionen zur Verfügung, um im März in die Mitte Deutschlands vorzustoßen. Irgendwie drohte den geschlagenen deutschen Verbänden im Westerwald eine Einkesselung. Denn es kamen Truppenverbände nicht nur auf der Straße Limburg–Köln durch Mengerskirchen, sondern auch auf der geschotterten Verbindung, die aus dem westlichen Teil des Westerwaldes vom drei Kilometer entfernten Nachbarort Elsoff herüberführte Alle Verbände setzten sich in Mengerskirchen in Richtung Norden ab.

Das deutlichste Signal, daß Hitlers Macht gebrochen war, sahen wir in der Flucht der Nazifunktionäre, die, in vollbepackten Limousinen aus dem Limburger Raum kommend, den Ort ebenfalls nordwärts passierten. Sie lagen in ihren SA-Uniformen auf dem rückwärtigen Teil der Karossen und hinterließen den Eindruck feiger, aber privilegierter Erbärmlichkeit. Der Zahlmeister der Feldbäckerei, der das Spektakel vom Fenster unserer Wohnung aus betrachtete, bemerkte sarkastisch zu meiner Mutter: »Wie sie sich beeilen, um rechtzeitig zum großen Ball in Berlin zu sein!«

Der militärische Rückzug wurde immer chaotischer. Irgendwann nachts war mein Bruder aufgewacht, als dem Führer einer Einheit, die von Elsoff angerückt war, Meldung erstattet wurde: »Ganze Kompanie angetreten, dazu neun Pferde und eine Kuh.« Ich erinnere mich an einen offenen Kübelwagen, der aus der gleichen Richtung mit abgestelltem Motor ins Dorf rollte, um Benzin zu sparen. Eine große Überraschung war für mich die Musik, die aus dem Auto erklang und die gespenstisch-entspannte Stimmung verbreitete. So, das war's dann wohl!

Am Tag vor dem Einmarsch hatte sich Ernst davongemacht, um eine Einheit mit Hilfswilligen zu besichtigen, die mit ihren von Panjepferden gezogenen Wagen im Wald vor den Tieffliegern Schutz gesucht hatten. Die Männer waren, so erzählte es Ernst, nur mit Knüppeln bewaffnet und transportieren auf ihren Wagen Benzinfässer. Auch ich hatte mich weggeschlichen, um von einem Unterstand aus, den wir uns in den Wochen zuvor ausgebaut hatten, die Einsätze der Jabos zu verfolgen. Sie waren ständig in der Luft und nahmen alles unter Beschuß, was sich bewegte. Am Ortsausgang nach Waldernbach sah ich ein Militärfahrzeug brennen und verfolgte, wie eine der niedrig fliegenden Maschinen über dem Ort zwei Bomben ausklinkte, die, ohne Schaden anzurichten, auf einem Acker außerhalb des Ortsbereichs detonierten. Offensichtlich war die letzte Phase vor dem Einmarsch erreicht: Die Amerikaner besaßen die Lufthoheit und kontrollierten von oben her bereits das Gebiet. Für uns wurde es lebensgefährlich. Ich traf auf meinen Bruder, und wir versuchten gemeinsam nach Hause zu flüchten. In diesem Moment setzte einer der Jagdbomber im Tiefflug zu einem neuerlichen Angriff an. Wir sahen den Piloten in seiner Kanzel, sprangen hinter einen Baum und registrierten zitternd die nahen Einschläge der Bordkanonen. Zu Hause empfing uns die Mutter mit schweren Vorwürfen. Sie hatte Todesängste um uns ausgestanden.

Schon des längeren hatten ihr die Revolver und Jagdwaffen Kummer bereitet, die Onkel Michael aus Frankfurt, der Polizeibeamter und ein friedlicher Waffennarr war, bis für die Zeit nach dem Krieg bei uns deponiert hatte. Uns wurde bewußt, daß es fatale Folgen haben könnte, wenn diese Waffen bei einer Hausdurchsuchung gefunden würden. So packten wir kurz entschlossen das gut geölte und in Filztücher gewickelte Schießzeug und warfen es in die Jauchegrube. In einem Holzschuppen hinter der Scheune hatten wir bereits früher einen großen Waschkessel vergraben. Er war bis an den Rand mit Konserven und haltbaren Lebensmitteln gefüllt. So glaubten wir, für schwere Zeiten einigermaßen vorgesorgt zu haben. Unser einziges, wirklich funktionsfähiges Fahrrad hatten wir schnell noch im Heu versteckt. Zuvor hatte uns der Polizeidiener, ein entfernter Verwandter, auffordern müssen, es auf dem Bürgermeisteramt abzugeben. Es sei beschlagnahmt.

Die letzten Stunden vor dem Einmarsch der Amerikaner hatten einen besonderen Charakter. Es war die Zeit des Machtvakuums und einer gewissen Anarchie. Versorgungsgüter für das Militär lagerten nicht nur in einzelnen Scheunen, sondern vor allem in der ehemaligen Festhalle und ihren Nebengebäuden. Bis in die Kriegszeit hinein bestand hier ein Reichsarbeitsdienstlager. In diesen Gebäuden hatte eine nach Mengerskirchen verlegte Unteroffiziersschule ihr Depot eingerichtet. Dazu zählten Lebensmittel, Uniformen, Mäntel, Schuhwerk und sonstige Einrichtungs- und Gebrauchsgegenstände, wohl auch Munition. Kaum war die Einheit abgezogen, setzte ein Sturm auf die vorhandenen Bestände ein. Bis in die Nachtstunden hinein holte sich jeder, wessen er habhaft werden und nach Hause tragen konnte. Wir waren etwas spät dran und stolperten über Konservendosen, geöffnete Kartons und Kisten, sahen aufgebrochene Schränke und geleerte Regale. Es war wie im Rausch. Mein Bruder ergatterte gerade noch einen Eimer Sauerkraut, während ich immerhin eingemachte Gurken und Dosen mit Weichkäse an mich bringen konnte. Viel wichtiger war mir, daß ich in einem Nebengebäude Kompasse und Meßrädchen aufstöberte, die den Grundstock späteren Wanderns nach Karte und Marschzahl bildeten. Als wir mit unserer Last in den Ort zurückkamen, sahen wir weit geöffnete Scheunentore, in denen Zucker, Mehl und anderes wie im Schlaraffenland lagerte. Meine Schwester (vierzehn) war die Cleverste von uns. Sie hatte im RAD-Lager eine Schreibmaschine ausgemacht und trug das schwere Gerät auf Umwegen nach Hause. Später sollte sie das wichtigste Tauschobjekt für Zement und Steine werden. Allerdings mußten wir ähnlich wie die anderen Familien für die in Besitz genommenen Gegenstände eine Nachzahlung in Reichsmark leisten. Das fiel bei der Wertlosigkeit des Geldes niemandem schwer. Die Weilburger Kreisverwaltung hatte Kontrolleure geschickt, die entsprechende Listen erstellten und die Preise festlegten. Ordnungspolitisch dürfte es nie eine Zeit der Anarchie gegeben haben.

Weder wir Kinder noch die Erwachsenen hatten bei dieser Selbstbedienung irgendwelche Skrupel. Ohne lange Reden ging jeder davon aus, daß es sich nach dem Abzug der letzten Truppen um herrenloses Gut handelte, das sich dem Zugriff für jedermann geradezu anbot. Wir sahen uns in unserer Einschätzung dadurch bestärkt, daß wir beim Verlassen der ehemaligen Festhalle auf weggeworfene Stahlhelme, Koppel und Patronentaschen stießen. Der chaotische Rückzug war für viele Soldaten in panikartige Flucht umgeschlagen. In einer der Scheunen entdeckten wir ein kettengängiges Fahrzeug und viele mit Schwarzpulver gefüllte Säckchen. Auch die nahmen wir an uns, um sie zu einem späteren Zeitpunkt hinter unserer Scheune in einer enormen Stichflamme hochgehen zu lassen.

Unser Haus lag an einer Scheunenzeile, die höchst brandgefährdet war. Da unser Keller überdies keinerlei Sicherheit vor Granaten oder Bomben bot, verbrachten wir den Rest der Nacht im Elternhaus meines Vaters unterhalb des Schlosses. Hier wähnten wir uns sicherer, zumal auch im Kreise der anderen Verwandten. Nur bedrückte es uns, daß der fast neunzigjährige Großvater uns nicht gefolgt war, weil er sein Haus nicht verlassen wollte. Dafür kam große Freude auf, als Onkel Theodor und Onkel Wilhelm überraschend bei uns im Keller auftauchten. Sie waren noch zum Volkssturm eingezogen worden, hatten sich aber in der Kreisstadt Weilburg abgesetzt und durch die Wälder nach Mengerskirchen durchgeschlagen. Bei einem ähnlichen Unterfangen war, wie wir später erfahren sollten, mein Vater gescheitert. Er hatte sich von seiner Einheit im Taunus abgesetzt und war bereits ziemlich weit vorangekommen, lief dann aber nachts einem »Kettenhund« (Feldpolizei) direkt in die Arme. Der ließ ihn, was unter Kriegsrecht mehr als großzügig war, zu seiner Einheit zurückkehren. Mein Vater hatte ihm vorgemacht, er habe sich verlaufen. Bald darauf geriet er dann in amerikanische Kriegsgefangenschaft.

Der Weg zu unserer nächtlichen Zuflucht führte mich über den Schloßhof. Dort waren die Unteroffiziersanwärter angetreten und lauschten den Tiraden ihres Leutnants, der in seinen besten Tagen mit einer Reitgerte durch die Hauptstraße des Ortes zu stolzieren pflegte, um den Dorfschönen zu imponieren. Jetzt schwadronierte er vor seiner Mannschaft von den paar amerikanischen Panzern, die die deutschen Linien am Rhein durchbrochen hätten. Nach seinem Appell marschierte die Kompanie mit Gewehren und zwei Panzerfäusten Richtung Buchwald, um Mengerskirchen zu verteidigen. Ein Zug wurde abkommandiert, den Proviantwagen zu ziehen. Pferde gab es keine mehr. Die jungen Soldaten haben den abverlangten Kampfeswillen Gott sei Dank nicht unter Beweis stellen müssen; wahrscheinlich haben auch sie sich irgendwann nach Norden abgesetzt. Bei einem auch noch so kläglichen Verteidigungsversuch wäre Mengerskirchen Gefahr gelaufen, von den Amerikanern in Schutt und Asche gelegt zu werden.

Am nächsten Morgen um elf Uhr. Es ist Dienstag, der 27. März: Die Amerikaner erreichen von Elsoff her den Waldrand vor Mengerskirchen. Panzer schießen über das Dorf hinweg in Richtung kleiner Weiher. Dort war ein versprengter Trupp deutscher Soldaten ausgemacht worden. Die Granaten treffen ihr Ziel. Das erste amerikanische Fahrzeug, das wir sehen, ist ein Sanitätsfahrzeug, das durch den Ort rast. Es kommt kurz darauf mit einem verwundeten deutschen Landser zurück, hält auf dem Platz vor der Bäckerei Fritz, in deren Nachbarschaft wir wohnen. Einer der Sanitäter fordert »water« für den Verletzten.

Dann rollten die Panzer an, eine nicht enden wollende Kolonne. Panzer hatten wir bisher nur im Film gesehen. Mit weißen Tüchern, die uns die Mutter schon tags zuvor zugesteckt hatte, trauten wir uns sehr bald heraus. Wir stellten uns an die Kreuzung. Ein Dorfbewohner raunte uns noch von hinten zu, ob wir uns nicht schämten. Wir schämten uns nicht, sondern freuten uns, daß die Amerikaner endlich da waren. Die Panzer bogen in der Ortsmitte nach Norden ab. Immer tiefer wühlten die einseitig mahlenden Ketten die Straße auf. Bald war ein Pionierfahrzeug zur Stelle, riß die Gartenmauer unserer Nachbarn ein und füllte das ausgefahrene Straßenbett mit den Bruchsteinen.

Inzwischen waren viele Häuser mit Bettüchern beflaggt. Wir betrachteten die Amerikaner als unsere Befreier. Mit ihrer Ankunft endeten für uns Diktatur und Krieg. Die ersten Panzer waren noch verschlossen, dann öffneten sich nach und nach die Luken. Schließlich kamen Panzer, auf denen Panzergrenadiere saßen. Erstmals sahen wir auch Schwarzamerikaner. Sie blickten etwas freundlicher als die anderen auf uns. Bis tief in die Nacht hinein setzte sich der Vormarsch der Amerikaner fort. Es müssen starke Verbände der 1. US-Armee gewesen sein, die am 2. April Kassel erreichen sollte und am 25. April bei Torgau auf die Russen traf.

Während wir aus dem Staunen über die Unzahl der Panzer, Transportfahrzeuge und Jeeps nicht herauskamen, hielt die Riesenkolonne, wie von Geisterhand gestoppt, plötzlich an. Die Soldaten gingen in Deckung. Rohre von Flugabwehrgeschützen wurden in den Himmel gerichtet. Dort erblickten wir in großer Höhe ein Doppelrumpfflugzeug, wohl eine Messerschmitt-Maschine. Bevor aber noch ein Schuß fiel, war das Flugzeug, das mit einer uns bis dahin unbekannten Geschwindigkeit flog, schon wieder verschwunden. Uns kam es vor, als hätten die Amerikaner noch allzu große Angst vor Deutschland, das wir als endgültig geschlagen betrachteten.

Unterdessen war ein Jeep der Militärpolizei aus der Kolonne ausgeschert. Die Polizisten übernahmen die Verkehrsregelung an der Kreuzung, suchten aber auch einen Dolmetscher für bestimmte Kontakte im Dorf. Unter der schaulustigen Jugend waren Schüler, die über wesentlich bessere Englischkenntnisse verfügten als ich, sich aber nicht trauten. Ich hingegen war sofort zu diesem Dienst bereit, zumal ich die amerikanischen Soldaten als Freunde ansah. Sogleich mußte ich mich in den offenen Jeep setzen. Wir fuhren durch den Ort, um den Pfarrer aufzusuchen. Auch brachte ich die Militärpolizisten zu dem von den Nazis abgesetzten Bürgermeister Schneider, der von da an im Auftrag der Militärregierung wieder die Amtsgeschäft wahrnahm.

Mein Bruder hatte am nächsten Morgen die ehrenvolle Aufgabe, einem amerikanischen Feldgeistlichen beim Gottesdienst die lateinischen Antworten zu geben, Wasser und Wein zu reichen und durch

Schellengeläut die feierlichen Augenblicke der Messe anzukündigen. Dafür erhielt er anschließend einige Wurstscheiben, wobei ihm Kaugummi oder Schokolade, wie er später gestand, lieber gewesen wären. Da war ich besser dran, insofern ich von einem der Militärpolizisten eine Schachtel Chesterfield erhalten hatte. Ich wollte mir die Zigaretten für Ostern aufsparen, um sie dann heimlich zusammen mit anderen Freunden zu rauchen. Dabei hatte ich allerdings nicht bedacht, daß meine Mutter die Werktagshose vor dem hohen Feiertag einer Reinigungsinspektion unterziehen würde und dabei die Zigaretten wortlos konfiszierte. Die dürften ihr gute Dienste dabei getan haben, einen der Handwerker für einen Auftrag zu motivieren.

Wir hatten trotz unserer bescheidenen Sprachkenntnisse schnell Kontakte zu den amerikanischen Soldaten. Einer der Militärpolizisten begleitete mich ins Haus, um sich zu waschen und um heißes Wasser für seinen Pulverkaffee zu erhalten. Bevor er aber etwas zu sich nahm, mußten wir es erst probieren. Die Toilette im Hof suchte er mit geschulterter Maschinenpistole auf. Wir gewannen den Eindruck, daß die Amerikaner der gesamten Bevölkerung gegenüber sehr mißtrauisch waren. Sie hielten uns wohl alle für Nazis. Meine Schwester hatte einen großen Anschlag der amerikanischen Militärführung entdeckt, in dem die Soldaten vor der deutschen Bevölkerung gewarnt wurden. Sie sollten sich bewußt bleiben, daß sie sich in Feindesland befänden. Das hat meine Schwester Hannele, die mit der Familie in den Amerikanern unsere Befreier und Freunde sah, sehr schockiert. Wir versuchten dies wiederholt – wohl auch nicht ohne Erfolg – den Besatzungssoldaten zu vermitteln. Bei der vierzehntägigen Einquartierung der Amerikaner – unser kleines altes Haus war dabei außer Konkurrenz – hatten wir eines Abends den Besuch eines amerikanischen Sergeanten und seines Kameraden. Bei Kerzenlicht – der Strom war seit Tagen ausgefallen – erzählten meine Schwester und ich den freundlichen Besuchern, daß Geschwister meiner Mutter und ihre Ehepartner in den Vereinigten Staaten lebten und Mengerskirchen ebenso wie unsere Familie nichts mit den Nazis zu tun gehabt hätten. Mein Vater sei christlicher Gewerkschafter gewesen und habe alles gegen das Aufkommen der Nationalsozialisten getan. Nicht berichten konnten wir ihnen damals von dem Schicksal des Bruders meines Vaters, der zum Widerstand des 20. Juli gehörte und, vom Volksgerichtshof zum Tode verurteilt, noch am 1. März 1945 in Berlin-Plötzensee hingerichtet worden war. Das erfuhren wir erst später.

Das Ausgehverbot der amerikanischen Besatzung kostete zwei älteren Bürgern von Mengerskirchen, die die Anordnung nicht ernst genug genommen hatten, das Leben. So wurde der Landwirt Josef

Schaaf bei der Feldarbeit angeschossen, wahrscheinlich verwechselte der Schütze die geschulterte Hacke mit einem Gewehr. Er starb einige Tage später im Lazarett in Selters (Westerwald). Ferdinand Becker, der während der Sperrstunden das Haus verlassen hatte, um zur nahe gelegenen Stallung zu gehen, wurde durch einen gezielten Schuß getötet. Wir kannten beide Männer und nahmen an ihrer Beerdigung teil. Der Chronist dieser Ereignisse, mein Vater, meinte, die Sicherheit der amerikanischen Soldaten hätte die Erschießung der beiden Männer keinesfalls erfordert. Er ordnete den tragischen Tod der beiden Landwirte aber als einen Tribut an die von den Machthabern nach 1933 heraufbeschworene Zeit ein.

Am 12. April verließen die Amerikaner Mengerskirchen. Am gleichen Tag ging das Reichsarbeitsdienstlager in Flammen auf. Ich erinnere mich noch, daß die Schläuche der freiwilligen Feuerwehr nicht ausreichten, um nahe genug an den Brandherd zu kommen. Das Feuer sollen polnische Zwangsarbeiter gelegt haben. Wahrscheinlich war es ihr Protest gegen die erfahrene Unmenschlichkeit, wobei das Lager für sie wohl das Symbol der vergangenen Gewaltherrschaft war. Mengerskirchen war wegen seiner eindeutigen Ablehnung Hitlers ein denkbar ungeeignetes Objekt für diese Art Racheakte. Die Aufarbeitung einer verhängnisvollen und grauenhaften Geschichtsepoche stand zwar an. Wer aber konnte verhindern, daß sie sich in Formen unkontrollierbarer Aktionen vollzog? (Mein Vater, der als Obergefreiter den Feldzug in Rußland und seine Greuel miterlebt hatte, vertrat unmittelbar nach dem Krieg die Auffassung, alle Offiziere ab dem Majorsrang müßten aufgehängt werden. Er hat diese Forderung später nicht mehr wiederholt.) Ordnungs- und sicherheitspolitisch hatten die Amerikaner mit ihrem Abzug ihrerseits ein Vakuum hinterlassen. Die Männer des Ortes suchten es auszufüllen, indem sie Tag und Nacht mit Äxten Wache hielten, um neue Übergriffe zu verhindern. Auf die Beschwerde des Bürgermeisters hin kehrten amerikanische Soldaten zurück, nahmen die Männer fest und führten sie ab.

Ein gutes Verhältnis entwickelte sich zu ehemaligen russischen Gefangenen aus der Ukraine. Für sie wurde auf dem Terrain unseres Hofes eine Küche eingerichtet. Die Männer besuchten uns, erzählten von ihren Familien und von der Angst, nach Rußland zurückzukehren. Hätten sie sich nicht um ihre Familien gesorgt, wären sie am liebsten nach Amerika ausgewandert. Wir durften ihre schmackhaften Weißkrautgerichte probieren; einer von ihnen beschnitt unseren Ziegen die Klauen, in dem er sie zuerst, was wir noch nie gesehen hatten, fachmännisch auf den Rücken warf.

Mein Racheakt gegenüber einem Geschichtslehrer aus Frankfurt war dagegen weit harmloser. Der Studienrat, den wir für einen Nazi hielten, gehörte zum Lehrkörper des Friedrich-Wilhelm-Gymnasiums, das im Rahmen der Kinderlandverschickung von Frankfurt in ein Kloster bei Mengerskirchen verlegt worden war. Wegen der schwierigen Verkehrsverhältnisse besuchten wir von da nicht mehr die Oberschule in Weilburg, sondern nahmen am Unterricht in Waldernbach teil. Beim Geschichtsunterricht über das Mittelalter hatte der Studienrat den Papst angegriffen. Als er mich in der nächsten Stunde aufrief und die Wiedergabe seiner Ausführungen erwartete, schwieg ich hartnäckig und handelte mir eine schlechtere Note ein. Nach dem Machtwechsel traf ich ihn wieder, als er mit dem Rad nach Mengerskirchen kam, um beim Bäcker Fritz Brot einzukaufen. Während er im Laden war, stach ich ihm mit einer Nähnadel ins Vorderrad. Die Luft entwich ganz langsam. Als ich dies zu Hause berichtete, wurde mein Verhalten nicht gebilligt. Viel eher schämte man sich mit mir und für mich.

JOHANNES PRINZ ZU LÖWENSTEIN

Gerade noch davongekommen

Anfang 1945 war für mich eine mehr oder weniger ununterbrochene dreijährige Lazarettzeit zu Ende. Eigentlich hätte ich schon ein Dreivierteljahr früher eine Stabsverwendung als Oberleutnant antreten sollen – zur Frontverwendung taugte ich körperlich nicht mehr – bei einem Zimmergefährten aus dem Lazarett, dem Oberstleutnant Claus Graf Stauffenberg. Es kam jedoch eine abermalige chirurgische Behandlung dazwischen. Ohne diese würde ich mit Sicherheit jetzt nicht über das Kriegsende berichten können.

Zu dem Zeitpunkt, im Januar 1945, war meine Stellung die eines Ordonnanzoffiziers bei einer Infanteriedivision im Westen. Nachdem diese Division »geplatzt« war, wurde ich im Stab des dazugehörigen Armeekorps weiterverwendet. Bis zum April 1945 hatte eiliges Zurückweichen vor den Amerikanern uns nach Sachsen verschlagen.

Während des Rückzugs durch das mittlere Württemberg konnte ich Zeuge eines zeitgeschichtlich kennzeichnenden Gespräches werden. Mühlacker bei Stuttgart war Standort eines bekannten Radiosenders. Gesendet wurde von einem hölzernen Sendeturm, einer technischen Berühmtheit. Nun erschien beim Stab ein junger Pionieroffizier und meldete stolz, seine Kompanie habe eben fachgerecht den Turm gesprengt; er sei weg. Der Adjutant des Armeekorps, der sogenannte IIa, der die Meldung entgegennahm, war im Zivilberuf Ex- und Importkaufmann, ein hörbarer Hamburger. Wie der den über seine technische Leistung so stolzen Pionierhauptmann zusammenputzte! »Ihr dummen jungen Leute! Könnt ihr euch denn nicht denken, daß nach dem Krieg das Leben weitergeht? Und daß dafür auch Sendetürme gebraucht werden? Ihr habt nur eure Sprengerei im Kopf und nicht, was dann kommt!« Der Pionier ging überrascht davon, solche Rede war dazumal nicht üblich und hätte gefährlich ausgehen können.

Geographisch waren wir, in Sachsen angekommen, eigentlich Ostfront. Wir legten aber großen Wert darauf, weiterhin als Westfront bezeichnet zu werden, da die Ostfront in diesem Abschnitt dem übel beleumundeten, weil bedingungslos braunen Feldmarschall Schörner unterstand. Zwischen ihm, der im Jagdhaus des fatalen sächsischen Gauleiters Mutschmann – sächsisch: »König Mu« – residierte, und unserem Kommandierenden General Petersen hatte ich Gespräche zu vermitteln. Schörner suchte uns seinem Kommando zu unterstellen, was aber nachhaltig verhindert werden konnte.

Mit der bevorstehenden Auflösung zusammenhängend, hatte ich dort im Raum Freiberg Erlebnisse, die mich auf je verschiedene Weise sehr berührten. Etwa am 19. April wurde ein langer Zug von KZ-Häftlingen durch unser Dorf geführt: abgezehrte, in Lumpen gehüllte, frierende Männer in Holzpantinen und Streifenbekleidung. Sie schleppten sich so dahin, einige blieben sitzen, man konnte ihnen etwas Schokolade zustecken. Sie kamen vielleicht aus Buchenwald. Der Ausdruck »KZ« war uns seit langem ein Begriff: »Halt dein Mundwerk, sonst kommst du nach Dachau!« – aber die Opfer einer solchen Einrichtung nun so eindrücklich vor Augen zu haben, das wirkte tief! Nicht auf alle. So sagten einige zusehende Soldaten: »Seht doch, was für Untermenschen!« Ich konnte nicht umhin zu bemerken, wahrscheinlich gehörten einige meiner Verwandten und Bekannten mit dazu. Ich wußte ja von vielen, die im Zusammenhang mit dem 20. Juli verschwunden waren. Wir hörten, daß hinter dem Elendszug – er selbst war begleitet von biederen Landesschützen, die ihren Häftlingen schon mal einen Becher warmen Kaffee zukommen ließen – ein Auto mit SS-Leuten käme, die liegengebliebene Häftlinge erschossen. Dies wurde General Petersen gemeldet, der sofort der Feldgendarmerie befahl, diese Leute dingfest zu machen und zu entwaffnen. Wie es letztendlich ausging, habe ich nicht mehr erfahren.

Militärisch war in jener zweiten Aprilhälfte in diesem unseren Abschnitt nicht viel los. Die Amerikaner waren an dem Fluß Mulde stehen geblieben. Die Russen waren mit Berlin beschäftigt. In dem Dreieck, dessen Basis das Erzgebirge, dessen Schenkel – grob gesprochen – Mulde und Oder bildeten, stauten sich in drangvoller Enge die Trecks der vor den Russen geflohenen Ostdeutschen, insbesondere natürlich Schlesier. Sie hatten Schauerliches vom Umgang der Russen vor allem mit Frauen gehört, teils selbst erlebt und drängten mit aller Energie nach Westen. Das aber war erfolglos; die Amerikaner ließen niemand über die Mulde.

Da tat etwa am 25. April General Petersen etwas Mutiges. Er schickte sein Auto mit fünf Offizieren einschließlich eines Generalmajors und einer weißen Fahne zu den Amerikanern hinüber. Wahrscheinlich weil ich Englisch konnte – oder war's wegen des klangvollen Namens? –, wurde ich da mit eingeteilt. Wir fuhren also, unsere weiße Fahne schwenkend und von der Zivilbevölkerung freudig begrüßt, über die Mulde und begehrten, den zuständigen Kommandeur zu sprechen. Ihm, einem Divisionskommandeur, trugen wir unseren Auftrag vor: das Angebot der Kapitulation eines ganzen Armeekorps mit soundso vielen Divisionen und Stäben – nicht zu berichten brauchten wir natürlich, daß denen längst keine entsprechenden Truppen mehr angehörten. Wir stellten freilich eine Vorbedingung: Die Amerikaner sollten die Muldebrücken für die Flüchtlingstrecks öffnen. Unser Angebot wurde freundlich und freudig aufgenommen, es war zu vermuten, daß die Herren sich schon hochdekoriert wegen der Einbringung solch hochrangiger und zahlreicher Gefangener sahen. Wir wurden zum Essen in die Offiziersmesse eingeladen, aßen vortrefflich und unterhielten uns aufs angeregteste mit den Offizieren der Division, so etwa zwei Stunden lang. Dann erschien der General wieder: langes Gesicht! Er habe mit Reims – damals wohl das alliierte Oberkommando – gesprochen, mit dem Ergebnis: »Unconditional surrender only.« Mit anderen Worten: »Ihr dürft gerne kapitulieren, aber die Brückenbedingung wird nicht akzeptiert.«

Wir bedankten uns für das gute Essen und fuhren betrübt nach Freiberg zurück. Nachträglich wird mir klar, daß General Petersen einen Strick um den Hals am nächsten Laternenpfahl riskierte. Doch dafür war es damals wohl schon zu chaotisch und die Zahl der Mitwisser zu gut ausgewählt.

Nun, wenige Tage später war alles vorbei! Berlin war gefallen, und die Russen fanden Zeit, sich um unsere restliche »Westfront« zu kümmern, mit dem Erfolg, daß wir – inzwischen war's wohl der 5. Mai – schleunigst über das Erzgebirge nach Böhmen retirierten. Dort, bei Görkau, bezog der Korpsstab ein kaum mehr bewohntes Schloß. Den Schloßbesitzer kannte ich ganz gut. Er hielt sich auf seinem Meierhof, wie man dortzulande sagte, auf. Ich schaute schnell mal herein und wurde von ihm mit den Worten begrüßt: »Du kommst gerade recht. Wir essen die letzte Gans auf, bevor sie die Russen bekommen.« Das taten wir denn auch mit großem Genuß.

Wieder zurück beim Stab wurden wir beim Telefonieren durch aufdringliches Motorengeräusch gestört. Ein Blick aus den vorderen Fenstern zeigte dann den Grund der Störung. Ein starker motorisierter Verband, Panzer und Fahrzeuge mit dem Sowjetstern geziert, kam angefahren. Da wurde beschlossen, ohne großes Abwägen von Für und Wider, den Hinterausgang zu benutzen, die erstaunlicherweise immer noch betankten Fahrzeuge zu besteigen und, immer dem Kamm des Erzgebirges folgend, nach Westen zu fahren.

Die nächste Nacht brachte das Kriegsende. Das Radio berichtete von der Kapitulation der deutschen Wehrmacht. Da möchte man nun meinen, wir Soldaten, die, mehr oder weniger ununterbrochen, in vielen Gefahren des Krieges gewesen und erstaunlicherweise dennoch übriggeblieben waren, hätten in diesem Augenblick besondere Gefühle und tiefgründige Gedanken gehabt. War es doch das Ende des – von den Mongolenstürmen vielleicht abgesehen – wohl blutigsten Krieges aller Zeiten. Besondere Emotionen, geistige Erlebnisse aller Art würde ein literarisch begabter Schriftsteller beschreiben. Unsere Reaktion aufs Kriegsende war: »Jetzt können wir die Scheinwerfer abkratzen.« Die lästigen Blenden, die nur einen schmalen Lichtstrahl herausdringen ließen, konnten wegfallen.

Tags darauf kamen wir dann aber nicht ganz bis zu den Amerikanern durch. Ihre Posten wiesen uns vielmehr auf ein Gelände neben dem berühmten Stift Tepl im Egerland ein. »Da könnt ihr erst mal warten, bis wir einen Stacheldrahtzaun gesetzt haben.« An einem solchen war ich freilich nicht interessiert, zumal der Wohnsitz meiner Eltern nur etwa fünfzig Kilometer von Tepl entfernt lag. So schulterte ich meinen Rucksack, mit Hilfe eines Stocks konnte ich ganz gut gehen, und marschierte in Richtung Heimat; immer noch in jenem Teil Böhmens, der, rein deutschsprachig, 1938, damals zur großen Freude der Einwohnerschaft, dem Deutschen Reich angegliedert worden war.

Auf meiner zweitägigen Wanderschaft dachte ich darüber nach, was wohl aus diesem Landstrich werden würde. Wieder zurück in die Tschechoslowakei? Das war ja wohl anzunehmen und nicht eben vielversprechend. Aber tiefen Sorgen nachzuhängen war nicht die Zeit. Ich war in Uniform geblieben, um nicht in den Verdacht zu kommen, Partisan, »Werwolf« oder dergleichen zu sein. Unterwegs traf ich amerikanische Streifen, denen ich dank Englischkenntnisse ich weiß nicht was erzählte, so daß sie mich weiterlaufen ließen, bis mich schließlich doch eine Streife einsammelte und zusammen mit anderen, denen es ähnlich ergangen war, zu einem nahen Städtchen auf den dortigen Fußballplatz brachte.

Nach einiger Zeit wurden wir auf Lkws verladen, und ab ging's in Richtung Osten; da man wußte, daß die Russen bereits in der Gegend um Pilsen standen, kein angenehmes Gefühl. Doch wir hielten abseits der Straße auf einer großen Wiese voller deutscher Soldaten und wurden von einem amerikanischen Lieutenant empfangen, der in deutscher Sprache erklärte: »Hier werden alle entlassen, die aus

Bayern stammen. Ihr seid doch alle Bayern?« Nach einer kurzen Schrecksekunde: »Ja, das sind wir alle!« Also, absitzen, Entlassungsformalitäten, und um zehn Uhr abends fand ich mich, entlaust und mit gestempelten Entlassungspapieren, in einem amerikanischen »Truck« in Richtung Nürnberg.

Bis heute ist mir dieser Vorgang nicht ganz erklärlich. Meine Theorie ist: Dieser Abschnitt unterstand General Patton, der wußte, daß nach den Beschlüssen von Jalta alle deutschen Soldaten, die aus dem Osten kamen, an die Russen auszuliefern waren. Das mag nun Patton als unrecht, aber auch als unzweckmäßig erkannt haben, weshalb er alle »Bayern« erst mal in ihre Heimat entließ; nachher war dann für die Russen nichts mehr übrig. Eine andere Erklärung für diese blitzartige Entlassung habe ich nicht. Wir haben uns damals darüber natürlich keine besonderen Gedanken gemacht, sondern waren einfach erleichtert.

Kurzum, in jener Nacht, es muß die vom 9. auf den 10. Mai gewesen sein, ging's durch bis Nürnberg. Tags darauf zu Fuß nach Fürth, von den Einwohnern mit ungläubigem Staunen besehen, zum Kaffee eingeladen und befragt: »Haben Sie nicht etwa meinen Mann/Bruder/Sohn/Bräutigam gesehen, der zuletzt dort und dort war?«

Fürth lag weniger in Trümmern als Nürnberg, deswegen war dort auch die amerikanische Kommandantur, bei der man sich meldete. Der Ortskommandant wollte nach Einsehen meiner Papiere wissen, ob ich mit dem Historiker Hubertus Prinz zu Löwenstein verwandt sei, der schon seit 1935 in den USA lebte und offenbar hochgeschätzt war. Die Verwandtschaft war zwar nur weitläufig, aber ich bekam einen Platz auf einem anderen »Truck« angewiesen, diesmal nach Würzburg.

Dort, am Ostrand der Stadt, war Schluß. Ich hatte ein Ziel weiter westlich. Also, zu Fuß durch Würzburg marschieren. Bis zum Main traf ich ein halbes Dutzend Katzen, aber in den Trümmern dieser zwei Monate zuvor noch unversehrten Stadt sonst kein Lebewesen an. Drüben, jenseits des Mains, verkehrte ein deutsches Milchauto mit Holzvergasermotor, das mich an mein Ziel brachte, und drei Tage später begann ich in meiner »entmilitarisierten« Uniform ein landwirtschaftliches Praktikum.

Daß ich auch bei den Erlebnissen dieser letzten Tage ein ganz unwahrscheinlicher Glückspilz gewesen war, dazu brauchte es nicht viel Erkenntnis. Daß es nun noch mehr Grund gab, Gott, dem Herrn, zu danken, das war mir ebenso klar, auch, daß es noch genug zu bitten gab, für Land und Leute. Aber das konnte man nun doch mit Zuversicht tun.

Machte ich mir wenigstens jetzt tiefgründige Gedanken über den Fall des Dritten Reiches, über eine jetzt vielleicht mögliche Rückkehr zu einer Demokratie? Demokratie, etwas, das es in Kindestagen irgendwie gab – was beinhaltete das eigentlich? Machte ich mir Gedanken über die Bedeutung soeben hautnah erlebter historischer Ereignisse? Ich fürchte, nein. Jedenfalls kann ich mich nicht an dergleichen erinnern. Was mich interessierte, war: Werden die Eltern und die vielen dort hängengebliebenen Verwandten aus dem nun wieder ČSR gewordenen Egerland herauskommen? Von den im Osten verschollenen nächsten Verwandten und Freunden ganz zu schweigen! Wird man mit den Besatzern auf die Dauer zurechtkommen, den zunächst so abweisenden – »No fraternisation with bad Nazis!« –, den aber bald persönlich hilfreichen und menschlich sehr umgänglichen Amerikanern? Als Landwirtschaftslehrling hatte man nicht zu hungern, aber wovon sollten die Menschen, schon die im nächsten Städtchen, eigentlich leben?

Das waren am Kriegsende die Überlegungen eines gerade noch davongekommenen Oberleutnants a. D. Ich würde mich wundern, wenn andere in meiner Lage viel anders gedacht und empfunden hätten und nicht nur heute etwas ins Jahr 1945 zurückprojizieren.

HERBERT MERSKY

Ich war sechzehn Jahre alt

Am Ende des Zweiten Weltkrieges in Europa, im Mai 1945, war ich sechzehn Jahre alt und lebte in Sunderland im Nordosten von England in Höhe des 55. Breitengrades. Damit lag Sunderland auf etwa der gleichen geographischen Breite wie die dänisch-deutsche Grenze in Schleswig-Holstein. Die nächste deutsche Großstadt jenseits der Nordsee war für uns Hamburg, und auf einer Klippe an der Küste, wo der Fluß Where bei Sunderland in die Nordsee mündet, stand ein Wegweiser, der nach Süden die Richtung nach London und nach Osten nach Hamburg anzeigte. Als ich 1987 auf meiner zweiten Reise nach Deutschland Hamburg besuchte, fiel mir die große Ähnlichkeit der Bäume und anderer Pflanzen auf, die man zur gleichen Jahreszeit auch in England antreffen würde. Auch das Klima war etwa das gleiche, was man nicht gerade als besonders angenehm empfand. Diese Ähnlichkeiten konnten einen kaum überraschen, aber sie weckten in mir gewisse nostalgische Erinnerungen an die Gegend, in der ich meine Kindheit zugebracht hatte, und das konnte ich in diesem Ausmaß in Kanada nicht finden, wo ich jetzt lebe.

Ich habe selbst kaum unter dem Krieg gelitten. In England und besonders in Sunderland lebten außer meinen engsten Familienangehörigen, den Eltern, meinem Bruder und meiner Schwester, auch viele andere Verwandte. Meine Großeltern mütterlicher- und väterlicherseits waren vor Anfang des 20. Jahrhunderts aus Weißrußland nach England gekommen. Meine Großeltern waren inzwischen gestorben, und es gab, soweit ich mich erinnern kann, keinen Kontakt mit entfernteren Verwandten, die noch auf dem europäischen Festland lebten. Erst in den achtziger Jahren erfuhr ich durch die Familie eines in New York lebenden Vetters zweiten Grades, daß wahrscheinlich drei Verwandte einer etwas älteren Generation als der meinen mit ihren Kindern während des Vormarsches der deutschen Truppen nach Osteuropa getötet worden waren. Die schlimmste Tragödie, die meine Familie vor dem Krieg erlebt hatte, war der Tod eines Bruders meines Großvaters gewesen, den Räuber in einem russischen Wald ermordeten. Für uns war Rußland (und Weißrußland gehörte damals zum Russischen Reich) ein Land mit einem strengen Klima, einem bis zum Ende des Ersten Weltkrieges autoritären, antisemitischen, zaristischen Regime, bewohnt von ungebildeten, grobschlächtigen Bauern.

Die meisten Juden wußten, daß viele Deutsche vor 1933 antisemitisch eingestellt waren, aber die Juden schätzten Deutschland sehr viel mehr als Polen und Rußland, wo nach ihrer Ansicht der Antisemitismus sehr viel stärker ausgeprägt war. Viele Generationen von Juden hatten in Deutschland ein angenehmes Leben geführt. Viele von ihnen sprachen Deutsch, und meine ganze Verwandtschaft verstand oder sprach Jiddisch, das sich zu mehr als siebzig Prozent aus dem mittelalterlichen Niederdeutsch entwickelt hat. Auch auf dem Gebiet der Wissenschaften genoß Deutschland ein hohes Ansehen. Da ich die Absicht hatte, Medizin zu studieren, kaufte ich mir ein Buch mit dem Titel *Deutsch für Studenten der Naturwissenschaften und der Medizin.* Wenigstens bis 1940 galt das Beherrschen der deutschen Sprache als wichtige Voraussetzung für jeden, der auf dem Gebiet der Medizin vorankommen wollte.

Unmittelbar vor Beginn des Zweiten Weltkrieges hatte die jüdische Gemeinde in Sunderland, die aus etwas mehr als tausend Menschen bestand, ein Heim für Kinder eingerichtet, die aus dem Deutschen Reich geflohen und mit einem Kindertransport nach England gebracht worden waren, den der Rabbi Solomon Schonfeld organisiert hatte. Einige dieser Kinder, die mit diesen Transporten nach England kamen, wurden auch von jüdischen Familien aufgenommen. Ich war das dritte und jüngste Kind meiner Familie. 1938, im Alter von neun Jahren, freute ich mich, plötzlich eine jüngere Schwester bekommen zu haben, die sechsjährige Judith Lobl, die nun bei uns lebte. Ich übernahm es, sie täglich zur Schule zu begleiten und mich auch sonst um sie zu kümmern. Daß meine Eltern Jiddisch und auch ein paar Worte Deutsch sprachen und sie spürte, von uns geliebt zu werden, erleichterten es ihr, sich einzugewöhnen. Wir gehörten dem einfachen Mittelstand an. Mein Vater betrieb einen kleinen Tabak- und Süßwarenladen. Judiths Mutter und ihrer Schwester, deren Tochter Ruth im Heim für Flüchtlingskinder untergebracht worden war, verschaffte er Arbeit als Hausangestellte bei zwei anderen Familien. Auf diese Weise konnte er die offizielle Arbeitserlaubnis für sie erwirken und erhielt eine Aufenthaltsgenehmigung für die beiden Schwestern in Sunderland. Für die beiden Zwillingsschwestern aus derselben Familie besorgte er ähnliche Genehmigungen. Doch leider verzögerte sich die Ausstellung dieser Genehmigungen, und deshalb konnten die Zwillinge, die Wien am 3. September 1939 hätten verlassen sollen, nach Ausbruch des Krieges zwischen England und Deutschland nicht mehr abreisen und sind wie viele andere Juden ums Leben gekommen. Judiths Vater ging als illegaler Auswanderer nach Israel oder, wie es damals noch hieß, Palästina, und wie wir erfuhren, ist er am Leben geblieben. Doch der Vater ihrer Cousine Ruth ist in den ersten Kriegsjahren gestorben.

Zu Beginn des Krieges mußten alle deutschen Staatsangehörigen, die in England lebten, und zu ihnen gehörten auch die meisten aus Deutschland geflohenen Juden, mindestens fünfunddreißig Kilometer von der Küste entfernt untergebracht werden. Das bedeutete, daß Judiths Mutter und Tante Sunderland verlassen mußten. Sie zogen nach Leeds und eröffneten dort ein Geschäft für koschere Lebensmittel. Diese intelligenten und fleißigen Frauen verdienten sehr bald genug, um selbst für ihre Töchter zu sorgen, und deshalb mußten wir uns jetzt von unserer jüngsten Schwester trennen.

Bei Kriegsausbruch wurden alle in Sunderland lebenden Kinder evakuiert. Da es hier Schiffswerften und Kohlenbergwerke gab, fürchtete man, die Stadt würde von den Deutschen bombardiert werden. Wir wurden aufs Land geschickt und lebten dort bei anderen Familien. Für mich dauerte diese Zeit fast zwei Jahre. Zunächst kam ich zu einer nichtjüdischen Familie. Der Vater war Straßenarbeiter. Später zog ich zu einer Tante, die sich in der hübschen Kleinstadt Ludlow in Shropshire eine bequeme Wohnung leisten konnte. Mir gefiel es dort recht gut, aber ich sehnte mich trotzdem nach meinen Eltern. So überzeugte ich meine Mutter davon, daß es besser wäre, wenn ich zu ihr nach Sunderland käme, um mich auf meine Bar Mizwa vorzubereiten. Sunderland war bisher nicht bombardiert worden, und so kehrte ich wieder nach Hause zurück.

Gegen Ende des Krieges wurde auch Sunderland ein paarmal von deutschen Bombenflugzeugen angegriffen. Einer meiner Vettern wurde von einer Zeitzünderbombe zerrissen. Sie detonierte, kurz nachdem sie auf das Haus abgeworfen worden war, aus dem er während des Angriffs seine Katze hatte retten wollen. Auch wir mußten unser Haus für ein paar Stunden räumen, nachdem beiderseits davon Brandbomben gefallen waren. Eine dieser Bomben beschädigte ein Haus auf der gegenüberliegenden Straßenseite, aber wir haben den Einschlag der Bombe kaum wahrgenommen. Bis etwa 1943 hatten wir uns so sehr an die Luftangriffe gewöhnt, daß sie uns kaum noch etwas ausmachten, und im übrigen hatten die deutschen Bomben in Sunderland kaum irgendwelchen Schaden angerichtet.

Wenn die Sirenen heulten, bevor die Bomben fielen, machten wir uns nicht mehr die Mühe, in den Luftschutzkeller zu gehen. Noch gegen Ende des Krieges gab es hin und wieder einen Fliegeralarm, aber der durch die Bomben angerichtete Schaden war nur gering. Als ich fünfzehn oder sechzehn Jahre alt war, radelte ich gelegentlich mit dem Stahlhelm auf dem Kopf zur Luftschutzmeldezentrale und stellte mich dort als Melder zur Verfügung. Da ich dort aber nur ein- oder zweimal gebraucht wurde, war das keine besonders aufregende Sache.

Vom Tod eines meiner Vettern habe ich schon berichtet. Die schlimmsten Erfahrungen, die ein Familienmitglied in diesem Krieg machen mußte, blieben einem anderen Vetter vorbehalten. Als Sergeant in der Armee geriet er in Hongkong in japanische Kriegsgefangenschaft und mußte am Bau der Eisenbahnlinie nach Thailand mitarbeiten. Als er nach seiner Freilassung aus dem Fernen Osten nach Hause zurückkehrte, stellten wir fest, daß er stark abgemagert war und sich äußerlich so verändert hatte, daß wir ihn kaum wiedererkannten.

Vor dem Hintergrund all dieser persönlichen Erlebnisse konzentrierten sich meine Gedanken über die Zukunft mehr auf Großbritannien und die Juden als auf Deutschland. Ich glaube, wir haben immer gewußt, daß es in Deutschland Menschen gab, die sich gegenüber Juden anständig verhalten und sie vor den Nazis versteckt haben. Andere haben sich gegen Hitler verschworen oder versucht, den Alliierten in irgendeiner Weise zu helfen. Aber selbstverständlich glaubten wir auch, daß die ganze deutsche Bevölkerung sich der physischen Ausrottung der Juden und vieler anderer Greueltaten der Nazis bewußt gewesen ist und sie zum Teil sogar gutgeheißen hat. Der amerikanische Politiker Henry Morgenthau hatte vorgeschlagen, aus Deutschland nach dem Krieg ein reines Agrarland zu machen, das über keine Schwerindustrie mehr verfügt und daher keine Waffen herstellen und in der vorhersehbaren Zukunft auch keine Kriege mehr führen könnte. Nachdem wir die Filme über Bergen-Belsen gesehen und erfahren hatten, was in Auschwitz und in anderen Konzentrationslagern geschehen war, schien dies für mich als Teenager eine vernünftige Lösung zu sein.

Zudem hielten wir es für notwendig, daß die Alliierten in Deutschland nach dem Krieg eine Militärregierung einsetzten, und glaubten, es sei notwendig, mit der Bildung einer Zivilregierung noch eine Zeitlang zu warten. Als sich die Deutschen an der Ostfront auf dem Rückzug befanden, hörten wir immer wieder grausige Berichte, und zwar nicht nur über die Greueltaten, die die Deutschen verübt hatten, sondern auch über die brutale Behandlung der deutschen Zivilisten durch die Soldaten der Roten Armee. Ich hielt das für eine unvermeidliche Reaktion auf die brutale Behandlung der Völker des Ostens durch die Deutschen, verständlich, aber ungerechtfertigt. Nach meiner Ansicht war es unfair, die brutale Behandlung von unschuldigen Frauen und Kindern mit den Sünden ihrer Verwandten oder Landsleute zu begründen. Schon zu jener Zeit vertrat ich die Auffassung, daß eine Generation, die zu jung war, um sich bewußt an den Kriegsanstrengungen zu beteiligen, das heißt alle Deutschen, die so alt waren wie ich oder jünger, nicht für die Taten ihrer Eltern verantwortlich gemacht werden dürfe. Für diese jungen Menschen muß es in der Tat ein großes Unglück gewesen sein, Eltern zu haben, die sich aktiv an den Greueltaten der Nazis beteiligt hatten, gleichgültig, ob diesen Menschen ihre Schuld nachgewiesen werden konnte und ob sie dafür bestraft worden waren oder nicht.

Die Nürnberger Prozesse, die Entnazifizierung und die Übernahme von Bürgermeisterposten und anderen wichtigen Ämtern durch Persönlichkeiten wie Konrad Adenauer, die als Repräsentanten eines besseren Deutschland gelten durften und nun helfen konnten, das Land zu reorganisieren, waren kluge Maßnahmen. Das schienen konstruktive Schritte auf dem Wege zur Wiederherstellung normaler Verhältnisse in Deutschland zu sein. Die Leiden der Menschen in Ostdeutschland unter sowjetischer Besatzung, wo ehemalige Nazis sich nun als überzeugte Kommunisten gebärdeten, waren augenscheinlich eine gerechte Bestrafung des ganzen Deutschland, die allerdings sehr viel leichter zu ertragen war als das, was die Nazis ihren Opfern angetan hatten.

Als junger Jude, der in England aufgewachsen war, interessierte mich vor allen Dingen das Schicksal der Juden in Israel, Europa und der übrigen Welt. Wie alle meine Freunde und Altersgenossen in England und wie fast alle jungen Juden meiner Generation in Großbritannien unterstützte ich leidenschaftlich die Errichtung eines jüdischen Staates in Israel. Wir waren Zionisten, und die meisten von uns sind es auch heute noch, und zwar trotz der gegen die zionistische Bewegung um Israel gerichteten feindlichen Gefühle und Verleumdungen in den Jahren 1967 bis 1973. Wir hofften auf das Entstehen eines blühenden jüdischen Staates, der alle jüdischen Flüchtlinge würde aufnehmen können, die die Absicht hatten, dort zu leben, und der zudem in der Lage sein würde, eine fortschrittliche Kultur zu entwickeln, in der hebräische, jüdische Traditionen, demokratische Institutionen sowie moderne Wissenschaft und Technik eine entscheidende Rolle spielen würden. Für unser Land hofften wir auf Gerechtigkeit, Gelehrsamkeit, Fairneß, Wissensfortschritte und die Anwendung des Wissens zum Wohl der Menschen. Wir rechneten damit, daß wir für die Verteidigung nach außen und für die wirtschaftliche Entwicklung große Anstrengungen würden unternehmen müssen (alles andere wäre unrealistisch gewesen), und wir hofften und beteten für den Erfolg solcher Unternehmungen in Israel. Viele meiner Freunde und Verwandten siedelten sich in Israel an, und diejenigen, die das nicht taten, bemühten sich um die politische und finanzielle Unterstützung der zionistischen Ziele. Ich selbst versuchte in den siebziger Jahren aktiv, jüdischen Wissenschaftlern und Ärzten aus der Sowjetunion die Auswanderung nach Israel zu ermöglichen. Dabei erfuhr ich Näheres über den Mißbrauch der Psychiatrie in der Sowjetunion, und es wurde mir klar, daß es dringend notwendig war, etwas dagegen zu unternehmen.

Daß sich die Hoffnungen für eine positive Entwicklung in Israel weitgehend erfüllt haben, ist ein modernes Wunder. Bei der Gründung des Staates Israel mußten gewaltige Schwierigkeiten überwunden werden, und zweifellos haben Mut und Tapferkeit israelischer Soldaten bewiesen, daß die verbreitete Auffassung falsch ist, die Juden seien zu schwach, sich gegenüber anderen zu behaupten. Im Verlauf dieser Entwicklung kam es auch zu einem bemerkenswerten Aufschwung in der hebräischen und jüdischen Gelehrsamkeit und zu beachtlichen Fortschritten in den Natur- und Geisteswissenschaften. Das besondere Interesse galt natürlich der biblischen Archäologie und Geschichte, und auch auf diesem Gebiet wurden beachtliche Erfolge erzielt.

Für einige dieser Erfolge hat das jüdische Volk allerdings auch einen hohen Preis zahlen müssen. Golda Meir hat einmal gesagt, sie könne den Arabern alle gegen Israel verübten Greueltaten verzeihen, nicht aber, daß die arabischen Länder die Juden gezwungen hätten, ihren Kindern das Töten beizubringen. Es läßt sich kaum bestreiten, daß Israel, besonders in den Jahren der Intifada, viele arabische Gefangene schlecht und vielleicht grausam behandelt hat. Manchmal kann es sogar zu Folterungen gekommen sein. Ich glaube, diese Berichte sind zum Teil übertrieben. Aber in einzelnen Fällen ist man hier höchstwahrscheinlich mit erheblicher Brutalität vorgegangen. Ich glaube jedoch nicht, daß man Israel auf diesem Gebiet schwerere Vorwürfe machen kann als den meisten anderen zivilisierten Ländern. Wenn man bedenkt, daß Israel als kleines Land damit rechnen mußte, von seinen sehr aggressiven und brutalen Nachbarn vernichtet zu werden, wenn es nicht die Kraft aufbrachte, sich selbst zu verteidigen, und daß ihm die übrige Welt oft jede moralische Unterstützung verweigert hat und es sogar – besonders – von den Vereinten Nationen im Stich gelassen worden ist, dann muß man sagen, daß seine demokratische Haltung, seine Fairneß, sein Gerechtigkeitssinn und seine Bereitschaft zu vergeben, vorbildlich gewesen sind.

Ohne daß ich selbst und wahrscheinlich auch alle meine Altersgenossen damit gerechnet haben, hat Deutschland einen wesentlichen Beitrag zum Aufblühen des Staates Israel geleistet. Mit seinen Reparationszahlungen und seiner in aller Stille geleisteten diplomatischen Unterstützung hat Deutschland dem Staat Israel in kritischen Zeiten wesentlich geholfen, und das sollte dankbar anerkannt werden. Ein Land, wo diejenigen, die seinerzeit das Naziregime unterstützt haben, heute nur noch eine kleine Minorität aus älteren Menschen sind, die keinen Einfluß mehr haben, kann genaugenommen nicht mehr dafür verantwortlich gemacht werden, was vor fünfzig oder mehr Jahren geschehen ist. Aber Menschen, die in Ländern leben, welche bereit sind, mehr zu tun, als von ihnen gefordert wird, sollten auch ohne eine konkrete Verantwortlichkeit das Gefühl haben, moralisch verpflichtet zu sein, und ich hoffe, daß Deutschland auch weiterhin bereit sein wird, Israel zu unterstützen und sich auch für das jüdische Leben außerhalb von Israel, aber besonders in Deutschland selbst und in Europa einzusetzen.

Schon im Alter von sechzehn Jahren hatte ich ganz bestimmte Vorstellungen von der weiteren politischen Entwicklung in Großbritannien. Ich gehörte zu einer nichtmarxistischen demokratischen Linkspartei mit dem Namen Common Wealth. Nach 1945 stellte diese Partei in einer oder zwei Sitzungsperioden sogar einige Parlamentsabgeordnete. Später löste sie sich auf, und ihre Mitglieder traten in die Labour Party ein. Ich hoffte, daß der Sozialismus in Großbritannien und auch in der übrigen Welt stärkeren Einfluß gewinnen würde, ohne kommunistische oder totalitäre Formen anzunehmen. Großbritannien wurde nach 1945 sechzehn Jahre lang von sozialistischen Parteien regiert. Sie führten den britischen staatlichen Gesundheitsdienst ein, der trotz mancher Mängel einen wesentlichen Fortschritt auf diesem Gebiet bedeutete. Außerdem taten sie viel für die soziale Fürsorge, was zwar den ökonomischen Wettbewerb in Großbritannien erheblich behinderte, aber diese Einrichtungen waren in ihrer Fairneß und Menschenfreundlichkeit bewundernswert. Außerdem gewährten die sozialistischen Regierungen den Gewerkschaften so umfangreiche Einflußmöglichkeiten, daß es zu Mißbräuchen kam, und als die unvermeidliche Reaktion erfolgte, unterstützte ich die gegen diese Entwicklung arbeitenden Kräfte. Doch Großbritannien hat bis heute die Probleme der Arbeitslosigkeit und der Wohnungsnot in einer Wettbewerbsgesellschaft nicht lösen können. Man hat die Erfahrung gemacht, daß der Sozialismus seine politischen Ziele häufig nicht erreichen kann, und daß sich der Einfluß der Gewerkschaften nicht günstiger auswirkt als der des freien Unternehmertums, man hat aber noch keine Möglichkeit gefunden, das wirtschaftliche Wachstum zu fördern, ohne daß sich dies nachteilig für bestimmte Personenkreise auswirkte.

Wie die meisten Sechzehnjährigen war auch ich überzeugt, daß wir mit all diesen Problemen besser fertig werden würden als unsere Eltern. Im Alter von fünfundsechzig Jahren weiß ich heute, daß wir etwa das gleiche geleistet haben, was sie unter ähnlichen Voraussetzungen geleistet hätten. Ich glaubte allerdings nicht, daß die Generation meiner Eltern für die Schwierigkeiten verantwortlich war, mit denen die Welt 1945 konfrontiert wurde. Ich hatte vielmehr den Eindruck, daß sie es mit sehr ungünstigen äußeren Umständen zu tun hatten, während wir aus den schlimmen Erfahrungen der jüngsten Zeit lernen konnten und Erkenntnisse gewonnen hatten, über die eine ältere Generation nicht verfügte. Deshalb sahen wir die Vorteile des Sozialismus und Zionismus deutlicher als sie und hatten die Möglichkeit, uns um die Verwirklichung ganz neuer und besserer Ideen zu bemühen, weil wir uns der künftigen Bedürfnisse der Welt deutlicher bewußt waren als sie.

Die Entwicklung in Großbritannien hat diesen Erwartungen nicht entsprochen, und das wäre auch gar nicht möglich gewesen. 1945 hatte Großbritannien mit vielen Schwierigkeiten zu kämpfen. Dazu gehörten eine gewaltige Schuldenlast, eine erhebliche Verringerung der zur Verfügung stehenden natürlichen Rohstoffe, ein Rückgang der Gewinnspannen im Welthandel, das Bemühen um die Aufrechterhaltung der Weltmachtstellung Großbritanniens, das erhebliche Kosten verursachte und dessen Erfolg kaum einen größeren Gewinn gebracht hätte, eine Wirtschaft, die davon abhängig war, unter ungünstigsten Voraussetzungen Handel zu treiben, und eine Verringerung der Vorräte an Kohle und Stahl. Daneben gab es vielleicht auch Probleme im Bereich der Gesellschaftsstruktur. Großbritannien ist jedoch immer noch eines der einflußreichsten Länder der Welt. Die englische Sprache ist das am häufigsten verwendete Verständigungsmittel und wird in Großbritannien korrekter gesprochen als in den Vereinigten Staaten, wo sie von einer noch größeren Zahl von Menschen verwendet wird. Die Bevölkerung von England erfreut sich eines hohen Lebensstandards und zeigt besonders in der Literatur und Dichtung und im Bereich der bildenden Kunst hervorragende Leistungen.

Wie schon gesagt, hatte ich 1945 über die Verhältnisse in Deutschland nur sehr begrenzte und stark vereinfachende Vorstellungen. So konnte ich auch nicht voraussehen, was hier in den nächsten Jahren geschehen würde wie etwa die Errichtung einer gut funktionierenden Demokratie, das Wirtschaftswunder, die Unterstützung Israels und die Wiedervereinigung des bisher geteilten Landes. Während ich schon seit Jahren überzeugt war, daß sich der Kommunismus in der Sowjetunion nicht halten würde, glaubte ich nicht, daß Deutschland, solange ich lebte, wieder zum stärksten Land in Europa werden würde. Die Ereignisse der vergangenen fünf bis zehn Jahre haben viele Ideen widerlegt, die zu Beginn der letzten fünfzig Jahre eine große Bedeutung zu haben schienen wie etwa die Theorien von Marx und Freud. Zum Glück sehen wir, daß sich vieles zum Besseren und nicht zum Schlechteren verändert hat. Es wäre schön zu wissen, welche anderen Gedanken und Erwartungen die heute sechzehnjährigen jungen Menschen bewegen. Das wird sich erst nach einiger Zeit herausstellen. Ich frage mich, ob sie sich das künftige Europa ähnlich vorstellen wie die Vereinigten Staaten von Amerika (und welche Sprache soll dort gesprochen werden?) oder ob sie an ein vereinigtes Europa denken, in dem die einzelnen Länder jeweils einen ähnlichen Status haben wie die Kantone in der Schweiz oder die englischsprachigen Provinzen in Kanada einschließlich von Quebec.

(Aus dem Englischen von Hans-Jürgen Baron von Koskull)

KONRAD MERZ

»Der Abfall der Niederlande« von den Hitlers

Das Dorf Ilpendam liegt wie eine schiefe Mütze über dem Kopf der Stadt Amsterdam. Dort hatte ich – ein leise angebundener und laut rausgeschmissener Deutscher und Jude – mich im Juni 1934 als Gartenkuli und Kuhstallknecht für einen Gulden pro Woche plus etwas Eßbarem täglich und etwas Bett nächtlich angesiedelt. Ich war sechsundzwanzig, Exstudent der Rechte und Linke und gehörte zu dem umfangreichen Korps der Leute, die zum Tode verurteilt waren, zur Strafe dafür, daß sie geboren waren.

Ich hatte in Deutschland so viele Hitlers in SS- und SA-Uniformen um die Ecke marschieren sehen, daß mir die Kühe in Holland sympathischer geworden waren als die Menschen in Deutschland. Mein neuer Hauspapa – ein langer Holländer mit Van-Gogh-Gesicht – hatte mich reingelassen, nicht weil er mich nötig hatte, sondern weil ich ihn nötig hatte.

Aber was macht schon ein Schreiber, wenn er morgens und abends die Poesie von Brechbohnen und die Prosa von Kühen melken muß! Er schreibt. Ich sandte mein kaum Lesbares ans *Neue Tagebuch* in Paris, wo man es zu einer Nummer machte mit dem Titel »Aus dem Tagebuch eines Berliner Studenten«, November 1934, mit darin bereits die erste Veröffentlichung über die marschierenden Soldatenstiefel, die Studenten damals schon für den kommenden Krieg studieren mußten.

Bisher hatte ich mit dreizehn ein Theaterstück geschrieben, das schlecht war, und viele Gedichte, die noch schlechter waren. Später mußte ich, weil das Schicksal im Winter keinen Sommer zuließ, nach Amsterdam verschwinden, wo in diesem calvinistischen Land die erste Kommune, in der Weibliches und Männliches im selben Zimmer, Bad – ohne Bibel, Bett und dem Rest – zugelassen war. Ich wollte dort mein Tagebuch zu einem Buch wachsen lassen, besaß aber weder Papier noch Schreibmaschine oder Stuhl, geschweige denn einen Tisch. Aber der Inhaber eines guten, noch dazu deutschen

Herzens bot mir alles Gewünschte gratis an. Er ahnte noch nicht, daß ich ihm später, wo er als Deserteur bei den Hitlers ausgerissen sein würde, ein unsichtbares Domizil als sichtbaren Dank übermitteln konnte.

Hiernach ist mir das Glück widerfahren, daß der Lessing von Holland, Ter Braak, mein halbes Buch, das ich ihn lesen ließ, so gut fand, daß er das Ganze dann zum ersten deutschen Exilroman ausrief und 1936 bei Querido, Amsterdam, unter meinem Titel *Ein Mensch fällt aus Deutschland* herausgab, wobei er es eine ganze Seite lang in seiner Zeitung mit Freude bekränzte.

Mai 1940 schickte dann Hitler seine Tanks mit Tod und Mord verziert nach Holland. Menno Ter Braak – weder Kommunist noch Jude – nahm sich ein Leben, das er nicht mehr leben konnte, solange Henker sein Land vergewaltigten.

1942, als die Juden den gelben Stern als Todesurteil auf ihre Herzen nähen mußten, erschien die junge Witwe des Gärtners aus Ilpendam bei mir und erklärte ihre Haustür für immer geöffnet, falls ich käme. Und es wäre höchste oder genauer niedrigste Zeit. Diese holländische Bauerntochter bot meiner Flucht eine Zuflucht, obwohl sie als Kapital nichts besaß als ihre Angst, und ich das Spiegelbild ihrer Angst mit meiner zusammen. Auf dem Weg zu ihrem Haus zog ich den Mantel mit gelbem Stern aus wie ein Held vor der Vorstellung, die dem Tod geweiht war oder dem Leben.

Während dieser Tournee in Blindheit und Taubstummheit, die ich drei Jahre absitzen mußte (das Wort »Onderduiker« war damals noch gar nicht erfunden), mußte ich mir einen Rückwärtsgang, der nicht gehen durfte, leisten, während draußen die Nacht dem Tag die Sonne stahl. Verschwiegen saß drinnen ein verbotner Mensch auf einem verbotnen Stuhl und aß verbotnes Brot, ich, ein Maulwurf ohne Maul. Falls die verbotne Tür aufging, stand darin mein Mörder. Inzwischen las ich die in Samtdecken eingelegte Bibliothek des Predikanten vom Dorf, der mir den Himmel seiner Bücher öffnete und jedesmal den Nietzsche zurückholte, wenn ihn Zweifel an Gott beschlich.

Mittlerweile ließen uns die große Pleite Hitlers in Stalingrad sowie die Invasion der Alliierten in die Normandie herzlich grüßen. Mein Freund Fritz klopfte an meine verschwiegene Tür; er war Deserteur, ausgekniffen vorm Hitler. Aber er konnte das Leben nicht aushalten ohne Musik dazu. Er verschwand mit zwanzig Kilometern Laufen nach Amsterdam – jeder entdeckte Schritt von ihm wäre seine Erschießung gewesen. Er war nach einem Fegefeuer von Angst endlich zurück mit Steiß voll Schweiß, linkerhand die Matthäuspassion und in der Rechten das Forellenquintett. Und danach hatten wir in unseren nicht existierenden Ohren wieder Gedanken, die wir ertragen konnten.

Aber am 4. Mai um zwanzig Uhr dreißig brach das Wunder aus. Es sprach französische Funken im englischen Funk. »Absolute Kapitulation« von einem Hitler, der ganz Deutschland vergiftet hatte und endlich sich selber. Der Predikant, der außer Gott auch noch Französisch kannte, mußte die Erklärung der Erlösung gegenzeichnen. Und ich, ein nichtexistierender Mensch, war plötzlich die wichtigste Person, die mit trillernden Buchstaben die Befreiung von Holland und die Niederlage von den Hitlers aufs Straßenfenster des Hauses kleben durfte. Und alle Geflügel- und Kuhhändler der Gegend konnten es mit eigenen Augen sehen.

Fritz, dieser eigensinnige Deutsche, mußte erst noch seine englischen Vokabeln, die er grad aus dem Kopf lernte, aus dem Kopf zu Ende lernen. Dann zogen wir beide ins Dorf hinein, nichtsahnend davon, daß wir plötzlich zwei Deutsche waren, die solange auf Eis gelegen hatten, aber als Finale der Barbarei ins Gefängnis geschmissen werden konnten. Mein Schicksal war es gewöhnt, daß ich, wenn die Juden ermordet wurden, zum Juden ernannt wurde und wenn man die Deutschen zerriß, zum Deutschen. Erst als sich bei uns im Dorf ein Häuptling meldete, der lesen und schreiben konnte, durften wir uns im Spiegel wieder als freie Europäer begrüßen. Der große Bruder vom Dorf, die Stadt Purmerend, sollte erst einen Tag später die Befreiung verabfolgt bekommen.

Einige Tage danach mußte ich zum Häuptling der Illegalen, der mich mißtrauisch anblickte. Ich sollte bei ihm die Aufnahmeprüfung für Europa bestehen und auf Papier bescheinigt bekommen. Ein Stempel Papier, worin stand: »Deutscher Mund, aber mit Ehre.« Danach erhob er sich wie ein Priester (er war Tierarzt für kleine Haustiere) und predigte: »Freunde, dieser Mann hat an Deutschland mehr gelitten als wir alle. Dieser Mann hat schon gegen Hitler gekämpft, als wir diesen Namen noch gar nicht ausspucken konnten. Reicht ihm die Hand zum Gruß.« (Einige Zeit danach reichte mir ein Bankier die Hand mit dreitausend Gulden deutscher Wiedergutmachung.) Später habe ich sogar dreißigtausend als Ersatz für mein abgebrochenes Jurastudium erhalten. Die Berliner Behörden zeigten sich sehr großmütig.

Ach, diese Befreiung, die Fahnen wurden aus Taschentüchern zusammengenäht. Das Lachen war wieder aufgestanden, es war wie ein Karneval für alle Niederlande, eine unwahrscheinliche Wirklichkeit wollte wieder wirklich werden, und man lernte mit alten Beinen neue Tänze.

Wir »Menschen aus dem Untergrund« suchten einen neuen Grund, der uns sein erstes Wort nicht wieder entzieht; die meisten hatten das Beharrungsvermögen der Hoffnung schon für die endgültige Befreiung gehalten – es zeigte sich, daß die Renaissance noch nicht die Freiheit vom Lachen und Weinen bedeutete. Der karnevalistische Sauerstoff sollte sich nicht zu Sauerkohl mit Wurscht verwandeln, als sich zeigte, daß man die Millionen Abgeholten noch immer für Lebendige gehalten hatte. Aus meiner ganzen Familie war ich der einzige, der noch so tun konnte, als ob er lebte.

Den Namen Auschwitz, der bald den Horizont verfinsterte, konnte kein Gott zur Erneuerung zwingen. Die unbegreifliche Ermordung von eineinhalb Millionen Kindern, nur weil sie geboren waren, war nicht für eine Wiedergeburt vorgesehen. Es war eine deutsche Wunde, die vielleicht ewig bluten muß als ewig warnende Flagge. Aus dem Süden des Landes sprach Königin Wilhelmina (der einzige Mann in der holländischen Regierung, wie Eingeweihte sie nannten). Königin Wilhelmina hielt mit mütterlicher Güte ihre Rede an das ganze Land: »Meine befreiten Landsgenossen und Landsgenossinnen . . .«

GÜNTHER NENNING

Mörder, Ficker, Schelme

I. Das Kabinett

Die Welt-, erst recht die Kriegsgeschichte ist negative Geistesgeschichte: Geistergeschichte, Gespenstergeschichte. Der zivile nächtliche Alptraum vom Tod wird soldatischer Tag- und Wahrtraum. Gestorben wird ja immer, auch massenhaft, aber im Krieg hängt drüber ein unvergleichlich kriminelles Parfum. Die Parkette knarren unterwegs zum versperrten Kabinett der Erinnerung, der Schlüssel dreht sich verräterisch leicht.

Beim Öffnen der Tür poltern aus ihr verbliebene Trümmer vom Abstieg und Fall des Reichs des Bösen, und was der alte Gibbon schon von jedem Reich schrieb, erscheint, wenn sich der Staub verzieht und die Leichen neu zu stinken beginnen, als unsichtbare Leucht- und Warnschrift, die das Dunkel vorsorglich nicht erhellt:

»History is little more than the register of the crimes, follies, and misfortunes of mankind.«

Man beachte Gibbons Reihenfolge: Verbrechen stehen an erster Stelle, es folgen Narrheiten, Unglücke kriegen den letzten Platz.

Es ist ja auch wahr: Krieg ist kein bloßes Unglück, sondern erst einmal Verbrechen und Narrheit. Unglücke kann man nicht bekämpfen, Verbrechen und Narrheiten schon, sei's auch mit empirisch nachweislich geringem Erfolg, weshalb Widerstehen um so nötiger ist, Hinnehmen um so schuldhafter. »Optimismus mit Trauerflor, kämpfend«: Bloch.

Schuldhaft grinsend verlasse ich das Kabinett der Erinnerung und sperre gut zu. Beim Schreiben trinke ich, wie's Gibbon tat, trockenen Rotwein.

II. Die Glaswand

Niemand will den Krieg; jeder will den Frieden – soweit sind wir heute fortgeschritten. Aber »auch der Weltstaat wird die Gewalt nicht abschaffen, da sie zur Schöpfung gehört«: Jünger, der demnächst unverschämt Hundertjährige, am 16. Juli 1993 in der *Zeit.* Dem alten Weisen hätte Besseres einfallen können oder doch Originelleres, denn *wahr* ist es ja.

Wer im Krieg war und glücklich wieder herauskam, wird automatisch Kriegsgegner und Friedensfreund, manchmal mit Verspätung, zum Beispiel Jünger, aber er wird's. Ich war's schon von vornherein. Dennoch ist eine gläserne Wand zwischen mir, der ich glücklich aus dem Krieg herauskam, und den Kriegsgegnern und Friedensfreunden, die glücklich nie drin waren. Es trennt uns ein Dennoch, das ich nicht beschreiben kann, außer mißverständlich.

Die Wand zwischen uns ist völlig durchsichtig; wir sehen einander, wir lachen miteinander, wir sind einer Meinung. Aber die Wand weicht nicht. Denn ihr lebt, und ich war schon tot. Ich bin ein Wiederkehrer; das ist die Gespenstergeschichte.

Nur ein Idiot wird den Krieg wollen, weil man dort zu erleben bekommt, was man im Frieden nie zu erleben bekommt, jenes Leben schon mitten im Tod, ein so lebendiges Leben wie nie im Leben, ja vielleicht beim Ficken, wenn es gut ist. Aber auch damals im Tod haben wir gut gefickt, wie nie im Leben.

»Ficken« ist ein unanständiges Wort. »Soldat« ist ein unanständiges Wort. Die Kombination der beiden ist das Anständigste, was im Krieg passiert. Im Fick verwandelt sich der Soldat, meist das Opfer der Kriegsverbrecher, in den König des Lebens, der es mit rasch wechselnden Königinnen treibt. Sie ändern plötzlich die Welt und ändern gar nichts, drum treiben sie's so verzweifelt oft. Soldaten sind Mörder, Soldaten sind Ficker, eine unkorrekte Kombination. Fünfzig Jahre später versteht, wer nicht dabei war, alles und wer dabei war, gar nichts.

III. Der Grashügel

Die im Krieg waren, sind denen, die im Frieden sind, zu Recht verdächtig; eine Gespensterarmee. Der Wiederkehrer vom Tod hat keinen Wirklichkeitssinn, sondern (Musil:) »was man Möglichkeitssinn nennen kann. Wer ihn besitzt, sagt beispielsweise nicht: Hier ist dies oder das geschehen; sondern er erfindet: Hier könnte, sollte oder müßte geschehen; und wenn man ihm von irgend etwas erklärt, daß es so sei, wie es sei, dann denkt er: Nun, es könnte wahrscheinlich auch anders sein.«

Das Ende des Zweiten Weltkrieges erlebte ich hinter einem Grashügel. Er war vielleicht fünfundzwanzig Zentimeter hoch. In seinem Schutz plante ich meine Zukunft.

Zukunftsplan, Punkt 1: Soviel die da auch schießen, durch meinen Grashügel kommt nichts durch. Dieser Himalaja ist undurchdringlich. Kein Tippfehler des Schicksals, Grashügel nicht Grabhügel.

Zukunftsplan, Punkt 2: Die müssen bald zu schießen aufhören. Gestern abend hörten wir BBC, und die sagten, ab morgen ist Waffenstillstand. Also heute. Das ganze Weltall besteht aus einem Stück Wiese, mit einem Grashügel vor meinem Kopf. Das Wiesenstück ist sehr feucht. Das Wasser rinnt vorne bei der Uniformbluse herein und unten irgendwo heraus. Ich plane meine Zukunft.

Zukunftsplan, Punkt 3: Ficken.

Liebevoll drücke ich mich ins quatschige Naß. Erschossenwerden ist blöd. Jetzt noch erschossen werden ist noch blöder. Da hört das Schießen plötzlich auf. Dröhnende Stille.

Explosionsartig dehnt sich das Weltall aus. Es besteht nicht mehr nur aus einem Stück nasser Wiese mit fünfundzwanzig Zentimeter Grashügel vor dem Kopf, sondern aus der ganzen, großen Wiese, weiten Waldstücken und einigen Häusern. Ich plane meine Zukunft.

Zukunftsplan, Punkt 4: Ficken.

Mit Weltgeschichte hat das ersichtlich nichts zu tun, im Gegenteil (Novalis:) »mit der Zeit muß die Geschichte Märchen werden, sie wird wieder, wie sie anfing«. Es war einmal ein Mann, ein verlorener Soldat, der aus dem verlorenen Krieg nach Hause wollte, ganz quer durch Deutschland, es war aber Österreich, wohin sie wollten, drei Landsleute, Wiener, nach dem Motto der Bremer Stadtmusikanten: »Was Besseres als den Tod werden wir überall finden.«

Aus der zerstörten Stadt Bocholt, im obersten Norddeutschland, wo der Krieg schon im März zu Ende war, langten wir im Mai unten in Böhmen an, in der zerstörten Stadt Eger. Lustlos am frühen Morgen stocherten wir im Häuserschutt, auf der Suche nach Essen und Brennholz. Wir fanden aber nichts.

Im Nichts fand ich aber ein zerfetztes dunkelrotes Heft, ich hab's immer noch, »Nr. 437–442, November 1916, XVIII. Jahr, *Die Fackel*, Herausgeber Karl Kraus«. Ich las drin gleich beim Frühstück, wir hatten außerhalb der Stadt, unterwegs Richtung Prag, einen Bauern gefunden, der uns Lebensmittel gab, im Tausch gegen einen Radioapparat, mit dem man BBC hören konnte.

Wir hatten gleich zwei solche Apparate mit dabei, denn wir waren bei einer Funktruppe gewesen, irgendwie luxuriös. Wir hatten unseren Funkwagen und so viele volle Benzinkanister, wie drin Platz hatten.

BBC zu hören war nicht nur verboten, sondern lebenswichtig. Im nazideutschen Volksempfänger waren die Auslandsfrequenzen blokkiert. Nur in den BBC-Nachrichten konnte man erfahren, wo die Russen waren und wo die Amerikaner.

Für den lebenswichtigen Radioapparat, aber wir hatten ja einen zweiten, kriegten wir einige Brotlaibe, ein halbes Schwein, Speck, Schmalz. Ich plante unsere Zukunft:

Zukunftsplan, Punkt 5: Genug Cholesterin, genug Benzin, genug bis Wien.

Beim Frühstück also las ich im *Fackel*-Heft, Seite 94, wie der *Fackel*-Kraus losging auf die im Ersten Weltkrieg hochberühmte Kriegsberichterstatterin Alice Schalek. Er zitiert aus einem Interview der Schalek mit einem Kanonier, der gerade an der Abzugsleine seines Mörsers riß, »was für Empfindungen er dabei habe . . . was für Erkenntnisse er habe . . . ich meine, was Sie sich dabei denken, wenn Sie den Mörser abfeuern, Sie müssen sich doch etwas dabei denken, also was denken Sie sich dabei?« – Da sagte der Kanonier: »Gar nix!«

IV. Der Furz

Also es tut mir leid, sehr viel mehr als gar nix habe ich auch nicht zu bieten in meiner Kriegsendeberichterstattung. Es ist zu blöd, aber das Leben der Soldaten ist ausgefüllt mit gar nix. Davon leben sie, falls sie leben. Was damit jungen Menschen gezeigt werden kann – vor »jungen Menschen« gehört korrekterweise immer »vor allem« – also: was vor allem jungen Menschen damit gezeigt werden kann, weiß ich nicht, ». . . was für Empfindungen . . . was für Erkenntnisse . . . ich meine, was Sie sich dabei denken . . . Sie müssen sich doch etwas dabei denken, also was denken Sie sich dabei?«

Also nach dem Frühstück dachten wir, jetzt fahren wir weiter, hoffentlich fangen sie uns nicht, die deutschen Wehrmachtsstreifen, die Russen, sondern wenn schon, dann die Amerikaner. Haben wir so lange Glück gehabt, warum nicht weiter, und vielleicht finden wir ein Dach überm Kopf für die Nacht, vielleicht Weiber, also dachten wir ohnehin viel und nicht gar nix.

Aber wirklich nicht gar nix wäre erst, hätten wir be- und überdacht das Schicksalsjahr 1945, Erwartungen an die neue Zeit, Zukunft der

Deutschen, Befreiung. Dachten wir aber nicht. Tut mir leid, es war nicht fünfzig Jahre später, sondern ein ganz junges Jahr Null, furchtbar, unglaublich, wundervoll. Wir lebten.

Abends fanden wir ein Bauernhaus, entlang der Straße war alles zerstört, die wenigen unzerstörten Häuser voll mit Soldaten und Flüchtlingen, aber hier war Platz, hundert Meter abseits der Straße.

Licht durfte keines gemacht werden, wegen Partisanen, aber was sollte das helfen gegen sie? Die Bauernfamilie schlief unten, wir auf dem Dachboden, wir waren irgendwie herumgetappt, bis jeder eine Bettstatt gefunden hatte. In meiner war schon wer, eine Frau, dem Griff nach jung. »Mach nur ja keinen Lärm«, sagte sie, »die dürfen unten nichts merken, die Bauern können uns Flüchtlinge sowieso nicht leiden.« Sie setzte sich auf mich. »So macht es keinen Lärm«, sagte sie. Es war schön. Am Schluß ließ sie einen Furz, daß dagegen jener berühmte der Margot des Villon gar nix war.

Beim Frühstück saßen wir dann alle beisammen, wir, die Bauersleute und drei Flüchtlingsfrauen, alle drei jung. Welche war's? Da ließ eine einen Furz. Sie lachte; ich lachte, aber was half's, wir mußten ja weiter.

V. Ein Wienerlied

Mehr als zwei Monate waren wir schon unterwegs vom äußersten Nordwesteck Deutschlands, gut ausgerüstet. An einem Schnürl um den Hals, unterm Hemd, trug ich unsere wichtigste Waffe, einen Stempel mit Kissen, und in der Brusttasche einen verdrückten Stoß Formulare. Da trugen wir ein, von wo nach wo wir unterwegs waren, und als Grund der Bewegung: »Suche nach der Einheit.«

Unsere Funkeinheit hatten wir längst ziemlich absichtlich verloren. Wichtig war, daß auf jedem Formular (»Marschbefehl«) der Zielort, den wir eintrugen, jedesmal nicht allzuweit weg war von dem Abmarschort, den wir eintrugen. Sonst wäre es verdächtig gewesen bei Kontrollen, welche aber immer seltener wurden, je weiter wir uns vorwärts bewegten im Chaos des Rückzugs.

Aus einem verlassenen Schulhaus hatten wir einen Atlas mitgenommen. Auf der Karte »Mitteleuropa, 1:5 000 000« hatten wir einen Strich mit dem Bleistift gezogen, vom Niederrhein bis Wien, Luftlinie achthundert Kilometer. Wir achteten darauf, daß die Orte, die wir auf den »Marschbefehlen« eintrugen, so ungefähr auf dieser Linie lagen.

Wir hatten mehr Glück als Verstand, aber genau dieses Mischungsverhältnis braucht man im Krieg. Das nur leicht modernisierte

Schwejkische unseres Heimfahrens überriß sofort ein älterer Feldwebel der Feldpolizei. Die Feldpolizei, genannt »Heldenklau«, war der Schrecken der immer zahlreicheren Heimfahrer unseres Schlages. »Sie haben zwei Möglichkeiten«, sagte er. »Entweder Sie steigen aus und kommen mit, dann wird Sie unser Hauptmann wahrscheinlich aufhängen lassen, oder Sie singen mir ein Wienerlied vor und hauen dann blitzartig ab.«

Wir sangen »Leise schwebt das Glück vorüber«.

VI. Das Federbett

Wir fuhren am liebsten ganz allein auf Nebenstraßen, in der Hand den Schulatlas, welcher gut mit Detailkarten ausgestattet war. Erstaunlich oft und lang gelang uns die Alleinfahrt. Erst in Böhmen wurde es richtig gemischt, endlose Kolonnen, Staus, Tiefflieger tags, Partisanen nachts. Aber es war doch Waffenstillstand! Heute lese ich im *Großen Ploetz. Auszug aus der Geschichte. Neuzeit. Zeitalter der Weltkriege* sub 7. Mai, 2.41 Uhr: »Deutsche Gesamtkapitulation an die Westalliierten in Reims, zweitägige Frist zugestanden für den Übertritt deutscher Truppen aus sowjetischem in westlichen Machtbereich.«

Sub 9. Mai, 0.01 Uhr: »Es schweigen die Waffen. In den letzten Tagen sind noch 1,85 Mio. deutsche Truppen aus dem sowjetischen in den westlichen Machtbereich gelangt. In Böhmen wird ein Teil von ihnen nachträglich von den Amerikanern der Roten Armee übergeben.«

Das wissen wir damals alles nicht, aber wir riechen's. Plötzlich fahren wir im Konvoi, Russen vor uns, Russen hinter uns; Amerikaner vor uns, Russen hinter uns; endlich Amerikaner vor uns, Amerikaner hinter uns; plötzlich wieder Russen vor uns, Russen hinter uns.

Mit Gefangennehmen strengen sich im Augenblick weder die Russen an noch die Amerikaner. Beide sind offenbar im Wettrennen, wer am raschesten am meisten Gebiet besetzt – ehe die Gottsöberen des Westens und der Gottsöberste des Ostens sich ausschnapsen, entlang welcher Linie sie sich in die Befreiung der Deutschen teilen. Es wird dann die Linie, entlang welcher sie sich in den Kalten Krieg teilen.

Das wissen wir damals alles nicht, aber wir riechen's. Unsinnige Gerüchte gehen um: Das deutsche Heer ist bei den Amerikanern willkommen, die wollen uns als Verbündete, schon wird eine Front aufgebaut gegen die Sowjets.

Ja, lauter Unsinn, Illusion, in der sich auch die blutbedeckte Naziführung suhlte. Das Gegenteil ist wahr; es dauert noch das ein und andere Jahr, dann wird das Gegenteil vom Gegenteil wahr, das unsinnige Gerücht wird wahr, ein deutsches Heer ist den Amerikanern willkommen, schon wird eine Front aufgebaut gegen die Sowjets.

Die Wahrheit zu früh glauben ist lebensgefährlich. Noch werden deutsche Soldaten, die Pech haben, von den Amis den Sowjets ausgeliefert, nach welchen Kriterien und entlang welcher Demarkationslinie ist schleierhaft und wechselt von Tag zu Tag. Welch schrecklicher Überfluß an Befreiern! Erst gar keine, dann zwei, das ist einer zuviel.

Wir wissen es nicht, aber wir riechen's: Die Zeit, in der wir uns die Befreier vielleicht noch aussuchen können, verrinnt rasch. Wir hören BBC und beugen uns über den Schulatlas, Teilkarte »Böhmen und Mähren«. Prag ist von den Russen besetzt, Wien ebenso. Wir müssen statt vorwärts nach Osten, wo wir hinwollen, aber dort sind die falschen Befreier, rückwärts nach Westen, wo wir nicht hinwollen, aber dort sind die richtigen Befreier.

Wo finden wir, möglichst nah und möglichst schnell, die Befreier, die die Befreiten von den Befreiern befreien? Das Befreitwerden ist ganz allgemein eine helle Freude, ganz konkret mußt du irres Glück dazu haben. Erstens, daß du überhaupt befreit wirst, und zweitens, von den Richtigen.

Zwischendurch mußt du, wie eilig es auch ist, wo übernachten und essen und trinken, und es stellt sich heraus, daß im benachbarten Haus im Keller eine junge Frau wohnt. Ihre Zähne blitzen weiß quer durch die fünfzig Jahre Ende des Zweiten Weltkrieges. Sie ist eine Tschechin und redet deutsch. »Ich bin kein Deutscher«, sage ich, »ich bin ein Wiener.«

»Du bist ein Idiot«, sagt der Unteroffizier, der unser Häuflein anführt. »Das ist hier Partisanengebiet. Die Frau kann eine Falle sein. Du kennst doch die Tschechen. Von Waffenstillstand keine Rede. Wir sollten beisammen bleiben und abwechselnd Wache stehen.«

Wieviel erfülltes Liebesglück hab' ich vergessen? Dieses unerfüllte nicht. Weiß blitzt das Federbett auf der Matratze im Kellereck.

VII. In Wasserlöchern

Endlich in US-Armen. Daß immer wieder Russen wo auftauchen, wo laut BBC noch keine sind, und keine Amerikaner auftauchen, wo laut BBC schon welche sein sollen, hat uns zuletzt ganz nervös gemacht. Noch nervöser machte uns nur ein Zug von KZ-Insassen, befreit, genährt, aber noch in den gestreiften Kleidern. Wir streiten. Eine

Zweidrittelmehrheit von uns dreien sagt: Wir haben nichts gewußt. Eine Drittelminderheit: ich – sag(t), nein, ich wußte es.

Einer von uns dreien sagt: Na ja, irgendwie hab' ich's schon gewußt, aber bei dir – sagt er zu mir – ist es ja klar, du hast jüdische Verwandte. Er war Kompanieschreiber, er wußte es die ganzen Jahre, hat aber niemand etwas gesagt.

Endlich stehen an den Straßenkreuzungen amerikanische Posten und winken uns weiter, bis wir in Teplitz-Schönau sind, »Teplice« steht jetzt in Handschrift auf dem Wegweiser. Im Lager mittendrin ist ein See, in welchem sich das alte Kloster spiegelt. Zu essen kriegen wir nichts, aber wir haben ja noch etliches in unserem Funkwagen. Andere sind schlechter dran. Die mit Autos kamen, mußten sie noch nicht abliefern. Aus Langeweile fahren welche mit Schwimmwagen im See. Da schießen die Wachposten, eher ungezielt.

Einer von uns schwimmt täglich über den See, vor sich ein Blech-Lavoir und holt Brot. Auf der Klosterseite des Sees gibt es ein »Loch«, durch das mancherlei Lebensmittel kommen. Auch auf den Mann mit dem Brot-Lavoir schießen die Posten, eher gezielt – nach einigen Tagen, in denen er nicht behindert wurde.

Es gibt endgültig nichts mehr zum Essen im Lager, nur noch Regen. Wir liegen auf dem bloßen Boden, in Einbuchtungen, die der Regen und unser Körpergewicht erzeugen. In diesen Wasserlöchern ist gerade so wenig Wasser, daß es dank unserer Körperwärme und dem lauen Mai lauwarm ist morgens beim Aufwachen.

Die Gerüchte, daß wir demnächst aus dem US-Paradies vertrieben und den Russen übergeben werden, weil das Lager in der Russenzone liegt, werden immer dichter. Ich gebe vor, daß ich Englisch kann und komme in die Schreibstube des Lagers als Dolmetsch.

Ich kann wirklich genug Englisch, um rasch herauszukriegen, wo Formulare und Stempel liegen zur Entlassung aus dem Lager. Soldaten sind Schelme, ganz international: Lazarillos, Simplicissimi, Schwejks – wen noch soll ich noch aufbieten zur Entschuldigung, daß ich für mich und meine zwei Wiener Mitschelme Entlassungsscheine ausstellte und stempelte?

Aus der Schreibstube mitgehen ließ ich auch eine Propaganda-, Lehr- und Wahrschrift: *Democracy in the United States.* Ich hab' sie immer noch. Sinnvollerweise findet sich darin auch die Rede des Perikles zu Athen, 431 vor Christus. *Die Tore sind weit offen,* nannte Perikles das Grundgesetz der Demokratie. In der Tat hatte ich unsere Entlassungsscheine so ausgestellt, daß wir damit quer durch alle Kontrollen bis nach Österreich gelangten.

KARL HEINZ NEUKAMM

Entscheidende Erlebnisse

Olim meminisse juvabit – so sagt der römische Dichter Vergil in einem Wort, das er dem Aeneas in den Mund legt: »Einst wird uns die Erinnerung eine Freude sein.« Dieses Zitat ist der Titel einer Schrift, die sechzehn evangelische Theologen, alle ehemalige Schüler und Abiturienten des humanistischen Gymnasiums Bayreuth, ihrem damaligen Religionslehrer gewidmet haben. Die Aufsätze und Predigten, die in diesem Band gesammelt sind, galten der dankbaren Erinnerung an einen Mann, der als evangelischer Pfarrer und Religionslehrer uns Schülern der Jahre 1946/47 zu einem Neuanfang im Glauben und vor allem zu der entscheidenden Weichenstellung für das Leben, nämlich zum Studium der Theologie und damit zum Beruf des Pfarrers geholfen hat.

Warum kommt mir diese Erinnerung in den Sinn, wenn ich doch mein Gedächtnis befragen soll, was aus dem Jahr 1945 geblieben ist?

Ich bin am 19. April 1929 geboren und erlebte deshalb bis zum sechzehnten Geburtstag alle »Siege« und dann auch den totalen Zusammenbruch des Deutschen Reiches. Ich wuchs in einem Elternhaus auf, das in die evangelische Kirchengemeinde meiner Heimatstadt Pegnitz eingebunden war. Mein Vater war, wie bei den meisten Beamten üblich, auch Parteimitglied und wurde im Rahmen der »Entnazifizierung« als Mitläufer eingestuft. Er hatte aber bei vielen Gelegenheiten seinem Sohn, vor allem während des Konfirmandenunterrichts 1943, immer gesagt: »Die Botschaft von Jesus Christus haben wir seit bald zweitausend Jahren. Warten wir ab, wie lange das Dritte Reich dauert.« Der Vater mußte wissen, daß die Schüler nach der Einstellung der Eltern gefragt wurden und daß solche Bemerkungen ein hohes Risiko darstellten. Ich erinnere mich aber auch an den Pfarrer, der mich 1943 konfirmiert hat. Als im Konfirmandenunterricht ein Mitkonfirmand zu spät erschien und laut und deutlich mit »Heil Hitler« in die Konfirmandenstunde kam, sagte dieser Pfarrer deutlich vernehmbar: »Unser Gruß ist ›Grüß Gott‹.« Das war in jenen

Jahren ein deutliches Bekenntnis, und der Konfirmand behielt das im Gedächtnis. Ganz ähnlich ging es mir bei den Lehrern im Gymnasium. Die einen begrüßten uns mit dem damaligen »deutschen Gruß«, die anderen brachten diesen Gruß nie über ihre Lippen. Wir wußten eigentlich von allen unseren Lehrern, wo sie politisch standen. Ganz eindeutig wußten wir es von unserem Oberstudiendirektor, der Träger des goldenen Parteiabzeichens war und auch weitere hohe Positionen im damaligen Staat einnahm.

Das Jungvolk und die Hitler-Jugend erhoben in jenen Jahren auf uns einen totalen Anspruch. An den meisten Sonntagen war ein Konflikt auszutragen, weil fast gleichzeitig zum Gottesdienst ein Appell des Jungvolks oder der Hitler-Jugend angesetzt war. Mit meinem Geburtstag am Vorabend des »Führergeburtstages« war ich besonders geschädigt. In jedem Jahr gab es an diesem Abend einen Appell mit der jeweiligen Verpflichtung eines neuen Jahrgangs auf den »Führer«.

Wenn ich an den Anfang des Jahres 1945 denke, dann erinnere ich mich, wie ich im Morgengrauen von unserer Pegnitzer Wohnung zum Bahnhof unterwegs war. Es war wohl immer um 6.52 Uhr, daß der Zug mit den vielen Schülern und Schülerinnen in Richtung Bayreuth abfuhr, wenn nicht durch höhere Gewalt (Fliegerangriffe oder andere Störungen) der Unterricht ausfiel. Als im zeitigen Frühjahr die Einberufung in das Wehrertüchtigungslager im oberfränkischen Mainleus kam, war das Kapitel Schule für einige Zeit abgeschlossen. Denn diesem sehr harten Wehrertüchtigungslager, in dem wir dank vielen Robbens ständige Bodenberührung hatten und vor allem das Maschinengewehr MG 42 und den Karabiner 98 zerlegen und wieder zusammenbauen lernten, folgte die Einberufung zum Volkssturm. Mit meinen fünfzehn Jahren fand ich mich – nach meiner Erinnerung – in der Kaserne in Amberg ein, wo Schüler der höheren Schulen und »Großväter« als letzte Reserve des Reiches zusammengeholt wurden. Alles Werben und Weinen meiner Mutter hatte nichts geholfen; ich meinte, dieser Einberufung Folge leisten zu müssen. Wir wußten schließlich, daß alle diejenigen, die sich den damaligen Befehlen widersetzten, doch mit Gewalt zum Gehorsam gezwungen wurden. Der Vater war damals selbst Soldat und konnte auf meine Entscheidung keinen Einfluß nehmen. So begann ein mehrwöchiges Abenteuer, das uns Kinder als Volkssturmangehörige durch die Oberpfalz und Teile des Bayerischen Waldes bis in die Gegend nördlich von Regensburg führte. Eine kleine Gruppe unserer Einheit wurde an den Ausläufern des Bayerischen Waldes von amerikanischen Panzern überholt. Die uns begleitenden Soldaten waren plötzlich verschwunden, ohne daß wir wußten, ob sie getötet oder gefangen waren. An die Lageberatung zu nächtlicher Stunde im Wald kann ich mich noch gut erinnern. Einsamkeit, Verlassenheit, Angst kehrten ein. Was sollten wir tun? Wohin sollten wir uns wenden? Wir packten aus den verschiedenen Tornistern und Rucksäcken das zusammen, was wir für wichtig und mitnehmenswert ansahen. Vier Klassenkameraden machten sich schließlich auf den Rat eines Mitschülers hin auf den Weg in das Fichtelgebirge auf, wo wir in einer Hütte Unterschlupf suchen wollten, bis wir vielleicht wieder nach Hause könnten.

Schon als Volkssturmleute hatten wir manche bitteren Erlebnisse. Es war die Zeit, in der die Tiefflieger die Menschen jagten, die in Zügen oder auf offenen Straßen unterwegs waren. Sehr viel später, nach dem Zusammenbruch, machte ich mir klar, daß Tage vorher Dietrich Bonhoeffer in Flossenbürg ermordet worden war, der Mann, der für meine Generation noch soviel Bedeutung erhalten sollte.

Ich kann mich auch gut erinnern, daß mir bei der Rast in einem Straßengraben mein Geburtstag einfiel, daß ich mit diesem Tag sechzehn Jahre geworden war. Einen Grund zum Feiern gab es nicht. Mir waren damals schon große Zweifel gekommen, ob die Entscheidung, die Mutter und die Geborgenheit in einer relativ ruhigen oberfränkischen Kreisstadt zu verlassen, richtig gewesen war. Aber solche Gedanken wurden wieder verdrängt, weil es ja zu einem unbestimmten Ziel weiterging. Der Kurswechsel kam erst, als wir wenigen Schüler, getrennt von der übrigen Einheit, in jenem Waldstück uns klarmachten, daß wir jetzt auf uns selbst gestellt waren. Wir wollten nicht in Gefangenschaft geraten. Deshalb wanderten wir im Schutz der Wälder und vor allem auch im Schutz der Dämmerung Richtung Norden mit dem Ziel Fichtelgebirge. Als wir uns mit mehr Nacht- als Tagwanderungen bis zu jener Hütte im Fichtelgebirge durchgeschlagen hatten, stießen wir dort auf den »Werwolf«, jene letzten Kämpfer vor allem aus der SS, die nicht wahrhaben wollten, daß der Krieg verloren war. Der Hüttenwirt hatte uns nur unter der Bedingung aufgenommen, daß wir die in der Nacht dort ankommenden »Werwolf«-Leute von seiner Hütte weg in eine andere Unterkunft führen. Ich weiß noch genau, wie diese »Werwolf«-Leute uns bewegen wollten, sich doch ihnen anzuschließen und nicht aufzugeben.

Es war Mai geworden, als wir den Entschluß faßten, es mit dem Rückweg nach Bayreuth und in die Heimatstadt Pegnitz zu versuchen. Es gab schon in den amerikanisch besetzten Gebieten eine kurze Ausgangserlaubnis. Wir hatten alles abgelegt, was an Uniform erinnerte. Durch manche amerikanischen Kontrollen und Sperren hindurch gelangte ich schließlich nach Hause. Ich sehe noch meine

Mutter vor mir, wie sie ihren verloren geglaubten Sohn wieder in die Arme schloß. Der Vater war damals noch in Kriegsgefangenschaft, mein jüngerer Bruder mittlerweile von einer anderen Schule nach Hause gekommen. So begann ein Kapitel des neuen Anfangens. An Schule war Mitte 1945 nicht zu denken. Ich verdingte mich in meiner Heimatstadt in einem Entlassungslager für deutsche Soldaten in amerikanischer Gefangenschaft, was regelmäßiges Essen, etwas Geld und vor allem praktischen Englischunterricht bedeutete.

Die Monate gingen ins Land, bis Mitte Januar 1946 der Unterricht wiederaufgenommen werden konnte. An Unterbrechungen fehlte es auch dann nicht, weil es oft kein Brennmaterial gab und der Unterricht sehr eingeschränkt wurde oder ganz ausfiel. Die Monate von Januar 1946 bis Juli 1947 wurden zur entscheidenden Weichenstellung in meinem Leben. Da war einmal der Religionsunterricht des mit dem Sammelband gewürdigten Religionslehrers. Der Unterricht war spannend, weil es dieser Pfarrer verstand, die Botschaft der Bibel mit den täglichen Herausforderungen zu verbinden. Uns Schülern war ja in den Monaten vorher eine Welt zusammengebrochen. Wir haben uns deshalb auf jede Religionsstunde herzlich gefreut. Ich besitze heute noch viele Nachschriften aus jenen Unterrichtsmonaten. Es gab in Bayreuth auch einen Schülerbibelkreis, in dem ein anderer Pfarrer uns in die Tiefen des Evangeliums einführte und ebenfalls mithalf, für unser Leben ein neues Fundament zu legen. In meinem Heimatort sammelte sich dann auch die evangelische Gemeindejugend, und es gab gute Kontakte zu den beiden Gemeindepfarrern und vor allem auch zu einer Jugendleiterin, die mich bald als ehrenamtlichen Mitarbeiter gewann.

Welche Gedanken gingen durch Kopf und Herz in jenen Wochen des Endes des Dritten Reiches? Jahrelang hatten wir Erdkundeunterricht gehabt, in dem wir vor allem die deutschen Frontlinien nachzeichneten. Jahrelang gab es ja Siegesmeldungen! Unser Mathematiklehrer meinte immer wieder, daß auch seine Stunden zur politischen Meinungsbildung genutzt werden müssen. In den letzten Monaten vor dem Zusammenbruch gab es im Gymnasium keinen Religionsunterricht mehr. In den Jahren vorher hatten wir einmal einen Religionslehrer, der uns die Stunde zur persönlichen Beschäftigung überließ, um seinerseits auf dem Pult den *Völkischen Beobachter* zu lesen. Zu Hause gab es aber die Nachrichten der Auslandssender, die immer nur ganz leise empfangen wurden, weil ja auch dem Nachbarn nicht zu trauen war. Dann gab es auch wieder den Versuch der Begeisterung durch die Hitler-Jugend und die immer wieder neu genährte Hoffnung, es könnte doch noch eine Wunderwaffe alles zum

Besten wenden. In den Nächten leuchtete aber dann wieder der Himmel blutrot, wenn Angriffe auf Nürnberg geflogen wurden. Je mehr sich die deutschen Truppen an allen Fronten zurückziehen mußten, desto mehr erinnerten die Fliegeralarme bei Nacht und immer mehr auch bei Tag an die Grausamkeiten des Krieges. Immer mehr Meldungen über Gefallene und Tote durch die Fliegerangriffe machten nachdenklich.

Die persönliche Einsicht, daß wir im Bann einer teuflischen Macht waren, die totalen Anspruch auf unser Leben erhob, kam mir in den Wochen des Volkssturmeinsatzes. Uns war schon im Gymnasium angekündigt worden, daß nach dem »Endsieg« die Kirche abgeschafft würde und wir deshalb die kirchliche Bindung am besten jetzt schon aufgeben sollten. Als wir dann in jenen Maitagen von 1945 und in den Wochen danach das ganze Ausmaß der Katastrophen, auch die entsetzliche Schuld, die die früheren Machthaber auf sich geladen hatten, erfuhren, stellte sich immer mehr die sehr persönliche Frage ein: Gibt es für uns junge Leute eine Zukunft? Werden wir noch einmal in die Schule gehen können? Werden wir irgendwo gebraucht? Gibt es für uns betrogene junge Menschen eine neue Orientierung, ein neues Ziel?

Es war die Kirche, es waren die Pfarrer, es waren einige zum persönlichen Zeugnis bereite Christen, die für einen neuen Anfang in meinem Leben Bedeutung erhielten. Nun kamen die Erinnerungen an die Bibel: »Irret euch nicht, Gott läßt sich nicht spotten. Was der Mensch sät, das wird er ernten.« Es gab keinen Kampf mehr zwischen dem sonntäglichen Gottesdienst oder dem Appell der Hitler-Jugend. Aber es gab die Sorge, ob wir jemals wieder zur Schule gehen könnten. In einer oberfränkischen Kleinstadt haben wir nicht gehungert. Mutter und der aus der Gefangenschaft heimgekehrte Vater nützten ihre Beziehungen. Es gab viel Tauschhandel, und wir wurden, soweit wir zu Hause waren, mit zum Hamstern auf die Dörfer genommen. Dann und wann erreichten uns in der Familie auch die Segnungen der Inhalte der Care-Pakete. Als ich mich dann selbst bei den Amerikanern als Helfer in der Küche und als »Dolmetscher« verdingen konnte, kam auch mehr von den sagenhaften Schätzen der amerikanischen Soldaten in das eigene Leben und in die Familie. Aber es blieb über Monate hin offen, ob wir durch die Katastrophe von 1945 bitter enttäuschten jungen Menschen einen neuen Anfang finden würden. Sehr oft habe ich meinen Kindern meine Erlebnisse aus jenen Monaten weiterzugeben versucht, die für mein Leben so entscheidend geworden sind.

Mit großer Freude ging ich ab Mitte Januar 1946 wieder in mein

Gymnasium. Ein angeordnetes Wiederholungsjahr mußte ich nicht mitmachen, weil »befähigte Schüler« nach Ablegung einer besonderen Prüfung im September 1946 schon in die Abiturklasse aufsteigen konnten. Achtzehn Jahre jung hatte ich im Juli 1947 das Reifezeugnis in Händen, und in diese »Reife« war und bleibt jene Reifung eingeschlossen, die wir im Jahr 1945 auf vielfache Weise erfahren haben. Aus dem Zusammenbruch wurde ein neuer Anfang. Seit dem Jahr 1945 weiß ich, daß alles Leben Gabe Gottes ist und wir von der Gnade Gottes leben.

JAN NOWAK-JEZIORAŃSKI

Befreit von brauner Pest

Es war ein sonniger, heiterer Tag im Juni. Ringsum herrschte eine glückliche, freudig-erregte Stimmung. Doch für uns beide war es der düsterste und traurigste Tag unseres Lebens. Wir standen auf der Mall, im Herzen Londons, inmitten der jubelnden Menge und betrachteten das imponierende Truppendefilee, die Siegesparade. Die Truppeneinheiten, die vorbeimarschierten, repräsentierten Indien, Südafrika, die Vereinigten Staaten und Kanada, Neuseeland, Holland, Belgien, Norwegen... Auch tschechoslowakische Flieger marschierten mit. Polnische Abteilungen fehlten. Dieser Krieg hatte mit dem Angriff des Nazireiches auf Polen begonnen. Wir waren das erste Land, das sich dem ungleichen Kampf mit der NS-Macht stellte. Polen hatten sich an der Seite Englands geschlagen, als es nach dem Fall Frankreichs allein kämpfte. An der großen Siegesparade der alliierten Staaten nahmen polnische Piloten, Seeleute und Soldaten nicht teil, weil man sie nicht eingeladen hatte. Die britische Regierung hatte bereits beschlossen, das Vasallenregime in Warschau anzuerkennen und die Beziehungen zur polnischen (Exil-)Regierung in London abzubrechen. Die polnischen Truppen, die an mehreren Frontabschnitten, auf Kriegsschiffen und Fliegerhorsten Dienst taten, als Deutschland kapitulierte, wurden zu einem Heer ohne eigenen Staat.

Vor unserem geistigen Auge sahen wir ein anderes Defilee. An uns zogen die Gesichter der Schulkameraden, Freunde und Verwandten vorüber, die in Polen und an allen Fronten des Zweiten Weltkrieges gefallen waren, in den Reihen der im Untergrund kämpfenden Heimatarmee (Armia Krajowa – AK), im Partisanenkrieg und im Warschauer Aufstand – erschossen und erhängt von der Gestapo, gemartert in den KZs... An uns zog vorüber das Defilee unserer im Kampf zerschlagenen und dezimierten Generation, die, statt die Freiheit zu erringen, die deutsche Sklaverei gegen die sowjetische eintauschte. In diesem Augenblick schien es uns, als sei das Meer von Blut und Tränen umsonst vergossen worden. Uns quälte die Frage, ob es 1939 richtig gewesen war, dem deutschen Aggressor und seiner erdrückenden Übermacht die Stirn zu bieten, einer Übermacht, die uns von vornherein zur Niederlage verurteilte. War es richtig gewesen, jeden Gedanken an eine Kollaboration mit dem Okkupanten von uns zu weisen und das einzige besetzte Land zu werden, das keinen Quisling hatte? Hatte es sich gelohnt, den Kampf gegen Deutschland bis zum bitteren Ende fortzusetzen, als schon keine Hoffnung mehr bestand, daß dieser Kampf die Befreiung Polens bringen werde? Wäre es nicht besser gewesen, sich wie ein Hase zu ducken und den Krieg über reglos zu verharren, bis das von anderen vergossene Blut uns den Sieg gratis gebracht hätte? Es drängte sich auf, einen Vergleich zwischen der Tschechoslowakei und Polen anzustellen. Die Tschechen hatten 1938 vor Hitler kapituliert und 1944 mit Stalin ein Abkommen geschlossen. Die Verluste der Tschechen beliefen sich auf Hunderte, vielleicht auf Tausende. Hatten sie ihre Bevölkerung nicht besser geschützt? Wäre es nicht auch für uns Polen vernünftiger gewesen, geduldig auszuharren und darauf zu vertrauen, daß der braune Spuk irgendwann vorüber sein würde?

Außerhalb des besetzten Teils von Europa befand ich mich erstmals im April 1943, als Stalin, nachdem die Deutschen Massengräber polnischer Kriegsgefangener entdeckt hatten, der polnischen Regierung in London die Anerkennung entzog. Nach England gelangte ich zum letztenmal zehn Tage vor der Konferenz von Jalta. Als Emissär führte ich Gespräche mit Eden, Churchill und einigen anderen Mitgliedern des Kriegskabinetts. Ich hatte Zugang zu Geheimdokumenten. Schon Mitte Januar 1944 wurde mir klar, daß Polen nicht die Unabhängigkeit erlangen würde. Ich erfuhr, daß die »großen Drei« untereinander die Besatzungszonen nach Kriegsende abgegrenzt hatten. Polen und ganz Ostmitteleuropa sollten unter die unumschränkte Herrschaft des sowjetischen Militärs fallen. Ich wußte, daß die Alliierten sich nicht gegen die Ausdehnung der sowjetischen Vorherrschaft auf Ostmitteleuropa stemmen würden. Aus London nach Warschau zurückgekehrt, teilte ich dies dem Oberbefehlshaber der Heimatarmee mit – vierundzwanzig Stunden ehe er den Befehl zum Aufstand gab. Die Tragik bestand darin, daß weder der Militärführung noch der Bevölkerung in Polen klar war, daß der Aufstand scheitern mußte – sie vertrauten noch immer darauf, daß die westlichen Verbündeten es im eigenen Interesse nicht zulassen würden, daß die Sowjets den halben Kontinent an sich rissen.

1945, das Jahr des Sieges, war für die Polen ein Jahr der Verzweiflung und der zerschlagenen Hoffnungen. Mich erwartete die Zukunft eines Verbannten, der zu einem Leben in der Fremde verurteilt war.

Die ganze Welt stand uns offen, nur das Heimatland nicht. Nie verloren wir die Hoffnung, daß sich irgendwann in ferner Zukunft das Blatt wenden würde, aber nicht einmal im Traum hätte ich gedacht, daß ich unseren polnischen »V-Day« noch erleben würde.

Und doch erlebte ich den fünfzigsten Jahrestag des Warschauer Aufstands in einem freien und unabhängigen Polen, in einem wiederauferstandenen und aus einem Meer von Trümmern und Brandschutt wiederaufgebauten Warschau. Das polnische Heer erwies den Gefallenen und den Überlebenden des Aufstands und der Kämpfe an allen Fronten des Zweiten Weltkrieges die Ehrenbezeigung. Ich hörte die Ansprachen des Präsidenten der Republik Polen, des Vizepräsidenten der Vereinigten Staaten, des britischen Premierministers, des Vorsitzenden des französischen Senats. Ich lauschte den Worten des deutschen Bundespräsidenten, der die Polen um Verzeihung bat. Er sprach diese Worte vor dem Denkmal für die Aufständischen, auf jenem Platz, der buchstäblich bedeckt war mit dem Blut der jungen Soldaten, die hier im Kampf um jeden Hauseingang umgekommen waren. Als nach den Worten des Präsidenten stürmischer, nicht enden wollender Beifall losbrach, begriff ich, daß die schöne Geste des Deutschen bei den Polen starken Widerhall gefunden hatte und daß ich Zeuge eines historischen Moments war, der Versöhnung ehemaliger Todfeinde.

Für Polen war dies der Tag eines doppelten Sieges, denn wir hatten unseren Staat in zwei Kriegen verteidigt: gegen Hitlerdeutschland und gegen die Sowjetunion. Den Krieg gegen Hitler gewann Polen als Mitglied einer großen und mächtigen Koalition. Im Krieg gegen Stalin und seine Nachfolger standen wir allein. Politisch gesehen hatten unsere Verbündeten in Teheran, Jalta und Potsdam unseren sowjetischen Feind unterstützt. Der Sieg kam erst 1989, als Polen das Vasallenregime in einer unblutigen Revolution abschüttelte und durch sein Beispiel andere nach sich zog. Der Sieg der Solidarność hatte seine Wurzeln in der Einheit des Volkes, die im Untergrund, im bewaffneten Kampf und im Warschauer Aufstand geschmiedet worden war. Der von Stalin und seinen polnischen kommunistischen Vasallen begangene Verrat am Warschauer Aufstand riß zwischen Regierenden und Regierten eine unüberbrückbare Kluft auf. Das im Krieg gewonnene Gefühl der Einheit erhielt sich in der Tiefe des Bewußtseins der Menschen und erneuerte sich in Momenten des Umbruchs: im Oktober 1956 und im August 1980. Durch tragische Erfahrungen klüger geworden, ließ das Volk sich nicht mehr zu Aufstandsversuchen hinreißen, die von vornherein zum Scheitern verurteilt waren, und mied immer den letzten Schritt, der in den

Abgrund geführt hätte. Die Polen verstanden es, andere Formen des Widerstandes zu entwickeln, welche die Bauern vor der Kollektivierung, die Kirche vor Spaltung und Knechtung und die Intelligenz vor dem Verlust der geistigen Unabhängigkeit bewahrten. Die Arbeiter wurden zu einer Kraft, die den totalen Staat zu Zugeständnissen zwang. Unter dem unablässigen Druck des Widerstandes der ganzen Gesellschaft wurde der Freiheitsspielraum Schritt für Schritt erweitert, bis die Solidarność die volle Freiheit erkämpfte. Ein Volk, das mit gebrochenem Rückgrat aus dem Krieg hervorgegangen wäre, hätte diesen Sieg nicht erreicht. Der polnische doppelte »V-Day« war der Sieg einer Gesellschaft, die sich selbst angesichts einer erdrückenden Übermacht des Feindes nicht kampflos ergeben und auch in den schlimmsten Augenblicken, wenn alle Realitäten dagegen sprachen, nie die Hoffnung verloren hatte.

(Aus dem Polnischen von Friedrich Griese)

GÜNTHER PFLUG

Doppeltes Gefühl der Ohnmacht

Das Ende des Zweiten Weltkrieges, wie habe ich es erlebt? Für mich war der Krieg längst zu Ende, als am 8. Mai 1945 die letzten deutschen Truppen kapitulierten. Zu diesem Zeitpunkt hatte ich Krieg, Verwundungen, Lazarette, ja selbst die Kriegsgefangenschaft überstanden und war wieder zu Hause in Bad Godesberg. Bereits im April haben mich, den damals noch Armgelähmten, die Amerikaner aus einem Gefangenenlager in Belgien entlassen. So setzte meine Erfahrung über das Ende des Krieges eigentlich schon ein, als noch an vielen Fronten heftig gekämpft wurde.

Nach dem Fall von Bonn im März 1945 erlebte ich die ersten amerikanischen Soldaten, die mich in Zivilkleidung in die Gefangenschaft holten, da ich als Schwerverwunderter für den Kriegseinsatz zwar nicht mehr verwendungsfähig war, aber doch noch formal zur Wehrmacht gehörte.

Diese erste Begegnung habe ich – trotz der neuen Einschränkungen durch die Gefangenschaft – als eine Befreiung empfunden. Doch das muß wohl näher erläutert werden. In dieses Gefühl der Befreiung gingen nämlich recht unterschiedliche Erfahrungen und Empfindungen ein.

Ausgangspunkt war wohl ein doppeltes Gefühl der Ohnmacht. Seine erste Quelle reichte bis in den Beginn des Jahres 1944 zurück. Nach meiner fünften Verwundung endete für mich die aktive Mitwirkung am Kriegsgeschehen als Frontsoldat in Rußland. Ich tauschte die Front, an der ich als Infanterist eingesetzt war, mit der Heimat. Die Möglichkeit aktiver Gegenwehr, das trügerische Bewußtsein einer militärischen Überlegenheit, verlieh dem Frontsoldaten eine scheinbare Sicherheit, die wohl auch dadurch bestärkt wurde, daß sein Horizont sehr begrenzt war. Er reichte eigentlich nur nach vorn bis zur feindlichen Stellung und rückwärts die wenigen Kilometer bis zu den Versorgungseinrichtungen, dem Troß. Natürlich wurden wir über die wahre militärische Lage offiziell nicht unterrichtet. Doch haben wir auch die Möglichkeit einer Unterrichtung aus anderen Quellen nicht genutzt. Über Lautsprecher verbreitete zwar die sowjetische Seite ihre Nachrichten in deutscher Sprache – zum Beispiel über den Fall von Stalingrad. Doch wer an der Front hat schon hingehört?

Das wurde für mich anders in der langen Lazarettzeit seit dem Januar 1944. Dort haben wir alle die alliierten Nachrichtensendungen gehört, und langsam fraß sich das Gefühl für die militärische Aussichtslosigkeit in unserem Bewußtsein fest.

Was jedoch wohl noch stärker wirkte, waren die Luftangriffe und war die Zerstörung der deutschen Städte, jene Kriegserfahrung, die sich so völlig von der eines Frontsoldaten unterschied. Man war ihnen hilflos ausgeliefert. Es war wohl gerade diese Erfahrung, die das Gefühl der Befreiung stärker prägte als die Tatsache, daß mit dem Kriegsende die alten Nazis verjagt wurden. Sie – jene Ortsgruppenleiter, Block- und Zellenwarte und wie die Titel der unteren Chargen lauteten –, mit denen der normale Bürger überhaupt in Kontakt kam, wurden von den meisten eher als Schmarotzer denn als Bedrücker empfunden, obwohl jeder eine Geschichte über Denunziationen mit ihren oft tödlichen Folgen zu erzählen wußte. Auch ich bin während meiner Lazarettzeit denunziert worden, habe dies jedoch erst nach dem Krieg erfahren.

Die Euphorie, die bei mir das Ende des Krieges auslöste, hat auch seltsame Blüten getrieben. Was haben wir nicht alles von den Amerikanern erwartet, von jenen Leuten aus dem Land, das unermeßliche technische Ressourcen besaß, wie uns dies ihre militärische Luftüberlegenheit so plastisch vor Augen geführt hatte. Ich erinnere mich noch deutlich an die Enttäuschung, als ich auf einem amerikanischen Lastwagen in die Kriegsgefangenschaft nach Belgien durch Aachen fuhr. Die Stadt war damals vor mehr als einem halben Jahr von den alliierten Truppen befreit worden. Hier müsse man also, so glaubte ich, die ersten Erfolge eines amerikanischen Wiederaufbauprogrammes sehen können. Der Eindruck war jedoch ein anderer. Nirgendwo eine Baustelle, nichts als Ruinen. Wieder galt es also, von einer Illusion Abschied zu nehmen. Daß der Wiederaufbau – nicht nur in Deutschland, in ganz Europa – eine harte Aufgabe für uns alle werden würde und wie gerade die Amerikaner uns dabei geholfen haben, das habe ich erst später gelernt.

Vielleicht war dieser Illusionsverlust nicht die Folge der politischen Ereignisse, sondern nur ein natürlicher Entwicklungsprozeß eines Menschen an der Schwelle zum dritten Lebensjahrzehnt. Wenn ich recht überlege, hatte dieser Prozeß bereits drei Jahre früher eingesetzt, bei dem schwierigen Übergang vom Gymnasium zum Militär. Damals brach für mich ein idealistisches, von den Schillerschen Dramen beherrschtes Menschenbild zusammen, am äußeren wie inneren Schmutz des Alltags, der – das empfand ich sehr bald schmerzlich – nur zu oft durch wohlklingende Wörter wie »Kameradschaft« übertüncht wurde. Konnte da der Eindruck des zerstörten und noch nicht wiederaufgebauten Aachen viel ändern oder auch nur ergänzen?

Doch ist für mich mit dem Kriegsende nicht nur jene Hoffnung verbunden, die sich auf den ersten Blick nicht zu erfüllen schien, sondern auch ein Gewinn an neuer Erfahrung, der mein weiteres Leben entscheidend beeinflußt hat.

Das fing bereits im Gefangenenlager in Belgien einige Wochen vor dem offiziellen Ende des Krieges an. Es waren zwei Gesprächspartner, die mich damals deutlich beeindruckten – beide wohl, ohne es je zu bemerken. Der eine war ein Mitgefangener, rund eine halbe Generation älter als ich. Er hat mir eine Bildungserfahrung vermittelt, die meinen weiteren Lebensweg, meine Berufswahl prägte. Er gab mir ein Werk eines mir damals unbekannten Autors in die Hand: *Entweder-Oder* von Sören Kierkegaard. Ich habe es mit wachsender Begeisterung gelesen, und es hat meinen Entschluß, Philosophie zu studieren, deutlich verstärkt.

Ratlos dagegen ließen mich die Gespräche mit einem amerikanischen Soldaten zurück, der mich nach Henri Bergson fragte, von dem er gerade ein Werk las. Auch diesen Namen hatte ich noch niemals gehört. Ich hielt den Autor für einen Schweden; mehr wußte ich meinem amerikanischen Gesprächspartner damals nicht zu antworten. Und er hat mich auch nicht weiter aufgeklärt. So schien es bei einer unbedeutenden Begegnung zu bleiben. Doch offensichtlich haben mich diese Gespräche nicht mehr losgelassen. Viele Jahre später, nach meinen Studienjahren in Köln und Bonn hat es mich nach Paris gezogen, um dort meine Studien über diesen französischen Philosophen zu beginnen, die in den fünfziger Jahren mit einem Buch einen ersten Abschluß, doch keineswegs ihr Ende fanden.

Diese Eindrücke: Aachen, Kierkegaard, Bergson – sie lagen alle vor dem eigentlichen, offiziellen Ende des Krieges, wenn auch für mich der Krieg damals bereits zu Ende war. Wie jedoch gestaltete sich meine Welt nach der Rückkehr aus der Kriegsgefangenschaft? Beruflich fiel ich natürlich in ein Loch. Die Universitäten waren noch geschlossen. An eine Fortsetzung meines Studiums, das ich im Sommersemester 1944 vom Lazarett aus aufgenommen hatte, war vorerst nicht zu denken. Doch die neu entstandenen Kommunalverwaltungen forderten ihr Recht. Lebensmittelkarten, die so wesentliche

Grundlage für die Versorgung mit dem Nötigsten, wurden an den Nachweis einer beruflichen Tätigkeit gebunden. So begrüßte ich dankbar das Angebot eines in Bad Godesberg lebenden Schauspielers, ihm als Dramaturgen beim Aufbau eines Theaters in der Stadt zu helfen, obwohl ich natürlich keinerlei praktische Theatererfahrung hatte. Daß das Unternehmen sich damals nicht realisieren ließ, da die von den alliierten Militärbehörden verfügte nächtliche Ausgangssperre im Winter bereits um neunzehn Uhr einsetzte, so daß abendliche Theateraufführungen nicht möglich waren, ist für mich letztlich nicht entscheidend gewesen.

Es war vor allem die Lektüre neuer Schauspiele, zu der der Dramaturg verpflichtet war, eine Arbeit, die mich mit Begeisterung erfüllte. Sie verhalf mir zu einer neuen Erfahrung. Ich erinnere mich noch gut an den ersten Vorschlag für die Spielplangestaltung im Winter 1945/46, den wir den amerikanischen Behörden vorlegen mußten. Seit mehr als einem Jahrzehnt von jeder internationalen Entwicklung abgeschnitten, fehlte in diesem Vorschlag noch all das, was das Geschehen auf den deutschen Bühnen in den folgenden Jahren bestimmte. Erst in den Gesprächen mit dem amerikanischen Kontrolloffizier hörte ich die Namen O'Neill, Williams, Miller oder aus Frankreich Giraudoux, Sartre, Cocteau und Anouilh. Ihre Lektüre sowie das Erlebnis ihrer Aufführungen haben mir – haben schließlich einer ganzen Generation ein neues Lebensgefühl, ein neues Weltverständnis weitab der nationalen Aspekte der Literatur unserer Jugendzeit vermittelt.

Auch dieser Vorgang hat wohl zur Desillusionierung beigetragen, wenn auch in einem positiven Sinn. Die Vorstellung von einem Volk der Dichter und Denker wurde endgültig zersetzt und von der Einsicht abgelöst, daß Kultur nicht an Nationen gebunden ist. Das Nationale, es rückte in die Ecke der Verblendungen, in deren Namen so viele Grausamkeiten verübt worden waren. Diese Erfahrung hat mich bis heute begleitet. Sie hat in meinem Bekanntenkreis, unter uns Studenten, nach dem Krieg noch zweimal die Diskussionen belebt; zum erstenmal nach der Verurteilung der Generale in den Nürnberger Kriegsverbrecherprozessen und zum zweitenmal in der Auseinandersetzung um das Schauspiel »Des Teufels General« von Carl Zuckmayer. Viele ehemalige Soldaten wollten die Mitschuld des Militärs an den Verbrechen der Nationalsozialisten nicht einsehen und sich selbst wohl auf diese Weise freisprechen – von Mitschuld, von Mitwissen? Wer weiß es. Oder konnten sie nur von gefährlichen Illusionen nicht lassen? Wir schrieben damals das Jahr 1946, also nur ein Jahr nach dem Ende des Krieges. Danach verstummte das Thema. Das hat in mir die Hoffnung genährt, daß der Begriff des Nationalen in meinem Leben keine Rolle mehr spielen werde. Doch stehe ich heute an der Schwelle der nächsten Desillusionierung? Mit großer Sorge sehe ich, daß eine für mich fundamentale Erfahrung des Kriegsendes nicht nur von extrem rechten Kräften rückgängig gemacht, das Nationale, das wir überwunden zu haben glaubten, wieder aufgewertet wird, nicht nur in Deutschland, aber leider auch hier.

HERMANN RAPPE

Das Gefühl von Hoffnung und Freude

Im Februar 1945 bekam ich – damals fünfzehn Jahre jung – meine erste Einberufung als Flakhelfer. Ich bin ihr nicht gefolgt. Vierzehn Tage später kam der zweite Gestellungsbefehl. Auch ihm bin ich nicht gefolgt. Statt dessen bin ich dann mit einigen Mitgliedern aus unserer Familie und noch ein paar anderen zwei bis drei Wochen im Wald verschwunden, im Reinhardswald in der Nähe meiner Heimatstadt Hannoversch Münden. Dort haben wir in Zelten und selbstgebauten Unterständen kampiert. Meine Familie wollte mich auf diese Weise beschützen.

Um dieses Verhalten zu verstehen, muß man die Vorgeschichte kennen: Im Oktober 1944 gab es im damaligen Deutschen Reich eine Aktion mit dem Ziel, den Jahrgang 1929 dem »Führer« Adolf Hitler zu seinem Geburtstag am 20. April 1945 als »Freiwillige« für den Kriegseinsatz zu schenken. Der sogenannte Reichsführer der Hitler-Jugend, Baldur von Schirach, hatte diese Aktion verkündet und wollte dann am 20. April auch Vollzug melden.

In allen Schulen begann daraufhin eine hektische Betriebsamkeit – so auch bei uns in Hannoversch Münden. Zunächst hörten wir in der Schulklasse einen Vortrag eines Mitglieds der Kreisleitung der NSDAP und eines Jugendoffiziers der Waffen-SS. Danach wurden Formulare für die »Freiwilligenmeldungen« ausgelegt, die wir einzeln unterschreiben sollten.

Ich habe nicht unterschrieben. Doch es waren nur wenige, die sich weigerten. So stellte sich heraus, daß bis Dezember 1944 aus dem ganzen Kreisgebiet Hannoversch Münden nur vierunddreißig Jugendliche des Jahrgangs 1929 diese »Freiwilligenmeldung« nicht unterschrieben hatten. Diese vierunddreißig wurden dann zu einem einwöchigen Lehrgang eingeladen, den die Hitler-Jugend in Verbindung mit den Jugendoffizieren des Standorts der Wehrmacht in einem Heim in Hedemünden bei Hannoversch Münden durchführte. Dort wurden wir dann tagtäglich »behandelt« – und am Ende waren wir noch zwei Jugendliche, ein Klassenkamerad von mir und ich, die nicht unterschrieben hatten. Der Klassenkamerad kam aus einer Familie der Bibelforscher, die aus Glaubensgründen den Kriegsdienst ablehnen.

Im Januar 1945 wurde in der nächstgrößeren Einheit der Hitler-Jugend Bilanz gezogen, im sogenannten Gebiet, was etwa unserem heutigen Regierungsbezirk entspricht. Es wurden dann abermals an derselben Stelle in Hedemünden alle Jugendlichen zusammengezogen, die dem Aufruf nicht gefolgt waren. Wir waren sechsundzwanzig Jugendliche aus dem ganzen Regierungsbezirk Hildesheim. Das »Wehrertüchtigungslager« mit Schieß- und Marschübungen dauerte abermals eine Woche. Dabei war die Behandlung schon etwas drastischer. Insbesondere wurden immer diejenigen in den Mittelpunkt gestellt, die noch nicht unterschrieben hatten. War zum Beispiel Sport angesagt, so hieß das meist Boxen. Diese Boxübungen endeten dann für die »Verweigerer« regelmäßig damit, daß sie brutal zusammengeschlagen wurden. Abends gab es dann Veranstaltungen, wo wir auch erklären mußten, warum wir nicht unterschreiben wollten. Das ging so vor sich, daß rundum das Licht ausgeschaltet wurde und nur ein Lichtstrahl auf einen einzelnen gerichtet war, der in diesem Scheinwerferlicht sich erklären und die Fragen der Jugendoffiziere der Waffen-SS beantworten sollte. Das Ergebnis war, daß wiederum nur zwei Jugendliche übrigblieben, die nicht unterschrieben haben.

Am Ende des Lehrgangs bekam ich die Aufforderung, mich am nächsten Abend in der Banndienststelle der Hitler-Jugend – das war die HJ-Kreisleitung – zu melden. Da haben sie mich dann eine ganze Nacht dabehalten mit langen Diskussionen, warum ich nicht unterschreiben wollte. Es wurde immer wieder zu hinterfragen versucht, ob das denn mit politischen Einstellungen zusammenhinge. Das war eine naheliegende Vermutung, da eine Reihe von Mitgliedern meiner Familie nach dem Attentat auf Hitler am 20. Juli 1944 – wie auch schon davor – verhaftet worden war. Erst am frühen Morgen ließ man mich wieder laufen – in die Hände meiner Mutter, die draußen in Angst und Sorge auf mich gewartet hatte.

Einige Tage lang passierte nichts mehr. Aber dann kam der 30. Januar 1945, der sogenannte Tag der Machtergreifung. Mit den üblichen Umzügen – in Hannoversch Münden wie in jeder anderen Stadt auch. Und vor diesem Zug – so hatten es die HJ-Oberen festgelegt – sollte ich marschieren, vorneweg und mit der Fahne in der Hand, wobei in der Hitlerjugend bekannt war, daß ich das deshalb machen mußte, um nun vielleicht doch noch bekehrt zu werden.

Das alles hat dazu geführt, daß meine Familie es für richtig hielt, mich im Wald in Sicherheit zu bringen, als trotz Verweigerung der »Freiwilligenmeldung« der Einberufungsbefehl kam. Doch die Sicherheit erwies sich als trügerisch. Als ich an einem Abend etwas zu essen holen wollte – wir wohnten nah am Wald in Hannoversch Münden, deshalb war das nicht so schwierig –, wurde ich dabei offensichtlich gesehen. Ein Mitglied der NSDAP-Kreisleitung wohnte nicht sehr weit entfernt von uns. Jedenfalls kamen zwei Vertreter der NSDAP-Kreisleitung und zwei Soldaten, um mir den dritten Gestellungsbefehl zu übergeben. Und zwar verbunden mit der Feststellung: »Wenn du diesmal nicht folgst, werden wir dich schon finden.« Dies alles geschah auf sehr drastische Weise: Der Gestellungsbefehl wurde öffentlich auf unserem Hof verlesen, wobei die beiden Soldaten mit aufgepflanztem Bajonett danebenstanden. Meine Angehörigen waren in heller Aufregung.

Der Befehl lautete, daß ich mich bis zwölf Uhr nachts am Bunker auf der Göttinger Straße in Hannoversch Münden zu melden hätte. Notgedrungen ging ich hin. Es versammelten sich dort etliche Volkssturmleute, meist Ältere also, ich war einer der Jüngsten von denen, die da zusammenkamen, insgesamt etwa fünfunddreißig Leute. Es waren aber auch einige dabei, die ich schon aus den »Wehrertüchtigungslagern« kannte. Wir wurden einzeln verlesen und registriert, anschließend sollten wir dann auf einen Lkw verladen und zum Kriegseinsatz als Flakhelfer oder Verteidiger in den Harz gefahren werden.

Doch die Front war inzwischen schon sehr nahe gerückt. Noch während wir am Bunker – er war eingetrieben in den Questenberg bei Hannoversch Münden – beim Licht von Autoscheinwerfern registriert wurden, schlugen ein paar Granaten in den Questenberg ein. Sofort mußten alle Lichter gelöscht werden. In der dann folgenden Phase der allgemeinen Verwirrung und im Schutz der Dunkelheit habe ich die Flucht ergriffen und bin auf einigen Schleichwegen um Hannoversch Münden herum wieder nach Hause gegangen. Noch in derselben Nacht haben wir dann unsere Sachen gepackt und sind zu Verwandten in das nahe gelegene Dorf Lippoldshausen geflüchtet. Dort hat man mich auf dem Dachboden versteckt, bis wenige Tage später die amerikanischen Truppen einrückten. Sicher kann man nachfühlen, mit welcher Freude ich diesen Einmarsch begrüßt habe. Meine Verwandten haben ein paar Gläser hausgemachte Wurst spendiert, und so haben wir den Abend der Befreiung fürstlich begangen.

Wir haben sofort unsere Sachen wieder gepackt und sind nach Hannoversch Münden zurück. Und dann begann eine völlig neue Phase, ein völlig neuer Abschnitt, in meinem Leben. Ich weiß noch wie heute, daß ich am selben Nachmittag, an dem ich wieder bei uns zu

Hause in Hannoversch Münden war, meine Uniform der Hitler-Jugend mit großer Freude im Garten verbrannt habe. Meine Mutter stand daneben und wollte eigentlich die Hose noch retten, weil wir so wenig anzuziehen hatten. Aber ich habe mich nicht davon abbringen lassen, das ganze Zeug zu verbrennen.

Das Gefühl von Hoffnung und Freude erfaßte uns alle. Nicht nur unsere Familie. Gerade ihr boten sich aber völlig neue Entfaltungs- und Entwicklungsmöglichkeiten, gehörte sie doch zu den Familien, die aus dem Widerstand kamen oder jedenfalls – wie man damals sagte – politisch unbelastet waren. So wurde ein Onkel von mir Bürgermeister, ein anderer Onkel hatte die Stadt Hannoversch Münden mit der weißen Fahne den amerikanischen Truppen übergeben. Andere Verwandte wurden im Herbst 1945 in den Rat der Stadt berufen.

Dieser familiäre Hintergrund erklärt auch, warum ich damals meine Verweigerungshaltung so konsequent durchgehalten habe – ich war ja immerhin erst fünfzehn Jahre alt. Die ganze Einstellung, Haltung und Entwicklung meiner Familie ließ mich auf gar keinen anderen Gedanken kommen. Diese große Familie war seit Generationen vollkommen integriert in die sozialdemokratische, gewerkschaftliche und genossenschaftliche Arbeit. Aus ihr kamen der Gründer der SPD in Hannoversch Münden, der Gründer der Konsumgenossenschaft und die Gründer von Gewerkschaftsorganisationen. Bei Geburtstagsfeiern wurden auch während der Nazizeit – selbstverständlich bei geschlossenen Fenstern – alte Lieder der Arbeiterjugend gesungen. Eingebettet in eine solche Familie wäre ich überhaupt nicht auf die Idee gekommen, eine Meldung als Kriegsfreiwilliger zu unterschreiben.

Aus dieser Familientradition heraus konnte ich mich gar nicht anders verhalten, selbst wenn ich das in diesem Alter sicher noch nicht alles rational vollzogen habe.

Meine ganze weitere Entwicklung – sowohl in Hannoversch Münden als auch darüber hinaus in der Jugendarbeit und in der SPD eine Rolle zu spielen, dem amerikanischen, später englischen Jugendoffizier als Berater zur Verfügung zu stehen, Mitbegründer der ersten von der Besatzungsmacht zugelassenen Jugendgruppe zu sein, in sehr frühen Jahren als Jugendvertreter und Betriebsratsmitglied gewählt zu werden, in der SPD organisiert zu sein, dem ersten Unterbezirksvorstand der SPD als Vertreter der Jungen anzugehören – war geprägt von der Aufbruchstimmung des Jahres 1945. Aus all diesen Erlebnissen und Erfahrungen wuchs die politische und gewerkschaftliche Arbeit der späteren Jahre.

Diese Tage im Frühjahr 1945, als endlich die von mir mit großer Erwartung empfangenen Amerikaner kamen, das war auch noch aus heutiger Sicht die glücklichste Phase meines Lebens. Es war eine Phase neuen Aufbruchs und neuer Entwicklung, die mein Leben geprägt hat.

Meine Empfindungen in dieser Phase 1945 waren, daß wir das Vergangene alles hinter uns lassen und daß nun wirklich eine neue Zeit beginnt. Es sollte nie mehr ein so schreckliches Ereignis wie Krieg geben. Frieden und Entwicklung waren angesagt. Neue Parteien wurden gegründet, allen voran die SPD. Überall traf man Gesinnungsfreunde, und man traf Menschen, die beseelt waren von der Hoffnung, daß jetzt alles nur noch gut und schöner und besser werden kann und man das eigene Leben in die eigene Hand nehmen wird.

Vor allem am Beispiel der Jugendarbeit habe ich erlebt, welch vielfältige Möglichkeiten es da gab, mitzuwirken und eine neue Entwicklung einzuleiten. Aber es kam auch zu beklemmenden Begegnungen, wenn mir als dem Ersten Vorsitzenden des neuen Kreisjugendrings in Hannoversch Münden plötzlich Leute gegenübersaßen, die in der Hitler-Jugend Verantwortung getragen und mich dort schikaniert hatten, nun aber meine Unterschrift brauchten, um beim Jugendoffizier der Besatzungsarmee die Gründung einer Jugendgruppe beantragen zu können. Da hat so mancher eine Art kleinen Canossagang in das Haus der Jugend gemacht.

Sicher war das damals auch eine schlimme Zeit der Not. Es gab Engpässe bei der Versorgung der Bevölkerung, wir hatten ein großes Wohnungsproblem, die Einweisung von Flüchtlingen in die Häuser schuf Konflikte. Aber das habe ich damals überhaupt nicht so empfunden.

Ich sah nur die Entwicklung, die nach vorne geht. Und die Freiheiten, die man hatte, sich ganz anders darzustellen und sich ganz anders einzumischen und mitzuarbeiten und mitzuwirken. Das hat alles andere überlagert.

Das Jahr 1945, der Zusammenbruch des Naziregimes, war für mich der Aufbruch in eine neue Zeit. Da gab es keinen Blick zurück mehr, da brauchte ich auch keiner Entwicklung der Vergangenheit nachzutrauern. Im Gegenteil. Es konnte sich alles nur nach vorne entwickeln und besser werden. Dieser Aufbruch hat mich voll erfaßt und auch beflügelt für meine ganze politische Arbeit, die damit begann.

GERHARD A. RITTER

Ein tiefer Einschnitt in meinem Leben

Das Jahr 1945 markiert eine tiefe Zäsur in der Geschichte Deutschlands. Auf die bedingungslose Kapitulation folgten die jahrelange Besetzung des Landes, Flüchtlingselend, Fortdauer der Kriegsgefangenschaft von Millionen Soldaten, Hunger und Wohnungsnot sowie der Beginn der Teilung Deutschlands, die erst nach fünfundvierzig Jahren überwunden wurde. Gleichzeitig brachte der Sieg der Alliierten die Befreiung von der nationalsozialistischen Herrschaft, die zur Unterwerfung des eigenen Volkes unter ein diktatorisches Terrorsystem, zur Ermordung von Millionen unschuldiger Menschen, zur Entfesselung eines furchtbaren Weltkrieges und zur Unterdrückung großer Teile Europas geführt hatte. Die totale Niederlage war damit die Voraussetzung für all das, was in den letzten fünfzig Jahren im Westen Deutschlands erreicht wurde – Freiheit, Demokratie, äußere Sicherheit und ein 1945 unvorstellbarer Wohlstand für einen großen Teil der Bevölkerung.

Das Ende des Zweiten Weltkrieges bedeutete auch einen tiefen Einschnitt in meinem eigenen Leben. Es brachte eine sehr bewußt empfundene Erweiterung meiner Erfahrungs- und Vorstellungswelt und war auch eine Wegscheide, die mich schließlich zu meinem späteren Beruf des Historikers führte.

Ich habe das Kriegsende in Berlin erlebt. Nachdem im Sommer 1943 wegen der alliierten Bombenangriffe die Schulen in Berlin geschlossen worden waren, wurde auch meine Schule, das Arndt-Gymnasium in Dahlem, nach Crossen an der Oder verlegt. Ich machte diese Evakuierung zunächst mit; die schlechte Versorgung und Unterbringung, der mangelhafte, von uns Schülern nicht ernstgenommene Unterricht, die Trennung von meinen besten Freunden, die entweder in Berlin geblieben oder schon vorher in weniger bombengefährdete Gebiete verschickt worden waren, aber auch schlichtes Heimweh ließen mich schon nach wenigen Wochen zu meinen Eltern nach Berlin zurückkehren. Dort erkrankte ich schwer an einer

Nierenentzündung mit Herzschwäche. Auf dem Höhepunkt der Krankheit mußte mich mein Onkel, der als Soldat Urlaub hatte, bei den ständigen Fliegerangriffen am Tag und in der Nacht im Huckepackverfahren in den besser gesicherten Luftschutzkeller des Nachbarhauses tragen.

Nach der Genesung versuchte ich zunächst, meine Schulausbildung in Kleinmachnow, das außerhalb der Grenzen Berlins lag, fortzusetzen. Die Schule unterschied sich jedoch völlig von meiner alten Penne. Im Arndt-Gymnasium war nicht einmal der Direktor – ein angesehener Altphilologe und glänzender Kenner slawischer Sprachen – Mitglied der NSDAP gewesen, und mehrere unserer besten Lehrer waren frühere Oberstudiendirektoren, die wegen ihrer Mitgliedschaft in eine demokratischen Partei in der Weimarer Republik zum Studienrat degradiert worden waren. Bei der vorgeschriebenen Übertragung von Führerreden in der Aula der Schule hat so gut wie nie die Technik funktioniert, wobei es sich gewiß nicht um bewußte »Sabotage« unseres eher ängstlichen Direktors und des wohl unpolitischen Hausmeisters handelte. In dem gegenüber den zwanziger Jahren wahrscheinlich wenig veränderten Unterricht wurden nationalsozialistische Vorstellungen, wenn man von wenigen im Kollegium isolierten Lehrern absieht, faktisch ignoriert. In der Schule in Kleinmachnow dagegen gab es jeden Morgen Fahnenappelle, fast alle Lehrer gehörten der NSDAP an und versuchten uns im Sinne der nationalsozialistischen Ideologie zu erziehen.

Von dieser Atmosphäre und dem Unterricht abgestoßen, verließ ich im vollen Einverständnis mit meinen Eltern die Schule und begann am 1. April 1944 eine kaufmännische Lehre in der Hauptverwaltung der Feldmühle AG, einem großen Unternehmen der Papier- und Zellstoffindustrie. Gelernt habe ich allerdings nicht viel. Da das produzierte Papier von staatlichen Stellen verteilt wurde, gab es kaum etwas zu tun. Wir mußten aber nach außen stets den Anschein großer Geschäftigkeit erwecken, um nicht die mit kriegswichtigen Arbeiten begründete Zurückstellung unseres Abteilungsleiters und seines Stellvertreters vom Militärdienst zu gefährden. Die meiste Zeit saß ich so herum, legte Briefe ab, transportierte bei Fliegeralarm die Schreibmaschinen in den Luftschutzkeller, machte Hausaufgaben für die Berufsschule, übte mich in Stenographie und Schreibmaschine und las in der Registratur in alten Akten. Mehrere Wochen hat man mich wie die anderen Lehrlinge damit beschäftigt, einen Schutzgraben im Garten des Hauses unseres Generaldirektors, der dann nie benutzt wurde, auszuheben.

Das nationale Pathos der NS-Bewegung hat mich kaum ergriffen.

Zwar habe ich die außenpolitischen Erfolge seit 1935 und die militärischen Siege von 1939 bis 1941 schon einigermaßen bewußt erlebt. Weitaus stärker verband sich das NS-Regime für mich jedoch mit dem ständig wachsenden Druck im Krieg, mit deutschen Niederlagen, mit mangelnder Versorgung und vor allem mit der Bedrohung des Bombenkrieges. Weder das Jungvolk noch später die Marine-HJ, der ich als begeisterter Segler angehörte, haben mir ein wirkliches Gemeinschaftserlebnis vermitteln können. Der Dienst bestand meist aus öden Exerzierübungen. Auch die oft beschworene Romantik des Lagerlebens hat mir, der ich damals eher ein Einzelgänger war, nichts bedeutet. Ich versuchte, mich vor Fahrten und auch vorm normalen Dienst, soweit es ging, zu drücken. Die Distanz zum Regime hing natürlich auch mit meinem eher regimekritischen Elternhaus zusammen. Am Zeitgeschehen war ich allerdings schon sehr früh stark interessiert. So erinnere ich mich, daß ich seit Stalingrad, ich war damals noch nicht einmal vierzehn Jahre alt, den Krieg für nicht mehr gewinnbar hielt und daß ich voller Neugier ein bei einem Bombenangriff abgeworfenes Flugblatt las, in dem die verschiedenen geplanten Besatzungszonen Deutschlands eingezeichnet waren.

Wenige Wochen vor Kriegsende und kurz vor meinem sechzehnten Geburtstag wurde ich für die Wehrmacht gemustert. Ich hatte große Angst, daß ich zu den Menschen gehören würde, die in den letzten Tagen des Krieges völlig sinnlos für »das Vaterland« geopfert wurden. Ich raste daher mehrfach die Treppe des großen Gebäudes, in dem die Musterung stattfand, hinauf und hinunter, um dem untersuchenden Arzt überzeugender erklären zu können, daß von meinem schweren Nierenleiden Ende 1943 noch immer eine Herzschwäche zurückgeblieben war. Ich kann mir kaum vorstellen, daß er mir das geglaubt hat. Er hat aber offenbar meine mangelnde Begeisterung für die Vaterlandsverteidigung erkannt und mich für ein halbes Jahr bis zum 30. September 1945 zurückgestellt. Ich entging damit dem Schicksal vieler meiner Altersgenossen, die, kaum ausgebildet, als Flaksoldaten im Endkampf gegen russische Panzer eingesetzt wurden. Viele sind damals noch in den letzten Kriegswochen gefallen; zumindest kamen sie auf Jahre in sowjetische Kriegsgefangenschaft.

Das Kriegsende selbst ist für mich, wie Szenen eines Filmes, mit bestimmten Bildern verknüpft. Eines ist das der russischen Soldaten, die auf der Suche nach Uhren und anderen Wertgegenständen die Häuser durchkämmten. Einer dieser Soldaten kam plötzlich mit einer Pistole, die er angeblich in dem Rucksack gefunden hatte, den ich mit den wichtigsten Sachen immer in den Luftschutzkeller mitnahm. Natürlich waren meine Eltern und ich zu Tode erschrocken, weil der

Besitz einer Waffe meine und meines Vaters sofortige Erschießung bedeuten konnte. In Wirklichkei war es die Pistole des Russen, der uns in Angst versetzen wollte, um mehr Beute zu machen. Auch eine andere Szene werde ich wohl nie vergessen. Etwa acht Tage nach der Eroberung Dahlems, aber noch vor dem Kriegsende, versuchten mein Vater und ich, notdürftig unser Dach zu flicken, das durch eine in der Nachbarschaft eingeschlagene Bombe abgedeckt worden war. Plötzlich schlug ein Schuß aus dem gegenüberliegenden Haus in die Dachsparre einen halben Meter über dem Kopf meines Vaters und unter meinen Füßen ein und beendete damit abrupt unsere Arbeit.

Diese und ähnliche weniger üble »Scherze« sind jedoch nicht meine einzige Erinnerung an die erste Zeit der Besetzung. Es gab auch russische Soldaten, die mich – mit kurzen Hosen und einer Ponyfrisur bewußt auf jung getrimmt, sah ich eher wie ein Kind als wie ein Jugendlicher aus – freundlich anlachten oder mir sogar etwas schenkten. Am meisten hat mich seltsamerweise beeindruckt, als sich ein Soldat ausdrücklich dafür bedankte, daß ich ihn aus einem Wassereimer trinken ließ.

Auch manches andere blieb in der Erinnerung haften: So daß ich in den ersten Maitagen mit einem Freund meines Vaters, der bei uns Unterschlupf gefunden hatte, vor einer Margarinefabrik in der Nähe des Hohenzollerndamms, wo wir auf Beute aus den von der Bevölkerung geplünderten Beständen der Fabrik hofften, von sowjetischen Soldaten aufgegriffen und in eine Arbeitskolonne eingereiht wurde. Wir haben dann vom frühen Nachmittag bis nach Mitternacht Kisten mit jeweils fünfzig Pfund Butterschmalz auf Lastwagen laden müssen. Da der Strom ausgefallen war, wurde zur Erhellung der Lagerräume im Keller Butterschmalz in Dosen, in die man ein Stück Schnur als Docht gestellt hatte, verbrannt. In den frühen Morgenstunden ist dann eine kleine Gruppe von uns getürmt und hat im Keller des Nächstwohnenden den Morgen, das Ende der Sperrstunde, abgewartet. Auf meinen Fischzug – zwanzig Pfund Butterschmalz, mit denen wir bis Anfang 1947 unsere Ernährung wesentlich ergänzen konnten – war ich sehr stolz. Die Angst und Verzweiflung meiner Mutter, die in jener Nacht graue Haare bekommen hat, habe ich erst später wirklich verstanden.

Lebhaft erinnere ich mich auch an eine wenige Wochen später unternommene Bahnfahrt nach Mecklenburg, von wo ich meine Tante mit ihrer zweijährigen Tochter nach Berlin zurückholte. Der vor allem von Hamsterern besetzte Zug war vollkommen überfüllt. Trauben von Menschen hingen an den Trittbrettern, saßen auf den Puffern, und auch die Wagendächer waren voll besetzt. Menschenleben galten damals so wenig, daß kaum jemand davon Notiz nahm, als mehrere Mitfahrende durch herabhängende Telegrafenleitungen von den Wagendächern gefegt wurden, geschweige denn, daß der Zug angehalten hätte.

Diese Erinnerungen und Szenen, die sich mir eingeprägt haben, sollen verdeutlichen, daß ich das Kriegsende subjektiv zunächst nicht als Befreiung empfunden habe. Vor unserer Eroberung am 25. April 1945 erwartete ich das Kriegsende mit einer Mischung aus Angst vor der Rache der siegreichen sowjetischen Truppen, aus Furcht vor der mir damals als düster erscheinenden Zukunft, aber auch aus dem Gefühl, daß es wie bisher nicht weitergehen könne. Der damals viel kolportierte Spruch: »Genießt den Krieg, denn der Frieden wird fürchterlich«, der einer weitverbreiteten Grundstimmung Ausdruck gab, entsprach allerdings nicht der Situation in meiner Familie. Uns blieb schließlich gar keine Wahl, als die baldige Besetzung durch die Russen zu erhoffen, da mein Vater, der mit knapp fünfzig Jahren noch ein Jahr vor Kriegsende zur Wehrmacht eingezogen wurde, aber in Berlin tätig blieb, mit dem Verbrennen seiner Uniform beim Näherrücken der Kämpfe alle Brücken hinter sich abgebrochen hatte und befürchten mußte, von einer Wehrmachts- oder SS-Streife als Deserteur gefaßt und gehängt zu werden.

Nach der Besetzung schien zunächst eine Unfreiheit nur durch eine neue abgelöst zu sein. Auch blieb mir wenig Zeit zum Nachdenken. Da mein Vater befürchten mußte, als ehemaliger Wehrmachtsangehöriger in sowjetische Kriegsgefangenschaft zu kommen, und meine Mutter und Großmutter sich aus Furcht vor Vergewaltigung nicht auf die Straße trauten, war ich für die »Außenbeziehungen« der Familie verantwortlich. Ich war daher vollauf damit beschäftigt, aus einem etwa einen Kilometer entfernten Brunnen Wasser zu holen, mit einem Leiterwagen aus den Kellern ausgebombter Häuser Kohlen abzutransportieren, Kartoffeln aus der Kartoffelmiete der Domäne Dahlem zu stehlen und auch sonst Lebensmittel heranzuschaffen. Wenn es zu keinem Generationskonflikt zwischen mir und meinen Eltern gekommen ist – wie offenbar auch bei vielen meiner Altersgenossen –, so war der eigentliche Grund dafür sicher, daß wir früh in die Verantwortung gedrängt und entsprechend auch von den Eltern akzeptiert wurden. Auch haben wir wohl instinktiv empfunden, daß der Zusammenhalt der Familie die besten Chancen für das Überleben und einen Neuanfang bot.

Diesen Neuanfang habe ich dann allerdings schon wenige Monate nach Kriegsende sehr intensiv und – trotz der sich zuspitzenden Versorgungsprobleme – uneingeschränkt positiv empfunden. »Wir sind noch einmal davongekommen« – dieser Titel eines von mir und vielen anderen Zeitgenossen nach dem Zweiten Weltkrieg begeistert aufgenommenen Theaterstückes von Thornton Wilder entsprach meiner Grundstimmung. Das galt insbesondere für die eigene Familie. Niemand aus der engeren Familie war gefallen, und auch mein älterer Bruder kehrte bald unversehrt aus britischer Kriegsgefangenschaft zurück. Unser Haus in Dahlem war zwar beschädigt und wurde auch deshalb nicht für die Offiziere der Besatzungsmacht beschlagnahmt; es war aber nicht zerstört worden. Wir waren keine Flüchtlinge, und wir wohnten, nachdem Anfang Juli 1945 die russischen Soldaten durch die bei ihrem Einzug von mir als Befreier begrüßten Amerikaner in unserem Sektor Berlins abgelöst worden waren, im »richtigen«, das heißt im westlichen Teil Berlins.

Auch in meinem eigenen Leben war eine entscheidende Wende eingetreten. Da die Hauptverwaltung der Feldmühle AG nach Westdeutschland verlegt wurde, brach ich meine Lehre ab und setzte in dem schon im Mai 1945 wieder eröffneten Arndt-Gymnasium meine knapp zwei Jahre davor unterbrochene Schulausbildung nach dem Überspringen einer Klasse fort. Der zunächst auf die Hauptfächer konzentrierte Schulunterricht, in dem die Russischstunden unseres alten und neuen Direktors die wichtigste Änderung gegenüber dem Unterricht bis 1943 bildeten, war sehr intensiv. Obwohl das Schulgebäude stark beschädigt war und das Klassenzimmer, dessen Ofen wir selbst gebaut hatten, im Winter nur notdürftig durch mitgebrachte Briketts beheizt wurde, habe ich viel gelernt. Das war nicht typisch, da an den meisten Schulen – im Gegensatz zu unserer – das Lehrpersonal durch die Entlassung der vielen Lehrer, die der NSDAP angehört hatten, stark dezimiert worden war.

Fast alle meiner Klassenkameraden beteiligten sich am Schwarzmarkt. Einer bot uns sogar einen Berliner Straßenbahnwagen zum Kauf oder Tausch an, ohne allerdings einen Interessenten zu finden. Was hätte man auch damit machen können? Ich selbst betrieb einen schwunghaften Handel mit Zwiebeln, die wir von einem Freund meines Vaters bezogen und gegen Brot, Brotmarken und Kartoffeln eintauschten. Zu meinen besten Kunden zählte eine Gruppe von Chinesen, die nicht weit von uns wohnten. Auch erinnere ich mich an regelmäßige Hamsterfahrten mit meinem Vater auf das Land zur Ergänzung unserer kargen Lebensmittelrationen.

Viel entscheidender als die Schule war für mich – und sicher auch für viele meiner Mitschüler – die Entdeckung einer geistigen und kulturellen Welt, die mir bisher verschlossen gewesen war. Es war erstaunlich, was sich alles – auch an bisher verbotener Literatur – in den Bücherregalen der Eltern von Klassenkameraden und Bekannten sowie in den neueröffneten öffentlichen Bibliotheken finden ließ. Beinahe wahllos habe ich damals Thomas und Heinrich Mann, Hermann Hesse, Martin Anderson Nexö, André Gide, Albert Camus, Alain Fournier, Thomas Wolfe, den ich besonders liebte, die gesellschaftskritischen amerikanischen Romanciers der zwanziger und dreißiger Jahre, die großen russischen Dichter des 19. Jahrhunderts und vieles andere gelesen. Fast jede Nacht diskutierten wir in einem Kreis von engen Freunden, zu denen einige »Halbjuden« gehörten, bis tief in die Nacht hinein über Gott und die Welt – vor allem über letztere. Das in zeitgenössischen Berichten vielfach vermittelte Bild einer verelendeten, nur am unmittelbaren Überleben interessierten, eingeschüchterten Bevölkerung erfaßt nicht die gesamte Wirklichkeit, vor allem nicht die Stimmung des Aufbruchs, die mich und viele meiner Altersgenossen, jedenfalls in West-Berlin, bereits im Sommer 1945 mitriß.

Berlin war damals ein faszinierendes Pflaster. Die hier vertretenen vier Besatzungsmächte haben sich in einer Art kulturellem Konkurrenzkampf gegenseitig auszustechen versucht, und wir profitierten davon. Noch heute kann ich mich an einen Großteil der Bilder einer französischen Ausstellung erinnern, in der ich zum erstenmal Meisterwerke der impressionistischen und nachimpressionistischen Maler sehen konnte. Besonders eindrucksvoll war das Berliner Theaterleben. Da in meinem damaligen Freundeskreis Kinder von Schauspielern waren, bekamen wir fast immer Freikarten oder schmuggelten uns über den Bühneneingang ein. Zu meinen großen Theatererlebnissen zählten die Premiere von Lessings »Nathan der Weise« mit Paul Wegener in der Titelrolle, die Aufführungen des »Macbeth« mit Walter Franck und Hilde Körber, von Brechts »Dreigroschenoper« und von »Der trojanische Krieg findet nicht statt« von Jean Giraudoux. Später haben mich vor allem Sartres »Fliegen« in der Inszenierung von Jürgen Fehling und die Aufführungen von Brechts Berliner Ensemble in Ost-Berlin beeindruckt. Vor allem »Mutter Courage und ihre Kinder« mit Helene Weigel in der Titelrolle und Angelika Hurwicz als ihre stumme Tochter Kattrin sind mir in unauslöschlicher Erinnerung geblieben. Wenn noch in meinem Abiturzeugnis steht, daß ich Dramaturg – in Wirklichkeit Regisseur – werden wollte, und ich noch heute einige alte Filmexposés und Filmnovellen von mir aufbewahre, so zeugt das von einer frühen unerwiderten, aber trotzdem glücklichen Liebe zum Theater und zum Film.

Ich habe schon erwähnt, daß 1945 auch die Weichen für meinen späteren Beruf des Historikers gestellt wurden. Ich meinte damit nicht eine bewußte Entscheidung, sondern die Fortsetzung meiner Schulbildung, ohne die ich später nicht hätte studieren können. Meine Laufbahn als Historiker begann erst Jahre später auch als Ergebnis von Zufällen wie der Gewährung eines Stipendiums nach meinem Doktorexamen in Oxford und schließlich des Angebots einer Assistentenstelle an der Freien Universität Berlin.

In die Richtung meines späteren Berufes deuteten aber bereits vor 1945 mein starkes Interesse an Geschichtswerken und historischen Romanen und vor allem seit 1945 meine allerdings nicht zum Eintritt in eine Partei führende intensive Beschäftigung mit politischen Fragen. So bildeten die sich in Berlin besonders früh abzeichnende Zuspitzung des Ost-West-Konfliktes und der von mir mit Sympathie und Spannung verfolgte Kampf der Westberliner Sozialdemokraten gegen die Zwangsvereinigung mit der KPD den Gegenstand vieler heißer Diskussionen, die vor allem in einem Privatjugendklub in einem Dahlemer Haus stattfanden. Ich war aufgrund meiner Erfahrungen – wenn man so will – ein kalter Krieger, der nicht zufällig später vom Berliner Oberbürgermeister in der Zeit der Blockade, Ernst Reuter, besonders beeindruckt war.

Noch wichtiger für meine spätere Arbeit war aber wohl, daß ich in Berlin einen tiefgreifenden politischen und gesellschaftlichen Umbruch mit all seinen Konsequenzen für das Leben der einzelnen Menschen – also die Gegenwart der Geschichte – 1945 gleichsam hautnah erlebte. Diese Erfahrung, die in den dramatischen Ereignissen der Jahre 1989/90 in anderer Weise wiederholt wurde, hat mich entscheidend geprägt und ist wohl die tiefere Wurzel für die Faszination, die die Geschichte und die Arbeit des Historikers bis heute auf mich ausüben.

MANFRED ROMMEL

In französischer Kriegsgefangenschaft

Das Kriegsende erlebte ich in Überlingen als französischer Kriegsgefangener. Ich war damals sechzehn Jahre alt, war ab 1. Januar 1944 bei der Heimatflak gewesen und seit März 1945 beim Reichsarbeitsdienst in einer sogenannten RAD-Einsatzabteilung. In dieser Abteilung waren wir nicht mehr am Spaten ausgebildet worden, sondern an Karabiner und Handgranate. Wir Luftwaffenhelfer kannten das alles schon aus unserer Flakzeit. Ausgerüstet waren wir mit französischen Karabinern, die Frankreich wohl schon bei der Verteidigung von Verdun dienlich gewesen waren. Uns wärmten Mäntel aus den Beständen der tschechischen Armee, unsere Füße steckten in Stiefeln, die im Verdacht standen, ebenfalls bereits während des Ersten Weltkrieges vieles erduldet zu haben, und unser Haupt war geschmückt mit dem sogenannten »Arsch mit Griff«, die damals gängige Bezeichnung für die offizielle Kopfbedeckung des Arbeitsdienstes, welche in der Tat Ähnlichkeit mit einem Hintern hatte. Einige von uns Jungen meinten, der Krieg sei noch zu gewinnen. Wir ehemaligen Luftwaffenoberhelfer hingegen waren aufgrund unserer längeren Kriegserfahrung weithin der Meinung, daß es aus ist und daß man bei günstiger Gelegenheit verschwinden und sich Richtung Heimat in Marsch setzen sollte. Vor nicht allzu langer Zeit hatten wir noch, ohne uns etwas dabei zu denken, das nationalsozialistische Liedgut gesungen: »Deutschland, du sollst leuchtend stehn, mögen wir auch untergehn« usw. Aber im März und April 1945 kamen andere, wesentlich pessimistischere Lieder in Gebrauch, wie zum Beispiel:

»Willst du mich noch einmal sehen,
dann mußt du zum Bahnhof gehen,
in dem großen Wartesaal,
ja da siehst du mich zum allerletzten Mal.«

Oder, weniger sentimental, fast mit einem Anflug von Galgenhumor:

»Drum, Mädel, werd glücklich,
wir sehn uns nie wieder,
nur gegen England, Rußland, USA,
dann ist keiner mehr da.«

Leider war das weniger Spaß als Ernst. Von den sechs Luftwaffenhelfern, die Januar 1944 mein Geschütz bedienten, waren am Ende des Krieges zwei gefallen.

Meine Unlust an einer weiteren Indienststellung durch den »Führer« wurde dadurch erheblich vergrößert, daß mein Vater am 14. Oktober 1944 auf Befehl Hitlers ermordet worden war. Das war geheimgehalten worden. Offiziell war er an den Folgen von Verletzungen gestorben, die er in Frankreich erlitten hatte. Meine Mutter, meines Vaters Ordonnanzoffizier und ich gehörten zu den wenigen, die die wahren Vorgänge aus eigener Anschauung kannten. Deshalb mußten wir damit rechnen, daß das NS-Regime uns vor dem Zusammenbruch als unbequeme Zeugen beseitigen würde. Ich wartete deshalb ab, bis ich sicher wußte, daß der Wohnort meiner Mutter von amerikanischen Truppen besetzt war. Dann verließ ich mit zwei Kameraden meine Einheit während des Rückmarsches bei Meßkirch. Wir liefen in der Nacht sechzig Kilometer bis nach Riedlingen an der Donau. Auf dieser Wegstrecke setzte ich mich mit dem Geist meines Vaters auseinander, ob ich mich als Deserteur schämen müsse, ließ diesen aber antworten, daß dies nicht der Fall sei und ich völlig richtig gehandelt hätte. Das beruhigte mich sehr. In Riedlingen kam ich dann in französische Kriegsgefangenschaft. Es dürfte sich um den 23. oder 24. April gehandelt haben. Mein Vater wurde von den französischen Soldaten respektiert, und ich profitierte davon. Ich wurde sogar nach Karlsruhe gebracht und dort zum französischen Oberbefehlshaber, General de Lattre de Tassigny, geführt, der freundlich mit mir sprach und mir seinen Schutz und meine baldige Entlassung in Aussicht stellte. Auf der Fahrt nach Karlsruhe sah ich noch einen deutschen Düsenjäger als ein letztes Zeichen der sich auflösenden Wehrmacht.

CARLO ROSS

»Freut euch, Leute, die Russen kommen!«

So kalt war der Januar des Jahres 1945, daß die Eger zufror. Das Eis war so dick, daß selbst beladene Lastwagen darüberfahren konnten.

Die Menschen in Theresienstadt hungerten. Zu dem permanenten Hunger kam nun auch noch die klirrende Kälte, die so manchen nicht mehr aufwachen ließ. Sie waren unter den dünnen Decken erfroren, ganz einfach eingeschlafen, um nicht wieder wach zu werden.

Die Hoffnung der Überlebenden, daß bald ein Ende der Sklaverei sein würde, konnte auch die schärfste Kälte nicht einfrieren.

Im Gegenteil, die Theresienstädter bekamen in diesen Januartagen neue Hoffnung.

Immer wieder brachte der »Mundfunk« neue Nachrichten unter die Häftlinge. Es hieß, auf internationalem Parkett hätte sich etwas getan. Internationale Organisationen hätten sich für die Menschen eingesetzt. Von Freikäufen gegen Gold wurde gemunkelt, von baldigen Entlassungen ins neutrale Ausland. Doch es tat sich nichts, es blieb wieder einmal alles nur bei den Latrinenparolen.

So ging der eisige Januar vorüber. Der Februar kam und mit dem Februar die Hoffnung: Gleich zu Beginn des Monats wurde bekanntgegeben, daß eintausendzweihundert Menschen in die Schweiz abgeschoben würden.

Zwischen Hoffnung und Todesangst schwankten die Gettobewohner. Zu oft war den Menschen vorgelogen worden, es gehe in ein anderes, ein besseres Lager, und dann gingen die Transporte in die Gaskammern der Todeslager.

Doch die Gerüchte verdichteten sich und wurden zur Wahrheit.

Am 3. Februar erreichte die Theresienstädter ein Rundschreiben, in dem sie aufgefordert wurden, sich zur Überprüfung ihrer Transporteignung im Gemeinschaftshaus einzufinden. Alle Personaldokumente waren mitzubringen. Auch die Menschen, die nicht mit diesem Transport fahren wollten, weil sie der SS nicht trauten und glaubten, es würde in ein Vernichtungslager gehen, mußten zum Gemeinschaftshaus kommen, um dort eine Erklärung über ihren Transportverzicht zu unterschreiben.

Drangvolle Enge herrschte an diesem Tag im Gemeinschaftshaus. Weitaus mehr Bewerber, als Plätze zur Verfügung standen, waren gekommen, um sich einschreiben zu lassen. Ein SS-Sturmbannführer, der eigens aus Prag gekommen war, wählte diejenigen aus, die er für geeignet hielt. Niemand war unter diesen Leuten, deren Angehörige in den Vernichtungslagern ermordet worden waren oder die für die deutschen SS-Behörden als »Prominente« geführt wurden. Nur einige Kinder waren es, die von der SS zum Leben auserwählt wurden.

Die Personaldokumente wurden abgestempelt, jeder erhielt seine Nummer, denn für mehr als eintausendzweihundert Personen gab es keinen Platz. In der Nacht vor der Abreise saßen die Erwählten zwischen hoffnungsvoll und zagend in dem Isolierraum, der als »Schleuse« bezeichnet wurde. Nur Koffer durften als Gepäck mitgenommen werden. Rucksäcke und Pappkartons waren nicht erlaubt.

Kommandant Rahn kam am späten Abend in die »Schleuse« und hielt eine kurze Rede: »Es wird euch gutgehen, dort, wohin ihr in wenigen Stunden fahrt. Vergeßt aber nie, wie gut es euch hier ergangen ist!« Rahn meinte diesen Satz aus seiner Sicht vielleicht ehrlich, aber für die ausgemergelten Juden, die bis zu sechzehn Stunden täglich arbeiten mußten und immer weniger zu essen bekamen, je näher das Ende des Nazireiches heranrückte, klangen diese Worte wie Hohn.

In der nebeligen Frühe des nächsten Morgens wurden an die Wartenden Kuchen und Kekse, Marmelade und Bonbons verteilt. Verwundert sahen die Menschen auf die Köstlichkeiten und konnten nicht glauben, daß diese für sie bestimmt waren. Dann kam der Befehl, sich für den Marsch zum nahe gelegenen Bahnhof bereitzumachen. Es war der Bahnhof, der von den Juden in den vergangenen zwei Jahren gebaut worden war. Hier stand ein Zug der Schweizer Bundesbahn abfahrbereit. Die Personenwagen waren auf Hochglanz poliert. Elegant war die Einrichtung der Polsterklasse.

Die Kolonne der anrückenden Juden stockte. Die Menschen staunten sehr, als sie den Luxuszug sahen. Sie konnten nicht glauben, daß er für sie bestimmt sein sollte. Und doch war es so.

Die SS-Männer gaben den Befehl einzusteigen. Hastig, immer noch zitternd vor Angst, es könnte alles nur ein makaberer Scherz der »Herrenmenschen« sein, stürmten die Eintausendzweihundert den Zug. Gelegentlich halfen die SS-Offiziere Alten und Gebrechlichen beim Einsteigen. Die starrten die Uniformträger erstaunt an. Sie verstanden die Welt nicht mehr.

Kaum eine halbe Stunde später kam der Befehl zur Abfahrt. Als die Lokomotive ein paarmal schrill und durchdringend pfiff, waren dies für die Elendsgestalten auf den Polstersitzen die schönsten Töne ihres Lebens. Der Zug begann zu rollen. Er fuhr so sanft, daß man nicht einmal das Rollen der Räder vernahm. Nur am Vorübergleiten der Landschaft bemerkten die Glücklichen, daß sie fuhren.

Die Menschen schrien laut vor Freude, fielen sich in die Arme, küßten sich, weinten und lachten durcheinander. Es war ein Durcheinander, das kaum zu beschreiben war.

Dann verschaffte sich ein Mann vom Schweizer Roten Kreuz Ruhe. In seiner gemütlichen Schweizer Art rief er: »Und nun trennen Sie bitte die Judenkennzeichen ab. In wenigen Stunden sind wir in der freien Schweiz, und Sie alle sind freie Menschen!«

Da hob einer der Männer die Hände zum Himmel auf und betete: »Gelobt bist du, Ewiger, unser Gott, König der Welt, der du uns aus dem Rachen des Bösen gerettet hast!«

Einige Tage nach diesem denkwürdigen Ereignis kehrten die Männer des Zossener Außenkommandos nach Theresienstadt zurück. Die oft noch sehr jungen Männer waren verhungert, abgemagert und blaß. So standen sie vor dem Gebäude der jüdischen Selbstverwaltung und warteten darauf, in Unterkünfte eingewiesen zu werden. Kaum waren sie eingezogen, bekamen sie ihre Essenszuteilung, und diese war sehr gut. Sie erhielten nicht nur Brot und eine gutgekochte warme Mahlzeit, sondern auch noch ein großes Stück Kuchen, das sie mit ungläubigen Augen anstarrten und zu träumen glaubten.

»Kneif mich, das kann nicht wahr sein«, sagte einer der Männer zu der Frau, die das Essen austeilte.

»Du träumst nicht, Freund«, erwiderte diese und fuhr fort: »Es kommen immer noch Pakete aus dem Ausland an, die an die gerichtet sind, die nicht mehr leben. Uns helfen diese Pakete zu überleben!«

Am 3. März 1945 besuchte Obersturmbannführer Adolf Eichmann Theresienstadt. Er kam aus Berlin und fuhr mit seinem schweren, gepanzerten Wagen durch das Getto. Ihm schien zu gefallen, was er zu sehen bekam, nickte beifällig bei der Besichtigung der bestehenden Einrichtungen und versicherte dem Kommandanten: »Das hier muß jedem gefallen. Man kann durchaus verantworten, daß Vertreter des Internationalen Roten Kreuzes Einblick in das Leben der Judengemeinschaft bekommen!«

Erfreut über Eichmanns gute Meinung, schlug der Kommandant seinem Vorgesetzten vor, sich den soeben fertiggestellten Theresienstadtfilm anzuschauen. Eichmann sagte interessiert zu.

Der Film wurde im Kasino der Bodenbachkaserne vorgeführt und schien dem Herrn über Leben und Tod der Juden recht gut zu gefallen, denn er klatschte Beifall.

In diesen Tagen ordnete Eichmann an, die Toten nicht mehr zu verbrennen, da nur Erdbestattung den jüdischen Religionsbestimmungen entspreche, und so wurden die neuen Gräber dort angelegt, wo man 1942 aufgehört hatte, als die Verbrennung der Toten begann.

Das riesige Massengrab war nach potemkinscher Art geschönt worden: Einen kleinen Erdhügel neben dem anderen hatten Arbeiter anhäufen müssen, um so Einzelgräber vorzutäuschen.

Wieder wurden Stadtverschönerungen angeordnet, was den Theresienstädtern deutlich machte, daß wieder eine Besichtigung bevorstand.

Ein tschechisches Kinderstück wurde auf Befehl der SS einstudiert, und alles, von der Farbe für die Kulissen bis zum Stoff für die Kostüme, wurde bewilligt und bereitgestellt. Und von einem Tag auf den anderen war Tschechisch im Getto wieder erlaubt.

Anfang April kamen einflußreiche Diplomaten aus Berlin. Mit ihnen kamen Obersturmbannführer Eichmann und Delegierte des Internationalen Roten Kreuzes. Kaum war die Besichtigung des Gettos vorüber, wurde bekanntgemacht, daß die dänischen Juden entlassen und zurück in ihre Heimat gebracht würden.

Diese Nachricht schlug wie eine Bombe ein.

Die Herren vom Schwedischen Roten Kreuz kamen am Morgen des 12. April 1945 mit gepflegten Bussen im Getto an. Die Schweden wollten möglichst viel von Theresienstadt sehen, und so befahl der deutsche Kommandant dem Judenältesten, Doktor Murmelstein, die Führung der Schweden zu übernehmen. Der führte die Kommission durch die riesige Bibliothek mit ihren mehr als fünfzigtausend Büchern, die im Lauf der Jahre aus vielen jüdischen Gemeinden zusammengetragen worden waren. In der Westgasse besichtigten sie das Gemeinschaftshaus, und sie kamen – welch ein Zufall – gerade rechtzeitig zu einer musikalischen Veranstaltung. Paul Abrahams Operette »Blume von Hawaii« wurde aufgeführt, und der Beifall wollte nicht enden, als das Buffopaar »Ich hab' ein Diwanpüppchen, süß und reizend wie du« gesungen hatte.

Im Nebenraum flimmerte der Theresienstadtfilm über die Leinwand und gaukelte den schwedischen Herren ein idyllisches Gettoleben vor, das es in Wirklichkeit nie gegeben hatte.

Dann wurde das Abendbrot gereicht, und die SS-Offiziere bemühten sich, den Schweden einzureden, daß Theresienstadt ein »Mustergetto« sei, und es sei beschlossen worden, es kampflos zu übergeben.

Die neutralen Herren horchten auf und versicherten, diese Zusage sofort nach ihrer Rückkehr an ihre Regierung weiterzuleiten.

Schon am nächsten Tag fuhren die dänischen Juden mit den Bussen zurück in ihre Heimat. Zum Abschied spielte die jüdische Stadtkapelle »Muß i denn zum Städtele hinaus«, und in vielen der Zurückbleibenden keimte die Hoffnung, das Kriegsende lebend zu erreichen.

Noch an diesem Tag wurde das strikte Rauchverbot für die Juden aufgehoben.

Die Angst vor der allmächtig erscheinenden SS ließ nach. Dank der guten Arbeit der jüdischen Selbstverwaltung lief alles im Getto reibungslos.

In der Nacht vom 17. auf den 18. April 1945 machte schnell das Gerücht die Runde, der Krieg sei aus.

Zu Tausenden strömten die Menschen auf die Gassen und ließen die SS und die tschechischen Gendarmen ahnen, was geschehen würde, wenn die Juden befreit waren. Die Menschen umarmten sich, tanzten wie toll auf den Straßen, lachten und weinten ohne Übergang.

Dann aber kam die Ernüchterung. Die Juden waren einer Falschmeldung aufgesessen. Kommandant Rahn fand in jener Nacht die richtigen Worte: Sie beruhigten und ließen doch die Hoffnung auf ein baldiges Kriegsende nicht ganz schwinden.

Am 21. April kam der Beauftragte des Internationalen Roten Kreuzes, der Schweizer Paul Dunant, ins Getto. Er verlangte, den Ältesten des Judenrates vorgestellt zu werden. Der Kommandant gab den Befehl, »die Herren Juden herzubitten«.

Die Ältesten kamen schnell und hörten aufmerksam zu, was Herr Dunant ihnen mitzuteilen hatte. Er verlangte, daß jeder Bewohner des Gettos dazu beitragen solle, Ruhe und Ordnung aufrechtzuerhalten. Gerne sagten das die Ältesten zu.

Gegen Mitternacht erscholl auf den Gassen der laute Ruf: »Wir sind frei und stehen unter dem Schutz des Roten Kreuzes!«

Schon nach einigen Tagen mußten die Rationen gekürzt werden, und die Juden lasteten dies dem Roten Kreuz an. Hinzu kam, daß zu Tausenden elend aussehende, verhungerte Jammergestalten im Getto eintrafen. Es waren Menschen, die mit der Bahn oder auf Todesmärschen aus anderen Lagern kamen, die geräumt wurden, als die Russen sich herangekämpft hatten.

Einige der Kasernen wurden für die Neuankommenden geräumt, um Platz für die Seuchenverdächtigen zu schaffen und einer Massenerkrankung entgegenzuwirken. Bald schon waren die Unterkünfte überbelegt. Neue Menschenmassen aus den geräumten Konzentrationslagern trafen ein. Von den »alten Theresienstädtern« wagte sich kaum mehr einer auf die Straße, als sich herausstellte, daß auch Kriminelle unter den Neuzugängen waren.

Um den 25. April wurde unter den Neuzugängen Flecktyphus festgestellt. Schließlich waren viele tausend Menschen erkrankt, und auch die »alten Theresienstädter« blieben von der Seuche nicht verschont. Die Menschen starben wie die Fliegen.

Schließlich reichten die Unterkünfte nicht mehr. Die Kranken lagen zu zweit oder dritt auf einer Pritsche oder sogar auf den Gassen.

Viele junge und gesunde Helfer halfen den Kranken und Sterbenden. Und täglich kamen neue Transporte ins Getto. Die Verhungerten rauften sich um jedes Stück Brot und kämpften mit Messern darum, die sie sich aus Löffelstielen selbst zurechtgeschliffen hatten.

Am 5. Mai zogen die SS-Bewacher ab. In aller Stille geschah dieser Abzug. Der Kommandant verließ sein Dienstzimmer erst in den Abendstunden. Er entkam unbemerkt.

Am Morgen des nächsten Tages standen viele der Juden und starrten zum Rathausturm hinauf, wo seit Jahren die SS-Fahne geweht hatte. Die schwarze Fahne mit den SS-Runen war fort.

Wenige Stunden später flatterte die Fahne des Roten Kreuzes auf dem Rathausturm.

Die Menschen tanzten vor Freude. Irgendwer spielte auf einer Handharmonika. Hastig rissen sich die Befreiten den Judenstern von den Kleidern, warfen die gelben Fetzen in die Gosse, spucken darauf und trampelten auf ihnen herum.

Wieder kamen verhungerte, kranke Häftlinge aus anderen Lagern, und nicht einer wurde abgewiesen.

Und dann war der Tag da, an dem Paul Dunant auf den Balkon des Rathauses trat und laut zwei Sätze in die auf dem Platz stehenden Menschen schrie: »Deutschland hat bedingungslos kapituliert! Sie sind frei, meine Damen und Herren!«

Zunächst standen die Menschen stumm, wie angenagelt. Dann aber brach ein unbeschreiblicher Tumult aus. Die Menschen fielen sich in die Arme, weinten und lachten und sprachen Dankgebete.

In den frühen Morgenstunden des 9. Mai 1945 zogen die ersten russischen Soldaten in Theresienstadt ein. Die jungen Soldaten in ihren erdbraunen Uniformen, oftmals fast noch Kinder, weinten, als sie die verhungerten Menschen in ihren abgerissenen Lumpen sahen. Von ihren kargen Rationen warfen sie Zigaretten, Machorka, Brot und Bonbons in die Menge.

Der Verdunklungsbefehl wurde aufgehoben. Überall, auf den Straßen und Plätzen, in Höfen und Parkanlagen, brannten Lagerfeuer. Lachende und singende Menschen saßen um diese Feuer. Flaschen mit Schnaps wanderten von Hand zu Hand, in allen Sprachen wurde wild durcheinandergeredet. Russische Soldaten und die jüdischen Musiker spielten zum Tanz auf. Jeder tanzte mit jedem, und begeistert klatschten die russischen Soldaten den Takt zur Musik.

Damals glaubten wir alle, daß nun eine Zeit herankäme, in der die Schuldigen an den ungezählten Morden ihre verdiente Strafe erhalten würden. Die anderen aber, die Schweigenden, Indifferenten und Ängstlichen jedoch, sollten die Möglichkeit erhalten, aus den Fehlern, die der braune Haß gebar – der zu millionenfachen Morden führte –, zu lernen, um schließlich einen gemeinsamen Neuanfang zu wagen.

Und es schien über kurze Zeit so, als habe man seine Lektion gelernt. Dann aber verlangte der Wiederaufbau des zerstörten Landes alle Kräfte. Man vergaß schnell, was geschehen war, und je besser es dem deutschen Normalverbraucher ging, um so mehr verdrängte er die Schrecken des Krieges und der Nazidiktatur.

Und nun ist es heute wieder soweit, daß in deutschen Städten Menschen um ihre Unversehrtheit fürchten müssen, die aus Angst um ihr Leben und ihre Freiheit als Flüchtlinge in unser Land kamen.

Sehe ich die Asylheime brennen, sehe ich auch die Schornsteine der Lagerkrematorien rauchen.

Beides ist voneinander nicht zu trennen. Und mir bleibt als altem Menschen, dessen biologische Uhr abläuft, nur eine Möglichkeit: Ich muß warnen vor dem fruchtbaren braunen Schoß, aus dem schon wieder der verachtende Haß und die blauäugige Überheblichkeit kriechen.

Ein halbes Jahrhundert ist seit dem 8. Mai 1945 vergangen. Wann beginnen wir, lernfähig zu werden?

JOSEPH ROVAN

Der langersehnte Tag in Dachau

Für mich war der Tag der Befreiung der 29. April 1945. An diesem Tag befreiten amerikanische Truppen die ungefähr dreißigtausend Häftlinge, die sich damals noch im KZ Dachau befanden, in dem ich seit dem 5. Juli 1944 als »Nacht-und-Nebel«-Gefangener wegen meiner Tätigkeit in der französischen Résistance »einsaß«. Von den rund zwölftausend Franzosen, die in diesem Zeitraum nach Dachau gekommen waren, erlebte die Hälfte nicht mehr den langersehnten Tag: Sie waren an Typhus (Fleckfieber) und Entkräftung gestorben. Bis zu diesem Augenblick überlebt zu haben, war ein Grund zu fast unvorstellbarer Freude, denn als gebürtiger Deutscher und von den Nazis als Jude angesehen, lebte ich seit Jahren und auch in Dachau unter falschem Namen. Nun war die Gefahr des Entdecktwerdens und des Transfers nach Auschwitz als Folge endgültig vorbei. Und nun konnte ich an die Weite des Lebens denken, die sich wieder vor dem bald Siebenundzwanzigjährigen auftat: das Wiedersehen mit den Eltern, mit der großen Liebe – und an den Wiederaufbau der französischen Republik, einer neuen, echteren, gesünderen Demokratie, der ohne uns schon begonnen hatte und an den meine Freunde und ich seit der Niederlage von 1940 jeden Tag und jede Nacht gedacht hatten. Wir wußten nichts von dem, was sich in Frankreich seit der Befreiung des Landes von der Herrschaft der deutschen und der französischen Faschisten vollzogen hatte, aber wir hofften, daß es noch Gelegenheit für uns geben würde, am Aufbau eines anderen Frankreichs, eines Frankreichs mit einer gerechteren Wirtschaft und einer gerechteren Gesellschaft teilzunehmen, für ein Frankreich, das endlich auch seine Kolonien befreien und überall in der Welt für die kämpfenden Demokraten eintreten würde. Was den Feind anging, den deutschen und den französischen, so dachte ich nicht an Rache, sondern an Gerechtigkeit. Das Schauspiel eines höheren SS-Verantwortlichen, den polnische Gastarbeiter auf der Flucht ergriffen und gefesselt und in Zivil ins Lager auf einem Leiterwagen zurückbrachten, wo man flugs begann, ihn zu quälen, erfüllte mich mit Entsetzen: Wir wollten doch nicht zu seinesgleichen herabkommen!

Ich war bei guter Gesundheit und gehörte nun dem offiziell funktionierenden französischen Nationalkomitee als Sekretär an. Dessen Präsident, Edmond Michelet, wurde dann im Herbst Verteidigungsminister, und ich kam als persönlicher Referent in seinen Stab, wo ich mich vor allem um fast eine Million deutscher Kriegsgefangener zu kümmern hatte, deren Lage anfangs sehr schlimm war. Michelet war dann noch oft Minister, als treuer Paladin General de Gaulles, und ich hatte immer eine bedeutende Rolle in seinem Stab und konnte mit ihm zusammen einiges zur deutsch-französischen Aussöhnung beitragen. Um den vielen kranken Franzosen zu helfen, blieben Michelet und seine engsten Mitarbeiter noch einen Monat freiwillig in Dachau, und so habe ich den 8. Mai schon in einer neuen, sehr anstrengenden, aber dankbaren Beschäftigung erlebt. Für uns war es ein Tag wie die anderen: mit Sorgen um die Kranken, Verhandlungen mit den Amerikanern, die die in Frankreich von den Nazis verhafteten »Rotspanier«, das heißt die Gegner Francos, nicht bei den Franzosen lassen wollten, wo sie doch in unserer Résistance gekämpft hatten (wir haben sie dann doch alle nach Frankreich zurückgeführt). Wir mußten uns um das Schicksal der unter den SS-Leuten gefundenen Elsässer kümmern und um die polnischen Offiziere, die nicht in ein kommunistisches Polen zurückwollten. Wir steckten nach wenigen Tagen mitten im Nachkriegseuropa, inklusive der Auseinandersetzung mit den französischen Kommunisten, die uns »Gaullisten« die Leitung der französischen Nationalgruppe streitig machten. In der ländlichen Umgebung von Dachau, wo ich nun frei spazierengehen konnte, erstaunte mich die große Zahl der französischen Fahnen, die vielerorts über den Bauernhäusern hingen. Dort war ein französischer Kriegsgefangener im Laufe der Jahre mit Haus und Hof verwachsen, oft war der Mann gefallen oder selbst in Kriegsgefangenschaft geraten, und der Franzose fühlte sich für den Hof verantwortlich, und manchmal war er dem Toten oder Abwesenden auch im Bett der Bäuerin nachgefolgt.

Die französische Fahne sollte Haus und Leute (und vor allem auch das Vieh) vor marodierenden russischen oder balkanesischen Kriegsgefangenen schützen.

Die Amerikaner waren ebenso gute Bürokraten wie die Europäer: Jeder französische Häftling sollte in vierzehn (!) Exemplaren den auf deutsch verfaßten Allwetter-Fragebogen (denselben, den Ernst von Salomon später berühmt gemacht hat) ausfüllen, was nicht ohne

Protest geschah und zur Mobilisierung aller Kameraden führte, die etwas Deutsch sprachen und etwas Maschine schreiben konnten. Der Fragebogen begann mit der Frage: »Wann sind Sie in die NSDAP eingetreten?«

Was in der weiteren Welt vor sich ging, kam erst allmählich an uns heran. Ein Freund, dem es gelungen war, der Gestapo zu entkommen und der jetzt in der provisorischen parlamentarischen Versammlung in Paris saß, kam und erklärte uns die politische Lage. Uns fehlte fast ein Jahr der französischen Geschichte. Schrittweise begannen wir uns um den Zustand Europas und den der Welt zu kümmern und besonders, in meinem Fall, auch um das Schicksal Deutschlands. Ich wußte genug vom Kommunismus, um nicht an eine wahre Koexistenz zu glauben, und gleichzeitig wünschte ich doch eine Ordnung, in der der Kapitalismus und sein Profitdenken nicht mehr tonangebend sein sollten. Eine ganze Reihe von Jahren hindurch haben viele meiner Freunde und ich die unmögliche Quadratur des Kreises durchsetzen wollen, als Genossen auf demselben Weg mit unseren kommunistischen Kameraden, aber ohne ihren Herrschaftsanspruch zu akzeptieren. Über die Herrschaft Stalins, sein System und seine Methoden war ich seit Jahren genau informiert wie jeder französische Intellektuelle es sein konnte, der nicht bewußt die Augen zumachte, aber ich hoffte, daß sich in Deutschland doch ein Gleichgewicht herstellen lassen könnte, an dem sich alle die Deutschen, die Hitler nicht akzeptiert hatten, würden beteiligen können, mit deren Freunden und Genossen wir in Dachau zusammengesessen hatten, wie der Prinz Friedrich Leopold von Preußen und der kommunistische Lagerälteste Oskar Müller, der spätere KPD-Bundestagsabgeordnete.

Mir war es natürlich besonders leicht gefallen, mit den verschiedensten deutschen und österreichischen Kameraden Kontakt aufzunehmen und so für ihre Probleme Verständnis zu finden, ja sie den französischen Freunden und besonders unserem politischen Chef Edmond Michelet nahezubringen. Friedel Vollger war in Dachau, weil er sich als Vertreter der katholischen Südtiroler gegen Hitlers Transferpläne aufgelehnt hatte, die seine Landsleute in die Krim umsiedeln wollten; später war er Senator in Rom. Der Blockälteste, ein Altkommunist, hatte sich nach elf Jahren KZ geweigert, einen Mithäftling, der ausgerissen und zurückgebracht worden war, auszupeitschen; sofort ging er aller Ämter und Vorteile verlustig. Der ehemalige Zentrumsabgeordnete im Reichstag, Joos, ein enger Mitarbeiter des Fraktionsführers, des Prälaten Kaas, und selbst Elsässer, hatte sich Edmond Michelets angenommen, als dieser als einer der ersten »politischen« Franzosen nach Dachau kam, wo es praktisch noch fast keine anderen Franzosen gab. Solche Beispiele könnte man ohne Ende aufzählen. Sie mußten Männer wie Michelet und mich dazu bringen, die Sache des Wiederaufbaus einer deutschen Demokratie zu der unseren zu machen, wobei den Deutschen mit allen Mitteln zu helfen war und besonders indem man vermied, die Fehler der französischen Nachkriegspolitik nach 1918 zu wiederholen, die entscheidend zum Untergang der Weimarer Republik beigetragen hatten. Wir gehörten zu denen, die in Frankreich wie in den anderen besetzten Ländern den Krieg nicht als einen traditionellen Kampf zwischen Nationalstaaten wie im 19. Jahrhundert ansahen, sondern als einen internationalen Bürgerkrieg, in dem die deutschen Antinazis unsere Verbündeten waren und wir die ihren. Ich konnte ja das persönliche Beispiel meines Kindheitsfreundes Christel Probst zitieren – und ich habe es oft getan –, der als einer der Verantwortlichen der Gruppe »Weiße Rose« in München 1943 hingerichtet wurde.

Das Bewußtsein dieser Solidarität über alle nationalen, staatlichen und parteipolitischen Grenzen hinweg war für mich eines der größten Ergebnisse der Zeit in Dachau. Noch heute treffe ich bei jedem Besuch in Prag den Kameraden Feyerabend, damals ein junger tschechischer Student, den die Nazis verhaftet hatten, weil seine Familie zu den Gründern der Ersten Republik gehörte und im Londoner Exilkabinett vertreten war. Er hat nach seiner Heimkehr jahrzehntelang unter den Verfolgungen durch die Kommunisten zu leiden gehabt; heute ist er, ein alter Mann wie ich, zu denen zu rechnen, die auch zwischen Deutschen und Tschechen einen humanen Neuanfang wollen. Nie werde ich die Bewunderung vergessen, die ich den Widerständlern aus Luxemburg entgegenbrachte. Im Vergleich zu ihrer Bevölkerungszahl waren sie zwanzigmal zahlreicher als wir Franzosen! In Dachau haben wir alle zusammen das Europa gegründet, das in einem halben Jahrhundert mühsam, aber doch als Notwendigkeit aufgebaut wird, und in dem wir nun die Kameraden aus Polen oder Slowenien, aus Böhmen und aus Ungarn wiederfinden dürfen. Ich habe das kurz nach meiner Rückkehr aus Dachau in einer Schweizer Wochenschrift als das Erlebnis des »Völkerbundes im KZ« beschrieben.

Als wir endlich Anfang Juni als letzte Franzosen aus Dachau nach Paris zurückkehrten, war ich mehr denn je davon überzeugt, daß wir aus der Résistance auch eine Mitverantwortung für die anderen Europäer zu verwirklichen hatten, und an erster Stelle für unsere deutschen Kameraden, die durch die Bedingungen der »bedingungslosen« Kapitulation zunächst mit Ausnahme der Kommunisten in der Sowjetzone wenig zum Neuanfang ihrer eigenen Geschichte beitragen konnten. Ich meinte, daß wir stellvertretend für sie handeln sollten und müßten. Im Herbst 1945, gleichzeitig mit meiner Ernennung in den Stab von Minister Michelet, bat mich E. Mounier, der Herausgeber der katholisch-demokratischen Zeitschrift *Esprit,* ihm ein Jahr lang aushilfshalber als Redaktionssekretär beizustehen. Ich habe das mit Freuden getan, denn *Esprit* war schon unter der Dritten Republik vor dem Zweiten Weltkrieg und natürlich vor Hitlers Machtübernahme für eine echte Versöhnung mit Deutschland und gegen die Deutschlandpolitik von Poincaré und anderen Nationalisten eingetreten. In *Esprit* veröffentlichte ich im Oktober 1945 einen Beitrag, der den Titel »L'Allemagne de nos mérites« trug, das heißt »Deutschland, wie wir es verdienen«. Darin sagte ich, daß nach der bedingungslosen Kapitulation nunmehr die Alliierten, und damit an erster Stelle auch Frankreich, für alles verantwortlich sein würden, was in Deutschland entstehen und sich entwickeln könnte, und daß wir den Deutschen die Gerechtigkeit schuldeten, sie so zu behandeln wie uns selbst: als Menschen und als Demokraten. Der Aufsatz brachte mir manche Angriffe ein, erweckte aber doch vor allem ein positives Echo. Der Titel wird auch heute noch oft zitiert, obgleich natürlich nur mehr wenige ihn gelesen haben – er ist aber 1987 in Deutschland und in Frankreich neu erschienen, in einem Buch, das *Zwei Völker, eine Zukunft* heißt und in Deutschland bei Piper herausgebracht wurde.

Im Sommer 1946 kam ich dann wieder als freier Mann nach Deutschland, um in der französischen Zone an der Organisation von Studenten- und Jugendtreffen teilzunehmen, bei denen sich junge Deutsche und Franzosen begegneten. Aus dieser Initiative ist viele Jahre später dann das Deutsch-Französische Jugendwerk hervorgegangen. Im Mai (so meine ich) 1947 nahm ich in München, zwei Jahre nach der Befreiung Dachaus, an einem internationalen Jugendtreffen teil und sprach in der dortigen Universität von dem Opfergang der jungen Männer und Frauen der »Weißen Rose«. Im Februar 1994 habe ich an demselben Ort das Andenken aller derer gefeiert, die sich einst aus welchen Gründen auch immer zu einem Nein zu Hitler erhoben haben.

Es war für den ehemaligen Dachauer, für den Mann aus der Résistance und den von Hitler vertriebenen ehemaligen Deutschen selbstverständlich, daß ich zum Ende dieses Jahres dann den Ruf annahm, in der französischen Kulturverwaltung in Deutschland die Abteilung für Volksbildung und Jugendaustausch mitzuübernehmen, denn wenn die Jugend nicht mitmacht und wenn die Kenntnis von den Notwendigkeiten und dem Funktionieren der Demokratie nicht verbreitet und gepflegt wird, wie kann sich dann ein so anspruchsvolles Gemeinwesen festigen, das ja nicht vom Gehorsam, sondern von der Partizipation mündiger Bürger seine innere Kraft und seine Verteidigungsfähigkeit nach außen bezieht. Ich habe diese Tätigkeit gern bis 1952 ausgeübt, ohne aber den engen Kontakt zu meiner Basis in Frankreich aufzugeben. Ich war bis zu meinem vierzehnten Lebensjahr Deutscher und bin nun seit über sechzig Jahren Franzose, und als solcher habe ich für die Demokratie in Deutschland, für die Versöhnung, für die Zusammenarbeit und für das gemeinsame Eingehen nach Europa wirken können. Danach war ich neben vielen anderen Beschäftigungen fünfunddreißig Jahre lang Korrespondent des Bayerischen Rundfunks in Frankreich und achtzehn Jahre lang Ordinarius für deutsche Geschichte und Politik an der Sorbonne. In diesem Jahr habe ich eine tausend Seiten lange *Histoire de l'Allemagne des origines à nos jours,* eine deutsche Geschichte von den Anfängen bis zur Gegenwart veröffentlicht, die bald auch auf Deutsch erscheinen wird. So ist mein ganzes Leben (ich stehe nun im siebenundsiebzigsten Jahr) von dem mitbestimmt worden, was ich in Dachau am 29. April 1945 erlebt, gelebt, erfühlt und erkannt habe. Und zum Abschluß dieser Erinnerungen und Überlegungen sei noch einmal mit Dankbarkeit der Amerikaner gedacht, die uns alle befreit haben und denen wir nie genug Dank abstatten können. In Dachau kam als erstes ein Jeep an, aus dem stieg ein Kriegspfarrer aus, der den Balkon im »Jourhaus«, dem Sitz der SS-Verwaltung, erklomm und uns alle auf Englisch aufforderte, Gott für die Befreiung zu danken. Dann kam ein Negersoldat, der den Umstehenden eifrig die Hand drückte und Kaugummi verteilte. Und dann die berühmte Journalistin Margaret Higgins, eine ebenso schöne wie tapfere und durchtriebene Frau. Dieser Eindruck des kämpfenden und uns befreienden Amerika bleibt in meiner Erinnerung als eine permanente Aufforderung dazu, daß ein vereinigtes Europa stets in der Allianz mit Amerika verbleibt, die wir auf beiden Seiten des Atlantiks morgen noch mehr brauchen werden als je bisher.

BOTHO PRINZ ZU SAYN-WITTGENSTEIN

Die Macht des Faktischen

Im Mai 1955 jährt sich zum fünfzigstenmal der Tag der Kapitulation des Dritten Reiches, das Ende des Zweiten Weltkrieges. Die letzten Wochen und Monate vor dem Kriegsende sind für mich, der im Februar 1945 achtzehn Jahre alt geworden war, in lebhafter Erinnerung; Erfahrenes und Gehörtes verweben ineinander und lassen den Blick in Jugendjahre zurückschweifen. Verbunden damit sind Gefühle, wobei als erstes das der Dankbarkeit zu nennen ist. Dankbar gegenüber einem Elternhaus – in Eisenach/Thüringen gelegen –, welches mir als Jüngstem von vier Geschwistern viel Liebe und Geborgenheit brachte und eine unbeschwerte Jugendzeit ermöglichte. Selbst der obligatorische Dienst in der Hitler-Jugend – in der Zeit nach dem Sommer 1944 nahezu täglich – wurde von mir nicht als Bürde empfunden, sondern als willkommene Abwechslung gegenüber der nicht sehr geliebten Schule. Dabei hätte ich auch allen Anlaß, den Lehrern des traditionsreichen Karl-Friedrich-Gymnasiums (später Martin-Luther-Gymnasium) dankbar zu sein. In kleinen Klassen unterrichtet, durch ständige Dienste oder Fliegeralarm nur zu oft unterbrochen, versuchten sie mit Engelsgeduld und sehr viel Einfühlungsvermögen gegen die ständigen Ablenkungen und Einflüsse zu wirken und ihren Schülern humanistisches Wissen und humanistische Gesinnung zu vermitteln.

In jener Zeit war ich noch viel zu unreif, ja trotz meiner siebzehn Jahre geradezu kindlich, um kritische Andeutungen und Vergleiche zwischen dem Lernstoff und dem Geschehen in Hitlerdeutschland zu erfassen. Auch meine Eltern waren äußerst vorsichtig und zurückhaltend, und nur wenn Gäste oder Freunde da waren, wurde sorgenvoll die politische Entwicklung besprochen. Nur zu oft ertappte ich mich dann bei Zorn und Ärger über das Gehörte, denn die HJ hatte in mir einen getreuen Gefolgsmann, der voll und ganz in seinen Dienstpflichten aufging und die Propaganda, die uns ständig berieselte, für bare Münze nahm. Hinzu kam: mein Bruder als hochdekorierter

Offizier an der Front, die ältere Schwester als DRK-Helferin in Kriegslazaretten in Rußland – da durfte kein Gedanke an eine Niederlage im Krieg aufkommen, die aufpeitschenden Worte aus den Versammlungen, in denen der »totale Krieg« propagiert wurde, noch in den Ohren.

Praktisch lebte ich auch kaum noch zu Hause, denn das Wehrertüchtigungslager in Ohrdruf – dort konnte ich als Mitglied der Motor-HJ meine Führerscheinprüfungen ablegen – und der anschließende Einsatz am »Westwall« beziehungsweise in den Dörfern am Niederrhein wurden für mich Platz des Austausches und des Gespräches. Als HJ-Führer – viel zu früh in die Pflicht genommen – war ich bemüht, Vorbild zu sein und den Jüngeren ein Vorgesetzter, der selbst noch nicht Fisch und nicht Fleisch war. Natürlich gaben uns die ständigen Luftangriffe – den auf Eisenach im September 1944 mußte ich von Ohrdruf aus beobachten – und die immer stärker werdende Luftüberlegenheit der Alliierten zu denken; nur zu oft kamen Ängste auf und erste Zweifel, ob denn die lautstark und intensiv angekündigten Wunderwaffen rechtzeitig eingesetzt werden könnten. In den letzten Monaten des Jahres 1944 lagen wir in Kapellen, einem malerischen Dörfchen am Niederrhein – unweit von Kevelaer –, wo wir im Anbau einer Schreinerwerkstatt kampierten. Die Verpflegung war miserabel, die Arbeit an den Panzergräben und Splitterschutzunterständen in dem nassen und schweren Boden äußerst hart, und ständig mußten wir mit Luftangriffen der Jabos rechnen, die jedes erkannte Ziel sofort unter Feuer nahmen. Bei Westwind konnten wir den Donner der Kanonen von der Front hören, und oft genug hatten wir auch in unseren Reihen Verluste zu beklagen. Bis heute ist es mir unverständlich, daß wir nicht Zweifel an der politischen Führung oder am Ausgang des Krieges, der ja zu dieser Zeit schon an die Grenzen Deutschlands schwappte, äußerten. Ich kann mich jedenfalls nicht daran erinnern, trotz der bedrohlichen Situation den Glauben an den »Endsieg« verloren zu haben. Hitler und seine Führung waren für uns sakrosankt, wir waren hörig und gehorchten den Befehlen, wie wir an die Untergebenen Befehle weitergaben, von denen auch wir erwarteten, daß sie befolgt wurden. Hinzu kam, daß die harte Arbeit, die äußerst schlechte Ernährung und die ständigen Luftangriffe zermürbten, so daß für Diskussion kaum Raum blieb. In den Dezembertagen 1944 konnte ich nach Hause zurückkehren, in einem Zustand, der den untersuchenden Stabsarzt der Wehrmacht veranlaßte, mich als »nicht kv« (nicht kriegsverwendungsfähig) zu bezeichnen und damit vor der Einberufung zur Wehrmacht zu bewahren. Während meine Eltern sich zu diesem Ergebnis beglückwünschten, fühlte ich mich in meiner

Ehre zutiefst gekränkt und versah meinen Dienst in der Motor-HJ mit doppeltem Eifer.

Noch in den letzten Märztagen des Jahres 1945 beendete ich eine Diskussion mit meinem besten Freund, der später Pfarrer und Superintendent in der damaligen DDR wurde und der offen aussprach, daß der Krieg verloren sei, mit einem unmißverständlichen Hinweis auf meine Pistolentasche, die ich stolz am Koppel trug. Ich kann es mir bis heute nicht erklären, warum und durch welche Einflüsse ich zu einer solch intoleranten, indoktrinierten und fast fanatisch zu bezeichnenden Haltung kommen konnte, denn Elternhaus, Kirche und Schule hatten dem entgegengewirkt. Wahrscheinlich war es gleichzeitig eine Trotzreaktion – pubertärer Oppositionsgeist und Besserwisserei –, die dem heranreifenden Jüngling als Kompensation für ständige Überforderung diente.

Die letzten Kriegstage veranlaßten die NS-Führung von Eisenach zu hektischen, oft widersprüchlichen Maßnahmen. Der Volkssturm, dem ich als Meldefahrer zugeteilt war, wurde aus alten und jungen Männern gebildet, notdürftig ausgebildet und bewaffnet und in der Umgebung in Eisenach zum Kampf gegen die heranrückenden amerikanischen Truppen bereitgestellt. Dann wurde in der NSDAP-Kreisleitung, wo sich meine Einsatzzentrale befand, davon gesprochen, daß zwei feindliche Panzer im Raum Fulda/Hersfeld gesichtet worden seien, während das Radio ständig die Meldung wiederholte, daß der Rhein ein unüberwindliches Hindernis für den Vormarsch der Alliierten bilde.

Das Kriegsgeschehen im Osten wurde wohl von den Eltern mit größter Sorge kommentiert, aber von mir kaum registriert. Die größte Aufmerksamkeit galt dem Luftwarndienst, der hinsichtlich der Luftlage und der damit verbundenen drohenden Angriffe mit Angst und Sorge seit Monaten schon abgehört wurde. Bombengeschädigte aus Remscheid, die bei uns im Haus neben einer holländischen Familie und einem Mädchen aus der Ukraine Zuflucht und Obdach gefunden hatten, hörten BBC mit seinen deutschen Nachrichten. Fast von einem Tag zum anderen mußte ich dann dabei erkennen, daß meine Vorstellungen und meine Einschätzungen der Kriegslage absolut unsinnig waren.

Nur wenige Stunden nachdem angeblich lediglich die zwei Panzer bei Fulda gesichtet waren, erfuhren wir dann, daß die Brücke von Remagen und andere Behelfsbrücken den Rheinübergang ermöglichten, und aus den zwei Panzern wurde eine Brigade oder Division, die sich zum Angriff auf Thüringen anschickte. Noch in der Nacht mußte ich in der Rhön die Bürgermeister und Parteispitzen informieren. Der alarmierte Volkssturm baute Panzersperren, die mir bei der Rückkehr nach Eisenach mit dem Motorrad nur zu oft den Weg versperrten und obendrein manche gefährliche Situation einbrachten. Die Front rückte näher und näher an Eisenach, die NSDAP-Führer verkrümelten sich, und alle seit Jahren geübte Disziplin brach in wenigen Stunden zusammen.

Auf den Rat eines alten Offiziers, der als kriegsversehrter Veteran noch eine Volkssturmeinheit befehligte, fuhr ich auf Schleichwegen auf dem Dienstmotorrad zu unserem Haus auf der Marienhöhe, von der man mit dem Fernglas die Gefechte an der unvollendeten Trasse der Autobahn beobachten konnte. Die Stadt und besonders unser Stadtviertel wurden mit Artillerie ständig beschossen, und ich lag angstvoll hinter den Kohlen im Keller, während die Remscheider Familie sämtliche Schutzheiligen anflehte. Viele Menschen aus unserer Gegend waren in den Wald geflüchtet und dort dem Beschuß nahezu schutzlos ausgeliefert; freigekommene russische und polnische Gefangene brachten sie oft genug um die mitgeschleppten Habseligkeiten. Der Morgen des 8. April brach heran, eine unwahrscheinliche und unwirkliche Ruhe nach dem Artillerie- und Gefechtslärm der letzten Nacht. Nur zögernd traute ich mich aus dem Haus, bis ich von Nachbarn erfuhr, daß auf der Wartburg eine weiße Flagge auf dem Bergfried zu erkennen sei. Es dauerte nicht lange, bis amerikanische Truppen mit einer Unzahl von Fahrzeugen in die Stadt einrückten. Häuser zur Unterbringung von Armeestäben wurden requiriert, und wenige Tage später wurde ich als »messenger boy« zunächst bei einer Geheimdiensteinheit, dann beim Billeting Officer der 3. amerikanischen Armee verpflichtet. Dadurch konnte ich Eltern, Geschwister und Einquartierung mit den Resten aus »C-Rations« und anderen Köstlichkeiten versorgen, so daß wir nicht wie viele andere Hunger leiden mußten.

Ich begreife bis heute nicht, daß ich diesen abrupten Wechsel ohne wesentliche Reaktionen oder Handlungen so hingenommen habe. In kürzester Zeit war durch die Macht des Faktischen ein Weltbild zusammengestürzt, das dann schnell als Lug und Trug erkannt wurde. Ich registrierte – ohne Zorn –, daß ich ausgenutzt und getäuscht worden war, und manche Gespräche, Hinweise und Beobachtungen, zunächst verdrängt, stellten sich im nachhinein als zutreffend dar. Die lockere und ungezwungene – trotz Fraternisationsverbot – kameradschaftliche Haltung der amerikanischen Soldaten tat ein übriges und bewirkte mehr als Gehirnwäsche und Umerziehungslager. Noch heute ist als der nachhaltigste Eindruck in meiner Erinnerung die Ankunft von Gefangenen aus dem KZ Buchenwald, die wir jungen

Leute aus den Transportwagen in die Zimmer des Hotels »Rautenkranz« am Marktplatz in Eisenach bringen mußten. Der erbärmliche Zustand der befreiten Gefangenen und wenige hingeworfene Bemerkungen ließen für mich überdeutlich werden, daß wir – eine ganze Generation – belogen und betrogen worden waren. Gerüchte über KZs waren als Feindpropaganda abgetan worden, die Erziehung zu blindem Gehorsam hatte Erfolg gezeitigt. Die älteren Geschwister waren außer Haus und fielen als Gesprächspartner ebenso aus wie die Eltern – meine Mutter war als DRK-Führerin zudem ständig im Einsatz – und Bekannten, die durchaus annehmen mußten, daß der »dumme Junge« aus fehlender Einsicht oder Übereifer falschen Nutzen aus kritischen Bemerkungen zog.

Auch beim DRK, für das ich in den letzten Kriegsmonaten als Meldefahrer eingesetzt war, gab es keine Diskussionen. Der Altersunterschied zu den Fahrern war so groß, daß sie mich nicht ins Vertrauen zogen. Sie waren zufrieden, wenn ich bei Fliegerangriffen den Krankentransportwagen fuhr und sie im übrigen in Ruhe ließ. Selbst die Holländer bei uns im Haus, obendrein überzeugte Nationalsozialisten, hielten sich zurück und riskierten allenfalls ein Streitgespräch mit unserer – wie sich später herausstellte – kommunistischen Einquartierung aus Remscheid. In der Nachschau ist es geradezu unbegreiflich und für die jetzige junge Generation nicht nachvollziehbar, wie unkritisch und obrigkeitsgläubig wir damals waren. Sicherlich kann diese Feststellung nicht verallgemeinert werden, jedoch sind mir hitzige politische Debatten oder Zweifel an der politischen Führung im Freundeskreis nicht in Erinnerung. Das nationalsozialistische Regime hatte mit seinen Methoden der Erziehung und Beeinflussung ganze Arbeit geleistet.

Um so schneller und abrupter war der Bewußtseinswandel nach dem Mai 1945. Viele Gespräche unter Freunden, der ständige Austausch mit den Amerikanern, die bis zum 1. Juli in Eisenach blieben, zeigten ihre Folgen. Es war der sprichwörtliche Knoten geplatzt, und die Augen waren über das Unrechtsystem geöffnet. Erste politische Versammlungen, wie mit Jakob Kaiser, und andere taten ein übriges und lösten einen Prozeß aus, der bis heute in großem Interesse in zeitgeschichtlichen Arbeiten und Bewertungen nachwirkt. Auch wenn wir als junge Menschen im Dritten Reich unseren Idealismus mißbraucht sahen, so verbanden sich mit dem Zusammenbruch große Hoffnungen auf die Zukunft. Bald jedoch wurden auch diese Erwartungen begrenzt; die russische Besetzung Thüringens und die Gründung der Sozialistischen Einheitspartei, Angst vor willkürlichen Verhaftungen und die Deportationen vieler Adelsfamilien führten dazu, daß ich im Dezember 1945 ohne Genehmigung und auf Schleichwegen meine Heimatstadt Eisenach verließ und von Gerstungen aus über die Grenze in den Westen übersiedelte. Wenige Tage vor Weihnachten kam ich in die Heimat meines Vaters und wurde von den überraschten Verwandten aufgenommen.

Die Aufbruchstimmung, der starke Zusammenhalt in der Bevölkerung – in Ost wie in West – waren einmalig und werden für immer in meiner Erinnerung bleiben. Es waren nur wenige Jahre großer mitmenschlicher Solidarität, die sich im Osten Deutschlands noch länger gehalten hat als bei uns im Westen.

Schulabschluß und Medizinstudium gaben mir ebenso wie etwas später längere Auslandsaufenthalte in England und in Indien die Gelegenheit, die Ereignisse meiner Jugend zu reflektieren und nachzuempfinden. Ich wurde dadurch in dem Willen bestärkt, alles zu tun, daß nicht noch einmal eine Jugend mit ihrem Wunsch, sich für andere einzusetzen, so ausgenutzt und mißbraucht werden kann, wie es im Dritten Reich geschehen war. Schmerzlich für mich war zu beobachten, daß erneut junge Menschen in der ehemaligen DDR vor den politischen Karren gespannt wurden und man ihr gutes Wollen für ungute politische Ziele ausnutzte. Mögen unsere Erfahrungen, unsere Ängste und Sorgen, die zum Schluß des Krieges übermächtig wurden, einer nächsten Generation zur Warnung dienen und sie davor bewahren, das zu erleben, was jungen Menschen, die in den Jahren 1939 bis 1945 um ihre Jugend gebracht wurden, widerfahren ist.

ROLF SCHNEIDER

Überbordende Gefühle der Freiheit

Am 17. April 1945 hatte ich meinen dreizehnten Geburtstag. Auf fast alles, was ich zu solchem Anlaß gewohnt war, würde ich diesmal verzichten müssen. Ich erhielt keine Geschenke, ich hatte keine nachmittägliche Feier, gerade, daß mir meine Mutter am Morgen ein paar nette Gratulationsworte sagte. Wir waren mit etwas sehr viel Wichtigerem befaßt. Wir hatten das Ende des Zweiten Weltkrieges hinter uns zu bringen.

Es ist erforderlich, den Ort, wo dies geschah, näher zu besehen. Er heißt Wernigerode, eine Stadt am nordöstlichen Rand des Mittelgebirges Harz, mit damals um die dreißigtausend Einwohnern, mehr als siebenhundert Jahre alt, bedeutend durch historische Bauten im niederdeutschen Fachwerkstil. Beim Vergleich mit anderen Städten der Region war Wernigerode immer etwas zweitrangig: Goslar, Quedlinburg, Halberstadt besaßen die größere geschichtliche Substanz, Clausthal war ökonomisch bedeutender, Harzburg war mondäner. Als Ort der bunten Dächer und der begüterten Pensionäre lebte Wernigerode ein behäbiges Dasein bis in die Kriegsjahre hinein.

Ich war in dieser Stadt nicht geboren. Ich lebte hier erst im vierten Jahr. Meine Eltern waren mit mir aus einer sächsischen Industriemetropole gekommen, die später von alliierten Bombardements schwer gezeichnet worden ist. Hätten wir weiter dort gewohnt, wir hätten das Jahr 1945 nicht überstanden. Es war in jener plebejischen Stadt außerdem ein rüder und radikaler SA-Stil zu Hause, der sich selbst meinen kindlichen Nerven peinigend mitgeteilt hatte. Nach unserem Umzug stellte ich voll glücklichen Erstaunens fest, in Wernigerode sei vieles anders, nachlässiger, erträglicher.

Die Stadt war deutschnational. Es bedeutete keinen unbedingten Gegensatz zu Hitlers deutschem Faschismus, es bedeutete auch keine völlige Übereinstimmung. Nicht zufällig hatte Hitler sein Bündnis mit Hugenberg im nachbarlichen Bad Harzburg vollzogen. Der Harz war immer eine deutschnationale Landschaft gewesen, mit Königsburg und Kaiserpfalz, mit Kyffhäusermythen, mit Grenzland- und Kolonistenbewußtsein aus jahrhundertealter Erinnerung. Hitlers soziale Demagogie war den Deutschnationalen fremd. Man hielt auf genaue, durch Besitztitel und Überlieferung bestimmbare gesellschaftliche Graduierungen.

Wernigerode zeigte dies alles mit einer zu Stadtarchitektur geronnenen Genauigkeit. Die feinen Familien wohnten auf Hügeln, die Linden- oder Salzberg hießen, und zuoberst residierte die Sippe der Stolberg-Wernigerode. Ihr bedeutendster Vertreter war der Fürst Otto gewesen, ein Bismarckadjunkt und Mensch von blendendem Geschäftssinn, er hatte das alle Wernigeröder Dächer hoch überragende Schloß umbauen und erweitern lassen im historistischen Stil. Die armen Leute wohnten unten und draußen, an Straßen hinter dem Eisenbahngelände, in sonderbar antisemitischem Akzent hießen die Viertel Jerusalem und Ninive. Wer blickte sich in ihnen schon freiwillig um? Die nach Wernigerode reisten, wollten die Architekturzitate des Mittelalters sehen oder zottige Fichten, die zwischen Moos und granitenen Felsen wuchsen. Neben einem pharmazeutischen Werk und einer Kakaomühle war wichtigster Wirtschaftszweig in der Stadt die Fremdenindustrie, mit einem breiten Spektrum der Angebote, vom Traditionshotel »Weißer Hirsch« bis zur Familienpension »Haus Erika«.

In Wernigerode setzte sich ungebrochen 19. Jahrhundert fort, mochten am 9. November auch Hakenkreuzfahnen wehen und ein Stolberg-Wernigerode die SA-Uniform tragen. Nazis und Deutschnationale waren nicht identisch, und so geschah es, daß sich unter ein paar reichen Leuten ein antifaschistischer Widerstand gebildet hatte. Seine Idealfigur war der Reichsfreiherr vom Stein, und man kritisierte Adolf Hitler von rechts.

Das ereignete sich erst gegen Ende des Krieges, im Zusammenhang mit den Attentätern des 20. Juli 1944. Überhaupt waren die so reichlich ausgebreiteten deutschnationalen Vorbehalte vielfach bloß Selbsttäuschungen und kollektive Lüge einer kleinen konservativen Stadt. Adolfs Hitlers Drittes Reich hatte folgerichtig den Zweiten Weltkrieg gezeugt, und dieser Weltkrieg hatte längst nach Wernigerode gegriffen.

Es begann damit, daß ein westdeutscher Unternehmer namens Rautenbach ein Leichtmetallwerk errichtete, draußen vor der Stadt, im Flachland, in der Nähe der proletarischen Viertel Jerusalem und Ninive. Rautenbach produzierte für die Flugzeugindustrie, später auch für die geheimnisumwehten Vergeltungsraketen. Die hatten eine ihrer wichtigsten Fertigungsstätten am anderen Rande des Harzes, bei Nordhausen. Arbeitskräfte dafür wurden aus dem Konzentrationslager Buchenwald bezogen, das unter der Sigle Dora in Nordhausen eine förmliche Filiale unterhielt. Ein Außenlager wiederum von Dora befand sich bei Wernigerode. Man konnte die Häftlinge in den blau-weiß-gestreiften Anzügen manchmal sehen, von Hunden umwacht, beschäftigt mit dem Verlegen von Eisenbahnschienen.

Sie blieben nicht die einzigen unter Zwang gehaltenen Arbeitskräfte. Neben der Leichtmetallfabrik wurden Baracken errichtet, wo Menschen aus Belgien, aus Polen, aus der Ukraine kaserniert waren. Sie lebten, wurde schaudernd berichtet, vorwiegend von ungeschälten Kartoffeln und Pferdefleisch. In den Baracken war manchmal Musik. Eine Harmonika spielte. Der Abend wurde darunter noch düsterer, denn alle Fenster waren sorgsam abgedunkelt, wegen der Luftgefahr.

Die Fremdenherbergen der Stadt wurden mehr und mehr in Kriegslazarette verwandelt. Wenn ich mittags vom Schulunterricht heimkehrte, erblickte ich hinter geöffneten Fenstern bandagierte Köpfe und Arme, Geruch von Karbol und Eiter wehte herab. An Krücken humpelnde Soldaten gehörten zum Stadtbild, und die Annoncenseite des örtlichen Intelligenzblatts war reichlich angefüllt mit jenen Todesanzeigen, die, unter einem Eisernen Kreuz, ihre Mitteilung in stolzer Trauer machten.

Die Oberschule, die ich besuchte und die nach dem Fürsten Otto hieß, mußte ständig neue Schüler aufnehmen, die aus den Zentren der Bombardements stammten: Berlin, Hamburg und Köln. So schwollen die unteren Klassen an, während die oberen Klassen sich leerten, da ihre Angehörigen als Marine- und Luftwaffenhelfer zum Kriegsdienst geholt wurden. Außerdem gab es Notabiturienten, die sofort als Rekruten einrückten. Unsere Lehrer waren Frauen, alte Männer und Krüppel. Sie fütterten uns mit vaterländischen Balladen, mit Beschreibungen preußischer Größe, und der deutsche Führer Adolf Hitler wurde, so gut das ging, lieber ausgespart.

Fabrikant Rautenbach hatte zwischen seine Leichtmetallfabrik und die alten Proletarierviertel ein paar standardisierte Wohnblocks gesetzt, mitten im Krieg und gleich mit projektierten Luftschutzräumen. In einem dieser Wohnblocks lebten meine Eltern. Mein Vater hatte eine sonderbare Biographie: Er kam aus einer alten sozialdemokratischen Familie, er war Metallarbeiter, und aus dem Ersten Weltkrieg kehrte er als roter Matrose zurück. Er war ein enger Mitarbeiter des sächsischen Anarchisten Max Hölz und wurde deswegen von der Polizei gesucht. Später war er Kommunist, aber er überwarf sich mit der KPD und verließ die Partei. Es war wohl dieser Umstand, der ihn die Hitlerjahre fast unbehelligt überleben ließ, von ein paar Gestapo-Besuchen abgesehen. Es führte auch dazu, daß er 1942 aus der Kriegsmarine wieder entlassen wurde, da man seiner metallurgischen Fähigkeiten bedurfte, in Rautenbachs Fabrik.

Derart diente er einem Krieg, den er längst als verloren ansah. Er war unbeherrscht und leichtsinnig. Die von elektronischem Kratzen begleiteteten Nachrichten des Senders Beromünster gehörten zum Ritual unserer Abende. Ich begriff nicht viel. Einmal beharrte ich eigensinnig auf einer in der Schule antrainierten Überzeugung, und das brachte meinen Vater in eine derartige Wut, daß er mich fast blutig prügelte. Nie zuvor, nie mehr danach ist das je so geschehen.

Ich denke mir, auf diese Art kann einer zum Denunzianten seiner Eltern werden. Ich wurde es nicht. Ich wußte, daß ich in manchem aus den für Wernigerode gültigen Normen herausfiel. Mein mitteldeutscher Akzent trennte mich von dem üblicherweise in der Stadt gesprochenen Ostfälisch. Ich ekelte mich vor allen in Schule und Staatsjugendverband gepflegten Wehrertüchtigungsübungen.

Es fanden sich Nischen, selbst hier, auch für mich. Ich tat mit im Laienspiel, und regelmäßig mußte ich mit pappenen Geldbüchsen in den Wohnungen unseres Quartiers um Spendengelder betteln. An Sonntagvormittagen ging ich durch die Treppenhäuser, durch den Dunst von Bratenfett und erwärmtem Rotkohl, von einer Wohnungstür zur nächsten, in den Radioapparaten war süße Salonmusik. Ich haßte diese Vormittage.

Am 22. Februar 1944 fielen an einem hellen Mittag ein paar angelsächsische Bomben auf die Stadt. Es handelte sich wohl um keinen gezielten Einsatz. Die Angreifer waren ein paar versprengte Maschinen gewesen, und kaum ein halbes Dutzend Häuser wurde zerstört. Gleichwohl war die Zahl der Menschenopfer hoch, fast zweihundert, denn man hatte bis dahin in der Stadt den Signalen für den Luftalarm kaum Beachtung geschenkt. Fortan würde das sehr viel anders sein.

Nun geschah es häufiger, daß die Alarmsirenen in den vormittäglichen Schulunterricht hineinheulten. Ich rannte in das Wohnhaus eines Freundes, dessen Eltern ein Bestattungsunternehmen betrieben. War die Gefahr vorüber, vergnügten wir uns auf dem gepflasterten Hof des Hauses, zwischen zweihundert Jahre alten Fachwerkwänden. Es waren ungebeizte Sargböden gestapelt, Sägespäne trieben vorüber, es gab Knochenleimgestank, Hühner pickten nach Korn, und jenseits der Hofmauer waren die vergitterten Fenster der städtischen Untersuchungshaftanstalt für Frauen.

Die Stadt wurde von Flüchtlingen aus Böhmen überschwemmt. Unsere Schule erhielt einen neuen Direktor, einen jüngeren Mann, dem ein Arm fehlte, er trat gern in brauner NSDAP-Uniform auf und in knarrenden Schaftstiefeln. Die deutsche Front wich überall zurück. Das wurde »siegreicher Rückzug« genannt. Der neue Direktor operierte mit den üblichen Tröstungen: dem Wunder, den Vergeltungswaffen, der Ardennenoffensive, der Ersatzarmee Wenck. Das Radioprogramm schien nurmehr aus Luftlagemeldungen zu bestehen. Die Nächte waren angefüllt mit schlaftrunkenen Gängen in die Luftschutzräume, wo es nach saurem Schweiß und modernden Kartoffeln roch. Aus dem Himmel regneten jene Staniolstreifen, mit denen die alliierten Bomber die deutsche Flugabwehr zu verwirren suchten.

April 1945 war die Front dann sehr nahe. Von geheimnisvoll-heroischen Widerstandsbewegungen gegen den Feind wurde erzählt, das hieß einmal »Edelweißpiraten«, einmal »Werwolf«, es sollte in letzter Minute das Kriegsgeschehen wenden. Ein Junge aus der Nachbarschaft wurde von solchen Meldungen völlig fanatisiert. Eines Tages erschien er in unserer Wohnung. Er wollte mich abholen, zum Empfang von Panzerfäusten für Hitlerjungen. Ich sagte ja und erbat mir einen Aufschub. Der Junge rannte ohne mich davon. Ich habe ihn nicht wiedergesehen.

Kurz danach gab es jenes langanhaltende Heulen der Sirenen, das Panzeralarm bedeuten sollte. Wir zogen mit reichlich Gepäck in die Luftschutzräume. Wir würden dort viel Zeit verbringen. Kleinkinder plärrten, eine ältere Frau, bekannt für ihren Geiz, murmelte Gebete, zwei Männer tranken aus einer Flasche wasserhellen Schnaps. Ich hatte ein Gefühl sonderbarer Leichtigkeit. Manchmal ging ich hinan in unsere leere Wohnung und blickte durchs Fenster auf andere Fenster, hinter denen kein Leben war. Ich drehte das Radio an, aber das Radio schwieg.

Wir würden die Nacht im Luftschutzraum verbringen. Die Kleinkinder schliefen, die beiden trinkenden Männer erzählten Obszönitäten, denen ich begierig zuhörte. Zweimal trat ich vor die Haustür. Ich blickte in den Himmel, der schwarz war und angefüllt mit fernen gleichbleibenden Motorengeräuschen.

Ich schlief ein wenig, gelehnt an eine gekalkte Kellerwand, bedeckt mit einem Mantel. Ich erwachte durch die hysterische Mitteilung, auf dem Güterbahnhof halte ein Heeresversorgungszug. Der Güterbahnhof befand sich zwölfhundert Schritte von unserem Haus entfernt. Nach dem mit Angst und Unruhe durchwirkten Stumpfsinn des langen Wartens wirkte die plötzliche Aussicht auf materielle Bereicherung bei den Leuten wie Rauschgift, man mußte nur einen Handwagen besitzen. Meine Eltern besaßen einen Handwagen. Ich geriet unter den Strom hastender Plünderer. Ich hörte Artillerieschüsse,

Granaten zischten über unsere Köpfe hinweg. Auf dem Güterbahnhof stand ein langer Zug, dessen Wagen man geöffnet hatte und der nun ausgeweidet wurde durch Hunderte von kreischenden Menschen. Ich kehrte heim mit einem Handwagen voller Margarinewürfel, Konservendosen und steingrauer Heeresuniformhosen.

Der Artilleriebeschuß hörte auf. Da war dann draußen ein merkwürdiges Maschinengeräusch. Wir öffneten die Türen. Wir sahen zwei Schützenpanzer von olivgrüner Farbe und mit dem weißen amerikanischen Fünfzackenstern. Der Krieg ging zu Ende.

Ich verließ unser Haus. Neben dem Panzer warteten kleine Kinder. Die Panzerbesatzung waren Schwarze, die uns mit Schokoladenriegeln bewarfen. Der Krieg ging zu Ende, und der Frieden begann mit Süßigkeit.

Nach einer Weile fuhren die Schützenpanzer davon, unter Staubwolken und Abgasgeruch. Meine Eltern kehrten aus dem Luftschutzkeller zurück, traten vor die Haustür und blinzelten übernächtigt ins Helle. Sie gingen dann in unsere Wohnung und leerten die Koffer. Im Radioapparat, den sie neugierig einschalteten, gab es keine Paukenschläge mehr, die den Luftkrieg signalisierten, keine monotone Stimme, die den Einflug feindlicher Geschwader in bestimmte Räume mitteilte, es gab nichts als leeres elektronisches Geräusch.

Der Krieg war zunächst bloß ein paar Kilometer weitergerückt. Aus den Bergen liefen Detonationen bis in die Stadt. Am Brockenmassiv, wurde erzählt, leiste eine größere Einheit der Waffen-SS hartnäckigen Widerstand. In der Stadt war kein Widerstand mehr, auch nicht in den Seelen. Für mehrere Stunden roch es überall nach versengtem Stoff, das machten die Fahnen und Armbinden mit dem Hakenkreuz, die man in die Öfen getan hatte, zu den brennenden Hitlerphotographien, die bis gestern noch Schmuck gewesen waren an vielen Wänden.

Die amerikanische Besatzung der Stadt Wernigerode regierte mit allerlei an die Häusermauern befestigten Plakaten auf weißem Papier. Eine nächtliche Ausgangssperre wurde verfügt. Sämtliche Schußwaffen mußten abgeliefert werden, an einer eigens dafür eingerichteten Sammelstelle, dazu auch sämtliche Kleinbild-Photoapparate. Diese zweite Requirierungsmaßnahme stieß auf Befremden und Unmut, denn als ihr Motiv galt einzig die private Habgier der fremden Soldaten. Deutschnationale Verachtung griff um sich.

Die Besatzungsmacht ließ dann noch Exemplare einer in der Stadt Braunschweig gedruckten Zeitung verbreiten. Man erblickte auf ihren Frontseiten Photographien von kapitulierenden deutschen Generalen, man erblickte Aufnahmen vom befreiten Konzentrationslager

Bergen-Belsen. Als Befreite begriffen sich auch die Fremdarbeiter der Firma Rautenbach. In lauten fröhlichen Gruppen durchzogen sie das Gelände, die Ausgangsbeschränkungen galten für sie nicht, sie wurden üppig versorgt mit amerikanischer Heeresverpflegung. Viele Wernigeröder hatten Angst vor Übergriffen, aber diese Angst war unbegründet. Es gab nur den Fortfall der früheren Zwänge, und es gab das alles überbordende Gefühl der Freiheit.

Dieses Gefühl hatten offenbar viele, und darunter war ich. Mir kam es vor, als hätte ich eine andere Haut übergezogen, die Luft schmecke anders, der Himmel habe eine andere Höhe. Als ich das erste Mal wieder aus unserer Vorstadt ins Wernigeröder Zentrum ging, lag so etwas wie Heiterkeit über den Straßen. In Lautsprechern spielte Glenn Millers Army Band, GIs hockten in der Sonne, lachten und hielten Bierbüchsen in der Hand.

Vor unserem Haus hielt ein Lastwagen. Ein kahlköpfiger Mann, ehemals Aufseher der Fremdarbeiter und ein gefürchteter Leuteschinder, wurde abgeführt und mit dem Lastwagen davongefahren. Die Fremdarbeiter ihrerseits reisten jetzt ab. Sie trugen aussortierte amerikanische Militäranzüge. Mit ein paar Spielkameraden durchstöberte ich ihre leer gewordenen Baracken. Wir stießen auf durchlöcherte Wolldecken, auf leere Konservendosen, es roch nach scharfen Desinfektionsmitteln.

Plötzlich wechselte die Besatzungsmacht. Von einem Tag auf den anderen hatten die amerikanische Soldaten die Stadt geräumt und Platz gemacht für britische Truppen. Die beschlagnahmten alsbald das nobelste Hotel der Stadt und verwandelten es in einen Offiziersklub, im übrigen zeigten sie sich deutlich auf Distanz bedacht. Kein Wangentätscheln mehr bei Kindern, keine großzügig verteilten Schokoladenriegel und Kaugummibriefchen. Statt dessen wurden mehrere Harzhänge von allem Wald entblößt, die gefällten Fichtenstämme rollten auf Güterwaggons in unbekannte Richtung davon. Einmal gab es auf dem Marktplatz, vor der Fassade des berühmten, vom gotischen Baumeister Hilleborch errichteten Rathauses, eine Truppenparade. Grelle Befehle ertönten, Instrumente wurden geblasen, mit weißen Gesichtern, mit steifen, langsamen Schritten marschierten Offiziere und Gemeine an ihrem Befehlshaber vorüber. Zivilisten standen am Rand und begafften das Schauspiel mit deutschnationaler Ergriffenheit.

Ich erfuhr, der letzte Direktor unseres Gymnasiums, der Mensch mit der braunen Uniform und den knarrenden Stiefeln, habe sich schon bald nach dem Einmarsch der Amerikaner in einem Klassenzimmer erhängt. Hiermit begann eine förmliche Selbstmordwelle:

Schuldige, Verängstigte, über Hitlers militärischen Zusammenbruch Verzweifelte strangulierten sich oder schluckten Gift, die als Bestattungsunternehmer tätigen Eltern meines Schulfreundes hatten reichlich zu tun. Derart ging es wieder mit dem kommerziellen Leben in Wernigerode voran.

Nur Rautenbachs Leichtmetallwerke würden als vormalige Rüstungsfabrik ihre Tore nie mehr öffnen. Auf ihrem verwaisten Werkhof stapelten sich Rohlinge, die man aufsammeln und davontragen konnte. In den Baracken der abgereisten Fremdarbeiter eröffneten jetzt kleine Manufakturbetriebe, die leichtmetallene Eimer, Schüsseln und Kochtöpfe gossen. Selbst mein Vater, der ehemalige Max-Hölz-Anarchist, wirkte über mehrere Wochen als kleinkapitalistischer Warenproduzent und wäre das womöglich geblieben, hätte sich nicht eine jähe politische Veränderung begeben.

Zu Beginn des heißen, langen, apathischen Sommers 1945 erschienen in der kleinen Stadt Wernigerode die Boten des realen Sozialismus.

Sie erschienen in Gestalt der Roten Armee, um die englische Besatzungsmacht abzulösen. Die auf der Potsdamer Konferenz endgültig beschlossenen Besatzungszonen legten den Verlauf der sowjetisch-britischen Demarkationslinie auf die Mitte des Harzes und wenige Kilometer westlich von Wernigerode fest. Die britischen Truppen hatten noch rasch zwei, drei Berghänge abholzen lassen, das abgehackte Geäst verblieb den Borkenkäfern. Auch die Ledersessel des als Offiziersklub dienenden Nobelhotels wurden abtransportiert, ihre Farbe war dunkelrot. Mit den Briten wichen schließlich noch sämtliche in der Stadt wohnenden Wehrwirtschaftsführer, unter ihnen der Fabrikant Rautenbach.

Die sowjetische Besatzung führte sich ein mit einer dreitägigen Ausgangssperre. Als wir danach die Straßen wieder betreten konnten, war ein Wohnviertel unterhalb des Schloßberges zum sowjetischen Militärgelände deklariert, ein hoher Holzzaun umschloß es, dessen Olivfärbung wir Kommandanturagrün nannten. Gelegentlich hing an den Wänden ein Stalinausspruch: Die Hitlers kämen und gingen, aber das deutsche Volk, der deutsche Staat blieben bestehen. Rautenbachs Leichtmetallfabrik wurde demontiert, in Kisten verladen und auf Güterzüge getan, von den verbliebenen Hallen wurden mehrere gesprengt.

Der Sommer ging weiter. Er war trocken und dörrte die Gärten aus. Eine tückische Hautkrankheit lief um, harmlose Mückenstiche verwandelten sich in unentwegt eiternde Wunden. Eines Tages lag die Bibliothek des Fürst-Otto-Gymnasiums auf dem Schulhof, jedes Titelblatt trug den Stempel mit Adler und Hakenkreuz, und wer wollte, durfte sich an dieser Halde mit Bildungsabfall bedienen, für den eigenen Bücherschrank oder für den Ofen. Mir erschien das alles wie ein Zeichen, dieser Sommer der schönen Ungezwungenheit werde niemals enden. Ich lungerte mit meinen Freunden in den städtischen Freibädern, wir ließen uns bräunen, die ehemaligen Flak- und Marinehelfer kehrten zurück und versorgten uns mit pornographischen Geschichten.

Der Sommer endete dann doch, und im Herbst öffneten wieder die Schulen. Das Leben wurde jetzt reglementiert durch eine Fülle von SMA-Befehlen, hinter deren Wortlaut sich der imaginäre Schatten des schnurrbärtigen Parteichefs aus dem Kreml erhob. Eingeleitete politische Veränderungen setzten vielem Überkommenen zu, griffen auch heftig nach Wernigerodes deutschnationaler Substanz, und bald wurde es üblich, über die nahe Grenze ins britische Besatzungsgebiet zu wechseln, vorübergehend oder auf Dauer. In meiner Erinnerung bleibt der Sommer des Jahres 1945 die freieste Zeit, die ich je erlebt habe, darin allenfalls noch vergleichbar dem Herbst 1989 in der DDR, aber dessen Ausgang erahnte ich nach den in meiner Kindheit gemachten Erfahrungen mit dem Kriegsende, während der Sommer 1945 für mich einfach bloß voll war von Anarchie und Sonderbarkeit und dabei so unwirklich, wie es sonst nur Träume sind.

HERBERT SCHNOOR

Verführte Jugend

1.

An jene Tage erinnere ich mich gut. Auch habe ich Bilder aus jener Zeit in meiner Erinnerung, und ich bin sicher, manche Bilder auch mit einem bestimmten Tag in Verbindung bringen zu können. Das gilt für den 14. April 1945 und die Tage vorher. Das gilt für den 7. Januar 1947. Das waren Tage in meinem Leben, die ich als für mich einschneidend erfahren und deshalb in meiner Erinnerung festgehalten habe.

Aber mit dem 8. Mai 1945, dem Tag der bedingungslosen Kapitulation nicht nur der deutschen Wehrmacht, sondern des Deutschen Reiches, verbinde ich heute, fünfzig Jahre später, kein erlebtes Ereignis mehr. Ich habe dem 8. Mai 1945 als einen Tag erlebt wie jeden anderen, damals in Rheinberg, in dem großen amerikanischen Kriegsgefangenenlager am Rhein.

2.

Es war sehr kalt an diesem Winterabend des 7. Januar 1947 in Klein-Rösseln in Lothringen. Ich arbeitete über Tage in einem Trupp Kriegsgefangener auf dem Zeugberg, einer langen Abraumhalde. Wir waren die zweite Schicht, die Spätschicht, und wir mußten die sogenannten Eidechsen entladen. So nannten wir die langen stählernen Eisenbahnwagen, die unten am Boden große Entladeklappen hatten und die vollgepackt waren mit dem Abraum der aus der Grube kam. Das Bergematerial, Steine, Schlamm, war in den Waggons festgefroren. Es mußte deshalb mit Kreuzhacken herausgeschlagen und dann mit langen Schaufeln den Zeugberg hinabgestoßen werden.

Seit meiner ersten vergeblichen Flucht im Sommer 1946 hatte ich außerhalb des Lagers nur noch unter Bewachung arbeiten können.

Aber der Gedanke, es erneut zu versuchen, hatte mich nicht mehr losgelassen, auch nicht an diesem eisigen Winterabend des 7. Januar 1947. Fluchtgedanken hatte ich anderen gegenüber schon lange nicht mehr geäußert, weil ich Angst vor gefährlicher Geschwätzigkeit hatte. Und ich hatte Angst, mich selbst in Zugzwang zu bringen, denn mich hatte oft im letzten Augenblick der Mut zur Flucht verlassen.

Es war inzwischen dunkel geworden. Die Posten, ehemalige Fremdenlegionäre, hatten ein Feuer entzündet, an dem sie sich wärmten. Sie hatten natürlich Gewehre, und sie hatten oft gedroht, uns zu erschießen, wenn wir es wagen sollten zu fliehen. Niemand zweifelte an dem Ernst der Drohung. Es hieß, die Bewacher müßten mit einem Prämienabzug rechnen, wenn sie nicht alle Kriegsgefangenen wieder am Lagertor ablieferten, lebend oder tot.

Ich ging mit der Schaufel auf die andere Seite der Eidechse, dorthin, wo wir das Bergematerial den dunklen Zeugberg hinabstießen. Hier arbeiteten bereits einige Gefangene mit Hacke und Schaufel. Ich hatte Angst. Sollte ich, wie oft in der Vergangenheit, mir vornehmen, in die Tiefe zu springen, um dann doch mit den anderen wieder in das Lager zurückzukehren? Oder sollte ich es diesmal wirklich tun? Es wurde später. Ich mühte mich mit meiner Schaufel ab. Einer der Posten kam zu uns, sah nach uns und ging zurück auf die andere Seite des Wagens an das Feuer. Ich arbeitete gemeinsam mit den anderen weiter. Das Herz schlug mir bis zum Hals. Plötzlich warf ich die Schaufel zur Seite, rief: »Ich haue ab« und sprang den Zeugberg hinab, hinab zwischen den rollenden Steinen in die Tiefe, in das Dunkle. Jetzt war es entschieden, jetzt gab es kein Zurück mehr. Aber ich war nicht mehr allein. Mit den Worten, die ich beim Hinabspringen noch hörte: »Ich komme mit«, hatte einer der anderen ebenfalls seine Hacke oder seine Schaufel beiseite geworfen und war mir gefolgt. Wir kannten uns bis dahin kaum, dafür aber während der jetzt folgenden aufregenden Tage um so besser. Gemeinsam hatten wir beide Erfolg, wir kamen beide nach Hause.

Der Sprung in das Dunkle an diesem kalten Winterabend des 7. Januar 1947 war der Sprung in die Freiheit gewesen. Für mich endete damit die Kriegsgefangenschaft, die am 14. April 1945 für mich begonnen hatte. Ende Januar saß ich bereits auf der Schulbank, im Übergangskursus, um das Abitur nachzuholen. Daß der Sprung in die Freiheit aber mehr war als die Überwindung des Stacheldrahts, das ist eine Erkenntnis, die erst allmählich in mir wuchs, allmählich mit der Einsicht in die Bedeutung des 8. Mai 1945.

3.

Das, was als historisches Ereignis am 8. Mai 1945 geschah, ereignete sich für mich im kleinen drei Wochen vorher am 14. April 1945 in der Nähe von Zerbst in Anhalt. Dort wurde ich von Soldaten der US-Army, die bei Barbie die Elbe überquert hatten, gefangengenommen. Der 14. April war auch der Tag, an dem die alte Welt in mir zusammenbrach. Meine Naivität oder, richtiger gesagt, Gedankenlosigkeit und fehlende Kritikfähigkeit sind aus heutiger Sicht unbegreiflich. Erst der 14. April brachte mir die Einsicht, daß Deutschland längst den Krieg verloren hatte. Bis dahin wollte ich dieses, trotz aufkommender Zweifel, nicht wahrnehmen.

Während der letzten Kriegsmonate gehörte ich zur 5. Schützeninspektion in Lübeck, einer Einheit zur Ausbildung künftiger Reserveoffiziere. Unterricht und praktischer Dienst waren so, als gäbe es nur die heile Welt von Lübeck. Die Wehrmachtsberichte sprachen wie immer von Frontbegradigungen, geordneten Rückzügen und von den schweren Verlusten, die der Feind dabei wieder einmal erlitten habe. Gesprochen wurde darüber unter uns nicht weiter. Niemand nahm sich der Fragen an, die natürlich jeder von uns hatte. Niemand, nicht einmal der Fähnrichsvater, machte auch nur die geringste Andeutung darüber, daß der Zusammenbruch des sogenannten Dritten Reiches längst begonnen hatte. Nach dem 20. Juli 1944 konnte dieses auch wohl kein Vorgesetzter von uns wagen.

Eines Tages mußten wir alle antreten. Wir hörten eine Ansprache des Reichspropagandaleiters Naumann aus dem Reichsministerium für Volksaufklärung und Propaganda. Naumann hielt eine der üblichen Durchhaltereden. Aber eine Aussage von ihm war merkenswert. Ich habe sie bis heute nicht vergessen. Naumann sprach davon, daß Winston Churchill sich besorgt über die Wunderwaffen des Führers geäußert habe. Diese Ansprache machte deshalb Eindruck. Da war das Wort »Wunderwaffen«. Bisher gab es das nur in den üblichen Latrinenparolen, jetzt aber hatte es ein kompetenter Mann ausgesprochen, dieses Wort »Wunderwaffen«. Und er hatte einen Zeugen genannt: Winston Churchill. Dabei sprach Neumann sachlich über Churchill, ohne die persönliche Diffamierung, mit der sonst die politische Führung unserer Kriegsgegner belegt wurde.

Ich will der Ansprache von Naumann nicht zuviel Bedeutung beimessen. Ich weiß auch nicht mehr, ob wir über sie diskutiert haben. Aber gewiß wird sie unsere Unfähigkeit, die Realität wahrzunehmen, gefördert haben.

Etwa Mitte März verließen wir Lübeck mit der gesamten 5. Schützeninspektion. Weshalb? Wohin? Niemand sagte etwas, niemand gab Auskunft. Wir wurden wie die Schafe behandelt, und wir ließen uns auch so behandeln.

Zunächst fuhren wir mit der Eisenbahn in die Nähe von Bremen. Dann wurde marschiert, Nacht für Nacht, in Richtung Westen. Weshalb? Ich weiß es nicht. In der Nähe von Bad Zwischenahn endeten die Nachtmärsche. Wir wurden wieder in die Eisenbahn verfrachtet, aber der Zug fuhr nicht weiter nach Westen, sondern er fuhr zurück in die Richtung, aus der wir marschiert waren, und dann fuhr er nach Süden.

Inzwischen hatte sich die Ordnung der 5. Schützeninspektion anscheinend aufgelöst. Vorgesetzte waren während der Bahnfahrt nicht mehr sichtbar. In den Eisenbahnabteilen waren überwiegend ganz junge Soldaten zu sehen, Fahnenjunker, inzwischen aber auch andere, die nicht zur 5. Schützeninspektion gehört haben konnten, Unteroffizierschüler, Kadetten von der Kriegsmarine, Flugschüler. Der Zug hielt in Dessau-Roslau. Endstation.

Ein Mann lief den Zug entlang und forderte uns auf auszusteigen. Draußen standen einige Offiziere. »Alles aussteigen! Regiment Langmaier antreten! Ihr dort, ihr seid das erste Bataillon, und ihr anderen dort, ihr gehört zum zweiten Bataillon.«

Und mit diesen dürren Worten wurden wir dem Regiment Langmaier der Division Scharnhorst und damit der 8. Armee, der Armee Wenck, zugeordnet. Das war die Aufstellung der Armee Wenck, so wie ich sie erlebt habe, der Armee Wenck, von der es später in den Geschichtsbüchern heißen sollte, daß Hitler in seinen letzten Tagen in der Reichskanzlei seine ganze Hoffnung auf sie, auf diese Armee Wenck gesetzt habe.

4.

Ich gehörte mit vielen Freunden zu »den anderen dort«, also zum 2. Bataillon des Regiments Langmaier. Durch Tausch hatten wir dafür gesorgt, daß wir zusammenbleiben konnten. Niemanden kümmerte das. Wußte überhaupt einer von unseren Vorgesetzten, wer wir waren? Waren unsere Namen bekannt? Waren wir überhaupt irgendwo registriert? Vielleicht haben wir unsere Namen angegeben, als wir unsere Karabiner abgeben mußten, um dafür später in unserem neuen Standort Zerbst jeder ein Sturmgewehr 44 mit zwei Magazinen zu erhalten. Das zweite Magazin war immer lästig, ich wußte nicht so recht, wohin damit. Mal steckte das zweite Magazin im Koppel, mal in der Hosentasche, mal rutschte es in den Dreck.

Vieles, was ich in den folgenden Tagen erlebt habe, ist auch heute noch so in meiner Erinnerung, als sei es gestern geschehen. Ich übergehe es.

Ich übergehe auch den 13. April 1945, an dem wir den Auftrag erhielten, die Amerikaner, die bei Barbie über die Elbe gesetzt waren, »wieder zurückzuwerfen«. Der 13. April war ein warmer, sonniger Frühlingstag, aber ein Tag voller Angst und Entsetzen. Der Tag kostete manchem meiner Kameraden das Leben.

Am Abend dieses 13. April gab unser Kompaniechef, ein Leutnant, einigen von uns den Auftrag, mit ihm zusammen zu erkunden, ob ein in der Nähe liegendes Dorf bereits von den Amerikanern besetzt sei. Am Eingang des Dorfes mußten einige, darunter auch ich, das erste Haus durchsuchen. Wir rissen die Tür auf. Uns kamen drei amerikanische Soldaten mit erhobenen Händen entgegen. Die Amerikaner hielten uns gewiß für Verrückte. Der Krieg war doch zu Ende. Wer sollte da noch ein Risiko eingehen?

Diese letzte Nacht in der Freiheit war sehr ungewöhnlich. Wir waren etwa zehn bis fünfzehn deutsche Soldaten. Darunter ein Schwerverwundeter, der sehr litt, und wir waren in einem Haus gemeinsam mit drei amerikanischen Soldaten, die unsere Kriegsgefangenen waren. Aber eigentlich waren wir Deutschen und nicht die drei Amerikaner die Gefangenen. Denn wie wir später erfuhren, war das ganze Dorf bis auf das von uns genommene Haus von den Amerikanern besetzt.

Einen Befehl für den nächsten Tag, einen Auftrag, irgend etwas zu tun, gab es nicht. Jeder beschäftigte sich selbst. Einige von uns gruben Schützenlöcher im Garten aus, um das Haus besser verteidigen zu können. Andere suchten nach Eßbarem. Wieder andere bemühten sich um den Verwundeten oder suchten wie ich das Gespräch mit den drei amerikanischen »Kriegsgefangenen«. Und es gab ja Aufregendes mit den Amerikanern zu besprechen. Der amerikanische Präsident, Franklin D. Roosevelt, war gestorben. Wir versuchten den Amerikanern deutlich zu machen, daß Amerika doch jetzt in eine schlimme Lage geraten sei. Jetzt sei doch Amerika im Nachteil. Aber unsere amerikanischen Gesprächspartner verstanden uns nicht. Wie sollten sie uns auch verstehen!

Bei Tagesanbruch verließen wir das Haus, ohne Waffen, mit erhobenen Händen. Draußen nahmen uns amerikanische Soldaten in Empfang. Es war der 14. April 1945. Die Kriegsgefangenschaft begann. Während der Nacht hatte der Leutnant die Übergabe vereinbart, wiederum ohne mit uns darüber vorher zu sprechen. Es war gut, daß er so und allein entschieden hatte.

5.

An diesem 14. April wurde es für mich auch zur Gewißheit, daß wir den Krieg verloren hatten und daß sich unser Leben grundlegend ändern würde. Der Weg lag aber im dunkeln.

Ich habe später oft darüber nachgedacht, weshalb ich – und viele mit mir – so lange brauchten, bis uns die Augen geöffnet wurden. Ich war vor der Gefangennahme blind für die Realität gewesen. An meinem Elternhaus konnte das nicht liegen. Meine Eltern hielten sich von der offiziellen Politik fern, aber sie waren nicht unpolitisch und nicht unkritisch. Im Hause meiner Großeltern mütterlicherseits hatte es auch Hausdurchsuchungen durch die Gestapo gegeben, mein Großvater gehörte zur Bekennenden Kirche. Auch dieses war mir nicht unbekannt. Aber der Einfluß des Elternhauses war nicht ausreichend gegenüber einer durch staatliche Propaganda festgefügten öffentlichen Meinung. Außerdem hatte ich bereits als Sechzehnjähriger das Elternhaus endgültig verlassen und war seit dieser Zeit der öffentlichen Erziehung von Wehrmacht und Reichsarbeitsdienst ausgesetzt. Ich glaube, wir verdrängten die Wirklichkeit auch deshalb, weil wir Angst vor ihr hatten.

Was war es, das mir am 14. April die Augen öffnete? Das war vor allem die Überlegenheit der Amerikaner, die für jeden von uns sofort sichtbar wurde. Wir wurden an großen Artilleriestellungen vorbeigeführt, sahen Panzer über Panzer. Auf unserer Seite hieß es, es gebe eine RAD-Flakbatterie. Bemerkt haben wir sie nicht. Und dann die amerikanischen Soldaten, diese selbstsicheren Kerle, alle älter als wir. Ich habe das Bild noch vor Augen: Ich hocke, die Hände hinter dem Kopf verschränkt, auf dem Boden. Vor uns der GI, der uns bewacht. Und nicht weit entfernt von uns sitzen amerikanische Soldaten auf ihren Panzern und essen Spiegeleier.

6.

An diesen Tag, an den 14. April 1945, erinnere ich mich gut. Ich habe auch Bilder aus den ersten Tagen der Kriegsgefangenschaft vor Augen. Aber von dem Tag der bedingungslosen Kapitulation, dem 8. Mai 1945, habe ich nichts mehr in der Erinnerung. Diesen 8. Mai habe ich nicht als individuellen Tag erlebt. Er war ein Tag in Rheinberg und deshalb ein Tag wie jeder andere in Rheinberg. In der Erinnerung ist das geblieben, was diese Tage gemeinsam hatten, was sie als Rheinberger Tage kennzeichnete.

Rheinberg, das war früher vielleicht einmal eine Wiese, jetzt war es ein großer Acker, schlammig mit einer unübersehbaren Zahl von Erdlöchern, in denen Tausende und Abertausende von Menschen hausten. Kein Baum, kein Haus, kein Zelt und Dauerregen. Das Lager war in mehrere »Cages« eingeteilt, die mit Drahtzäunen voneinander getrennt waren.

Rheinberg, das hieß Löffelverpflegung: ein Löffel getrocknete Kartoffeln, ein Löffel rohe Bohnen, Brot, das sorgfältig mit selbstgefertigten Waagen ausgewogen und zugeteilt wurde, unter den aufmerksamen Blicken aller, denn alle hatten Hunger. Es ging bei der Verteilung gerecht zu, denn niemand konnte es wagen, das Recht des Stärkeren für sich in Anspruch zu nehmen. Nachts aber hallten gelegentlich Schreie durch das Lager. »Haut ihn, haltet ihn fest!« Dann hatte jemand versucht, einem anderen den Löffel, die Blechdose oder gar den Mantel zu stehlen, was meistens nicht gut ausging. Es gab einige, die hatten sogar einen Mantel, eine für uns unerreichbare Kostbarkeit, die wir uns sehnlichst wünschten. Es regnete doch immer.

7.

Wir, das waren Hans Alderks, Heinrich Sodtalbers und ich, siebzehn-, achtzehnjährige Jungen mit dem Willen zum Überleben. Wir waren drei von rund hunderttausend Kriegsgefangenen, so viele waren es wohl inzwischen. Einige waren jünger als wir, einige waren aus unserer Sicht aber auch schon alt. Wir drei waren etwa zu gleicher Zeit in amerikanische Kriegsgefangenschaft geraten, hatten uns aneinandergedrängt und uns bemüht zusammenzubleiben. Das gab uns ein Gefühl der Sicherheit in einer unsicheren Zeit, in einer Zeit, in der es ja sonst nichts mehr gab, an das man sich hätte halten können, nichts eben außer uns drei.

Und so hockten wir drei in unserem Erdloch, das wir mit Konservendosen und Löffeln ausgekratzt hatten, eng aneinandergepreßt, um Schutz und Wärme zu finden, und dennoch frierend, naß, dem endlosen Regen ausgesetzt.

Gelegentlich streifte der eine oder andere von uns durch das Lager. Das konnte er getrost tun, denn mindestens einer von uns blieb ja in unserem Erdloch. Solche Ausflüge waren notwendig, um durch Gespräche mit anderen Neues zu erfahren, auf keinen Fall wichtige Nachrichten zu versäumen. Wir waren fest davon überzeugt, daß die Jugendlichen bald entlassen würden, jedenfalls hofften wir es so stark, daß die Hoffnung schon fast zur Gewißheit wurde. Manchmal eilte die Nachricht wie ein Lauffeuer durch das Lager, daß jetzt die Entlassung der Jugendlichen unmittelbar bevorstehe. Dann strömte es von allen Seiten zum Lagertor. Und natürlich rannten wir mit, alle drei. Diesmal konnte es ja mehr sein als ein bloßes Gerücht. Wir standen dann stundenlang in der Nähe des Lagertors, warteten darauf, daß sich etwas ereignete, und musterten unsere Nachbarn kritisch: »Der und der dort, das sind doch keine Jugendlichen mehr. Die haben doch nie eine Chance, entlassen zu werden.« Einmal sah ich einen amerikanischen Captain, der durch das Lager ging. Ich lief auf ihn zu und fragte ihn in meinem besten Schulenglisch, wann denn die Jugendlichen entlassen würden. Der Captain zeigte mit seinem Stock auf den hinter ihm gehenden Dolmetscher: »Ask him.« Der Dolmetscher, ein Kriegsgefangener, hastete an mir vorbei, ohne mich anzuhören.

8.

Der 8. Mai 1945 war einer dieser Tage in Rheinberg. Es regnete. Ich weiß es, auch wenn ich mich an den 8. Mai nicht erinnere, denn es regnete ja eigentlich immer. Ich weiß noch, daß die Wachmannschaften einmal herumgeschossen haben und mit Leuchtkugeln ein Feuerwerk entzündeten. Aber das muß nicht am 8. Mai gewesen sein.

In der Erinnerung ist das haften geblieben, was damals für mich existentielle Bedeutung hatte, das andere habe ich vergessen. Was bedeutete für mich damals schon die offizielle Kapitulation der deutschen Wehrmacht? Daß der 8. Mai 1945 auch für mich ein Tag der Befreiung war, das ist mir erst später bewußt geworden.

Es gibt viele Rheinberger Bilder, die ich bis heute nicht vergessen habe, wirkliche Bilder. Ich habe eine amerikanische Zeitung oder ein amerikanisches Flugblatt in der Hand gehabt mit Bildern aus dem Konzentrationslager Bergen-Belsen, Bildern von Leichenbergen. Damals noch nicht, erst später wurde mir bewußt, daß ich trotz allem dankbar sein mußte, dankbar, noch einmal davongekommen zu sein, dankbar, nicht zu einer verfolgten Minderheit gehört zu haben.

9.

Einmal lief es wieder wie ein Lauffeuer durchs Lager: »Es werden Freiwillige für die Hanomagwerke in Hannover gesucht.« Ich rannte zum Lagertor, und tatsächlich, ich wurde mit vielen anderen durch das Lagertor in ein anderes »Cage« geschleust. Ich weiß nicht, ob wir drei damals noch zusammen waren, Heinrich Sodtalbers war aber noch dabei.

Am nächsten Tag wurden wir in offene Güterwagen verladen. Es wurde ein langer Zug zusammengestellt, jeder Wagen dicht gedrängt mit deutschen Kriegsgefangenen, die froh waren, Rheinberg entkommen zu sein. Als Reiseproviant erhielten wir jeweils zu mehreren ein Care-Paket. Das hob unsere Stimmung noch mehr. Der Zug setzte sich in Bewegung. Wir fuhren an grünen Bäumen vorbei durch grüne Felder, ein herrlicher Anblick nach der Schlammwüste von Rheinberg. Aber der Zug fuhr nicht nach Osten, nicht nach Hannover zu den Hanomagwerken. Es ging nach Westen in eine ungewisse Zukunft.

Wir hatten gehofft, dem Stacheldraht zu entrinnen. Jetzt warteten neue Zäune auf uns. Wir würden auch erfahren, welcher Haß dort zurückgeblieben war, wo deutsche Besatzung einmal geherrscht hatte. Ich würde bei unseren »Feinden« aber auch Herzlichkeit und menschliche Wärme erleben. Der Gefangenentransport rollte durch Namur und Charleroi, es flogen die ersten Steine.

MAURICE SCHUMANN

Kein Haß, kein Vergessen

Wodurch unterschied sich Frankreichs Feier zum fünfzigsten Jahrestag seiner Befreiung von gewöhnlichen Gedenkanlässen? Woher rührte dieser Eindruck von Besonderheit, bei dem alle Teilnehmer spürten, daß sie ihn weder erklären noch – in den meisten Fällen – ausdrücken mußten? Die Antwort schien für die ausländischen Beobachter auf der Hand zu liegen, vor allem für jene, die – von jenseits des Ärmelkanals oder des Atlantiks angereist – Urheber unserer Rettung waren: Weit davon entfernt, das ängstliche Mißtrauen beziehungsweise den tiefverwurzelten Groll gegen Deutschland zu wekken, die sich – seit Sedan bis zum Sturz des Naziregimes und selbst danach noch – mit dem Nationalgefühl vermengt haben, verbanden die öffentlichen Feierlichkeiten von 1994 das Thema des teuren Siegs aufs engste mit jenem der endgültigen Aussöhnung.

Während ich diese Zeilen verfasse, schweifen meine Gedanken zu einem besonderen Abend im Jahre 1950 zurück. Die Szene spielt in Straßburg, was ihren symbolischen und prophetischen Charakter unterstreicht. Die Bundesrepublik war soeben geboren. Die Versammlung des Europarates nimmt gemäß dem Wunsch, den Winston Churchill, der Prominenteste ihrer Mitglieder, seit der ersten Sitzung geäußert hatte, die Vertreter des Bundestages auf. Unsere Sitzordnung wird nach alphabetischer Reihenfolge festgelegt. Mir zur Seite sitzt der Sozialdemokrat Carlo Schmid, Sohn einer Französin, der den Großteil der Besatzungszeit in Lille verbracht hat, der Hauptstadt des Departements, das ich in der Nationalversammlung vertrete. Auf seinem Posten in der Militärverwaltung hatte er damals nichts unversucht gelassen, um den besten meiner Mitbürger gegen die übelsten seiner Landsleute zu Hilfe zu kommen. Ich höre erst später davon; erst dann werden wir durch eine lebhafte und fruchtbare Freundschaft verbunden sein; für den Augenblick herrscht auf beiden Seiten das Unbehagen vor. Die Annäherung vollzieht sich leichter zwischen den Abgeordneten der Christdemokraten und denen der republikanischen Volksbewegung. Ab dem zweiten Tag der Sitzung finden wir uns an einem Tisch zusammen. Ich erinnere mich an meine erste Begegnung mit Konrad Adenauer: Drei Jahre zuvor, in Luxemburg, hatte mir der alte Nazigegner, der die Welt der Konzentrationslager überlebt hatte, gesagt, daß er seine Laufbahn für beendet halte; nun ist er gerade zum Bundeskanzler gewählt worden und mit einem Schlag berühmt. Beim Abschluß des Essens erhebt sich der wichtigste der anwesenden Franzosen. Vier Jahre lang ist er Außenminister gewesen und zweimal Regierungschef. Für uns ist er zuerst und vor allem Georges Bidault, der Präsident des Nationalrats der Résistance und Nachfolger von Jean Moulin. Bevor er seine kleine Ansprache beendet, hält er kurz inne, scheint einen langen Moment zu zögern, erblaßt leicht, dann erhebt er sein Glas und sagt mit fester Stimme: »Es lebe Deutschland!« Als er wieder Platz nimmt, reiche ich ihm eine Speisekarte, auf deren Rückseite ich geschrieben hatte: »Nachdem Sie lange Zeit Geschichte lehrten, haben Sie ihr gerade eben eine Wende gegeben.«

Ein neu zu schreibendes Kapitel

In der Tat hatte die Wende erst begonnen. Die Wegstrecke war von zu vielen Ruinen und zu vielen Opfern bedeckt, als daß es anders ging. Zudem wurde sie mehrere Jahre lang durch ein Hindernis blockiert: die Europäische Verteidigungsgemeinschaft (EVG), deren Entstehungsgeschichte noch nach über vier Jahrzehnten durch eine sich hartnäckig haltende Legende verschleiert ist. Die Europäische Verteidigungsgemeinschaft sei von jenen Kräften angeregt worden, die sich zusammenschlossen, um das Projekt als ein unannehmbares Zugeständnis an das wiedererstarkende und dem Wesen nach gefährliche Deutschland erst politisch unmöglich zu machen und dann zu Fall zu bringen.

Nun, wahr ist das Gegenteil. Am 12. September 1950 sprechen in New York die führenden Köpfe des im Vorjahr gegründeten Nordatlantikpakts über ihr Lieblingsthema, das heißt über die Angst, die sie quält: Wo wird Stalins Gier haltmachen? Das Labour-Mitglied Ernest Bevin, Chef des britischen Außenministeriums, der sich rühmt, daß er als Mann des Volkes kein Blatt vor den Mund nimmt, eröffnet das Feuer. Er kann nicht ahnen, daß »Old Joe« (so nennt er den Kremlchef) in weniger als zwei Jahren tot sein wird. Allem Anschein nach gehe es dem »Mann aus Stahl« gut, und er verzichte auf nichts. Im Grunde sei er »ein junger Siebzigjähriger«. Ebensogut könne man sagen – ergänzt Bevin, um einen Moment lang sein Publikum aufzuheitern –, daß er »wie ich im besten Alter ist«. Eines scheint jedenfalls sicher: Stalin ist entschlossen, die Westalliierten aus Berlin hinauszuwerfen; man hat schon aus geringerem Anlaß Weltkriege ausbrechen sehen. Es sei daher dringend geboten, diese Gefahr, die tödlich werden könne, zu bannen. Und das einzige Instrument, dies zu erreichen, liege in unserer Reichweite: »Es ist notwendig, daß Sie einwilligen«, in diesem Augenblick wendet sich der Engländer zu Foster Dulles, seinem amerikanischen Kollegen, mit dem er sich vor der Sitzung lange abgesprochen hat, »die Führung der Allianz nach Europa zu verlegen und dort eine ausreichend starke Militärmacht zu etablieren, um den möglichen Angreifer abzuschrecken.« Nun, es versteht sich von selbst, daß der amerikanische Kongreß nicht zustimmen wird, Zehn- oder Hunderttausende von GIs an die Grenzen der Freiheit zu entsenden, wenn die am stärksten Bedrohten und mithin am meisten Interessierten, sprich die Deutschen, nicht an der gemeinsamen Verteidigung teilhaben. Die Stunde ist also gekommen, Deutschland einzubeziehen. Und Bevin schließt: »Das Wort hat Frankreich; wir sind gespannt, es zu hören.«

Er wird es nicht sofort hören. Robert Schuman ist ein zu besonnener Lothringer, um sich vorzuwagen, ohne sich Bedenk- und Beratungszeit einzuräumen. Auf Anhieb hat er die Alternative verstanden, deren Gefangener er bald zu sein riskiert: Auf der einen Seite wehren sich Staatspräsident Vincent Auriol (dessen Amt rein moralisch ist, jedoch bei einer so wichtigen Angelegenheit großes Gewicht haben wird) und die Mehrheit des Parlaments leidenschaftlich gegen die Neubewaffnung des Eindringlings von gestern; andererseits ist klar, daß Frankreich langfristig nicht die Verantwortung dafür wird übernehmen können, die große Allianz platzen zu lassen, indem es seinen Partnern ein schlichtes Nein entgegenhält.

Eine Woche darauf, am Quai d'Orsay, nach einer Diskussion, die sich bis weit in die Nacht hingezogen hat, sagt Schuman – in Gegenwart von Jean Noret, dessen Anwesenheit nicht zufällig ist – wörtlich zu mir: »Der einzige Weg, die Neubildung einer nationalen deutschen Armee und Deutschlands Eintritt in den Atlantikpakt zu verhindern, besteht darin, eine europäische Verteidigungsgemeinschaft zu schaffen, so wie wir eine europäische Kohle- und Stahlgemeinschaft geschaffen haben.« Eine präzise Vorhersage, ein prophetischer Vorschlag: Zwar lehnte die Nationalversammlung am 30. August 1954 den EVG-Vertrag ab, aber am folgenden Tag begann die Regierung von Pierre Mendès-France mit den Vorbesprechungen, die sehr schnell zur Geburt der Bundeswehr und zur Erhebung der Bundesrepublik in den Rang eines Verbündeten des Westens, mithin von Frankreich, führen mußten.

Doch alle, die an der Verhandlung über den totgeborenen EVG-Vertrag teilnahmen, wurden auch Zeuge eines bedeutsamen und verkannten Umstands: Die Triebfeder des Rheinländers Konrad Adenauer, ebenso Gegner und Opfer des Nazismus wie der Lothringer Robert Schuman, der von den französischen Parlamentariern, die von der Gestapo verhaftet wurden, die ältesten Ansprüche hatte, war nichts anderes als die Furcht vor einem Erwachen des Pangermanismus und seiner schlummernden Dämonen.

Ein Bild habe ich bis heute vor Augen: Als Staatssekretär von Robert Schuman sitze ich hinter meinem Minister; es ist kurz vor drei Uhr morgens; die Aufmerksamkeit droht nachzulassen. Da sehe ich, wie ein Mitarbeiter des unermüdlichen Adenauer auf Präsident Schuman zutritt und ihm ein sorgsam gefaltetes Blatt Papier überreicht. Der Empfänger nimmt sofort Kenntnis von der Nachricht; sein Gesicht läuft rot an, was bei ihm Zeichen des Erstaunens oder der Bestürzung war; er wendet sich um und sagt zu mir: »Lesen Sie.« Ich entziffere daraufhin diese Warnung, die Adenauer in Französisch zu formulieren bestrebt war, obgleich er sich an einen perfekt zweisprachigen Einwohner aus Metz wandte: »Vorsicht! Was man uns vorschlägt, führt zur Rückkehr des großdeutschen Regimentsstabs, und das wollen wir nicht. Gezeichnet: Konrad.« Ich glaube zu wissen, daß der Zettel in den Archiven aufbewahrt wird. Er hat es wohl verdient.

De Gaulle, der Undurchschaubare

So seltsam dies auch erscheinen mag, der jahrgangsbeste Schüler der Militärakademie von Saint-Cyr von 1910, Kriegsverwundeter von Dinant und Douaumont, Frontkämpfer von Abbeville und Montcornet, General de Gaulle teilte diese Befürchtungen nicht. Weit eher ein Mann von übermorgen als von vorgestern, hat er sich nach der Geburt der Bundesrepublik so verhalten, als sei er zu der Überzeugung gelangt, daß der Untergang Preußens, die Hekatomben des Rußlandfeldzugs, die zweifache Erfahrung der Besatzung und der Eiserne Vorhang, der die beiden Deutschlands trennte, eine völlig neue Ära eingeläutet hatten. Im Grunde riet das Schicksal Frankreich, es möge die Chance auf eine Aussöhnung ergreifen, die ohne Vermittler und ohne Hintergedanken an dem Tag besiegelt sein müßte, da die Republik mit einer starken Macht ausgestattet sein würde. Nur wenigen kam in den Sinn, daß seine erbitterte Feindseligkeit gegenüber der Europäischen Verteidigungsgemeinschaft nicht auf Deutschland zielte. Die Argumentation war typisch für de Gaulle: Diese Gemeinschaft sei nur dem Namen nach europäisch; in Wahrheit sei sie das genaue Gegenteil, da sie zur Folge habe, daß die Streitkräfte der Mitgliedsländer, angefangen bei denen Frankreichs, dem Kommando eines amerikanischen Generals unterstellt würden, dessen Macht unermeßlich größer sei als jene, die seitens unserer eigenen Regierungen für unsere eigenen Generale beansprucht wird oder zu irgendeiner Zeit beansprucht wurde. Wenn es ein unannehmbares Risiko gebe, dann dieses, daß man in einen Krieg hineingezogen oder ohne Einverständnis oder gegen den Rat der Nation und ihrer Vertreter zur Passivität verurteilt werde.

De Gaulle unterschied sich zudem durch einen charakteristischen Zug vom Gros der EVG-Gegner: Er war sich über die – wenn auch fernen – Konsequenzen seiner Weigerung klargeworden und war bereit, sie zu tragen. Die einzige Regierung der Vierten Republik, die von seiner Unterstützung profitierte, war die von Mendès-France: Diese Bürgschaft galt ebenso für das Londoner Abkommen, das heißt für die nationale Wiederbewaffnung Deutschlands, wie für das Genfer Abkommen, also für die Beendigung des Indochinakrieges.

De Gaulles Einstellung bezüglich der Wiedervereinigung war noch denkwürdiger. Er hielt sie für unabwendbar und verkündete – in der allgemeinen Gleichgültigkeit oder Unaufmerksamkeit – ihre Rechtmäßigkeit seit dem Januar 1959, als er seine erste Pressekonferenz im Elyséepalast gab. Ich habe die Unterlagen jener überraschenden Anweisung aufbewahrt, die er mir an dem Tag gab, als er mich beauftragte, in meiner Eigenschaft als Vorsitzender der Kommission für Auslandsangelegenheiten der Nationalversammlung nach Warschau zu reisen, um bei den Vorbereitungen zu seinem eigenen Besuch mitzuwirken: »Das Recht Deutschlands auf die Einheit kann genausowenig verjähren wie das Existenzrecht Polens. Was es künftig zu verhindern gilt, ist, daß die territorialen Konsequenzen aus der Niederlage des Dritten Reichs durch das wiedervereinte Deutschland erneut in Frage gestellt werden. Ich erkläre daher mit meiner Ankunft in Polen die Unantastbarkeit der Oder-Neiße-Linie.

Eine positive Bilanz

Dieser Ehrgeiz mochte vermessen und dieses Vertrauen leichtsinnig erscheinen. Nun, mehr als dreißig Jahre nach Abschluß des Vertrages von 1963 zeigt sich, daß die Skeptiker und Zauderer im Unrecht waren. Deutschland wird nicht weniger als Frankreich oder Italien von einer gewissen offensiven Rückkehr der 1945 besiegten Ideologien heimgesucht. Da infolge der Krise viele Jugendliche an den Rand gedrängt werden, wird diese Verirrung begünstigt. Doch welchen Kanzler, welche Regierungspartei kann man beschuldigen, daß sie ihre Wetten an de Gaulle, an Robert Schuman und an Mendès-France – deren jeweilige Politik im Hinblick auf den Feind von gestern Differenzen aufwies, heute jedoch komplementär erscheint – verlorengehen ließen?

Einige Beispiele für große Besonnenheit entziehen sich der Kritik. Die Bundesrepublik hat spontan auf die Atombombe verzichtet, der je nachdem, ob sie sich in den Händen eines Landes befindet, das mit dem territorialen Status quo zufrieden oder aber unzufrieden ist, zwangsläufig eine unterschiedliche Bedeutung zukommt. Diese Verpflichtung hat sie auch nach der Wiedervereinigung nicht in Frage gestellt.

Die Wiederherstellung der Einheit ist nicht die historische Folge eines Anfalls von nationalistischem Fieber oder nationaler Ungeduld, sondern der Aufhebung der Satellitenrolle, die den Untergang der DDR und den Fall der Berliner Mauer unweigerlich nach sich ziehen mußte.

Weit davon entfernt, sich über eine Renaissance des Militarismus zu beunruhigen, dürften die westlichen Hauptstädte Deutschland eher vorwerfen, nicht jenes Gesetz abgeschafft zu haben, das es seinen Streitkräften laut Verfassung verbietet, die Landesgrenzen zu überschreiten, und infolgedessen die gesamte Last der von der UNO beschlossenen oder anerkannten Interventionen den anderen, insbesondere Frankreich, aufbürdet. Ich verstehe kaum, wie man im Laufe des zu Ende gehenden Jahres 1994 gegensätzliche Auffassungen betonen konnte. Es sind vielmehr die übereinstimmenden, die mich befremdet haben.

Zuallererst hat Kanzler Kohl nie verlangt, Deutschland solle an der Gedenkfeier zur Landung der Alliierten in der Normandie teilnehmen dürfen. Aber wenn er es getan hätte, wovon kaum auszugehen ist, so hätte man diese Geste nur schwerlich als eine Herausforderung an die Sieger der Küstenschlacht interpretieren können. Wahr ist, daß die Zerschlagung des Nazismus Grundbedingung für die Aussöhnung war. Adenauer war davon selbst überzeugt. Als er die ersten Truppen der Amerikaner erblickte, rannte er zum Telefon, um nach eigener Aussage seiner Schwester »Wir werden befreit« durch den Hörer zuzurufen.

Doch zwischen dieser Feststellung und der Feier einer Niederlage seines eigenen Landes, so verdienstvoll sie auch sei, liegt ein Graben, den weder Adenauer noch Willy Brandt, trotz daß er in norwegischer Uniform nach Deutschland zurückgekehrt war, noch Helmut Kohl zu überschreiten gedachten. Glaubt man denn, es hätte sich auch nur ein französischer Widerstandskämpfer gefunden, der eine solche Würdelosigkeit gewünscht oder gebilligt hätte? Der Platz der deutschen Demokraten war nicht auf den Schlachtfeldern, sondern in Caen, beim Friedensdenkmal. Sie waren dort am Abend des 6. Juni, und es war gut so.

Staatspräsident Giscard d'Estaing war nicht der einzige, der die Anwesenheit deutscher Soldaten auf den Champs-Elysées an unserem Nationalfeiertag bedauerte. Sein Vorwurf richtete sich jedoch an die einladende Macht, sprich an seinen Nachfolger, und nicht an jene, die der Einladung gefolgt waren.

Überdies zeigt die Haltung der Pariser Einwohnerschaft, daß sie zu unterscheiden verstand zwischen einer Abordnung der Bundeswehr und dem deutschen Beitrag zu einer Europamacht, deren Schaffung zugleich Symbol der Aussöhnung als auch Garant für deren Endgültigkeit ist.

Nichts ist jemals zu Ende

Bleibt zu hoffen, daß die Geschichte der Welt und Europas, einschließlich unsere eigene und die unserer Nachbarn, nicht wie früher auf jene der deutsch-französischen Beziehungen hinausläuft. So exzellent diese auch sein mögen, sie werden nicht verhindern, daß sich Deutschland – fast widerwillig – vor den Karren spannen läßt, das strategische und politische Vakuum zu füllen (dessen Entstehung wir in der Mitte und im Osten des alten Kontinents zugelassen haben), früher oder später mit Rußland, das doppelt so viele Einwohner hat wie es selbst, in Rivalität zu treten und so den Boden für einen neuen Konflikt zu bereiten.

Hat hier die vorschnelle Anerkennung des unabhängigen Kroatien im Alleingang eine Signalwirkung? Entsprechende Taten werden unweigerlich zu beklagen sein, wenn EU und UNO laufend neue Beweise ihrer Ohnmacht oder Mutlosigkeit liefern. Man kann es nicht oft genug sagen, daß das politische Europa und das wirtschaftliche Europa nicht dem gleichen Entwicklungsrhythmus gehorchen können, der für das erste schneller sein muß als für das zweite. Niemand weiß genau, wann Polen, Ungarn oder die Tschechische Republik Vollmitglieder des gemeinsamen Markts werden können. Dafür muß man mit freiwilliger und sträflicher Blindheit geschlagen sein, um nicht zu sehen, daß sie von jetzt an gleichberechtigte Partner des Europarates der Staats- oder Regierungschefs sein können und müssen, an den man unvermeidlich appellieren wird, die Sicherheitsprobleme zu erkennen, von denen Europa gemeinschaftlich und ungeteilt betroffen ist. Nur unter dieser Bedingung werden diese demokratisierten oder erneut demokratisch gewordenen Länder ein Bindeglied sein.

Was die berühmten »französischen Verzögerungen« mit Blick auf Deutschland angeht, wen soll man hierfür verantwortlich machen? Nehmen wir die Bilanz der französischen Unternehmen: Wir werden mit François Dalle (François Dalle/Jean Bounine: *Le Sursaut,* Calmann-Levy, 1994, S. 17) feststellen, daß seit 1983 das Eigenkapital fünfundzwanzig Prozent vom Gesamtvolumen ausmachte; in Deutschland betrug der entsprechende Anteil fünfzig Prozent. Ergebnis: Bei unseren Nachbarn gibt es doppelt so viele Klein- und Mittelbetriebe (das heißt Unternehmen mit zwanzig bis fünfhundert Beschäftigten) wie bei uns; bei der Anzahl der Beschäftigten beträgt der Unterschied deutlich über eine Million. Warum ist die Fachausbildung in Frankreich nicht wie in Deutschland oder Japan »ein mit einer Investition gleichgestellter Verwaltungsakt« (ebd., S. 127)? Wie soll man erklären, daß der finanzielle oder steuerliche Anreiz zur Vereinheitlichung der Lehre und Ausbildung unzureichend ist, was uns eine »jährliche Reserve von sechshunderttausend Jugendlichen, die während ihres Studiums in einer Firma arbeiten würden«, vorenthält (ebd., S. 133)? Haben wir vergessen, daß die Abfindung von hunderttausend Arbeitslosen sieben Milliarden Francs kostet, daß somit jede geringere Ausgabe als diese Summe, »welche es ermöglicht, diesen hunderttausend Arbeitslosen ein Jahr lang Arbeit zu geben, willkommen sein muß« (ebd., S. 133)? Diese Fragen richten sich an die Präsidentschaftskandidaten der französischen Republik, nicht an Deutschland.

Viele werden ihre Stimme nicht von den Grundsatzerklärungen, die gewiß nicht fehlen werden, abhängig machen, sondern von einzelnen klar datierten und bezifferten, anhand einer Wichtigkeitsskala ausgewählten Zusagen: Die dauerhafte Wiederherstellung des Gleichgewichts kann nur durch eine massive Senkung der Arbeitslosigkeit erfolgen, der sich alles unterzuordnen hat.

(Aus dem Französischen von Christoph Arndt)

CHRISTIAN SCHWARZ-SCHILLING

Die echte Befreiung kam später

Jugenderlebnisse in der Nazizeit

Um die Jahreswende 1937/38 waren wir wieder einmal im Hause meines Großvaters in Hannover, in der Wilhelm-Busch-Straße. Ich war acht Jahre und mein kleiner Bruder vier Jahre alt. Wir saßen im Erker des großen Wohnzimmers und spielten gerade »Fang den Hut«. Vor uns auf der Straße gingen die Leute. Plötzlich sah ich einen Menschen mit einem großen gelben Stern auf der Brust. Ich fragte meine Tante, warum dieser Mann einen solchen Stern trage. Zunächst betretenes Schweigen – dann: »Ja, weißt du, das ist ein Jude, Juden müssen so etwas tragen.« Ich fragte nicht weiter, ich merkte, daß ich die Stimmung verdorben hatte. Als ich einige Wochen später wieder zu Hause in Geltow bei Potsdam war, fragte ich meinen Vater. Er gab mir eine klare Antwort: Er sprach von Adolf Hitler, seiner Todfeindschaft gegenüber den Juden und fügte mit großem Ernst hinzu: »Aber rede nicht darüber, mit niemandem, denn das könnte uns alle in große Gefahr bringen.«

Hier wurde mir zum erstenmal klar, daß wir in einer schwer durchschaubaren und gefährlichen Welt lebten. Zwei Jahre später wurde es für mich noch deutlicher: Überfall auf Polen, Beginn des Krieges, im Radio laufende Siegesmeldungen. Unser Nachbar, auf unserem Grundstück wohnend und Pächter unseres Hauses, stolzer Täger des NSDAP-Abzeichens, rief die Siegesmeldungen laut über den Hof. Und wenn meine Mutter auf dem Balkon erschien, rief er mit besonderer Emphase, welche polnische Stadt gerade von den deutschen Truppen erobert worden ist. Bei meinen Eltern herrschte nervöses Schweigen. Vierzehn Tage später riefen mir einige Klassenkameraden – ich war gerade in der vierten Klasse der Grundschule in Geltow – nach: »Du Polakensohn, du Polake!« Anschließend gab es eine wüste Rauferei. Ich rannte nach Hause und berichtete meiner Mutter empört, was sich zugetragen hatte. Ich hoffte, daß das alles nicht wahr sei. Meine Mutter bestätigte mir, daß sie in Polen geboren und Polin sei; und beschwichtigend fügte sie hinzu, daß der Vater und ich Deutsche seien und sie durch die Heirat auch Deutsche geworden wäre. Das war ein schwacher Trost! Und so bekam ich bald meine zweite Aufklärungsstunde bei meinem Vater. Er meinte, ich solle mir doch daraus nicht soviel machen, schließlich hätte ich doch meine Mutter sehr lieb. Er selbst habe auch mancherlei Schwierigkeiten, mit denen er fertig werden müsse. Er erzählte mir, daß sie in der Hochschule von ihm verlangten, daß er in die NSDAP eintrete, aber er werde dieses unter keinen Umständen tun, denn diese Partei sei böse; sie sei auch schuld daran, daß wir diese Schwierigkeiten hätten. Er erzählte mir, daß meiner Mutter verboten würde, weiterhin öffentlich als Pianistin aufzutreten. (Meine Mutter hatte früher viele Konzerte gegeben.) So könnten noch vielerlei Bedrohungen auf uns zukommen. Aber wir müßten eben zusammenhalten, bis alles vorbei sei.

Seit dieser Stunde war mir klar, daß wir in einer feindseligen Umgebung lebten und daß die Frage, ob wir dieses System überlebten – dessen nicht allzu fernes Ende mein Vater vorausgesagt hatte –, völlig offen war. Wie nahe wir alle dem Unheil waren, wurde deutlich, als meine Schwester von der Gestapo abgeholt wurde und wochenlang im Gestapo-Gefängnis in Potsdam saß. Bald danach wurden auch meine Eltern, manchmal zusammen, manchmal getrennt, zu Verhören nach Potsdam bestellt. Wenn sie zusammen weggehen mußten, übergaben sie einer sehr lieben Nachbarsfrau unsere Lebensmittelkarten und sagten mir, falls sie abends nicht wieder nach Hause kämen, sollte ich auf meinen jüngeren Bruder aufpassen und uns am nächsten Tag bei dieser Nachbarin melden – das waren die Instruktionen für den Fall. Die bangen Stunden am Nachmittag, manchmal bis spät in den Abend, als wir auf die Eltern warteten, werde ich nie vergessen.

Der neue Besitzer unseres früher jüdischen Eigentümern gehörenden Hauses war ein hoher Beamter in der »Organisation Todt«. Er lebte bis dahin mit seiner Familie in Berlin und verlangte plötzlich von uns, sofort aus unserem Haus auszuziehen, da seine Frau »die Fliegerangriffe in Berlin nicht aushält«. Mein Vater wehrte sich mit allen Mitteln dagegen, und der Mieterverein hatte sich wacker für unser Interesse geschlagen. Doch den Prozeß in Potsdam verloren wir. Dann ging es zum Kammergericht nach Berlin, wo die Berufungsverhandlung war. Mein Vater sah dieser Verhandlung sehr pessimistisch entgegen, da er der Meinung war, daß in Berlin die Nazis sowieso alle zusammenhingen und dem Wunsch eines »hohen Tiers« wahrscheinlich entsprochen werde. Am Nachmittag kam mein Vater strahlend zurück und sagte: »Ihr werdet es nicht glauben, wir haben den Prozeß gewonnen! Jetzt können wir erst einmal hier wohnen bleiben!« Wir waren wirklich fassungslos. Es gab also noch Richter, die den Mut hatten, ungeachtet aller politischen Anschuldigungen, die bereits auf vollen Touren gegen uns liefen, Recht zu sprechen und dabei auch wirklich Gerechtigkeit zu üben.

»Ob es wohl mehrere solcher Leute gibt?« so überlegte ich mir damals. Und siehe da, plötzlich tat sich für mich eine neue Welt der Nuancen auf, die ich bisher noch nicht wahrgenommen hatte. Ich entdeckte, daß es in der Schule Lehrer gab, die ihren Arm mit Inbrunst nach oben warfen und vor der Stunde laut »Heil Hitler« brüllten, andere wiederum, die ihren Arm krumm und lässig etwas in die Höhe hoben, gleich wieder fallen ließen und dabei leise und im Ton eher abfallend das »Heil Hitler« vor sich hin brummelten, so als wollten sie sagen: »Also, auch diese Pflichtübung haben wir hinter uns gebracht.« Und diese Nuancen bemerkte ich in Kaufläden, bei Ämtern, bei selbständigen Handwerkern. Ich sah, daß man in Gesichtern und Gesten lesen kann – ohne daß auch nur ein Wort gesprochen wird.

Auch in der Schule entdeckte ich jetzt dieses merkwürdige Doppelgesicht. Meine Eltern hatten mich nach Potsdam ins humanistische Gymnasium geschickt. Das Denken und Tun der Griechen war eine wahre Fundgrube für brennende Fragen unserer Zeit. Der Schullehrer war ausgezeichnet. Wir lernten die griechischen Göttermythen mit ihren dramatischen Schicksalsverwicklungen kennen. Wir erfuhren von der Idee der Freiheit, des Bewußtseins, der menschlichen Person und des Gewissens. Ja, sogar über die Demokratie wurde hier gesprochen, wie sie sich in der griechischen Geisteswelt und Geschichte entwickelt hat. Trotz dieser großen Zeitspanne von über zweitausend Jahren waren diese Gedanken mitreißend spannend und, wie ich jetzt merkte, hochaktuell. Hier konnten wir reden und denken, immer im Gewande der Menschen vor zweitausendfünfhundert Jahren. Es war so aktuell, daß uns am Ende der Stunde die Gegenwart wie verwandelt erschien, doch nur kurz, dann kamen andere Stunden, wo wir über Reden und Taten Adolf Hitlers und den Siegeszug des großdeutschen Reiches »aufgeklärt« worden sind. Dieses Wechselbad der Ideen vertiefte in mir zwei Gedankengänge, die in meinem Leben immer dominanter wurden: Die Ideen sind *vor* den Taten der Menschen. Sie sind Ursprung und Beweger der menschlichen Geschichte, ein Gedanke den ich später bei Max Weber bestätigt fand. Und es gibt grundverschiedene Ideen, die zeitweilig in einem unversöhnlichen Kampf liegen – in dramatischen Epochen der

Menschheitsgeschichte geht es dann um Leben oder Tod, um Freiheit oder Knechtschaft, um menschliche Gerechtigkeit oder Willkür. Später fand ich diesen Gedankengang dann sehr treffend von Konrad Adenauer formuliert.

Kurz vor Kriegsende ereilte mich noch ein Erlebnis, das mich vor allen Dingen später sehr aufgewühlt hat. Im zweiten Halbjahr 1944 erhielt ich durch einen persönlichen Brief die Aufforderung, mich in Potsdam bei der Waffen-SS zur Musterung zu melden. Ich ging hin – zu Hause erzählte ich davon nichts. In einigen Wochen sollte ich Bescheid bekommen. In diesen Wochen überfiel mich ein merkwürdiges Gefühl: Wenn sie mich annehmen, soll ich das dann ausschlagen? Vielleicht ist das mit der Waffen-SS gar nicht so schlecht? Wenn die Regierung recht behält und der »Endsieg« entgegen der Meinung meines Vaters doch kommt, wäre das nicht eine Gelegenheit, sich aus dem ganzen Schlamassel, in dem unsere Familie steckte, zu befreien und seinen eigenen Weg zu gehen? Dazu kam es nicht mehr, ich bekam keine Nachricht von der Waffen-SS, denn der Krieg ging zu Ende – Gott sei Dank! Doch später mußte ich immer wieder an diese Begebenheit denken. Ich sah, wie schnell Menschen nach diesem Krieg pauschal heruntergemacht und öffentlich verurteilt worden sind, nur weil sie früher Mitglied einer Organisation, hier also der Waffen-SS waren, ohne daß ihnen auch nur irgendein Verbrechen nachgewiesen wurde. Und ich fragte mich: Hätte mir nicht dasselbe passieren können? Und ich gestand es mir ehrlich ein: Nur ein gütiges Geschick hat mich vor solchem Irrtum bewahrt. Das war keine Tugend, keine eigene Leistung, kein Opfer, kein heldenhafter Widerstand gegen böse Versuchungen. Und wenn man das einmal erfahren und begriffen hat, dann werden Steine unendlich schwer, wenn man sie aufhebt, um sie auf Menschen zu werfen, die in früheren Lebensphasen anders gehandelt haben, als es der Einsicht späterer Lebensphasen entspricht.

Das Kriegsende – Erlebnisse mit Russen und Amerikanern

Im März 1945 wachten wir eines Morgens auf und hörten ganz weit entfernt ein permanentes Donnergeräusch. Das waren die Amerikaner! Sie waren bereits bis Dessau vorgestoßen – und wir alle gaben uns der Hoffnung hin, daß sie wohl bald bis Berlin vorstoßen würden. Die Abmachungen von Teheran und Jalta waren uns ja unbekannt. Es kam dann völlig anders: Der Ring der russischen Truppen um Berlin schloß sich immer enger. Mein Vater, um diese Zeit Soldat im »Musikchor Potsdam«, der noch zwei, drei Tage mit seinen Kameraden bei uns übernachtete, hatte den Marschbefehl, die Instrumente in den Westen zu bringen. Das war wirklich ein kluger Marschbefehl. Ob sie wohl den russischen Truppen noch entkommen könnten? Keiner wußte es. Und als wir von den endlosen Flüchtlingstrecks, die aus dem Osten über unsere Straße, dann über die Baumgartenbrücke weiter nach dem Westen rollten, hörten, daß Frauen gerade im ersten Ansturm der russischen Truppen besonders gefährdet seien, verließ auch meine Schwester unser Haus und schlug sich als Krankenschwester nach dem Westen durch. So waren wir allein geblieben: meine Mutter, mein jüngerer Bruder und ich. Wir erwarteten den Sturm der Roten Armee und letztlich auch unsere »Befreiung«. Auch bei den Russen machten wir dann die Erfahrung, daß es solche und solche Menschen gibt. Wobei in einem diktatorischen System der normal handelnde Mensch immer mehr Mut aufbringen muß als der andere. Und deswegen sind von der ersteren Sorte weniger zu sehen, als in Wirklichkeit existieren. Meine Mutter, fließend polnisch sprechend und damit auch der russischen Sprache einigermaßen mächtig, hatte nun ein großes Privileg: Ein polnischer Offizier, der in der Roten Armee diente, quartierte sich in unserem Haus ein und beschützte uns vor vielen Exzessen. Aber dennoch hing alles immer wieder am seidenen Faden: Beinahe wäre ich jetzt von zwei Russen als »Werwolf« abgeführt worden, weil sie mich dabei erwischten, wie ich mit einem selbstgebastelten Detektor Radioprogramme empfing. Zwischen unseren beiden Kastanienbäumen hatte ich eine große T-Antenne montiert. Unseren früheren »Nordmende« hatte ich zur Zeit der Verfolgung durch die Gestapo 1944 persönlich auf dem Leiterwagen, vor mir und hinter mir je ein Beamter, bei der Polizeistation abliefern müssen: Wir waren nämlich angezeigt worden, »Feindsender« zu hören. Nun wieder ein Vorfall wegen des Empfangs von Rundfunksendungen! (Diese »Rundfunkerlebnisse« haben in mir schon früh den Grundstein gelegt, kompromißlos für die Freiheit und die Vielfalt der Medien einzutreten!) Meine Mutter schrie die Russen in ihrer Sprache an und klärte sie auf, daß sie sich von ihnen ihre Befreiung erhofft habe, nicht erneut Beschränkungen oder gar Verhaftungen. Die beiden Russen ließen mich dann wieder los und verschwanden wortlos. Einen früheren Klassenkameraden, der um die gleiche Zeit als »Werwolf« verhaftet worden ist, habe ich später nie wieder gesehen.

Doch man machte noch weitere interessante Erfahrungen. Die gleichen Menschen, die uns während der Nazizeit früher im besten Fall übersahen, manchmal aber auch öffentlich verhöhnten, überschlugen sich jetzt nach dem Russeneinmarsch vor Höflichkeit. Mancher Obstbauer, der uns früher nicht sehen und kennen wollte, erschien in dieser Hungerszeit von sich aus mit Körben voller Obst und Gemüse und reichlich anderen Nahrungsmitteln. In unserem Haus suchten Nachbarsfrauen, die in der Nazizeit jeden Kontakt mit uns gemieden hatten, Schutz vor betrunkenen Soldaten. Es hatte sich herumgesprochen, daß meine Mutter durch ihre polnische Sprache und den Offizier, der sich bei uns einquartiert hatte, einen solchen Schutz bieten konnte. Jetzt war meine Mutter als gebürtige Polin eine angesehene Mitbürgerin, die häufig besucht und immer wieder herbeigerufen wurde, um Streit zu schlichten, Katastrophen zu verhindern und armen Frauen das Schlimmste zu ersparen. Jetzt war ich stolz auf meine resolute Mutter, die alle diese Schwierigkeiten allein meisterte und uns allen Schutz bot.

Im Herbst kam mein Vater aus amerikanischer Kriegsgefangenschaft zurück und schlug sich nach Potsdam-Geltow durch. Da begann für uns eine unglaublich schöne Zeit. Es war die intensivste Zeit unseres Familienlebens. Vom Generationskonflikt, der üblicherweise in meinem damaligen Lebensalter durchgeschlagen hätte, war nichts zu spüren: Ich fällte mit meinem Vater alte Bäume und verarbeitete sie zu Kleinholz, um den strengen Winter zu überleben. Wir fuhren zum Schwarzmarkt bis zur Magdeburger Börde, um für alte Schuhe und Kleider Eßbares einzutauschen. Dort in der Magdeburger Börde waren es vor allen Dingen Zucker und fünfzehn Zentner Kartoffeln, die wir – welch ein Glücksfall! – gerade zu der Zeit auf die Reichsbahn schaffen konnten, als für etwa drei Wochen der Frachtverkehr auch für Private freigegeben war. Wir bauten zu Hause Mais, Tomaten, Kartoffeln und Gemüse an. Schule fand für mich fast ein ganzes Jahr nicht statt. Aber die Gespräche und auch die Belehrungen meines Vaters haben vieles wettgemacht. Sonntags hielten wir eine Art Andacht, bei der wir Kerzen anzündeten, am Flügel Bachsche Choräle einübten, Vater das Evangelium las und sich anschließend bemühte, uns den Sinn der Heiligen Schrift und unseres Lebens zu erklären. Diese Zeit, in der wir ohne Hektik unsere Kriegs- und Nachkriegserlebnisse sehr gut aufarbeiten konnten, wo wir gemeinsam wie auf einem Bauernhof lebten und jeder seinen Dingen nachging, wo ich im übrigen die reiche Bibliothek meines Vaters zu schätzen lernte, war sicherlich für das Denken und Tun in unserem weiteren Leben von größerer Wichtigkeit als viele normale Schuljahre. Und noch eines: Wie falsch liegen alle jene, die über einen solchen kleinen Kosmos von Liebe, Harmonie und dem Streben nach geistigen Werten spöttisch von der »heilen Welt« sprechen. Nur wenn es uns in gefährlichen und brutalen Zeiten gelingt, solche Nischen zu erringen und zu erhalten, kann der Mensch wirklich als Mensch überleben!

Doch mit großer Trauer nahmen wir immer mehr wahr, daß zwar kein Krieg mehr herrschte, daß aber die echte »Befreiung« ausblieb. Mehr und mehr nahmen die Kommunisten das Zepter in die Hand, und, siehe da, viele der kleinen ehemaligen Nazis fanden sich dort wieder. Ob nun Gestapo, deutsche Polizei oder jetzt russische GPU: Die Angst nahm kein Ende. Doch ein Jahr nach dem Zusammenbruch, 1946, begann für uns ein neuer Zeitabschnitt: Da mein Vater als Dozent an der Hochschule für Musik in West-Berlin tätig war, erhielten wir die Erlaubnis, auch nach West-Berlin umzusiedeln. So nahm mich Anfang April 1946 mein Vater mit nach Berlin, um das von uns angemietete und noch relativ zerstörte Haus in Berlin-Zehlendorf auf unseren Einzug vorzubereiten. Wir wollten Türen, die klemmten, in Ordnung bringen, Schlüssel und Schlösser ausprobieren, Fenster zunageln usw. So nahmen wir viele Werkzeuge mit, darunter Schlösser, Schlüssel, Dietriche, um allen Hindernissen gegenüber gewappnet zu sein. Als wir unsere Arbeit getan hatten, wanderten wir abends die Kronprinzessinnenallee (später »Clay-Allee«) nach Berlin-Grunewald entlang, um bei meiner Großtante zu übernachten. Plötzlich hielt ein Jeep neben uns: Amerikanische Militärpolizei, mit weißen Helmen und Handschuhen, verlangte unsere Ausweispapiere und die Öffnung der Taschen und Koffer. Als sie unser Arsenal von Werkzeugen sahen, glaubten sie, einen ganz dikken Fisch gefangen zu haben. Wir wurden aufgefordert, den Jeep zu besteigen, und man fuhr uns zum amerikanischen Hauptquartier. Ich hatte richtige Angst und sah uns schon verhaftet, wochenlang verhört und dann vielleicht irgendwohin abtransportiert. Mein Vater beruhigte mich. Nach dem Studium der Papiere und einigen Erläuterungen meines Vaters klärte sich alles rasch auf. Der Offizier lachte herzlich und sagte: »I am sorry« und gab meinem Vater eine Schachtel Camel-Zigaretten und mir einen kleinen Karton Kaugummi. Anschließend bot er uns an, uns im Jeep zu unserer Großtante nach Grunewald zu bringen. So trafen wir denn unter amerikanischem Polizeischutz in Grunewald ein. Dort entschuldigten sie sich noch einmal, winkten und fuhren weiter. Für mich waren diese Amerikaner die ersten Polizisten meines Lebens, zu denen ich Vertrauen faßte. Als ich bei unserem Umzug nach West-Berlin den ersten Jeep mit amerikanischer Militärpolizei sah, da wußte ich: »Jetzt bist du in Sicherheit.« Dann kamen die Care-Pakete meines Onkels aus New York, in der Schule bekamen wir die berühmte Suppe mit aufgeweichten amerikanischen Keksen, man schaltete das AFN-Radio ein, lernte begeistert die ersten englischen Sprachfetzen, und man tanzte auf Schülerfesten nach amerikanischen Rhythmen. So bekamen wir nicht nur wieder normal zu essen, sondern waren gleichzeitig voll neuen Lebensmutes: Diese erste positive Lebenserfahrung werde ich den Amerikanern nie vergessen – es war ein erster glücklicher Lebenstraum!

HORST SENDLER

Silberstreifen der Hoffnung

Objektiver Bericht über subjektive Empfindungen nach fünfzig Jahren?

Welche Gedanken bewegen den fast Siebzigjährigen über das, was er vor beinahe einem halben Jahrhundert als Zwanzigjähriger gedacht, erlebt, empfunden hat? Doch diese Frage interessiert hier nicht. Vielmehr: Was hat der damals Zwanzigjährige wirklich gedacht, erlebt und empfunden, ohne daß dieser Bericht durch das Nachdenken, die Erfahrungen und das Erleben eines halben Jahrhunderts, die Lektüre von Erzählungen über jene Zeit und die Erlebnisse anderer verfälscht wird? Der Jurist weiß, daß das unzuverlässigste Beweismittel meist ein Zeuge ist und das von diesem selbst nach bestem Wissen und Gewissen Bezeugte mit dem wirklichen Geschehen auch dann oft nur eine entfernte Ähnlichkeit hat, wenn der bezeugte Sachverhalt nicht lange zurückliegt. Und nun gar, wenn inzwischen ein halbes Jahrhundert vergangen ist und die in der Zwischenzeit gesammelten Eindrücke und Erfahrungen wohl kaum gänzlich wegretuschiert werden können! Es gibt eben kein »neutrales« Gehirn. So weiß denn auch der Historiker, daß die dubioseste Geschichtsquelle im allgemeinen Autobiographien und Erinnerungen sind. Es ist daher nicht verwunderlich, daß auch meine Erinnerungen an das Jahr 1945 ein recht schwankender Boden für einen objektiv wahrheitsgemäßen Bericht sind, dies zumal deswegen, weil irgendwelche schriftlichen, unter dem unmittelbaren Eindruck der Ereignisse entstandenen Aufzeichnungen, die der Erneuerung aufhelfen und ihre allzu grobe Verfälschung durch Erinnerungslücken und -täuschungen verhindern könnten, nicht mehr vorhanden sind; gleiches gilt für Briefe aus der Endzeit des Krieges und der Kriegsgefangenschaft, die übrigens – daran erinnere ich mich allerdings genau – die Wahrheit nur sehr eingeschränkt wiedergaben und frisiert waren, weil sie zunächst die Feldpostzensur und dann die Zensur der Gewahrsamsmacht des Kriegsgefangenen (PW – Prisoner of War – in amerikanischer Hand) sowie der SBZ, wo die Postempfänger wohnten, einkalkulierten. Überdies dürften gerade die ersten zwei bis drei Monate der Kriegsgefangenschaft mit ihren Strapazen und Entbehrungen, mit der von mir als außerordentlich empfundenen Hungerleiderei und ihrem enervierenden Nichtstun bei mir eine Art »Filmriß« bewirkt haben; so habe ich an viele Einzelheiten und Ereignisse, die es gegeben hat und gegeben haben muß – etwa an den Tag der Kapitulation am 8. Mai –, keinerlei Erinnerung mehr.

Kapitulation am 8. Mai 1945: Gefühl der Befreiung?

Wenn man den heutigen Stand von Wissen und Gewissen, von Erkenntnis und Zeitgeist zugrunde legt, dann hätte die Kapitulation am 8. Mai 1945, also das Kriegsende und der Sieg der Alliierten über Nazideutschland, als Tag der Befreiung und neuer Hoffnung in Erinnerung bleiben und empfunden werden müssen. Kein Zweifel: Für viele Menschen, insbesondere für die Opfer des Naziregimes, die aus KZs und Zuchthäusern befreit wurden, ist dies gewiß so gewesen. Ich würde jedoch lügen, wenn ich mir und anderen vorgaukelte, ich hätte Ähnliches gefühlt und Befreiung empfunden. Als schlichter Gefreiter (und nicht einmal Reserveoffiziersanwärter – darum hatte ich mich erfolgreich gedrückt) war ich – wie wohl die meisten Landser – heilfroh, daß der Krieg zu Ende, daß man mit einem blauen Auge davongekommen und man nicht mehr den Gefahren und Widerwärtigkeiten eines Krieges ausgesetzt war, den ich zudem schon seit Jahren »verloren« gegeben hatte und schon deswegen für sinnlos hielt. Aber für mich war der Krieg nicht erst am 8. Mai zu Ende, sondern am 15. April 1945, als ich im Ruhrgebiet nahe Wuppertal in amerikanische Kriegsgefangenschaft geriet und den Häschern der SS-Greifkommandos entronnen war, die mit allen »unzuverlässigen« Elementen kurzen Prozeß machten und ihnen noch im letzten Moment das Lebenslicht ausbliesen. Das jedenfalls konnte einem in Kriegsgefangenschaft nicht mehr passieren; insofern mag ich mich von ständiger Todesangst befreit gefühlt haben. Aber wie gesagt: Das gilt schon für den 15. April; die Kapitulation als sozusagen formaler Akt, der jedenfalls für mich keine Bedeutung mehr hatte, konnte ohnehin nur eine Frage von kurzer Zeit sein.

Hoffnungslosigkeit

Aber davon kann keine Rede sein, daß ich das Empfinden hatte, nunmehr befreit und erleichtert aufatmen und hoffen zu können, endlich vor einem neuen lebenswerten Leben zu stehen. Ich machte mir über das, was uns und auch mir bevorstand, keine Illusionen; ja ich sah weit schwärzer in die Zukunft, als es, aus der Rückschau betrachtet, schließlich berechtigt war. Mir schien es geradezu als selbstverständlich, daß die Alliierten nach dem fürchterlichen Krieg, den Deutschland angezettelt hatte mit furchtbaren Verlusten auch für die Alliierten, ebenso fürchterliche Rache nehmen würden. In dieser düsteren Auffassung hatte mich ein langes nächtliches Gespräch beim »Wacheschieben« in der Normandie bei Caen kurz nach dem 20. Juli 1944 bestätigt, als der deutsche Rundfunk die Vorsehung gepriesen hatte, die den »Führer« gerettet habe, um Deutschland zum »Endsieg« zu führen. Mein »Kumpel« – ein gelernter, etwa gleichaltriger Buchdrucker und wie viele seines Standes von breiten Interessen und hoher Intelligenz – und ich waren uns einig darin, daß vielleicht in der Tat die »Vorsehung« ihre Hand im Spiel gehabt haben mochte, dies aber nicht, um den »Endsieg« zu garantieren, sondern Deutschland zum Tiefpunkt seiner Existenz zu stoßen, Dolchstoßlegenden möglichst auszuschließen und die deutsche Führung, aber auch Deutschland und die Deutschen selbst der verdienten Strafe mit einer Zukunft zuzuführen, die wir uns nur in den düstersten Farben vorstellen konnten; auch solche lebensgefährlichen Gespräche konnte man übrigens mit vertrauten Freunden führen. Bei diesen Visionen mögen auch pseudophilosophische Attitüden, eine Art Augenblicksphilosophie einer sich als intellektuell empfindenden Jugend und jugendlicher Weltschmerz mitgespielt haben.

Amerikanische Kriegsgefangenschaft

Jedenfalls schienen diese Befürchtungen alsbald glänzend bestätigt zu werden. Das begann bereits mit der Gefangennahme selbst. Mit offenbar geübtem und gekonntem Griff zu den die Armbanduhr tragenden Handgelenken und zu den Täschchen auf der rechten Vorderseite der Hose, in dem Altmodische ihre Taschenuhr mit sich führten und führen, verfuhren die amerikanischen Soldaten faktisch nicht anders, als man es den russischen mit dem Ruf »Uhri, Uhri« nachsagte. Das ging weiter mit einem als entwürdigend empfundenen Zusammentreiben wie Vieh und einem Einpferchen und Verfrachten auf Lastkraftwagen, das ein Atmen und Sichbewegen schier unmöglich zu machen schien, obwohl das höllische Tempo in den Kurven zum Umkippen dennoch Platz ließ; keiner der so »Entwürdigten« dürfte im Zustand dieser seiner Entmündigung daran gedacht und manche vielleicht nicht einmal gewußt oder es verdrängt haben, daß sich Deutsche in ganz anderer und unvergleichlich schlimmerer Weise entwürdigend versündigt hatten. Mildernd wurde den Amerikanern auch kaum angerechnet – wohl weil die wenigsten daran dachten –, daß das Millionenheer gefangener Deutscher schließlich irgendwo irgendwie selbst auf die allerprimitivste Weise untergebracht werden mußte. Das war dann auch der Fall, als ich mit unzähligen anderen nach tage- und nächtelangem Umhergekarre auf den lehmigen Rheinwiesen bei Remagen landete. Der Mairegen und die kalten Nächte sorgten für eine ständig nasse, eiskalte Unterlage in den Lehmlöchern. Ein Gefühl der Befreiung konnte so naturgemäß nicht aufkommen. Im Gegenteil: Das Gefühl der Unfreiheit war noch größer und unmittelbarer als vorher; die absolute Fremdbestimmung, deren Unvermeidbarkeit unter den Bedingungen einer Kriegsgefangenschaft kaum oder nur widerwillig eingesehen wurde, verbunden mit den damit einhergehenden Demütigungen, war auf Schritt und Tritt fühlbar. »Genießt den Krieg, der Friede wird fürchterlich.« Dieser alte Landserspruch wurde in einer Weise wahr, wie man es sich nicht vorgestellt hatte, als man ihn leichtherzig über die Lippen gehen ließ.

Lagerleben

Zu den Widerwärtigkeiten von Wetter und Unterkunft kam die ständige Pein des Hungers. Zwar hatten die Amis für eine »Grundausstattung« gesorgt: Jeder Gefangene erhielt pro Tag einen Minikarton mit Lebensmitteln, wie sie auch den amerikanischen Armeeangehörigen zur Verfügung standen, so zum Beispiel mit einer kleinen Wurstbüchse, etwas Käse, Knäckebrot oder ähnlichem, wohl auch, wenn ich mich recht erinnere, mit etwas Kaffeepulver und einigen Zigaretten. Man konnte vielleicht zur Not damit auskommen, wenn man sich die Kleinigkeiten über den Tag hin gut einteilte. Wer aber tat das schon und konnte dies überhaupt tun, wenn er nicht gewärtigen wollte, nichts mehr von dem Vorrat vorzufinden oder ihn stark reduziert zu sehen? Kameradendiebstahl aus Hungersnot war leider gang und gäbe; günstige Gelegenheiten dafür gab es genug, so etwa, wenn der Eigentümer der kärglichen Besitztümer zur Latrine eilen mußte – Magen- und Darmerkrankungen als Folge von Hungerruhr gab es in

Menge – oder die Gefangenen gruppenweise zum Duschen getrieben wurden.

Denn hygienisch ging es, soweit es die Umstände erlaubten, bei den Amerikanern durchaus zu. Schon die keimfreie Verpackung der zugeteilten Lebensmittel mußte neidvolle Bewunderung erregen – so etwas war der Landser nicht gewöhnt –, ebenso die körperliche Verfassung der Ami-Soldaten: wohlgenährt, durchtrainiert und körperlich leistungsfähig, gelegentlich sogar feist mit strammen Pobacken oder auch mit neidvoll-verächtlich damals so bezeichneten »fetten Ärschen«, ein wahres Kontrastbild zu unserer schon während des letzten Kriegsjahres ausgehungerten und ausgemergelten Truppe. Noch mehr Bewunderung weckte die zunächst nur verachtungsvoll betrachtete Entlausungsaktion. Von der deutschen Wehrmacht war man es gewohnt, mit immer wieder neuen Entlausungsmitteln versorgt zu werden, die jeweils widerwärtiger stanken als das vorige und jedes Lebensmittel verdarben, das man unbedacht in ihre Nähe brachte, gleichwohl aber den Läusen kaum etwas zuleide taten und ihnen eher zu besserem Wachstum zu verhelfen schienen. Geradezu lächerlich mußten nach solchen Erfahrungen die Bemühungen der Amis erscheinen, für Remedur zu sorgen mit Hilfe eines leicht würzig und nicht unangenehm riechenden weißen Pulvers, das mit einer primitiven Großspritze vor die Brust, unter die Achseln und in die Genitalgegend, also die bevorzugten Wohnquartiere der Läuse, gepustet wurde. Die Verachtung dieser Prozedur steigerte sich noch, als das Jucken durch die Läuse nachgerade unerträglich wurde. Aber nach nicht langer Zeit trat Ruhe ein: Die Läuse hatten ihren juckreizenden Todeskampf ausgefochten. Nach drei Tagen wurde die Aktion wiederholt, um dem, was den intakt gebliebenen Läuseeiern inzwischen entschlüpft war, den Garaus zu machen. Das Mittel – es war das später so berüchtigte DDT – hatte seine läuseverheerende Wirkung getan.

Hygiene wurde auch sonst großgeschrieben. Wenn es nur soviel zu essen gegeben hätte, wie es Seife gab! Von leicht nach Karbol riechender Gesundheitsseife wurde nach meiner insoweit gewiß übertreibenden Erinnerung jedem PW ein Stück pro Tag – aber pro Woche bestimmt! – ausgehändigt. Mit Chlor wurde ebenfalls nicht gespart, um das, was aus undichten Latrinenwagen tröpfelte oder aus entsprechenden Eimern überschwappte, zu bestreuen und damit keimfrei zu machen. Das daraus entstandene Gemisch hatte das verführerische Aussehen einer leckeren Zuckerkruste. Kann man sich wundern, daß Unerfahrene und Unbedarfte sich darauf stürzten, um ihren Hunger zu stillen? Mit schlimmen Folgen, wie sich versteht.

»Lageruniversität« und drastische »Erziehungsmethoden«

Trotzdem wurde nicht nur an die Misere des Kriegsgefangenenalltags gedacht. Schon relativ frühzeitig richteten – wohl schon im nächsten Lager mit festen Unterkünften – einige akademisch gebildete Gefangene mit desinteressierter Billigung der amerikanischen Lagerleitung etwas ein, was man großsprecherisch als eine Art »Lageruniversität« bezeichnen konnte. Mancher war interessiert; die meisten suchten nur Ablenkung von Misere und Langeweile. Viel konnte allerdings nicht geboten werden. Ich kann mich an einen – auch pädagogisch und rhetorisch – hervorragenden Kunsthistoriker und einen mäßigen, theorieübersättigten, aber angeblich bedeutenden Eugeniker auf biologischer Grundlage erinnern, der bald wieder verschwand und »abgeholt« wurde, weil er angeblich an den Aktionen zur Tötung sogenannten lebensunwerten Lebens beteiligt gewesen war. Obwohl ein geschwätzig-aufgeblasener Literaturhistoriker nur höchst Dürftiges bot, bildeten sich einige literarische Zirkel. Stolz konnte ich dazu mit den Beständen meiner »Feldbibliothek« beitragen, so mit mehreren Heften der *Münchener Lesebogen,* die zum Beispiel Gedichte des frühen und auch des späten Goethe, Oden Hölderlins, die anakreontischen Gedichte Lessings und die Gedichte aus der *Kritik des Herzens* von Wilhelm Busch enthielten. Vieles habe ich damals auswendig gelernt und manches bis heute behalten. Diese Exemplare waren auch Objekte einer von mir gegen mäßiges Entgelt (in Naturalien) betriebenen »Leihbibliothek«, bei der sich besonderer Beliebtheit ein Band mit Anekdoten und Kurzerzählungen von Roda Roda – wer kennt ihn heute noch? – erfreute; als ein »Kumpel« dort die Charakteristik eines preußischen Landjunkers las: »Satt bin ick wie ein Schwein, Frage, wat nu essen«, veranlaßte ihn dies zu einem unter den obwaltenden Umständen verständlichen Zornausbruch, der aber bald dem liebevollen Ausmalen einer Völlerei wich mit all den wunderbaren Dingen, die man essen würde, wenn man sie hätte; die typischen Männerphantasien, in denen von schönen Frauen geträumt wurde, folgten erst später, als man reichlichere Nahrung zu sich nehmen konnte.

Nicht erinnern kann ich mich, in dieser »Lageruniversität« irgend etwas über historische Erfahrungen, gesellschaftliche Entwicklungen, sozialpolitische Themen, rechtliche Problematik oder gar Zeitgeschichtliches gehört zu haben; Diskussionen darüber, wer und was uns all diesen Schlamassel eingebracht hatte, fanden nach meiner Erinnerung nicht statt. Informationen darüber, was ein freiheitlicher, demokratischer Rechtsstaat bedeutete, blieben gänzlich aus. Ich kann mich auch nicht erinnern, daß die Amerikaner uns Umerziehungsversuchen, politischer Aufklärung oder Indoktrination ausgesetzt hätten. Entweder hielten sie dies für vergebliche Liebesmühe oder hatten, was näher liegt, zunächst andere Sorgen, so zum Beispiel Besuchern vom Schwedischen Roten Kreuz, die nach den Verhältnissen in Kriegsgefangenenlagern Ausschau hielten, ein wenig Sand in die Augen zu streuen und zu diesem Zweck in der Zeit, als wir, schon in einem anderen Lager, aus einer Gefangenenküche versorgt wurden, in der normalerweise Schmalhans Küchenmeister war, plötzlich – aber nur an einem einzigen Tag – relativ gutes und reichliches Essen zu servieren; aber das entspricht der Übung wohl in aller Welt. Dafür wurden uns Erziehungs- und Strafmethoden vorgeführt und an uns ausprobiert, die an Drastik nichts zu wünschen übrigließen. Dazu gehörte das widerwärtige, wahrscheinlich nicht nur aus dem alten Preußen bekannte Spießrutenlaufen, bei dem der Übeltäter – meist wegen Kameradendiebstahls – nackt durch die spalierstehende Belegschaft getrieben und von dieser mit teils nur vorgetäuschten, aber überwiegend wohl doch rachedurstig mit sadistischer Lust verabfolgten Prügel eingedeckt wurde und – an einen solchen Fall erinnere ich mich – am Schluß blutüberströmt zusammenbrach. In einem anderen Fall mußte ein Delinquent bei größter Sonnenhitze sinnlos eine etwa dreimal drei Meter große und zwei Meter tiefe Grube ausschachten, um sie nach vollbrachtem Tun wieder zuschaufeln und planieren zu müssen.

Dieser Anschauungsunterricht vermittelte – nicht anders als die »Lageruniversität« – nichts von dem, was man über Rechtsstaat, freiheitliche Gesinnung, Demokratie vielleicht hätte hören können oder sollen. Die Hoffnung, daß die Zukunft verheißungsvoll sein und ein Staatswesen bringen könnte, in dem es sich erträglich leben ließe, hatte ich jedenfalls nicht, zumal ich so etwas nicht kannte und davon auch kaum gehört hatte. Im Gegenteil: Wie meist in Zeiten der Ungewißheit hatte die Gerüchteküche – genährt auch von mißgünstig verängstigendem Bewachungspersonal – Hochkonjunktur. Von dreißig Jahren Kriegsgefangenschaft, die uns erwarteten, war etwa die Rede. Ich hielt das zwar für übertrieben, aber auch nicht für ausgeschlossen, jedenfalls eine langjährige Gefangenschaft für wahrscheinlich. Solche Gerüchte wurden »rational« untermauert mit dem Hinweis darauf, daß man zur Beseitigung der Kriegsschäden billige Arbeitskräfte brauche und außerdem die Deutschen fürchte, weil diese selbst aus Blechbüchsen Maschinengewehre bauen könnten – es gab in der Tat PWs, die sich selbst als gute Deutsche für so erfindungsreich und leistungsfähig hielten, es freilich an Servilität gegenüber ihren

Bewachern oft nicht fehlen ließen. Wie auch immer: Ohnmachtsgefühle, ja die Gewißheit, einer Willkürmacht ausgesetzt zu sein und keine »Perspektive« zu haben, ließen sich in mir und vielen anderen – milde formuliert – nicht unterdrücken. Nur mit Galgenhumor erinnerte man sich an Otto Reutters Sentenz: »In fünfzig Jahren ist alles vorbei« und hatte, wie sich jetzt zeigt (und schon etwas früher offenbar wurde), sogar recht damit; aber ein großer Trost war das damals wahrlich nicht. So wird es vielleicht nicht verwundern, daß ich die ersten zwei bis drei Monate der Kriegsgefangenschaft zusammen mit den drei Monaten der Arbeitsdienstzeit zu den schlimmsten Zeiten meines Lebens rechne.

Sorgen um Angehörige und Heimat

Bedrückende Sorgen bereitete auch der Gedanke an die Angehörigen und die Heimat. Er war besonders lebendig in mir dank einer Vorgeschichte, die sich in den ersten Monaten des Jahres 1945 abspielte. Ich hatte nämlich gegen Kriegsende mehrfach das Glück, meine Angehörigen – meine Eltern und meine Schwester, mein Bruder war bereits im Jahre 1943 in Italien »auf dem Felde der Ehre gefallen« – besuchen zu können, notabene in Hoyerswerda, einem Ort, den man heute am liebsten nicht mehr erwähnt. Ein ziemlich gefährlich aussehender, aber letztlich doch relativ harmloser Muskeldurchschuß im linken Oberarm hatte als sogenannter Heimatschuß für einen mehrmonatigen Lazarettaufenthalt gesorgt, zuletzt vom Dezember 1944 bis zum Februar 1945 in Bautzen, und von dort aus mehrfache Wochenendbesuche ermöglicht. Im Januar 1945 konnte ich in Harrachsdorf auf der böhmischen Seite des Riesengebirges an einem Versehrtenskilehrgang teilnehmen und von dort aus Verwandte in der Gegend von Hirschberg besuchen. Schließlich erhielt ich nach Entlassung aus dem Lazarett und Versetzung zum Ersatztruppenteil in Wuppertal im März 1945 einen mehrwöchigen Heimaturlaub. Das war zwar wohl unzulässig, weil Hoyerswerda wegen Frontnähe im Urlaubssperrgebiet lag. Aber wider Erwarten war der Urlaub bewilligt worden, vermutlich dank der milden und weichen Stimmung des auch sonst durchaus human gesinnten zuständigen Leutnants, der zudem mit Hilfe von Kognak gegen Gefühle der Bedrückung angegangen war. Diese Gefühle hatten ihren speziellen Grund – über den allgemeinen der Kriegslage hinaus – offenbar darin, daß er am frühen Morgen den Zug der Kompanie, dem auch ich angehörte, führen mußte, der zwei zum Tode verurteilte Fahnenflüchtige zu exekutieren hatte; mir war es glücklicherweise gelungen, mich dem Kommando zu entziehen unter Hinweis darauf, daß ich mit meinem verletzten linken Oberarm eine »Knarre« – so die landläufige Bezeichnung eines Gewehrs – nicht halten könne. Am Nachmittag des solcherart vorbelasteten Tages befahl mich der Leutnant wegen meines Urlaubsantrages zu sich, zog mich in ein von mir als unvorsichtig empfundenes Gespräch auf tagesphilosophischer Grundlage über Gott und die Welt und über Tod und Verklärung, bot mir sogar einen Kognak an, gewährte mir dann den Urlaub mit der Bemerkung, daß er ihn mir eigentlich verweigern müsse, und dem Zusatz »Is ja doch alles egal« sowie mit dem Wunsch, mich bei damals schon außerordentlich gestörten Verkehrsverhältnissen schnell durchzuschlagen und mich nicht erwischen zu lassen. Das gelang denn auch, selbst wenn ich ein ungutes Gefühl nicht los wurde, diesen Urlaub möglicherweise dem Tod zweier vielleicht Unschuldiger und jedenfalls schwerlich Todeswürdiger verdankt zu haben. Gerade dieser letzte Urlaub hatte mir aber die Sorgen und Ängste meiner Eltern, meiner Schwester und weiterer aus Schlesien dorthin geflüchteter Verwandter hautnah vor Augen geführt sowie die Frage, wohin sie flüchten sollten, wenn die heillos gefürchteten Russen vor der Tür stünden. So hatte dieser Urlaub mir Eindrücke so direkt vermittelt, daß ich meinerseits in der Gefangenschaft in ständiger Angst und Sorge lebte, vielleicht mehr als andere, die das Bild der geängstigten Angehörigen nicht so konkret und lebensnah vor Augen hatten. Dabei brauchte ich keine Befürchtungen zu haben, daß meine Eltern wegen ihres Verhaltens in der Nazizeit zur Rechenschaft gezogen werden könnten; mein Vater war als Lehrer und Kantor das einzige Mitglied des Lehrerkollegiums, das der Partei nicht angehörte. Aber die Angst vor den Russen und deren unkalkulierbaren Aktionen überschattete alles. Tief schmerzte mich auch der Gedanke daran, daß ich die Heimat, als die ich die Gegend südlich von Breslau empfand, wo ich alljährlich die großen Ferien bei meinen Großeltern in einer Landwirtschaft verlebt hatte, wohl nie mehr wiedersehen würde; dort hatte mein Heimatgefühl seine Wurzeln. Diese qualvollen Überlegungen schlossen übrigens ein widerspruchsvolles Verhalten keineswegs aus. So trösteten ich und andere einen »Kumpel«, der seine poetischen Erzeugnisse – er hielt sich für einen Dichter – im Keller eines Hauses in Breslau aufbewahrt hatte und verloren glaubte, damit, daß doch die Sowjets nicht so töricht sein würden, es sich mit den Deutschen auf alle Zeiten zu verderben, indem sie sie aus Schlesien vertrieben. Er glaubte diesem Trost nicht, ich als (Mit-)Spender auch nicht.

Aber noch im Jahre 1945 ließen sich allen Unkenrufen zum Trotz Silberstreifen der Hoffnung am Horizont sehen. Etwa im Herbst erhielt ich beruhigende Post von meinen Eltern, die zwischen den Zeilen freilich verriet, daß sie in Hunger und Elend lebten. Hunger und Elend waren in Kriegsgefangenschaft hingegen im wesentlichen überwunden. Man hatte sich arrangiert, Überlebenstechniken unter Ausnutzung mancher Chancen entwickelt, die die Versorgungsmaschinerie der US-Armee bot, und Nischen zur Eigenentfaltung entdeckt und genutzt. Das Gefangensein drückte nicht mehr so sehr, weil es nicht unerhebliche Freiheiten gab. PWs wurden zu den verschiedensten Arbeiten herangezogen. So mußte ich – ich war inzwischen in Belgien (Waremme in der Nähe von Lüttich) gelandet – zum Beispiel beim Umstapeln von Munitionskisten arbeiten und wurde später als Dolmetscher am Tor eines Versorgungslagers eingesetzt, an dem ich den teilweise deutschen, teilweise amerikanischen Fahrern Weisungen zu geben hatte, wohin im Lager sie ihren Lkw mit seinen Waren, die dann von anderen PWs entladen wurden, fahren müßten. Dabei fiel manches im wahrsten Sinne des Wortes ab. Die Munitionskisten enthielten eine Verkleidung aus vorzüglichem Holz, das bei der belgischen Zivilbevölkerung sehr begehrt war und zu den verschiedensten Zwecken, nicht nur als Brennholz, verwendet werden konnte. Da ließen sich gute Tauschgeschäfte abwickeln; manche Kiste ging zu Bruch, die unversehrt hätte weiterleben können. Die Bestände des Lagers an Kleidung, Ausrüstungsgegenständen und Lebensmitteln unterlagen nur einer relativ oberflächlichen Kontrolle. Da ließ sich manches »abstauben«. Wunderdinge wurden insoweit von Le Havre erzählt, wo deutsche PWs angeblich halbe Schiffsladungen an die Zivilbevölkerung verschoben. Bei uns ist lediglich ein Lkw mit Ladung – leider ohne meine Beteiligung – verschwunden; sein Verbleiben konnte nie aufgeklärt werden. Prahlerisch wurde behauptet, in belgischen Zeitungen sei berichtet worden, den deutschen PWs sei es gelungen, die belgische Zivilbevölkerung angemessen mit warmer Kleidung und Lebensmitteln zu versorgen und sie damit über den Winter zu bringen. Ich habe dies nicht gelesen; aber bei aller Übertreibung steckte in einer solchen Behauptung wohl doch ein wahrer Kern. Solche Geschäfte, bei denen ich ganz gewiß nur ein »Kleiner von den Meinen« war, machten einfach Spaß, obwohl man sich vom Erlös naturgemäß nichts fürs Alter zurücklegen und auch kaum viel ins Nachkriegsdeutschland transferieren konnte.

Spaß machte es auch, den Amis mit solchen Transaktionen ein

kleines Schnippchen zu schlagen. Und dies, obwohl das Verhältnis von PWs und Angehörigen der US-Armee, jedenfalls des Mannschaftsstandes, normal, gelegentlich sogar freundschaftlich war. Ich erinnere mich gut an einen Sergeanten, der half und Verständnis zeigte, wo er nur konnte. So erledigte er unter der Hand und »vertuschte« gar einen Vorfall, bei dem ein unvorsichtiger PW ein brennendes Streichholz in eine Benzinlache geworfen hatte, nur um zu sehen, »was passieren würde«: eine recht unangenehme Verpuffung, glücklicherweise ohne schlimme Folgen. Der Sergeant ließ sich leicht überzeugen, daß nur Dummheit das Streichholz geführt habe und nicht etwa Sabotage beabsichtigt gewesen sei. Ein anderer hätte die Sache vielleicht an die große Glocke gehängt und drakonische Strafen – siehe oben – verfügt. Die Verpflegung ließ nichts mehr zu wünschen übrig. Wenn ich mich nicht sehr täusche, erhielten die PWs das gleiche Essen wie die amerikanischen Soldaten. Genau jedenfalls erinnere ich mich an das Steak, das mit einem Stück Ananas gebraten war; mir erschien das geradezu als hybride Überfeinerung, und dies mit Hilfe einer Frucht, die ich bis dato noch nicht kennengelernt hatte. Als ich im Juni 1946 zu meinen hungernden und ausgemergelten Eltern zurückkehrte, war ich so wohlgenährt, wie uns ausgehungerten PWs unsere Bewacher ein Jahr zuvor erschienen waren.

Hoffnung konnte man auch schöpfen, was die Dauer der Kriegsgefangenschaft betraf. Positive Gerüchte schwirrten umher und wurden bald bestätigt. Noch im Jahre 1945 verließen uns Ältere und Kranke, die offenbar in die Heimat entlassen werden sollten. Gerüchtelt wurde allerdings ebenfalls, daß die von den Amerikanern zur Entlassung vorgesehenen Gefangenen zunächst den Franzosen – war es in Attichy? – vorgeführt würden, damit diese sich Arbeiter für ihre Bergwerke aussuchen könnten: Ein Gerücht, das, wie ich später selbst erleben mußte, der Wahrheit entsprach. So machten sich gegen Ende 1945 neue Sorgen breit. Aber ich wußte ihnen zu begegnen. Zielbewußt und ziemlich unverfroren »reaktivierte« ich eine Krankheit, die mich immer wieder geplagt hatte: ein nach einer frühkindlichen Mittelohrvereiterung immer wieder zu Eiterungen neigendes, schon mehrfach operiertes Ohr, das mich aber gerade in der Zeit, da ich seine Krankheit hätte brauchen können, schnöde im Stich ließ und pralle Gesundheit vortäuschte. Wie ich das Ohr und den französischen Militärarzt überlistete, ist eine Geschichte, die sich im Jahre 1946 abspielte. Aber noch in den Wintermonaten des Jahres 1945 begann ich hoffend und bangend mit den Vorarbeiten, indem ich zum Beispiel erfolgreich Methoden entwickelte und erprobte, um erhöhte Körpertemperaturen hervorzurufen; ich schaffte es bis 37,5 Grad.

Jedenfalls endete das Jahr 1945 für mich weit hoffnungsvoller, als es begonnen und sich vor allem an seinem Tiefpunkt in der Mitte des Jahres präsentiert hatte.

FRANZ SONNTAG

Als Kriegsblinder hilflos und allein gelassen

Als Panzergrenadier in der 10. Panzerdivision kam ich Mitte November 1942 zum Kriegseinsatz nach Tunesien, wo uns die strategisch wichtige Aufgabe gestellt war, die aus Libyen zurückflutende Armee von Generalfeldmarschall Rommel aufzufangen und die von Westen näher rückenden Divisionen der Amerikaner und Briten zurückzuschlagen. Hierzu meinten unsere alten Obergefreiten mit Rußlanderfahrung, daß unser schwieriges Vorhaben ein reines »Himmelfahrtskommando« sei, denn für uns könne die Sache nur ein schlimmes Ende nehmen. Bald schon kam es zu schweren Kämpfen, bei denen Teile der 10. Panzerdivision beträchtliche Verluste hatten. Am 19. Februar 1943 erlitt ich eine Verwundung, durch die ich die Sehkraft beider Augen und die rechte Hand verlor. Ich verbrachte vierzehn Monate in Lazaretten und Universitätskliniken, bis ich schließlich Mitte April 1944 dem Kriegsblinden-Umschulungslazarett Stuttgart-Solitude zugewiesen wurde. Dort erlernte ich das Schreiben und Lesen der Blindenschrift sowie das Schreiben mit der Schreibmaschine und erreichte auch gute Ergebnisse beim Einsatz von Blindenhilfsmitteln. Der Chefarzt interessierte sich für mich und schlug mir vor, ich solle mich um die Aufnahme in das Berliner Abendgymnasium bewerben, um auf dem zweiten Bildungsweg die Reifeprüfung abzulegen. Damals war ich zweiundzwanzig Jahre alt, und trotz meiner schweren Verwundung waren mein Lebens- und Leistungswille ungebrochen; daher ergriff ich sofort die sich mir bietende Chance.

So kam ich nach Bad Salzschlirf, einem schönen hessischen Kurort unweit von Fulda, wo wegen der zunehmenden Luftangriffe auf die Reichshauptstadt eine Außenstelle des Berliner Abendgymnasiums eingerichtet worden war. Zusammen mit fünfundzwanzig weiteren Kriegsblinden und einer Gruppe qualifizierter Pädagogen wohnte ich im Hotel »Kaiserhof«, wo sich auch die Unterrichtsräume befanden. Tag für Tag bemühten sich die Lehrgangsteilnehmer, die Fülle des angebotenen Lehrstoffs aufzunehmen. Ich arbeitete mit großem Einsatz, denn irgendwie spürte ich, daß ich auf dem richtigen Weg war, eine angemessene berufliche Rehabilitation zu erreichen.

Ende März 1945 kam das Kriegsgeschehen immer näher an Bad Salzschlirf heran. Wir hörten in der Ferne Geschützdonner und das Schießen der Flugabwehr, und wir waren uns sicher, daß der Krieg bald sein Ende finden würde. Bei den Einwohnern von Bad Salzschlirf und ebenso bei den Lehrkräften und Lehrgangsteilnehmern des Berliner Abendgymnasiums breiteten sich zunehmend Angst und Schrecken aus, denn ein baldiger Angriff der Amerikaner war zu befürchten. In dieser kritischen Situation ergriff der in Bad Salzschlirf lebende Arzt Dr. Beisheim die Initiative, indem er am Gründonnerstag, dem 29. März, mit seinem Auto, auf das er eine weiße Fahne montiert hatte, der heranrückenden amerikanischen Panzerkolonne entgegenfuhr. Er versicherte dem Kommandanten, daß sich in Bad Salzschlirf keine bewaffneten deutschen Truppen, sondern lediglich verwundete Soldaten in mehreren Lazaretten befänden. Die Amerikaner glaubten ihm, und noch am selben Abend besetzten sie kampflos Bad Salzschlirf.

Nach einigen Tagen wagten sich die Bewohner erstmals wieder auf die Straße, und als eine unserer Studienhelferinnen in das Hotel »Kaiserhof« kam, berichtete sie, sie habe bei der Brücke über die Altefeld im Wasser mehrere NS-Parteiabzeichen gesehen, die einige ängstliche Bad Salzschlirfer Bürger wohl weggeworfen hätten. Am nächsten Tag ging ich gleichfalls auf die Altefeld-Brücke, um die veränderte politische und militärische Situation auf mich einwirken zu lassen. Zu bemerken ist, daß ich Zivilkleidung trug, denn ich war schon im Oktober 1944 aus der Wehrmacht entlassen worden. Die NS-Parteiabzeichen waren übrigens in der Altefeld nicht mehr zu sehen. Wahrscheinlich hatten sie amerikanische Soldaten als Kriegsbeute aus dem Wasser geholt, denn – wie man sich in Bad Salzschlirf erzählte – die Amerikaner waren scharf auf deutsche Orden und Ehrenzeichen. Aus diesem Grund hatte ich im Hotel »Kaiserhof« das EK II und das Goldene Verwundetenabzeichen in meinem Kleiderschrank versteckt.

Während ich auf der Altefeldbrücke stand und ein Trupp amerikanischer Soldaten singend und pfeifend vorbeizog, wurde mir so recht bewußt, daß für mich der Krieg nun tatsächlich und endültig vorbei war. Hervorzuheben ist, daß in mir in diesem Augenblick keine Welt zusammenbrach, denn nach dem Fall von Stalingrad, der erfolglosen Belagerung von Leningrad und der Landung der Alliierten in der Normandie glaubte ich seit einiger Zeit nicht mehr an einen deutschen Sieg. Dennoch traf mich jetzt die Realität des verlorenen Krieges mit voller Härte; ich fühlte mich in einer nicht berechenbaren Zeit plötzlich hilflos und allein gelassen und auch irgendwie betrogen. Unwillkürlich faßte ich in meine rechte Brusttasche, wo sich neben meinem Ausweis der Rentenbescheid meines Versorgungsamtes befand. Zugleich wurde ich mir aber der Tatsache bewußt, daß dieser Rentenbescheid für die nächste Zeit wohl keine Hilfe bedeutete, denn wer sollte in Deutschland schon in der Lage sein, Kriegsopferrenten zu zahlen?

Als ich unter dem Eindruck des verlorenen Krieges ins Grübeln kam, fiel mir mein Großvater, Mathias Sonntag, ein, der im Krieg gegen Frankreich im Jahre 1870 gleichfalls eine schwere Verwundung erlitten hatte, die schließlich im Jahre 1877 zu seiner völligen Erblindung führte. Er hatte als Tambour im Bataillon des Fürsten zu Fürstenberg, das dieser als Kontingent für die deutsche Armee zur Verfügung gestellt hatte, an zahlreichen Gefechten und an der dreitägigen Schlacht von Belfort teilgenommen. Mein Großvater hatte zwar keinen Rentenbescheid erhalten, weil es damals keine Kriegsopferversorgung gab, wohl aber stellte ihn der Fürst zu Fürstenberg als »Wegwart« an, zahlte ihm einen monatlichen Ehrensold und überließ ihm auch ein Wohnhaus in Immendingen, wo er mit seiner Frau und seinen zwölf Kindern als angesehener, hochdekorierter Bürger ein glückliches Leben führte. Demgegenüber waren meine Zukunftsaussichten im Jahre 1945 bei weitem nicht so gut, denn es bestanden keine Chancen für weitere Fortschritte auf dem zweiten Bildungsweg für berufliche Erfolge und für persönliches Lebensglück.

Die Kapitulation am 9. Mai 1945 hatte für Bad Salzschlirf und seine Bewohner nur noch eine formale Bedeutung. Die Lehrkräfte des Berliner Abendgymnasiums hatten bereits ihre Tätigkeit eingestellt; dies schien für uns Kriegsblinde das traurige Ende eines Weges zu sein, den wir so hoffnungsvoll begonnen hatten. Unsere pessimistische Stimmung wurde noch dadurch vertieft, daß wir das respektable Hotel »Kaiserhof« verlassen mußten, um in ein Lazarett für verwundete ungarische Offiziere umzuziehen. Weitere Aufregung stellte sich ein, als man uns nach drei Wochen mitteilte, daß wir in das nächste Kriegsgefangenenlager gebracht werden müßten, wo geprüft werde, ob wir einen Entlassungsschein bekommen könnten. Unser Aufenthalt in diesem Lager dauerte zum Glück nur wenige Stunden, und nachdem wir untersucht und ausgefragt worden waren, erhielt jeder den begehrten Entlassungsschein.

Als ich mich Ende Mai 1945 von Bad Salzschlirf verabschiedete, ahnte ich nicht, daß ich ab August 1945 in Marburg/Lahn die Deutsche Blindenbildungsanstalt besuchen, dort im März 1947 die Reifeprüfung ablegen, von 1947 bis 1950 in Tübingen Jurisprudenz studieren, in den Jahren 1950 und 1955 das erste und zweite juristische Staatsexamen ablegen und während der vorgenannten Zeit zum Doktor beider Rechte promovieren würde. Wenn mir jemand beim Abschied von Bad Salzschlirf diesen Lebensweg vorhergesagt hätte, dann wäre mir dies als eine völlig unglaubwürdige Geschichte erschienen. Der Vollständigkeit halber sei allerdings erwähnt, daß es auch ein harter Weg war; denn bis 1948 lebte ich von Sozialhilfe und in den folgenden Jahren mußte ich mich, was meinen Lebenszuschnitt anging, sehr einschränken. Glück hatte ich jedoch, als ich eine Frau kennenlernte, die bereit war, meinen künftigen Lebensweg mit mir zu teilen und die mich als Studienhelferin bei meiner Arbeit unterstützte; wir heirateten im Jahre 1949, und in den fünfziger Jahren wurden uns drei Söhne geboren. Von 1955 bis 1976 stand ich als Beamter im Dienst des Landes Baden-Württemberg.

Zu bemerken ist noch, daß ich kurz vor dem Kriegsende in Bad Salzschlirf eine für mein weiteres Leben bedeutsame Begegnung hatte. Zwei Kriegsblinde des Ersten Weltkrieges besuchten das Berliner Abendgymnasium, sprachen den Lehrgangsteilnehmern Mut zu und berichteten über die erfolgreiche Betreuungstätigkeit des Bundes erblindeter Krieger zugunsten der 11 000 deutschen Kriegsblinden. Nachdem im Jahre 1948 als Nachfolgeorganisation der Bund der Kriegsblinden Deutschlands gegründet worden war, trat ich in diese Organisation ein und stellte mich dort für eine ehrenamtliche Mitarbeit zur Verfügung. 1955 wählten mich meine Kameraden zum Vorsitzenden des Landesverbands Württemberg-Nordbaden, und seit dem Jahre 1965 bin ich Vorsitzender des Bundes der Kriegsblinden Deutschlands. Bis auf den heutigen Tag kann ich mich in dieser Funktion für die heute noch lebenden 2600 kriegsblinden Frauen und Männer sowie für die Witwen der verstorbenen Kriebsblinden auf allen Gebieten der Kriegsopferversorgung und des Sozialrechts einsetzen.

KLAUS STERN

Was würden die Sieger mit uns machen?

Der Zweite Weltkrieg endete in Europa, wie jedermann weiß, mit der militärischen Kapitulation der deutschen Streitkräfte am 8. Mai 1945. Doch nicht dieser Tag war *der* Schicksalstag im Bewußtsein der Menschen; er war nur der Endpunkt, der den Untergang der nationalsozialistischen Diktatur markierte. Für den einzelnen Deutschen dürfte jeweils ein anderes Datum sein persönliches Ende des Krieges signalisiert haben. Für mich, den zu Beginn des Katastrophenjahres 1945 gerade dreizehnjährig Gewordenen, war es der 20. April 1945, in früheren Jahren als »Führers Geburtstag« gefeiert. Daran dachte man freilich zu dieser Zeit nicht mehr. (Seltsam, daß dieser Tag 1994 wieder eine gewisse Rolle spielen sollte!) An diesem Frühlingstag 1945 wurde die Stadt Nürnberg, in der ich lebte, von amerikanischen Truppen endgültig erobert.

Schon ein oder zwei Tage vorher sah ich amerikanische Panzer in der Nähe der Burg, wo wir – meine Mutter und ich – nach unserer Ausbombung am 16. März 1945 Unterkommen gefunden hatten in einer ehedem sehr eleganten zweistöckigen Villa, die einst in der Mitte ein Glasdach hatte, das natürlich längst zerstört war, so daß man stets den freien Himmel sah und bei Regen Waschschaffe und Eimer aufstellen mußte. Über dieses – vom Dach abgesehen – für damalige Verhältnisse noch bewohnbare Haus donnerte Artillerie- und Panzerbeschuß über uns hinweg auf die Burg, in der man wohl deutsche Verteidiger wähnte, die es freilich nicht mehr gab. Große Kämpfe erlebte ich in diesem nördlichen Stadtteil Gott sei Dank nicht mehr.

Tage vorher sah das allerdings noch anders aus: Durchhalteparolen des stellvertretenden Gauleiters Holz, der, wie man bald erfuhr, sich nicht »absetzte« wie der eigentliche Gauleiter, der berüchtigte Julius Streicher, später einer der Angeklagten des Nürnberger Hauptkriegsverbrecherprozesses, sondern mitkämpfte und gefallen ist, prasselten auf die Bevölkerung nieder, auch noch als Nürnberg längst umzingelt war und kaum noch kampffähige Verbände vorhanden waren. Hitler hatte den Befehl erteilt, Nürnberg bis zur letzten Patrone zu verteidigen – ein Wahnsinnsbefehl angesichts schwacher Truppenverbände mit wenig Munition, eines kaum ausgerüsteten Volkssturmes und des Fehlens nahezu aller schweren Waffen gegenüber haushoch überlegenen amerikanischen Einheiten.

Der Krieg war längst verloren; Nürnberg, die »Stadt der Reichsparteitage«, konnte kein Bollwerk mehr bieten, bis die »Wunderwaffen« zum Einsatz kämen, wie die nationalsozialistische Propaganda uns suggerierte. Spätestens um die Weihnachtszeit 1944 spürte ich dies, aus dem Internat in Ansbach nach Hause in eine schon sichtlich bombardierte Stadt zurückgekehrt, die am 2. Januar 1945 noch einmal einen verheerenden Angriff auf die Altstadt erlebte, die dabei völlig zerstört wurde. Gab es überhaupt eine Chance, in dieser Stadt zu überleben, nachdem die Zeit zwischen Sirenengeheul und tatsächlichem Bombenabwurf bald immer kürzer wurde? Mindestens einmal sah ich auf dem Weg zum Luftschutzkeller die sogenannten Christbäume, die den alliierten Bomberflotten die Stadt erleuchteten. Alte Soldaten, verwundet dem Kampf entronnen, befahlen dann stets: »Hinlegen!« Tieffliegerangriffe am Tage erlebte ich ebenfalls mehrmals. Jagdflieger- oder Flakschutz, den derjenige versprach, der Meier heißen wollte, wenn jemals ein feindliches Flugzeug in das Reichsgebiet eindringen sollte, waren praktisch inexistent. Dem Tod sah ich unmittelbar am 16. März 1945 ins Auge, als meiner Großmutter solides, großes 1914 gebautes Haus im Süden der Stadt in Trümmer sank, doch Gott sei Dank hielt der ausgebaute Luftschutzkeller zunächst stand, ehe Stunden später auch er zusammenbrach und das dort Aufbewahrte verbrannte. Wir kamen über den Keller des schon zerstörten Nachbarhauses nach dem Angriff heraus und konnten uns in eine Grünanlage retten. Nachfolgende Angriffe wie in Dresden unterblieben. Die ausgebombten Menschen konnten nach neuer Unterkunft suchen; jeder half dabei jedem.

Eine Flucht in sichere Gebiete war aussichtslos; es gab sie praktisch nicht mehr, wie ich bei einem Versuch, in die ländliche Gegend der Fränkischen Schweiz zu gelangen, erlebte. Auf dem Weg dorthin sah ich zum erstenmal von SS-Wachpersonal begleitete KZ-Häftlinge, die von Hersbruck nach Dachau gebracht werden sollten. Das Bild der ausgemergelten Menschen, die in ihrer gestreiften Sträflingskleidung dahinzogen, wird mir unvergeßlich bleiben. Niemals vorher hatte ich von diesen Todeslagern gehört. Man kämpfte ums eigene Überleben. Also wieder zurück nach Nürnberg.

Mehr als einen Rucksack hatte man nach der Zerstörung des Hauses ohnehin nicht. Man suchte, da und dort noch etwas zu bekommen – tauschen oder organisieren, so nannte man die Wege, irgend etwas Nützliches zu erwerben. Die Großmutter mütterlicherseits in Fürth, deren Wohnung unbeschädigt war, wie überhaupt diese Stadt kaum Bombenschäden davontrug (man sagte, die ehedem sehr starke jüdische Gemeinde in der Schwesterstadt Nürnbergs, aus der ja der spätere amerikanische Außenminister Henry Kissinger stammte, habe dies in Amerika verhindert), hatte immer noch etwas. Es lohnte sich also, dorthin zu fahren, was ich mit dem Fahrrad, das mir später gestohlen wurde, zwischen dem 16. März und Mitte April 1945 mehrmals tat. Nach Fürth waren auch Onkel und Tante aus Köslin in Pommern geflüchtet, bei denen ich noch im Sommer 1944 vor Fliegerangriffen sichere Ferienwochen verbringen durfte. Dort hörte ich auch über die Geschehnisse des 20. Juli 1944 – natürlich ganz einseitig aus Rundfunk und Presse. Als ich später in meinem Staatsrecht über das Widerstandsrecht schrieb, waren mir diese Ereignisse noch gegenwärtig.

Auf der letzten Fahrt nach Fürth etwa um den 15. April überraschte mich dann der sogenannte Panzeralarm, ein dauernder Sirenenton. Ich hatte Glück. Trotz eines defekten Reifens kam ich gut nach Hause zurück. Fuhr ich damals um mein Leben? Ich weiß es nicht mehr. Panzer sah ich jedenfalls nicht. Der Einberufung zum Volkssturm entging ich als Jahrgang 1932 gerade noch.

Der Krieg ging also für mich in den Apriltagen 1945 zu Ende. Ich blieb unverletzt, auch meine Mutter; der Vater war seit 1939 als Arzt zunächst im »Westfeldzug«, dann im »Ostfeldzug« und geriet in der Tschechoslowakei in amerikanische Gefangenschaft. Wir standen praktisch mit kaum mehr als den Kleidern am Leib da. Was würden die Sieger mit uns machen? Das war die große Frage, die damals jedermann beschäftigte. Angst, Unsicherheit, Ratlosigkeit, aber auch eine spürbare Erleichterung bewegten die Menschen. Es gab keinen Krieg mehr – dies ist wohl die Hauptempfindung gewesen.

Es waren warme Frühlingstage in Nürnberg, die den Untergang des Dritten Reiches begleiteten. Die Eroberung Berlins und anderer Städte, Hitlers Selbstmord und die Kapitulation wurden ohne Anteilnahme registriert. Diese Entwicklung zeichnete sich ab. Das Ende der Bombenangriffe war wichtiger. Man fühlte sich trotz aller Notsituationen irgendwie frei, auch wenn die Zukunft gänzlich im dunkeln lag, befreit von Überwachung, Einschüchterung und Unterdrückung einer zu allem fähigen Nazipartei.

Die amerikanischen Kampftruppen hielten sich sehr zurück. Ich erlebte nicht, daß sie Kindern etwas schenkten. Tage nach dem Einmarsch erst erschien ein Uniformierter, um nach Waffen zu fragen. Er war freundlich; ein irgendwo vorhandenes Luftgewehr beschlagnahmte er nicht. Die Versorgung mit Lebensmitteln war miserabel. Man überlebte trotzdem; Rhabarber mit Mondamin war ein häufig genossenes Nahrungsmittel. »Schieber« und Ausländer hatten mehr und Besseres; daran partizipierte man gelegentlich.

Schule gab es für mich nicht; sie begann erst nach geraumer Zeit wieder im relativ intakten Melanchthon-Gymnasium. Ich erhielt einen neuen Ausweis, bei dem bei der Staatsangehörigkeit »Bayern« einzutragen war. Darüber genauer nachzudenken, blieb erst dem Studenten der Jurisprudenz vorbehalten.

Doch Nachdenken über die nächste Zeit war trotz der Sorge um das Notwendigste angezeigt. Die Angst, die Russen würden einen Teil Bayerns, nämlich den nördlich der Donau gelegenen, erhalten, während der südliche Teil mit Österreich zu einem neuen Staat zusammengelegt werden sollte, befiel im Sommer 1945 plötzlich die Menschen. (Das am 12. September 1944 von den Siegermächten unterzeichnete Protokoll über die Besatzungszonen in Deutschland und die Verwaltung von Groß-Berlin war natürlich den »normalen« Deutschen nicht bekannt. Es blieb ein Gerücht. Die amerikanische Militärregierung hielt Bayern im Griff und zusammen. Sie ernannte Fritz Schäffer zum ersten Ministerpräsidenten einer Regierung, die jedoch wenig zu sagen hatte und noch weniger Not lindern konnte. Im Herbst folgte ihm Wilhelm Hoegner. Immerhin gab es jetzt wieder deutsche »Stellen« oberhalb der kommunalen Ebene. *Die Neue Zeitung,* von der amerikanischen Militärregierung herausgegeben, erschien. Politische Parteien formten sich wieder, obwohl das Wort »Partei« eher schreckte. Die Entnazifizierung begann; sogenannte Spruchkammern wurden für diese Aufgabe gebildet. Der »Fragebogen« war schon vor Ernst von Salomons Buch aus dem Jahre 1951 in den Familien ein wichtiges Dokument. Die Bildung des Kontrollrates in Berlin und die Potsdamer Konferenz bewegten die Menschen wenig. Mancher erhoffte von einer amerikanischen Annexion mehr. Es war der untaugliche Versuch, der Verantwortung für das deutsche Schicksal entrinnen zu wollen. General Patton, Armeebefehlshaber und Militärgouverneur in Bayern, später durch einen mysteriösen Autounfall ums Leben gekommen, genoß bei den Deutschen Vertrauen. Ein wie immer gestaltetes Deutschland der Nachkriegszeit konnte man sich noch nicht vorstellen. Besatzungszonen und darin bestehende oder neugebildete Länder waren der einzige staatliche Orientierungspunkt. Während des juristischen Studiums lernte ich und seit 1961 lehrte ich, daß trotz militärischer Kapitulation und trotz oberster

Regierungsgewalt der Besatzungsmächte in Deutschland der deutsche Staat nicht untergegangen war, sondern fortbestand, wenn auch aufgeteilt in vier Besatzungszonen und ein besonderes Berliner Gebiet.

Für den Gymnasiasten begann die erste Normalisierung des Lebens mit der Wiedereröffnung der Schule im Spätherbst 1945. Fast ein Jahr war zwar verloren, aber engagierte Lehrer brachten uns in den verbleibenden Jahren bis Frühsommer 1951 zum Abitur gut voran. Freilich, die unmittelbar zurückliegende Vergangenheit war nicht Gegenstand des Unterrichts. Sie wurde erst im juristischen Studium wieder lebendig. Daß ich sie zumindest in den letzten Kriegsjahren einigermaßen bewußt erlebte, war für die eigene Urteilskraft von großer Wichtigkeit.

Sich der Vergangenheit fünfzig Jahre nach Kriegsende wieder zu erinnern bewahrt vor der Gefahr, diese könne sich wiederholen. Vierundvierzig Jahre nach dem Katastrophenjahr 1945 erlebte Deutschland wieder ein Schicksalsjahr: Ein zweites totalitäres Regime in diesem Jahrhundert brach zusammen. Doch die Geschichte ist damit nicht zu Ende. Sie zu gestalten, liegt in unserer Hand und in unseren Köpfen.

RUDOLF VON THADDEN

Kriegsende in Pommern

Es gibt viele 8. Maie in Deutschland und Europa. Für die meisten Menschen lag er in den Wochen und Monaten davor, als die Truppen der Siegermächte in die Dörfer und Städte einmarschierten und die Reste der Wehrmacht aus ihren letzten Bastionen vertrieben. Die einen erfuhren diesen Tag als Ende von Kampfhandlungen und Bombenangriffen, die andern als Beginn von Flüchtlingselend und Heimatlosigkeit, wiederum andere als Befreiung von Naziterror und KZ-Haftzeit, umgekehrt andere, schließlich, als Abmarsch in die Kriegsgefangenschaft. Der 8. Mai 1945 ist kein einfaches Datum in der Geschichte der Erinnerungen.

Ich selbst erlebte diesen Tag, der in unseren heutigen Geschichtsbüchern und Nachschlagewerken fett gedruckt ist, völlig unspektakulär. In meinem Heimatdorf Trieglaff im östlichen Pommern, achtzig Kilometer von Stettin und fünfzig Kilometer von Kolberg entfernt, war der Krieg bereits zwei Monate zuvor zu Ende gegangen, ohne daß deswegen freilich schon Frieden eingekehrt gewesen wäre. Die Rote Armee hatte das Dorf besetzt, zahlreiche Menschen, zu denen mein Vater gehörte, nach Osten »verschleppt« und eine Kommandantur im Schloß eingerichtet, weil dieses von Kriegsschäden verschont geblieben war. Polen gab es zu diesem Zeitpunkt noch wenige im Dorf; sie sollten erst im Laufe des Sommers einwandern und auch dann noch vorzugsweise in Ortschaften ziehen, aus denen die russischen Truppen abzogen oder doch abzuziehen entschlossen waren.

In Trieglaff lebte im Mai 1945 eine bunt gemischte Bevölkerung, die der Krieg auf die eine oder andere Weise in die ländliche Welt des Kreises Greifenberg verschlagen hatte. Neben den vierhundertfünfzig alten Dorfeinwohnern (abzüglich der als Soldaten eingezogenen jüngeren Männer) hielten sich noch sogenannte Evakuierte, also Bombenflüchtlinge aus den lange Zeit von Luftangriffen bedrohten Großstädten des Ruhrgebiets im Dorf auf, dazu kamen zahlreiche Flüchtlinge aus Ostpreußen, die auf ihrem Weg in das Innere

Deutschlands kurz vor der Oder von der Roten Armee überrollt worden waren, schließlich viele Versprengte aus den umliegenden Ortschaften, die im Strudel der Ereignisse bei Kriegsende in dem von einer russischen Kommandantur beschützten Dorf Zuflucht gesucht hatten und dann hängengeblieben waren. Alles in allem mögen es also eintausend Deutsche gewesen sein, die am besagten 8. Mai ihr Leben in Trieglaff fristeten.

Aber auch auf der Seite der Sieger sah es bunter aus, als man bei einem nur militärisch orientierten Blick vermuten würde. Nach dem Abzug der letzten französischen Kriegsgefangenen, die im April auf dem Weg über Rußland ihren Heimweg angetreten hatten, waren umgekehrt große Gruppen von Ukrainern in das Dorf gelangt, die auf dem Rückweg von ihrem sogenannten Ostarbeitereinsatz in Westdeutschland nun von ihren russischen Befreiern für neue Arbeitseinsätze festgehalten wurden. Die russischen Besatzungstruppen brauchten Hilfe für ihre eigene Versorgung, und dies um so mehr, als in den Gebieten östlich der Oder feststand, daß die deutsche Bevölkerung schrittweise ausgesiedelt beziehungsweise vertrieben werden würde. Auf die nun ins Land kommenden Polen wollten sich die Russen im östlichen Hinterland ihres deutschen Besatzungsgebietes nicht stützen.

So war das Dorf am 8. Mai 1945 alles andere als eine homogene Gesellschaft. Es bestand aus Menschen, die – der Perspektivenwechsel sei dem Historiker erlaubt – nur wenige Jahre zuvor nichts miteinander verbunden hatte und denen zur Bildung einer funktionierenden Dorfgemeinschaft so ziemlich alles fehlte. Dieses Defizit wurde auch dadurch noch verstärkt, daß es in den Gebieten östlich der Oder-Neiße nach dem Kriegsende keine ordentliche Verwaltung gab: Die deutschen Behörden hatten zu bestehen aufgehört, und die polnischen waren noch nicht eingerichtet. Man war also darauf angewiesen, mit einer rudimentären »Ordnung« zu leben. Tote mußten bestattet werden, Kranke brauchten ein Minimum an Versorgung, und die Gesunden, die übrigens meistens Frauen, Kinder und alte Menschen waren, hatten für die Beschaffung von Nahrungsmitteln zu sorgen. Da blieb nicht viel Raum für Reflexionen über den Wandel der Zeiten.

Im Unterschied zu den vier Besatzungszonen im restlichen Deutschland gab es in den Gebieten östlich der Oder-Neiße auch keine Lebensmittelkarten, von einer gültigen Währung ganz zu schweigen. Das Leben beruhte auf Tauschverkehr und Beschaffung von Naturalien; Geld hatte nicht einmal den Wert von Scheinen in der Inflation. Und da auch keine Zeitungen und Rundfunkapparate vorhanden waren, fehlte es an den einfachsten Voraussetzungen für eine Wahrnehmung des 8. Mai als Datum des Kriegsendes. Von den Kapitulationsverhandlungen in Reims und Karlshorst erfuhren wir erst Monate später, als pommersche Rückwanderer über die Oder kamen und Nachrichten aus Berlin und anderen Orten mitbrachten.

Wie aber habe ich den 8. Mai 1945 konkret erlebt? Ich entsinne mich, daß russische Soldaten mit Wodka in der Hand »Woina kaputt« riefen und mir, der ich für ihre Küche und Bäckerei Holz und Wasser herbeizuschaffen hatte, ebenfalls Wodka zu trinken anboten. Auch ohne russische Sprachkenntnisse begriff ich rasch, daß mit diesen Worten das Ende des Krieges gemeint sein mußte. Da sich aber nicht das geringste an unserer Lage änderte, beflügelte auch nichts meine Phantasie im Blick auf die Zukunft. Einige ältere Leute fragten, ob nun wohl bald entschieden werde, ob wir bei Deutschland bleiben oder zu Polen kommen würden. Und einige Leute, deren Heimat westlich der Oder lag, begannen sich mit dem Gedanken zu befreunden, nach Westen aufzubrechen. Da aber niemand genau wußte, wie die Welt jenseits der Oder aussah und da auch völlig unbekannt war, an welcher Stelle Deutschlands sich Amerikaner und Russen schließlich getroffen hatten, so siegte doch wieder das Gefühl, daß ein Ausharren am Ort das Vernünftigste sei. Hier kannte man wenigstens den Gemüsegarten.

Erst mit größerem zeitlichen Abstand wurde den Menschen in unserem Dorf bewußt, was das Ende des Krieges wirklich bedeutete. Dabei fiel mir auf, daß diejenigen Personen, die auch schon vor dem Einmarsch der Roten Armee kritisch über Hitler und seine Gewaltherrschaft gesprochen hatten, nun auch eher bereit waren, die schrecklichen Folgen des verlorenen Krieges auf sich zu nehmen, als diejenigen, die ihm kritiklos gefolgt waren. Aber es wäre eine nachträgliche Retusche, wenn man die Empfindungen und Gedanken dieser nachdenklichen und regimekritischen Menschen als Ausdruck von Befreiungsgefühlen darstellen würde. Dazu waren im östlichen Pommern im Mai 1945 die Gefährdungen der Existenz zu groß.

Im Laufe der folgenden Jahre, in denen die deutschen Einwohner Trieglaffs schließlich das Dorf verlassen mußten und in die Besatzungszonen westlich der Oder-Neiße-Linie gelangten, entwickelten sich jedoch Einsichten, die über die Nahempfindungen des Jahres 1945 hinausreichten. In dem Maße, in dem die Kenntnisse über die größeren Zusammenhänge der Ursachen und Folgen des Krieges wuchsen, wurde es auch leichter, die schweren Erfahrungen des Jahres 1945 zu verarbeiten und einen Blick für die neuen Freiheitschancen zu gewinnen. Nun wurde es auch deutlicher, warum es keinen

Ausweg aus dem von Hitlerdeutschland verschuldeten »totalen Krieg« ohne totale Niederlage geben konnte, keinen Weg zum Frieden ohne eine leidvolle Nachkriegszeit. Der 8. Mai mußte immer wieder neu »nachgedacht« werden.

Freilich sollte die erlebte Geschichte in der später durchdachten immer einen festen Platz behalten. Sie bewahrte vor formelhaften Einordnungen, die in der Masse der Faktoren keine lebendigen Menschen mehr zu sehen erlaubten und Erinnerungen von nachträglichen Erkenntnissen verstellen ließen. Die erinnerte Geschichte reicht zwar nicht aus, um den Strom der ganzen Geschichte, der »histoire totale«, zu begreifen. Aber ohne sie bleibt auch die höchste wissenschaftliche Erkenntnis farblos und unwesentlich. Die Versöhnung der Völker bedarf eines wachen historischen Gedächtnisses.

WALTER TRÖGER

Gravierender politischer Einschnitt

Es ist nicht einfach, sich fünfzig Jahre zurückzuerinnern, ohne daß diese Einnerung auch mit der Analyse der Entwicklung dieser fünfzig Jahre verbunden oder sogar von ihr belastet wäre. Beides ist reizvoll, der Versuch, diese fünfzig Jahre zu neutralisieren, ebenso wie im einen oder anderen Fall Verbindung oder Bezug herzustellen.

Das Kriegsende, durch unterschiedliche Vorgänge bezeichnet, erlebte ich in Wunsiedel, der Heimat meines Vaters und meiner Großeltern, wo ich auch sechzehn Jahre vorher geboren worden war. Wer hätte damals gedacht, daß diese traditionsreiche und vielfach bemerkenswerte Stadt fünfzig Jahre später wieder durch einen Mann, der nach seiner Flucht nach England weitgehend in Vergessenheit geraten war, und seine unbelehrbaren Anhänger in den Blickpunkt gerückt würde. Rudolf Heß, der aus der Nachbarschaft von Wunsiedel stammt, ist dort nach seinem Tod in der Haft beigesetzt worden. Dieses Grab ist nun, wenn dieser Beitrag geschrieben wird, Wallfahrtsort für die, deren Zeit eigentlich vor fünfzig Jahren hätte abgelaufen sein sollen.

Das Kriegsende ist nicht denkbar ohne die Auseinandersetzung mit Ereignissen, die ihm vorhergegangen sind. Die Invasion in der Normandie habe ich noch in Breslau erlebt, der Stadt, in der ich meine wichtigsten Jugendjahre verbracht habe; die Ereignisse des 20. Juli, die Hysterie von Anhängern des Regimes auf der Straße um den vermeintlichen Tod des »Führers«, ebenso wie die stille Verzweiflung derer, die ein anderes Ergebnis des Attentats erhofft hatten, bereits in Wunsiedel. Die Familie, bestehend aus Mutter und vier Söhnen, von denen ich der älteste bin, war kurz vorher von Breslau nach Wunsiedel »evakuiert« worden, wie der damalige Terminus technicus hieß.

Der Vater, vielfältig eingebunden in Politik und Widerstand gegen das Dritte Reich, war am 20. Juli verschont geblieben, aber noch im März 1945 beim Dienst in der Wehrmacht knapp hinter der Front verstorben.

Die Flüchtlingsunterkunft in einem prominenten Altbau, dem Alterssitz der Großmutter und einer Tante, hatte außer uns fünf Personen eine weitere verwandte Familie aufgenommen, die sich im Laufe der Wochen aus allen Richtungen und auch von der sich auflösenden Front ergänzte, so daß sie zeitweilig und über viele Wochen hinweg zwanzig Personen beherbergte. Der Schulbesuch in der Oberprima fand, da Wunsiedel nur über eine Oberschule bis zur Mittleren Reife verfügte, im benachbarten Marktredwitz statt, wohin die Wunsiedler Gruppe jeweils mit dem Zug fuhr. Die Klasse bestand außer mir, der ich etwa eineinhalb Jahre unter dem Altersschnitt lag, nur aus Mädchen, da alle männlichen Aspiranten bereits an der Front oder im quasimilitärischen Einsatz waren. Ich selbst hatte als Reserveoffiziersbewerber für den Luftnachrichtendienst an einem Bordfunkerlehrgang in Würzburg teilgenommen, war aber der Aktivierung auch durch den Einsatz meines Vaters und seiner vielfältigen Beziehungen noch entgangen. Der Einberufungsbescheid erreichte mich noch vor Kriegsende, wurde aber nicht mehr wirksam.

In einer Familie, in der der Vater mit Wissen der Angehörigen politisch und gegen das Regime tätig gewesen und dafür auch verurteilt worden war, war natürlich die Einstellung zum nahenden Kriegsende verschieden von der in vielen anderen Haushalten und Familien. Der Vater hatte das Zusammenbrechen der Front und damit des Dritten Reiches bereits lange vorhergesagt und deshalb auch auf der Ausreise aus Breslau bestanden, obwohl dafür im Hinblick auf eine Stadt, die im Sommer 1944 vollständig unzerstört und unbeeinträchtigt von Kriegsereignissen war, nur wenig Verständnis bestand.

Daß die vier Söhne – mich inbegriffen – dem Kriegsende ausschließlich als dem willkommenen Ende eines Terrorregimes entgegengesehen hätten, war nicht denkbar. Gespräche in der Familie und mit dem Vater, der allerdings über ein Jahrzehnt wegen Haft und Kriegsdienstes nur sporadisch dafür verfügbar war, hatten selbstverständlich Eindruck hinterlassen. Andererseits hatten auch die Einbindung in das Umfeld und meine Tätigkeit im Deutschen Jungvolk als Führer ihre Wirkung nicht verfehlt.

Als am 19. April die Sirenen schrillten, die das ankündigten, was Panzeralarm genannt wurde, war Reichspropagandaminister Dr. Joseph Goebbels gerade bei seiner Rede zum Vorabend des Geburtstages von Adolf Hitler, in der er die Erklärung abgab, Berlin bleibe deutsch und Wien werde wieder deutsch. Bereits im Laufe des Tages waren in unserer Kleinstadt weiße Bettlaken aufgetaucht, die zu Interventionen durch die Parteiführung, nicht aber zu schärferen Maßnahmen geführt haben, weil es dafür angesichts der spärlichen

Besatzung durch Wehrmacht und Volkssturm wohl auch keine Mittel oder Ausführenden gab. In der Bevölkerung erzeugte das eine sonderbare Mischung von Zustimmung und Widerspruch.

Bei diesem Panzeralarm begab sich alles in den Keller unseres Hauses, der entsprechend mit etwa dreißig Personen vom Säugling bis zur Greisin besetzt war. Mich selbst überredete eine ältere Kusine, sie zum Besuch eines ihr verbundenen Offiziers – Angehöriger einer SS-Propagandakompanie – im zentralen Hotel der Stadt zu begleiten. Der Offizier war, als wir ihn in seinem Zimmer antrafen, gerade dabei, die Kennzeichen von seiner Uniform abzutrennen und konnte überhaupt nicht glauben, daß wir noch heil zu ihm geraten waren. Ein Blick aus dem Fenster zeigte den Grund. Auf der Straße, die wir eben noch passiert hatten, marschierten – leise, denn auf den uns ungewohnten Gummisohlen – in langer Reihe und mit entsicherten Waffen die Befreier ein, die Angehörigen der US-Armee.

An eine Rückkehr war nicht zu denken, zumal das Hotel als erstes Haus der Stadt von den neuen Herren eingenommen und beschlagnahmt wurde. Meine Kusine und ich hatten uns von dem Offizier getrennt und harrten in der Gaststube der Dinge, die da kommen sollten. Mir fiel auf, daß mich einer der anwesenden Amerikaner beständig mürrisch musterte, bis ich merkte, daß sich auf meinem Revers noch das üblicherweise getragene Abzeichen des Jungvolks befand.

Kämpfe und Waffengebrauch gab es bei der Einnahme von Wunsiedel nicht, und auch in unserem Hotel ging es eigentlich über Stunden hinweg recht gemütlich zu. Die Personalien der Anwesenden wurden festgestellt und ebenso ihre Berechtigung und Begründung, in diesem Hotel zu sein. Glücklicherweise war diese Feststellung – im Hinblick auf den SS-Offizier – nicht sehr intensiv.

Nach vielen Stunden wurde uns erlaubt, nach Hause zurückzukehren, wo wir der immer noch im Keller versammelten Hausgemeinschaft, die mit Schlafen, Beten, Stillen usw. beschäftigt war, den unblutig vollzogenen Einmarsch durch die Befreier verkünden konnten.

Der Krieg hatte natürlich bei uns seine Spuren hinterlassen. Der Tod des Vaters, der Verlust nahezu aller Habe im zerstörten Breslau und der Übergang von einem gutbürgerlichen Haushalt in den einer Flüchtlingsfamilie mit sehr beschränkten Einkünften bestimmten die Monate und Jahre nach Kriegsende. Die lebensbedrohenden Angriffe aus der Luft, mit denen andere über lange Perioden des Krieges zu leben hatten, blieben uns weitgehend erspart. Breslau war – wie erwähnt – bei unserem Auszug eine friedliche und vollständig intakte

Stadt. Die nächtlichen Brandwachen in den Schulen, zu denen wir von Zeit zu Zeit eingeteilt wurden, waren eine willkommene Abwechslung im Einerlei des Schulbetriebs, der zunehmend knapper und konzentrierter wurde. Sie wurden zu langen und ungewöhnlichen Gesprächen mit den aufsichtführenden Lehrern genutzt, die sich dabei überraschend ganz anders darstellten als im Unterricht, und natürlich auch zu dem beliebten Skatspiel. Meine Erfahrungen während des dreiwöchigen Bordfunkerlehrgangs im Februar 1945 in Würzburg waren anderer Art und hinterließen keine bleibende Wirkung. Zu Beginn des Lehrgangs war diese schöne Residenzstadt ebenfalls noch nahezu unversehrt. Nach drei Wochen ständiger Luftangriffe, in denen unsere para- oder vormilitärische Einheit mit Lösch- und Aufräumarbeiten ebenso beschäftigt war wie mit dem Bergen von Opfern dieser Angriffe, verließ ich eine Ruinenstadt, wie ich sie bis dahin nicht kennengelernt hatte.

Nach der Rückkehr nach Wunsiedel erinnere ich mich des einen oder anderen Luftangriffs auf mich persönlich, wie er damals durch die alliierten Flugzeuge üblich war. Bei Hamsterfahrten mit dem Fahrrad mußte ich ebenso unversehens in Deckung gehen wie bei der uns auferlegten Brandwache auf dem Kirchturm. Wenn ich die Erzählungen von Angriffen auf Bauern auf dem Felde bis dahin nicht geglaubt hatte, so kannte ich die Wahrheit nun aus eigener Erfahrung. Passiert ist mir glücklicherweise nichts. Während noch in den letzten Kriegstagen Gruppen von Juden, Kriegsgefangenen und Fremdarbeitern aus dem europäischen Osten von Bewachern etwa meiner Altersgruppe durch die Stadt geführt wurden, mußten wir unverzüglich nach Kriegsende mit den befreiten Angehörigen dieser Kategorie leben. Übergriffe sind mir nicht erinnerlich.

In unserer Unbekümmertheit galt natürlich unser hohes Interesse den amerikanischen Besatzungssoldaten, der Möglichkeit der englischen Konversation mit ihnen, bei der wir unser Schulenglisch ausprobieren konnten, und der Beobachtung ihres Verhaltens und ihrer Bräuche. Sie waren in ganz unterschiedlichem Maß zur Fraternisierung bereit, aber mit dem einen oder anderen entwickelte sich doch ein persönliches Verhältnis. Gekennzeichnet und eingeschränkt war dieses aber immer durch die Furcht vor der »Werwolf«-Aktivität im Untergrund. Einige Monate lang waren wir alle, die wir uns den Amerikanern näherten, potentielle Angehörige solcher Widerstandsgruppen. Es kam dabei auch zu nicht ungefährlichen Vorfällen, die erst in der Erinnerung mehr anekdotisches Profil gewannen. So etwa, wenn der unversehens noch einmal wiederholte, weil über die Jahre hinweg übliche Gruß mit dem erhobenen Arm bei der Begegnung mit

Kameraden aus Schule und Jungvolk auf öffentlicher Straße oder dem als Begegnungszentrum beliebten Marktplatz mit vorgehaltener Maschinenpistole gerügt wurde oder wenn ich aufgefordert wurde – mit ähnlichem Waffeneinsatz –, eine Pistole aus der Tasche zu holen, die nichts weiter als ein harmloser Bleistiftanspitzer gewesen ist. Aber auch echte Waffen waren im Spiel. Die mir nach seinem Tod übergebene Dienstpistole meines Vaters hatte ich neben einem Satz mobiler Funkgeräte, der mir irgendwo in die Hände gefallen war, sorgfältig im Misthaufen neben unserem Haus versteckt. Da ich aber doch von besorgten Nachbarn dabei beobachtet worden war, war ich gezwungen, alles ordnungsgemäß und gemäß Aufforderung abzuliefern. Wenn die Amerikaner von ihnen besetzte Liegenschaften verließen, geschah das häufig unter Verzicht auf minimale Sicherheitsmaßnahmen. Für uns waren das Fundgruben mit manchmal außergewöhnlichen Erträgen. Mir fielen dabei einmal Eierhandgranaten in die Hand, von denen ich einige nach dem Muster der amerikanischen Vorbilder und – da ich gänzlich ungeübt war – unter hoher Gefahr für Leib und Leben zum Fischen in dem sehr fischreichen Flüßchen nutzte, das Wunsiedel durchzieht.

Außer den üblichen Verhältnissen, unter denen mehr oder weniger alle litten, mit dem Versuch, den Lebensunterhalt zu beschaffen und die sehr knappen Lebensmittelzuteilungen zu ergänzen, war das Leben vergleichsweise unbeschwert. Die politische Entwicklung war noch kein wichtiges Thema. Das Problem der zusätzlichen Lebensmittel für meine Familie und mich versuchte ich durch Arbeit in einer Bäckerei und nachher bei einem Bauern zu verringern, wo immer Naturalzuwendungen abfielen, die in der Familie hochwillkommen waren. Und darüber hinaus galt das Augenmerk der Schule. Zusammen mit meinen aus dem Krieg zurückgekehrten Klassenkameraden organisierten wir zunächst Privatunterricht durch die ebenfalls nicht beschäftigten Lehrer unserer Schule, ehe es uns durch eigene Bemühungen beim zuständigen Ministerium in München gelang, aus der Realschule in Wunsiedel eine Oberrealschule zu machen, deren erster Abiturjahrgang wir dann 1947 wurden.

Bewußtsein und Erkenntnis über die Chancen, die der gravierende politische Einschnitt, der mit dem Kriegsende verbunden war, uns allen bot, bildeten sich erst später. Ich denke, daß das verständlich war. Meine Generation hatte die Zeit vor der Machtübernahme nicht oder nicht bewußt erlebt. Alternativen zu dem, was wir mehr oder weniger bewußt erfahren hatten, mußten erst gebildet und angeboten werden. Auch der Schulunterricht in den letzten Jahren bis zum Abitur war nicht dazu geeignet, politisches Bewußtsein zu bilden, wenn es noch nicht vorhanden war. Meine Beschäftigung mit der neuen politischen Situation begann frühestens 1946 im Gespräch mit meinem Patenonkel, einem politischen Weggefährten meines Vaters, der Haft und Konzentrationslager überlebt hatte und einer der ersten Herausgeber einer neu zugelassenen regionalen Zeitung war und dann 1947 mit dem Beginn meines Jurastudiums, in dessen Mittelpunkt in den ersten Jahren die Hospitation bei den Nürnberger Prozessen und später die beginnende Zusammenarbeit mit einem amerikanischen Militärgerichtshof standen.

WERNER TÜBKE

Ereignisse wie im Kino

So richtig begriffen habe ich das damals alles nicht. Mein Vater war 1939 eingezogen worden. Er kam erst 1948 aus Kriegsgefangenschaft zurück. Das Familienleben mit meiner Mutter und den Großeltern war harmonisch. Ich bekam bereits mit zehn Jahren Privatunterricht im Zeichnen, das Leben war in Ordnung und blieb auch in Ordnung.

Die Ereignisse 1945 erschienen mir sozusagen wie Kino: Ich saß im elterlichen Garten (von einer wunderschönen alten Stadtmauer umgeben) und zeichnete sorgfältig Pflanzen, versunken in diese wunderbare Tätigkeit, sozusagen weggetreten. Da sprangen einige amerikanische Soldaten von der Mauer in den Garten, schwerbewaffnet, aggressiv. Als sie mich sahen, winkten sie ab: »It's only a boy«, gingen über den Hof durch unser Haus und waren verschwunden. Das war es eigentlich.

Wir hatten ein Fahrradgeschäft, früher auch Waschmaschinen usw., mit Werkstatt. 1945 war unser Ersatzteillager gut bestückt. Also kam zu meinem gewohnten Tagesablauf lediglich hinzu, mit dem Fahrrad – ersatzteilbeladen – zu unserer Kundschaft über die Elbbrücke zu fahren, um per Tausch Nahrungsmittel heranzuschaffen.

Die Schulen waren geschlossen. Aber ich hatte ja von morgens bis abends zu zeichnen. Freunde hatte ich kaum in dieser Zeit, mein Bedürfnis diesbezüglich war nicht sehr ausgeprägt, man konnte mich getrost als Einzelgänger bezeichnen. Nein, das Kriegsende hat mich so sehr nun auch wieder nicht berührt.

Den Zeitenwandel begann ich erst etwas später zu begreifen: Die Amerikaner zogen ab, die Russen kamen. Im Oktober 1945 eröffneten endlich wieder die Schulen. Ich hatte noch zwei Jahre bis zum Abitur.

Es war im Februar 1946. Wir hatten Mathematik beim Direktor. Ich weiß es noch genau: sphärische Trigonometrie und Drei-Körper-Raumprobleme. Es klopfte an der Tür. Ein unscheinbarer Mann forderte mich auf mitzukommen. Der Schüler Tübke hatte dem Funktionär (wie sich später herausstellte) zu folgen, erst zum Elternhaus (Wintersachen mitnehmen), dann in die russische Kommandantur – blau angestrichen wie damals alle Kommandanturen. Es folgten Verhöre vor russischen Offizieren, Stalinbild vor mir, hinter mir ein Feodor genannter Rotarmist, der sofort zuschlug, wenn meine Antwort unerwünscht war. Kurz: Ich sollte ostelbisch als »Edelweißpirat« einen Offizier der Roten Armee erschossen haben. Natürlich hatte ich niemanden erschossen.

Es folgten doch recht unerfreuliche Wochen im GPU-Keller, zusammen mit anderen jungen Leuten. Ungeziefer, Verhöre mit Schlägen, Einzelhaft in Stehzellen. Nach etwa vier Wochen dann Transport nach Magdeburg, Gefängnis in der Brandenburger Straße, Zelle 273. Dort blieb ich neun Monate. Die Bewacher, junge russische Soldaten, waren eigentlich ganz friedlich. Ältere deutsche Bewacher schlugen nicht selten brutal zu. Ertragen habe ich all diese Schwierigkeiten überhaupt nur, weil ich unter bestimmten Bedingungen Gelegenheit zum Zeichnen bekam, zum Beispiel Porträtzeichnungen von den Aufsehern. Nach Ablauf der genannten Zeit wurde ich vor zwei Ausgänge des Gefängnisses geführt: Der eine Ausgang führte zu den Gleisen im Innenhof – Viehwagen via Rußland. Der andere Ausgang: nach Hause, mit fünfzig Pfennig Straßenbahngeld. Die durch den ersten Ausgang gehen mußten, habe ich nie wiedergesehen. Vor meiner Entlassung mußte ich einen Text unterschreiben, daß ich fünfundzwanzig Jahre über meine Gefängniszeit nicht sprechen werde. Daran habe ich mich gehalten.

ULRICH VULTEJUS

Der sehnlichst erwartete Einmarsch der Engländer

Aus der Jugendzeit

Die Antwort auf die Frage, ob ich das Jahr 1945 seinerzeit als einen Einschnitt in meinem Leben empfunden habe, mag zunächst überraschen: aus damaliger Sicht eigentlich kaum! Die NS-Herrschaft ist – ähnlich die der SED in der Deutschen Demokratischen Republik – 1945 nicht plötzlich von einem Tag zum anderen zusammengebrochen. Ihr Ende war auch für ein Kind, das ich damals war, seit dem Überfall Hitlers 1939 auf Polen vorauszusehen. Andererseits: Ohne den Überfall auf Polen hätte sich Hitler auch nicht viel länger an der Macht halten können. Er wäre, wie mein Vater mir schon damals sagte, etwa 1942 durch die forcierte Aufrüstung pleite gewesen. Erstes Anzeichen hierfür war die Preisstoppverordnung des Jahres 1938. (Auch die DDR war 1989 pleite und wäre wahrscheinlich schon früher zusammengebrochen, wenn sie nicht durch westliche Kredite gestützt worden wäre.) Spätestens aber zu dem Zeitpunkt, als Hitler die Sowjetunion überfiel, war ich sicher, daß der Anfang vom Ende gekommen war. So war 1945 für mich nur das erwartete Ende einer geistig gestörten Epoche.

Natürlich muß ich mich vor einer unbewußten nachträglichen Schönung meiner Erinnerung hüten. Aber hier bin ich sicher. Ich kann mich nämlich noch fast auf den Meter genau an die Stelle vor dem Haus Trift 5 erinnern, an der mir plötzlich der Gedanke durch den Kopf schoß, was ich machen solle, wenn es mit der NS-Herrschaft doch nicht zu Ende ginge. Ich war sicher, daß ich auswandern müsse, und hatte Kanada ins Auge gefaßt.

Ich erinnere mich auch an ein Gespräch mitten im Krieg, als der junge SS-Mann Rudi Böger – ein prima Kerl – seinem und meinem Vater vorwarf, sie *glaubten* nicht an den Endsieg. Mein Vater rettete die Situation mit der Entgegnung, natürlich *hoffe* er auf den deutschen Sieg. Er werde errungen sein, wenn die deutschen Truppen

London, Washington, Toronto und Sydney, Hauptstädte unserer Kriegsgegner, erobert hätten. Die Antwort des SS-Mannes: Man müsse eben *glauben*!

Im Krieg habe ich gelernt, amtliche Nachrichten gegen den Strich zu lesen. Wenn im täglichen Wehrmachtsbericht von heldenhaften Abwehrkämpfen unserer tapferen Truppen in der Sowjetunion die Rede war und am nächsten Tag sich diese Wendung wiederholte, nur mit einer in jedem Atlas erkennbaren Ortsangabe einhundert Kilometer weiter westlich, war alles klar.

Das Ende der NS-Zeit war also frühzeitig vorauszusehen, aber es galt, diesen Zeitpunkt unversehrt zu erreichen. Das Jahr 1945 war kein plötzlicher Umbruch, sondern der lange ersehnte Beginn eines Lebens ohne Furcht und in Frieden, den wir den Alliierten verdanken würden.

So sahen es offenbar nicht wenige: Nach und nach verschwanden die Parteiabzeichen der NSDAP von den Anzügen der Lehrer. Mit Vergnügen habe ich beobachtet – Kinder haben eine gute Beobachtungsgabe –, wie unser Geographielehrer, Dr. Knors, während des Unterrichts mit der Hand in der Jackentasche spielte und plötzlich sein Parteiabzeichen in der Hand hatte. Offensichtlich – so schloß ich schnell – mochte er es nicht mehr zeigen, führte es aber mit sich, um es im offiziellen Notfall anstecken zu können. Gegen Ende des Krieges kursierte der Witz: Wer ein neues Mitglied für die NSDAP wirbt, darf aus der Partei austreten; wer zehn neue Mitglieder wirbt, erhält eine Bescheinigung, daß er niemals Mitglied der NSDAP gewesen ist.

Etwa seit Stalingrad konnte man viele Lehrer ungerügt auf der Straße mit einem »Guten Tag« anstelle des obligatorischen »Heil Hitler« grüßen. Damals war ich an einem Vormittag wegen eines Arztbesuchs verspätet in die Klasse gekommen und grüßte, ohne böse Absicht, sondern weil es für mich selbstverständlich geworden war, den unterrichtenden Lehrer Dr. Alpers so zu grüßen, mit »Guten Morgen«. Das ganze Klasse lachte brüllend, der Lehrer aber schwieg. Wir alle wußten, was wir dachten, aber nicht sagten.

Auch die Nazis oben im Staat hatten die für sie verzweifelte Lage offensichtlich erkannt. Das Kultusministerium hatte deshalb angeordnet, daß sich alle Schüler geschlossen den Film »Fridericus Rex« mit dem unsäglichen Otto Gebühr in der Hauptrolle ansehen mußten. In ihm wurde die verzweifelte Lage Friedrichs II. von Preußen nach der verlorenen Schlacht von Kunersdorf sowie sein letztendlicher Erfolg durch dem plötzlichen Tod der Zarin Katharina dargestellt. Das war nur zu durchsichtige Propaganda und sollte der Hoffnung auf ein »Wunder« Nahrung geben. Otto Gebühr und die anderen Schauspieler hatten sich dazu hergegeben, junge Menschen in den Soldatentod zu locken. Die Schüler des Gymnasiums Ernestinum sahen den Film in den Celler Kammerlichtspielen. Ich hatte die böse Absicht durchschaut und erinnerte mich des Satzes meines Lehrers Knors: »Man kann einen Esel wohl an das Wasser zwingen, aber man kann ihn nicht zwingen, daß er säuft!«

Also habe ich während der gesamten Aufführung die Augen fest verschlossen. Mein nicht vorausbedachtes, von den Kultusministerialen ersonnenes Unglück: Wir mußten einen Hausaufsatz über den Film schreiben. Die ganze Familie stand bei dieser Aufgabe verzweifelt um mich herum. Meine Mutter immer wieder: »Erinnere dich doch!« Ich erinnerte mich aber nur an die schlotternde Stimme von Otto Gebühr: »Kuuunerdorf!« Niemand wird verwundern, daß mein Aufsatz mit »mangelhaft« bewertet wurde.

Mein Stöbern nach Material für den Aufsatz brachte heraus, daß Friedrich II. am Ende des Siebenjährigen Krieges pleite war und das Schloß Sanssouci nur erichtet hatte, um das Gegenteil vorzutäuschen. Dieses Detail fehlt noch heute in unseren Geschichtsbüchern und den Schloßführern.

Nur kann ich bis heute nicht sagen, was die Nazis der Stadt selbst wußten und dachten. Wir kannten diejenigen, mit denen wir frei sprechen konnten, und die Nazis waren natürlich aus jeder Kommunikation ausgeschlossen. Vergleichbares wurde aus der DDR berichtet.

Meine Mutter hatte mir fast täglich mit auf den Weg gegeben, nichts von den Gesprächen zu Hause nach außen zu tragen; es könnte für die gesamte Familie den Tod bedeuten.

Celle – eine konservative Welfenstadt

Doch bevor ich fortfahre zu erzählen, sollte ich zunächst das Umfeld meiner Jugend schildern. Ich bin im Juli 1927 in Celle geboren und dort aufgewachsen.

Celle ist eine Stadt mit eigenem, ausgeprägt konservativem Charme in einer ländlichen, nicht minder konservativen Umgebung. Hier sind wir im Kernland der Welfen, »sturmfest und erdverwachsen«. Das gelbe barocke Oberappellationsgericht (Oberlandesgericht) – bis heute mit großen Ölbildern hannoverscher Könige auf den Fluren – bestimmte das geistige Klima der Stadt. Die Stadt bot für die Nationalsozialisten keinen fruchtbaren Boden. Dem eingesessenen Bürgertum waren die Nazis zuwider, zu unappetitlich im Auftreten, zu laut und zu links. Zwei Kreisleiter fielen der Justiz zum

Opfer und verbrachten ihre Jahre im Celler Zuchthaus, der erste (Bötel), weil er tief in die Kasse der NS-Volkswohlfahrt gegriffen, der zweite (Pakebusch), weil er sich ihm nicht verliehene Orden an die Brust geheftet hatte. Die Justiz hatte schnell begriffen, daß die NSDAP ihre Leute fallenließ, wenn sie erst einmal vor den Schranken des Strafrichters stehen mußten. Der dritte Kreisleiter (Milewski) – anscheinend ein ordentlicher Mann – hatte stets das Schicksal seiner Vorgänger vor Augen und agierte deshalb nur zurückhaltend.

Das soll nicht heißen, daß es in Celle keine Nazis gab. Im Gegenteil: Sie beherrschten das öffentliche Bild der Stadt. Aber sie fanden keinen Zugang zum Bürgertum. Es wäre »unmöglich« gewesen, sie im privaten Kreis des gehobenen Bürgertums einzuladen. Man hätte ja kein Wort sagen können.

Deshalb konnten sich Bürger in Grenzen auch ungestraft den Nazis verweigern, wenn sie den Mut dazu besaßen. Am Abend vor der »Reichspogromnacht«, in der die Synagogen brannten, hatte die SA-Führung die Sturmbannführer versammelt, unter ihnen den Rechtsanwalt Dr. Klapproth. Auf die erteilten Instruktionen hin erklärte er hart: »Mein Sturm tritt nicht an!« Ihm ist nichts geschehen.

Mein Vater war Rechtsanwalt am Celler Oberlandesgericht, meine Mutter Gewerbelehrerin.

Ich habe die Grundschule in der Neustadt besucht, eine durchaus friedliche Schule, um die mich die heutige Generation beneiden kann. Die eigentlich zuständige Altstädter Schule wurde damals von einem verbohrten Nazi geleitet. Er hatte im Ersten Weltkrieg ein Bein eingebüßt. Ich sehe ihn noch heute, wie er sich trotzdem im schnellen Lauf auf dem Jahnplatz mit schmerzverzerrtem Gesicht plagte. Selbstkasteiung gehört zu den Exerzitien einer jeden aggressiven Ideologie. Meine Eltern hatten die Umschulung erreicht, natürlich nicht mit dieser, sondern einer erlogenen Begründung. So lernt man durch die Schule für das Leben, wie es so schön heißt. Man lernt, daß man lügen muß, wenn man in dieser Welt überleben will. Als Oberschulen für Jungen gab es deren zwei, die Hermann-Billung-Schule, die auch den Kindern der neuen Schicht der Nazis offenstand und das humanistische Gymnasium Ernestinum, mit Latein als erster und Griechisch als zweiter Fremdsprache. Das Ernestinum war die Schule der Bürgerkinder. »Natürlich« war dies meine Schule. Mein Deutschlehrer, Dr. Alpers, war Welfe, mein Griechisch- und Geschichtslehrer, Dr. Ruthke, war Freimaurer, wie er selbst in jener Zeit bekannte. Es gab unter allen Lehrern des Ernestinum nur drei Nazis, den stellvertretenden Schulleiter Dr. Lauter und zwei nichtakademische Oberlehrer, den Musik- und einen der Zeichenlehrer. Lauter muß ein anständiger Mensch gewesen sein, denn er hat im Lehrerkollegium bekannt, er sei V-Mann (Vertrauensmann) der Gestapo, und gebeten, in seiner Gegenwart keine verfänglichen Gespräche zu führen. Das hatte sich bis zu den Schülern herumgesprochen. Der Musiklehrer Rapp war ein Typ, wie man ihn auch heute in allen Parteien findet; er nutzte die Partei für seinen beruflichen Aufstieg. Auch den Typ des Zeichenlehrers Behnke – mager, rothaarig und sommersprossig – findet man noch heute. Er glaubte anrührend an die Kunstideale der Nazis (»Nordische Kunst«) und wurde so von den Schülern nicht ernst genommen.

Das im Gymnasium eingeführte Geschichtsbuch war braunfleckig. Deshalb habe ich mir zu Hause die *Propyläen Weltgeschichte,* von der alle Bände aus dem Ende der Weimarer Zeit im Bücherschrank meiner Eltern standen, und auch die Lebensgeschichten Bismarcks und Wilhelms II. aus der Feder von Emil Ludwig neben das Schulbuch gelegt und wußte Bescheid.

Natürlich kannten wir als Kinder die Verbrechen der Nazis, die Morde an Juden, besonders im Osten, an psychisch Kranken, den Hungertod russischer Kriegsgefangener im Lager von Bergen-Belsen. Ein Geschwisterpaar in unserer unmittelbaren Nachbarschaft war mit der Vorgabe, psychisch belastet zu sein, ermordet worden. Wir hatten sie ihrer vielen Katzen wegen oft besucht. Von geistigen Störungen konnte bei der Schwester überhaupt nicht die Rede sein; der Bruder war freilich wunderlich, aber nett und harmlos. Der benachbarte Zuchthauspfarrer von Celle hatte sich mehrfach beklagt, daß er die Erschießung von Strafgefangenen nicht länger ertragen könne. Keine der Enthüllungen der Nachkriegszeit war für mich neu, bis auf die industrielle Form der Judenermordung und die Mitwirkung des Chemiegiganten IG Farben.

Verfolgung durch die Nazis?

Ich habe keinen Anlaß, mich über eine persönliche Verfolgung durch die Nazis zu beklagen.

Freilich haben sie, als ich sechzehn Jahre alt war, ein Strafverfahren – mein erstes – gegen mich eingeleitet, weil ich über ein Jahr nicht zum Hitlerjugenddienst gegangen war. Sie hatten ja recht und waren trotzdem in einer hoffnungslosen Position. Ein Strafverfahren gegen den Sohn eines angesehenen Anwalts in Celle mit dieser Beschuldigung – einfach unmöglich! Ich hatte bei meiner HJ-Einheit behauptet, ich könne wegen einer Krankheit längere Zeit nicht zum Dienst erscheinen, das Attest liege auf der HJ-Dienststelle, dem Bann. Dort lag es natürlich nicht, denn es gab ein solches Attest überhaupt nicht! Wir hatten auf die bei der HJ herrschende Unordnung vertraut. Der Jugendrichter Dr. Götte war von der Anklage offensichtlich wenig erbaut. Er vereinbarte mit meinem Vater, ich solle mich jedenfalls nachträglich vom Amtsarzt untersuchen lassen, und von ihm erhielt ich auch die erwünschte Bescheinigung. Sie galt sogar für ein weiteres Vierteljahr im voraus, und so bin ich auch später nie wieder zum HJ-Dienst erschienen. Das Strafverfahren wurde eingestellt; die Richtigkeit meiner unwahren Behauptung war ja erwiesen. In Diktaturen muß man, so hatte ich wiederum gelernt, mit der Wahrheit sparsam umgehen.

Überhaupt ist die medizinische Wissenschaft, jedenfalls für den Gesunden, überaus hilfreich. Bei der Musterung Ende Januar 1945 erklärte mir der Celler, zwangsweise als Stabsarzt eingesetzte Arzt Dr. Deichmann, ich sei noch für die nächsten drei Monate wehruntauglich und könne leider zur Zeit »dem Führer« noch nicht helfen. Ich sei nur eine Belastung für die Truppe. Aber zum Endsieg käme ich gewiß noch rechtzeitig. Wir wußten beide, was wir im Januar 1945 von einem dreimonatigen Aufschub zu denken hatten. Die Sprechstundenhilfe aber konnte nichts Verfängliches vernehmen. Vielleicht verdanke ich diesem alten Sozialdemokraten mein Leben, und deshalb sei ihm auch hier ein Denkmal gesetzt. Seinen eigenen Sohn Dieter, einen Klassenkameraden, hat er nicht zu retten vermocht; er ist in französischer Kriegsgefangenschaft verhungert.

Brenzlig wurde es erst, als bei uns die Nazis kurz vor dem Kriegende die Balance verloren und unberechenbar wurden. Es gab ernste Anzeichen dafür, daß die Gestapo noch im Frühjahr 1945 versuchte, meinen Vater zu verhaften. Mehrfach hatte es in den sehr frühen Morgenstunden – der Stunde der Gestapo – an der Haustür geklingelt. Natürlich haben meine Eltern nicht geöffnet und auch das anschließend klingelnde Telefon nicht aufgenommen. Also flohen meine Eltern mit meiner Schwester und mir in den Wald; dort lebten wir mehrere Wochen. In den Mittagsstunden – nicht die Stunde der Gestapo – bin ich dann häufiger mit dem Fahrrad in unser Haus zurückgekehrt und habe Verpflegung geholt. Ich habe diese Zeit – aus der Rücksicht merkwürdig – als eher romantisch empfunden und nie Angst gehabt.

Der sehnlich erwartete Einmarsch der englischen Truppen erfolgte arg unheroisch in der Nacht. Noch kurz vor dem Einmarsch hatte der Rundfunk einen Aufruf des Gauleiters Lauterbacher zum bewaffneten Widerstand bis zum letzten ausgestrahlt. Zu diesem Zeitpunkt befand sich Lauterbacher, wie ich später erfuhr, bereits mit einer Wagenkolonne auf der Fahrt in den Harz, um sich in Sicherheit zu bringen. Bei dem Einmarsch der Engländer fiel kein Schuß, und meine Eltern verschliefen mit uns Kindern das Geschehen im Luftschutzkeller. Die englische Besatzungsmacht war, das möchte ich deutlich sagen, die beste, die man sich vorstellen kann. Es hätte viel schlimmer kommen können. Die Tochter des Landrats Heinichen hatte schon im Januar 1945 leichtsinnigerweise stolz erzählt, ihr Vater lerne jetzt Russisch . . .

Wir hatten uns gut auf die englischen Truppen vorbereitet und alle – natürlich heilen – Fenster des Hauses zur Straße mit Brettern und Pappe vernagelt, um den Anschein der Kriegszerstörung zu erwekken. So wurde unser Haus nicht beschlagnahmt.

Im Frühjahr 1945 haben englische Soldaten versucht, mich festzunehmen. Irgend jemand muß meine Eltern denunziert haben, sie versteckten einen deutschen Soldaten; damit war offensichtlich ich gemeint. Zufällig hatte ich den englischen Soldaten die Haustür geöffnet. Aus Kriminalromanen wußten sie, daß der gesuchte Täter nicht selbst die Haustür öffnet, sondern eben erst gesucht werden muß. So begann unter meiner Anleitung die Durchsuchung, sehr manierlich, aber nicht ohne Probleme, da die Fenster, wie gesagt, vernagelt und die Räume wegen des Fehlens von elektrischem Strom dunkel waren. Taschenlampen standen den Soldaten nicht zur Verfügung, wie überhaupt die große Armut der Engländer auffällig war. Der Soldatentrupp hatte große Angst, offensichtlich unter dem Einfluß der Kriegspropaganda mit dem steten Hinweis auf »Werwölfe«, und war froh, die Aktion schnell hinter sich zu bringen. Als sie sich zum Gehen wenden wollten, habe ich ihre Arbeitsweise beanstandet. Zu einer ordnungsgemäßen Hausdurchsuchung gehöre auch die Durchsuchung des Kellers, und ich bestünde auf dessen Durchsuchung. So tappten sie in den unbeleuchteten Keller. Ein plötzliches Geräusch muß sie erschreckt haben. Jedenfalls stürmte plötzlich der ganze Trupp in wilder Hast wie eine Herde junger Bullen aus dem Haus. Nicht nur die Nazis, auch die Engländer hatten Kinder als Soldaten eingesetzt!

Ich habe mir bald viele Verhandlungen vor dem englischen Militärgericht gegen deutsche Staatsangehörige angehört. Auch hier habe ich nur den besten Eindruck von der englischen Besatzungsmacht gewonnen. Selten habe ich später bei deutschen Gerichten mit soviel Ernst geführte Verhandlungen erlebt. Die Entscheidungen des Gerichts schienen mir jedoch wegen des strengen englischen Beweisrechts eher vom Zufall geprägt; die Zahl unberechtigter Freisprüche war nicht gering. Ähnliche Empfindungen mögen aber auch heute Laien angesichts deutscher Gerichtsentscheidungen befallen.

Erfahrungen mit russischen Kriegsgefangenen

Im Sommer 1945 hatte mich meine Mutter als Knecht bei Bauern in der Nähe verdingt, damit ich etwas zu Essen bekäme. Im Stroh der Scheune lebten russische Kriegsgefangene, die als Landarbeiter eingesetzt und jetzt »frei« waren. Auch von ihnen kann ich nur das Beste berichten. Sie waren stets höflich, und nie wagten sie, das Bauernhaus zu betreten. Das war gewiß nicht selbstverständlich angesichts des Leidens, das ihr Volk und vielleicht auch sie selbst durch Deutsche erlitten hatten.

Eines Mittags hatten sie wieder einmal unter dem Überdach der Scheune Pfannkuchen gebacken und baten mich, mit ihnen den Pfannkuchen zu teilen, als ich zufällig vorbeikam. Ich lehnte ab, da ich als Bürgersohn der Hygiene der auf offenem Hof gebackenen Pfannkuchen mißtraute. Ich werde nie vergessen, wie zwei junge Russen mir im gebrochenen Deutsch erklärten, sie hätten durch Jahre ihre Verpflegung von Deutschen entgegennehmen müssen; jetzt solle ich auch mit ihnen teilen. Natürlich konnte ich nicht mehr ausschlagen. So haben wir in dieser Stunde echte Freundschaft geschlossen, und oft frage ich mich, wie es ihnen nach ihrer Rückkehr in die Sowjetunion Stalins ergangen sein mag. Jedenfalls hat mich dieses ärmliche gemeinsame Mahl gegen jede westliche Propaganda des Kalten Krieges immun gemacht.

Das Studium

Zum Wintersemester 1945 habe ich das Studium der Rechte an der Universität Göttingen aufgenommen. Das klingt einfacher, als es war. Schon die Fahrten mit der Deutschen Reichsbahn von Celle nach Göttingen waren am Anfang heikel, ein Stehplatz ein Glücksfall, oft hing man irgendwie draußen am Zug. Der Andrang zur Universität war wegen der großen Zahl der Kriegsheimkehrer schlimmer, aber auch ungeordneter als heute. Die Universitätsbürokratie rumpelte völlig außer Kurs. Die Schwierigkeit bestand darin, ein Antragsformular zu ergattern. Hatte man es, so war die Aufnahme kein Problem mehr. Als ich wenig später die Geschäftsstelle in Begleitung eines meinem Vater befreundeten Anwalts nochmals aufsuchte und der Beamte den Raum für einen Augenblick verlassen hatte, riß der Anwalt meinen selbstgeschriebenen Lebenslauf aus den Akten. Ich war erschrocken, wurde aber belehrt, man müsse sich in seinem Leben die Freiheit bewahren, seinen Lebenslauf späteren Gegebenheiten anzupassen. In der Tat!

Die Vorlesungen der Professoren waren wenig hilfreich. Unter den Strafrechtlern lagen Professor Hans Welzel und Professor Eberhard Schmidt in ewiger Fehde und erwarteten, daß die Studenten sich an ihren Lehrmeinungen ausrichteten, so daß man stets bedenken mußte, für welchen der beiden eine Arbeit zu schreiben war. Welzel lebte von einer Theorie, die er »finale Handlungslehre« nannte, aber nur schwer vermitteln konnte. Ich weiß nicht, ob er sie selbst verstanden hatte. Wenn man die Theorie von Welzel erlernen wollte, mußte man zu Professor Bokelmann eilen; er wußte, was Welzel dachte. Erst später habe ich erfahren, daß alle drei NS-belastet waren. Welzel und Bokelmann waren Mitglieder der NSDAP gewesen. Schmidt war Kriegsrichter gewesen und fühlte sich nach dem Krieg dazu berufen, die Fahne des Rechtsstaates besonders hoch zu schwenken: ein Mann immer auf dem Stand der Zeit. Er war damals halb verhungert und versuchte, in einen abgewetzten Soldatenrock gekleidet, uns das Urheberrecht anhand des Liedes: »Julius, wann machst du mit der Liebe Schluß?« beizubringen. Das war der Anfang dessen, was sich heute unter dem Namen der Hochschuldidaktik mit eigenen Lehrstühlen etabliert hat.

Die Referendarzeit

Gefährliche Nazis habe ich erst als Referendar nach 1949 in der Justiz kennengelernt. Es waren dies Richter und Staatsanwälte, die in der NS-Zeit an Todesurteilen mitgewirkt hatten. Unauffällige, auch kluge und nicht selten sogar liebenswerte Juristen, die ohne die NS-Zeit ihr Leben gewiß makellos geführt hätten. Es wurde damals im Gegensatz zu heute hierüber kaum je gesprochen, und oft habe ich erst später und nur durch Zufall erfahren, daß ich wieder einmal, mit einem »Kollegen Mörder« zusammengewesen war.

Drei meiner Ausbilder in der Referendarzeit waren mit Todesurteilen in der NS-Zeit belastet. Der schlimmste Fall war wohl der Staatsanwalt von Wagner in Celle, ein großer schlanker Herr, voller Kultur im Auftreten und besonders der Musik zugetan. Er wäre fast mein Vorbild geworden, weil kein anderer so menschlich plädierte, so voller in der damaligen Zeit seltenem Verständnis für die Angeklagten. Es war ein Schock für mich, als ich erfuhr, daß er zuvor als Staatsanwalt am Volksgerichtshof gewirkt hatte.

Der Justiz ist später oft und zu Recht der Vorwurf gemacht worden, sie sei nach dem Krieg zu einer Selbstreinigung und der Bestrafung der Täter in ihren eigenen Reihen nicht bereit gewesen. Ich fragte mich aber, was es außer der verständlichen Befriedigung für die Opfer gebracht hätte. Wenn es richtig ist, daß die Täter in den Reihen der Justiz »ganz normale Juristen« waren, hätte es wohl wenig geändert. Es wäre aber ein Signal dafür gewesen, daß auch der Richter eine Mitverantwortung für die von ihm angewandten Gesetze trägt. Könnte es sein, daß hinter der bis heute verbreiteten Abneigung, die Vergangenheit aufzuarbeiten, auch die Befürchtung stand, Richter könnten sich hinfort die ihnen vorliegenden Gesetze genauer ansehen?

Ich sehe den von den Politikern der Nachkriegszeit zu verantwortenden Fehler eher darin, daß man sich in der Justiz und an den Hochschulen nicht bemüht hat, Opfer der Nazis, insbesondere auch Emigranten, in führende Stellungen zu bringen. Der Frankfurter Generalstatsanwalt Bauer ist eine in der Nachkriegsjustizgeschichte rühmliche Ausnahme. Ohne ihn hätte es den Auschwitzprozeß nie gegeben.

Erfahrungen mit der Demokratie

Das »demokratische« Leben begann nach 1945 in Celle nur mühsam. Die politischen Parteien der Nachkriegszeit waren dort unansehnlich und sind es bis heute geblieben. Natürlich wurden die bisherigen »Spitzen« sofort abgelöst: der Oberlandesgerichtspräsident von Garßen, der Oberbürgermeister Meyer und der Landrat Heinichen, obwohl alle drei schon in der Weimarer Zeit ihre Posten bekleidet hatten und gewiß nicht mehr als landesüblich in die NS-Herrschaft verwikkelt waren. Aber Zeiten des Umbruchs sind immer auch die Zeiten, in denen Profiteure hohe Posten ergattern. Die Geschichte vom Ende der DDR hat es wiederum gezeigt.

Der neue Oberbürgermeister Hörstmann war ein zweifelhafter

Mann. Ein Beispiel: Die Engländer hatten bald nach ihrem Einmarsch offensichtlich aus Angst vor Spionage verlangt, daß alle Kameras abgegeben werden sollten. So haben meine Eltern auch ihre Leica und eine Box-Kamera abgegeben. Nach zwei Monaten wurden die Kameras zurückgegeben. Meine Eltern erhielten die Box zurück, die Leica aber war verschwunden. Meinen nachforschenden Vater sagte sehr vertraulich ein städtischer Beamter, er solle einmal im Schreibtisch des Oberbürgermeisters nachschauen. Als mein Vater ihn aufsuchte, hatte er natürlich keine Ahnung, kam aber der Aufforderung, den Schreibtisch zu öffnen, nach – und siehe da: die Leica! Wenig später kamen frühere Nazischriften des Oberbürgermeisters Hörstmann an das Tageslicht. Die »politische« Lösung der Neuzeit: Hörstmann trat als Oberbürgermeister zurück und wurde, welch Wunder, wenig später Leiter der städtischen Verkehrsbetriebe, gewiß nicht mit einem geringeren Gehalt. Der Ehrlichkeit halber muß ich aber hinzufügen, daß Hörstmann diese Aufgabe mustergültig bewältigt hat, und noch heute verdankt die Stadt Celle ihren guten Nahverkehr den Grundlagen, die Hörstmann einst legte.

Die *Cellesche Zeitung* wurde verboten, obwohl ihr Eigentümer, Ernst Pfingsten, immer ein treuer, heimatverbundener Welfe gewesen war. Gewiß hatte auch in dieser Zeitung unerträglicher Naziquatsch gestanden. Bis in den Krieg hinein war jedoch keine Nazizeile aus der Feder von »Ernstchen« Pfingsten, wie ihn die Celler liebevoll nannten, in dem Blatt zu lesen gewesen. Erst in der zweiten Kriegshälfte änderte sich dies. Es ging um die knappen Papierzuteilungen. Wir Celler wußten dies und haben unseren Ernstchen Pfingsten bedauert. Jedenfalls wurde Celle zwangsweise an die *Hannoversche Allgemeine Zeitung* angehängt, gewiß keine schlechte Zeitung, aber eben nicht die *Cellesche* von Ernstchen Pfingsten. Als die *Cellesche* 1949 wieder erscheinen durfte, war die *Hannoversche* binnen weniger Tage verschwunden. Die Zeitungsträger erklärten den Lesern einfach: Von der nächsten Woche an bringe ich wieder die *Cellesche*, und alle fanden dies selbstverständlich.

Ein Lichtblick war in jenen Jahren *Die Welt*, ein von der englischen Besatzungsmacht initiiertes Blatt im englischen Zeitungsstil. Erst Axel Springer hat diese Zeitung ruiniert. *Die Welt* der Anfangsjahre war die beste Tageszeitung, die ich je in Deutschland gelesen habe, vielleicht mit *Die Zeit* (die allerdings wöchentlich erscheint) von heute vergleichbar.

Haben sich meine Hoffnungen erfüllt?

Ich habe mich bemüht, ehrlich aus der Sicht eines jungen Menschen die Ereignisse zu schildern und eine nachträgliche Bewertung zurückzustellen. Das soll erst an dieser Stelle geschehen.

Der Nationalsozialismus hat mich für mein Leben geprägt, freilich anders, als es sich die Nazis vorgestellt hatten. Dies als Warnung vor jeder politischen Zwangspädagogik. Gerade junge Menschen können sehr wohl zwischen Sein und Schein unterscheiden, und wer glaubt, sie durch Propaganda täuschen zu können, irrt! Durch ihre erkennbaren Verbrechen waren die Nazis für mich, solange ich denken kann, diskreditiert. Ich habe gelernt, daß auch und gerade der Staat ein potentieller Mörder ist.

Man darf freilich nicht vergessen, daß der ganze Spuk nur ein Dutzend Jahre gedauert hat und ich in Elternhaus und Schule in einer Welt aufgewachsen bin, in der noch die alten bürgerlichen Werte des Anstandes und der Moral galten. Ich ängstigte mich vor der Frage nach meiner Entwicklung ohne diesen Rückhalt. Kann ich meiner sicher sein?

Ich habe gelernt, skeptisch zu sein, nicht nur gegenüber »der Partei«, sondern auch gegenüber den Parteien nach 1945. Ich weiß, daß es in allen Parteien – auch der NSDAP und der SED – gutwillige und schlechte Menschen gab und gibt.

Ich habe gelernt, Krieg und Gewalt zu hassen, aber auch gelernt, die Menschen zu achten, gleich welcher Nationalität oder Rasse. Nach den Erfahrungen meines Lebens kann ich kein Deutscher sein, der seine Nation über andere erhebt. Darum empfinde ich es mindestens als deplaciert, daß der frühere Braunschweiger Oberlandesgerichtspräsident Wassermann und der jetzige dortige Landgerichtspräsident Dr. Litten – beide übrigens Sozialdemokraten – Fahnen als Staatssymbol in ihrem Dienstzimmer aufgestellt haben. Jeder Nationalismus stößt mich ab, auch der anderer Nationen.

Meinem alten Griechischlehrer, dem Freimaurer Dr. Ruthke verdanke ich mitten im Krieg die Lektüre von Sophokles' *Antigone* im Urtext und ihren Satz: »Me synechtein, all synphilein ephyn! (Nicht mitzuhassen, sondern mitzulieben bin ich geboren.)

HANS-OTTO WEBER

Wofür die vielen Opfer?

Als der Krieg begann, war ich dreizehn. Ich gehörte also einem der Jahrgänge an, die in die Politik der Nazis »hineinerzogen« wurden. Mit sechzehneinhalb wurde ich für ein Jahr Flakhelfer. Folgte ein Vierteljahr Reichsarbeitsdienst (RAD), und danach war ich Soldat in der Wehrmacht.

Im September 1944 wurde ich in Nordbelgien schwer verwundet. Ich geriet in kanadische Gefangenschaft, man transportierte mich per Lazarettschiff nach England. Zwei Monate Lazarettaufenthalt – bei bester Behandlung – in Liverpool und Manchester folgten. Schließlich kam ich im Verwundetenaustausch am 23. Januar 1945 wieder zurück nach Deutschland. Über verschiedene Krankensammelstellen gelangte ich im März nach Teplitz-Schönau in ein Krankenhaus, das von der Charité in Berlin ausgelagert worden war.

Der Krieg ging zu Ende. Die Kriegslage wurde nach Osten täglich bedrohlicher. Ein gewaltiger Zug von nach Westen zurückflutenden Wehrmachtsfahrzeugen, Flüchtlingstrecks, Teilen der Wlassow-Armee verstopfte die Straßen.

Die meisten Verwundeten und Schwestern bedrückte die Aussicht, von sowjetischen Truppen »vereinnahmt« zu werden. Ich selbst war nach einer weiteren Amputation ziemlich gleichgültig. Wovor sollte ich mich schon fürchten?

Kurzfristig wurde unser Lazarett ins Erzgebirge verlegt. Wir landeten in einem leerstehenden Hotel, direkt an der großen Umgehungsstraße Richtung Eger und deutsche Grenze.

Wie in der Stadt, so rollte auch auf dieser Straße pausenlos Fahrzeug hinter Fahrzeug. Alle waren mit Soldaten und Material bis obenhin beladen. Es war der 6. Mai. Unser Lazarettinspekteur, der sich zwei Tage lang bemüht hatte, Transportmittel zu bekommen, veranlaßte die hundert Verwundeten und Schwestern, vor dem Hotel mit nur noch einem Gepäckstück auf eine Abfahrtchance zu warten. Immer noch blieben alle Bemühungen, eine Kolonne anzuhalten, vergeblich. Kein Fahrzeug hielt. Die Rotkreuzfahne blieb unbeachtet.

Schließlich zwang unser Inspekteur, mit der Pistole in der Hand, einen Zug von vier Treckern – jeder mit zwei offenen Kastenwagen als Anhänger – zum Halten. In kürzester Zeit hatten wir die Kastenwagen besetzt. Wir saßen auf hundert Kartons mit Margarine, die jeden Kastenwagen voll ausfüllten.

Tag und Nacht rollte unsere Kolonne. Es gab nur wenige, notwendige Pausen. Schon nach einem Tag wurde der Verkehr vor uns spärlicher und hörte schließlich ganz auf. Wir wußten nichts vom Ende des Krieges. Merkwürdig war nur, daß uns niemand behelligte. Für drei Tage waren wir allein auf der Strecke. Wir hofften, die deutsche Grenze vor den Russen zu erreichen.

Am 11. Mai, früh am Vormittag, wurde unser Konvoi plötzlich von tschechischen Soldaten gestoppt. Rechts der Straße war Wald, links aufsteigendes Gelände: Äcker, Wiesen, Felder. Ein Stück entfernt eine große Wiese, auf der dicht an dicht auf dem Boden Tausende deutsche Soldaten saßen. Dieses Bild werde ich nie vergessen.

Unser Treckerzug setzte sich in Bewegung. Ein paar Minuten später ging es durch ein Tor in das riesige Gefangenenlager. Wir durften nicht absteigen. Aber wir gehörten nun dazu: Gefangene! Nun hatten wir sie rings um uns. Ihre Gesichter waren teilnahmslos, entmutigt, gleichgültig. Ihnen war so ziemlich alles egal. Ob sie dennoch glaubten, die Amerikaner würden sie übernehmen?

Die ganze Sinnlosigkeit des Krieges sprach aus diesen übermüdeten, hungrigen Gesichtern. Keiner von ihnen hatte den Krieg gewollt. Aber keiner hatte sich seiner Pflicht, Soldat zu werden, entziehen können. Der Krieg hatte sie an viele Fronten verschlagen. Viele waren – sogar wiederholt – verwundet, wieder ausgeheilt und von neuem an die Front geschickt worden. Und sie hatten kämpfen müssen – auch als nach dem Überfall auf die Sowjetunion und spätestens nach Stalingrad jeder wußte, daß der Krieg verloren war. Wie viele Kameraden waren gefallen! Wie viele Soldatengräber und Soldatenfriedhöfe hatten sie gesehen!

Und wofür das alles? Wofür diese vielen Opfer – unsere und die der Gegner und die der ungezählten Zivilpersonen bei uns und in den überfallenen und besetzten Ländern?

Die große Mehrzahl der hier lagernden Soldaten hatte weder von KZs noch von der Erschießung von Juden gehört. So wie ich auch nicht. Aber wohl die meisten hatten irgendwann im Verlauf des Krieges – auch im Urlaub – vom Los der Kriegsgefangenen oder dem der Zwangsverschleppten erfahren. Oder sie hatten gehört von unmenschlichen Urteilen an Mitbürgern, die denunziert worden waren, weil sie »Feindsender« gehört, Zweifel am Sieg geäußert oder Kriegsgefangene anständig behandelt hatten. Nun kam die Erinnerung an so viele Fälle von Ungerechtigkeit, Bespitzelung und an die eigene Gleichgültigkeit oder an den Mangel an Mut.

Für die Soldaten blieb jetzt die Sorge um die Angehörigen. Ob sie noch lebten, ausgebombt oder geflüchtet waren – irgendwohin? Und es blieb die Angst um die eigene Zukunft – in Gefangenschaft. Hoffnung auf eine glückliche Zukunft war ein leeres Wort.

Unsere Kolonne wurde von tschechischer Miliz umstellt. Wir wurden gezählt und dann geschah nichts mehr – bis nach einer Stunde amerikanische Jeeps mit Offizieren erschienen. Sie hielten vor uns. Die Amerikaner verhandelten mit den tschechischen Offizieren. Nach einer halben Stunde durften wir weiterfahren. Wir wurden darüber informiert, daß der Chef unseres Lazaretts, Professor Dr. Kreuz, ein international hoch anerkannter Chirurg, den US-Generalstab über unser Sonderlazarett informiert und gebeten hatte, dieses aus der Tschechei herauszuholen.

Im Konvoi ging es los. Amerikanische Jeeps vor und am Schluß unserer Kolonne. Nach Stunden rollten wir bei Wunsiedel über die bayerische Grenze. Erst jetzt fühlten wir uns richtig sicher und frei. Wir waren froh: Der Krieg war weit weg. Wir konnten aufatmen.

Die Amerikaner hatten unterhalb der bekannten Freilichtbühne »Luisenburg«, in der Nähe von Wunsiedel, ein Hotel für uns beschlagnahmt; darüber hinaus – eine halbe Stunde Fußweg weiter auf dem Berg – ein Haus und eine Baracke.

Ich gehörte zu denen, die unmittelbar neben der überwältigend bizarr-schönen Felsenlandschaft mit vierzig Kameraden in die Baracke einzogen. Amerikanische Feldbetten, sanitäre Verhältnisse akzeptabel, sehr gute Verpflegung und das Wetter angenehm warm. Es blieb so den ganzen Sommer.

Die Amerikaner kamen jeden Freitag zur Kontrolle und um nachzufragen, ob wir besondere Wünsche hätten. Für uns alle war dies ein Ort der Ruhe und des Friedens. Wir konnten uns frei bewegen, konnten wandern, in den umliegenden Dörfern hamstern und mit der Margarine – jeder bekam einen Karton mit zwanzig Kilo – Tauschgeschäfte machen. Das Lazarett war für uns der sicherste Ort auf der Welt. Niemand wollte jetzt fort. Aber das ungewisse Schicksal unserer Familen bedrückte uns. Wir erfuhren von der Unsicherheit im Land und von den Übergriffen befreiter Zwangsarbeiter, und immer und immer wieder diskutierten wir über das Desaster, das Hitlers Krieg angerichtet hatte.

Durch die amerikanische Zeitung erhielten wir zum erstenmal Information über die Verbrechen der Nazis. Ungläubigkeit und Zweifel wichen unwiderlegbaren Beweisen. Von Tag zu Tag gab es mehr Bestätigung für das Schreckliche, das fanatische Nazis angerichtet oder veranlaßt hatten. Niemand war frei von dem Entsetzen über das, was vor allem Juden und Ausländern angetan worden war. Wieviel Unrecht war geschehen. Wie sehr waren wir – über Jahre – belogen, für eine bitterböse Sache mißbraucht worden!

Das abgelegene Lazarett war der geeignete Ort für den Übergang in eine neue, wenn auch ungewisse Zukunft. Die Ruhe weckte auch die persönlichen Erinnerungen.

An so viele Einzelheiten aus der Zeit, in der man aus uns Schülern Soldaten machte und wir zum Ende zu denen gehörten, die man »verheizte« – bei zigfacher Überlegenheit des Gegners.

Da war das schreckliche Erlebnis mit dem Kameraden, der in geringem Abstand neben mir einen Granatvolltreffer erhielt – und einfach nicht mehr da war. Ich wußte nicht mal seinen Namen. Seine Eltern würden bis an ihr Ende auf ein Zeichen von ihm warten!

Da waren die drei Sanitäter, die vor einem Schwerverwundeten standen, unentschlossen. Und einer sagte: »Der stirbt doch ohnehin.« Als der in aller Ruhe sagte: »Ihr seid wohl verrückt«, schleiften sie ihn doch auf einer Zeltbahn ins Feldlazarett...

Da waren Schreie, Stöhnen, Beten der Verwundeten und furchtbarer Gestank, als ich nach der Operation wieder aufwachte.

Da waren der Stabsarzt und die holländischen Schwestern, die sich in Eindhoven unter größter Aufopferung Tag und Nacht um die Erhaltung meines bißchen Lebens bemühten.

Da war der IRK-Lazarettzug, der uns Austauschverwundete von Marseille nach Konstanz brachte und am 22. Januar 1945 in Genf hielt. Da stand ein »Goldfasan«, um uns als heimkehrende »Helden« zu begrüßen. Wir fühlten uns verhöhnt. Er spürte nicht einmal die eisige Ablehnung.

Da waren mein Einzug in das Krankenhaus der Charité und die Begegnung mit den vielen Kameraden, die ausnahmslos beide Hände verloren hatten und von denen ein Teil noch mehrfach amputiert und blind war. Nie vorher hatte ich Schlimmeres gesehen. Nicht vieles kann wohl den Krieg abschreckender machen!

Da war Jupp, der Luxemburger. Er war wirklich nicht freiwillig Soldat geworden. Eine Handgranate hatte ihm in Rußland beide Hände abgerissen. Ich bewunderte ihn, wie er seinen Kummer mit seinem außerordentlichen angeborenen Humor überspielen konnte.

Und da war der Kamerad im Lazarett mit einem gewaltigen Verband um den rechten Arm, der gar nicht traurig aussah. Von einer Familie zu Ostern eingeladen, traf ich ihn dort. Er gehörte zur Familie. Und er hatte nun keinen Verband und keine Verletzung! Ich erfuhr, daß er Pianist und den ganzen Krieg hindurch mit anderen Künstlern auf »Fronttournee« gewesen war. Nun sollte er – zum Schluß – noch mit der Waffe die »Heimat verteidigen«. Er wollte nicht riskieren, verwundet zu werden, vielleicht nie mehr spielen zu können. Seine Vorgesetzten hatten ebensoviel Verständnis wie die Ärzte. So kam er zu Krankenpapieren und im Lazarett zu seinem »Tarnverband«.

Und meine Gedanken: »Er ist eigentlich ein Deserteur. Aber ich kann ihn verstehen. Ich verurteile ihn nicht. Wer könnte das, wo alles so aussichtslos geworden ist? Und ich wünsche ihm, daß er die letzten Tage unverletzt übersteht.« (Er hat sie überstanden. Nach dem Krieg wurde er als Pianist für Unterhaltungsmusik berühmt.)

Nach und nach sickerten Informationen durch über die »besetzten Zonen«, über Aufräumarbeiten in den Städten, über Verhaftung von Verbrechern, die kurz vorher noch Befehlsgewalt gehabt und furchtbar viel Unheil angerichtet hatten.

Ein entlassener Kamerad hatte meinen Eltern in Korbach Post überbracht. Drei Tage und drei Nächte war mein Vater auf Güterzügen, die Kohle transportierten, unterwegs, um mich zu besuchen.

Ich beantragte meine Entlassung, war am 15. Oktober in Korbach. Ich war tief betroffen von dem, was um uns herum vor sich ging. Hunderte von Flüchtlingen, abgerissen, mit wenigem Gepäck, ohne Zukunftsperspektiven, waren in unserer Stadt unterzubringen. Die Menschen eilten von Amt zu Amt. Die Unterkünfte, in denen sie landeten, waren überwiegend bedrückend – in anderen Zeiten wären sie unzumutbar gewesen. Willkommen waren die Flüchtlinge nirgends.

Da waren wir noch gut dran. Mein Vater war wieder im Amt. Verwandte aus der Kasseler Gegend hatten die Wohnung meiner Eltern, die aus Schlesien geflüchtet waren, mit dem Wichtigsten ausgestattet. Ein Radio gab es nicht. Die amerikanische Zeitung war zunächst unsere einzige Nachrichtenquelle. Im übrigen beschäftigte uns zeitraubend die Versorgung der Familie mit Lebensmitteln, Kleidung, Haushaltsbedarf und Brennholz, das mit einem Wägelchen aus dem Wald geholt wurde.

Es kam die Entnazifizierung mit dem berühmten »Fragebogen«. Ich war – als Jugendlicher – »nicht betroffen«. In dieser wirren Zeit erübrigte sich das Nachdenken über die eigene Zukunft in einer Umgebung, die selbst ohne Zukunft schien und in der nur Not, Leid und Mangel an allem existierten.

Mein Abitur, das nach 1943 abgelegt worden war, wurde von den Hochschulen nicht anerkannt. Ein halbes Jahr büffelte ich also mit anderen ehemaligen Kriegsteilnehmern, die zum Teil schon Mitte Dreißig waren. Das »bewußte Lernen« des Erwachsenen war ein Gewinn in einer Gesellschaft in ungeheurem, atemberaubendem Wandel.

Mein Versuch nach dem Abitur, wie bis dahin angestrebt, die Forstlaufbahn einzuschlagen, war aussichtslos. Zu viele Forstbeamte suchten als Flüchtlinge in Westdeutschland Stellen. Überraschend bot sich die Möglichkeit, als Schulhelfer in einer Volksschule zu beginnen. Alle »belasteten« Lehrer waren entlassen. In »meiner« alten Schule, mit etwa vierhundert Schülern, waren nur vier Lehrer – übrigens hervorragende Pädagogen – als »unbelastet« übriggeblieben.

Nach vier Wochen Probezeit bei einem erfahrenen älteren Lehrer bekam ich eine Klasse. Der ältere Kollege verfolgte noch vier Wochen lang meinen »Unterricht«, dann hielt man mich für diesen Beruf als befähigt.

Die Tätigkeit in der Schule selbst war voller Probleme. Es gab keine Lehrerbücher, kein Papier, kein Schreibzeug. Die Klassen wurden im Winter mit einem großen Kanonenofen geheizt, der mitten im Raum stand und von dem aus ein langes Rohr quer durch die Klasse zur Außenwand lief. Jeder Schüler mußte ab Herbstbeginn täglich ein Stück Brennholz mitbringen.

Ein Drittel meiner Schüler war, nachdem die Familien im Ruhrgebiet ausgebombt oder aus dem Osten geflüchtet waren, in dieser Kleinstadt gelandet. Sie hatten über zwei, drei Jahre nur unregelmäßig Unterricht gehabt. Ihr Wissensstand war minimal. Zu suchen war der kleinste gemeinsame Nenner.

Nach bestandener erster Lehrerprüfung am Pädagogischen Institut war ich zunächst ein Vierteljahr ohne Betätigung. Die alten, vorübergehend von den Amerikanern entlassenen Lehrer waren wieder eingestellt worden. 1948 – zwei Monate nach der Währungsreform – erhielt ich meine Anstellung.

Die Unterrichtsverhältnisse hatten sich weitgehend normalisiert. Der Unterricht machte mir Freude. Geschichts- und politischer Unterricht erschienen mir am wichtigsten. Und ich hielt es für meine wichtigste Aufgabe als »Zeitzeuge«, den Kindern bewußtzumachen, wie es zum Krieg gekommen war und wieviel Zerstörung, Leid und Tod er gebracht hatte. Not, Hunger und Sorgen der Familien kannten die Schüler aus eigener Anschauung.

Mit das Erschütterndste in der ersten Zeit meiner Schultätigkeit war der amerikanische »Pflichtfilm« über die Befreiung der Überlebenden der Konzentrationslager, den die Schüler aller deutschen Schulen sehen mußten. Sie waren schockiert, und die Bilder sind haftengeblieben und lösten, nachdem der Film auch in den Kinos lief, überall Diskussionen aus.

Nicht viele Lehrer waren bereit, das »heiße Eisen« der jüngsten Vergangenheit anzufassen. Fast alle waren sie älter. Vieles, was nun mit Photos und Berichten und in Filmen gezeigt wurde, hätten sie in den zwölf Jahren sehen, wissen, be- und verurteilen müssen.

Der Zwang, die Angst vor Bespitzelung, die Sorge um Beruf und Familie ließen die Mehrzahl wegschauen und schweigen. Sicher fühlten sich die meisten irgendwie schuldig, auch wenn sie selbst niemandem Unrecht getan hatten.

Die Amerikaner bemühten sich – auf vielerlei Weise –, die deutsche Bevölkerung auf den Weg zur Demokratie zu bringen. Daß sie dies mit einer enormen und äußerst wirksamen wirtschaftlichen Hilfe, dem Marshallplan, unterstützten, gab der Demokratisierung der Gesellschaft einen beachtlichen Schub. Langsam begriffen die Menschen, daß Freiheit und Gerechtigkeit die höchsten Werte sind. Und sie lernten, damit umzugehen.

Nach dem Krieg hatte sich – aus vielerlei Gründen – weithin Resignation verbreitet. Das Schlagwort hieß: »Ohne mich.« Das galt für jedes Engagment in der Gesellschaft.

Oft habe ich mich später gefragt, warum ich damals anders reagiert habe als die große Mehrheit der Bevölkerung. Vielleicht weil meine Eltern in uns Kindern vor allem anderen Mitleid und Hilfsbereitschaft geweckt hatten. Vielleicht war es meine Einstellung aber auch eine Reaktion auf alles Schlimme, das ich in schrecklicher Kriegszeit gesehen, erlebt und selbst erfahren hatte, und daraus resultierend irgendwie das Gefühl, mithelfen zu sollen, damit der nächsten Generation Gleiches erspart bliebe.

Mein Engagement in der Volksschule, dann in einem Kulturfilmring, der gleich nach dem Krieg in den Dörfern meines Kreises erfolgreich drei Jahre lang »kulturelles Leben« weckte, und vor allem ab 1952 im Volksbund Deutsche Kriegsgräberfürsorge sind insofern eigentlich selbstverständlich gewesen.

Und selbstverständlich war – nicht zuletzt – auch meine Entscheidung, mich politisch zu betätigen. Aber die zwanzig Jahre als Abgeordneter im Landesparlament wären eine weitere Geschichte.

HANS H. WELLISCH

Sie wollten ein Dutzend Kinder haben

Im Jahre 1945 war Hässleholm eine etwas schläfrige Kleinstadt in der südlichsten Provinz Schwedens, von Bedeutung hauptsächlich als ein Bahnknotenpunkt. Dort befand sich das Büro einer Jugendgruppe der zionistischen Bewegung, deren Mitglieder einige hundert jüdische junge Menschen waren, die noch vor Ausbruch des Zweiten Weltkrieges von Deutschland und Österreich nach Schweden und Dänemark fliehen konnten. Diese jungen Leute fristeten ein kümmerliches und nicht ganz gefahrloses Leben als Landarbeiter und Gärtner, immer in der Hoffnung, daß sie nach dem Krieg und dem erwarteten Sieg der Alliierten nach Palästina einwandern könnten. Mehr als die Hälfte dieser Jungen und Mädchen hatte ursprünglich in Dänemark gearbeitet und war im Oktober 1943 im Laufe einer Nacht von dänischen Widerstandskämpfern und Fischern zusammen mit Tausenden von dänischen Juden über den Öresund nach Schweden gerettet worden. Die Jugendlichen wurden so den Klauen der Gestapo und dem sicheren Tod in Vernichtungslagern entrissen. Einige Mitglieder dieser Jugendgruppe waren auch ehemalige KZ-Häftlinge, darunter der Schreiber dieser Zeilen. Nach der »Kristallnacht« im November 1938 wurde ich in Wien von der Straße weg mit Hunderten von anderen Juden erst ins Gefängnis geworfen und dann in Viehwaggons nach Dachau gebracht, wo ich einige Monate hungern und leiden mußte, bevor ich dank eines Einreisevisums, das ich schon vorher besaß, nach Schweden kommen konnte.

Im Frühjahr 1945 wurde ich einer der Mitarbeiter des Büros in Hässleholm, wo ich hauptsächlich als Redakteur eines Nachrichtenblattes für unsere Mitglieder tätig war. Da Schweden nominell neutral war, waren uns sowohl alliierte als auch deutsche Nachrichten durch Radio, Presse und aus privaten Quellen in unserem Büro zugänglich, und wir waren daher recht gut über die Kriegsereignisse informiert. Wir wußten, daß der Krieg seinem Ende entgegenging und daß nach der Ardennenschlacht der Zusammenbruch Deutschlands nur noch eine Frage der Zeit war. Nach Hitlers Selbstmord am 30. April und nach dem Fall von Berlin am 2. Mai zählten wir die Stunden bis zum Ende.

Trotzdem war es eine völlige Überraschung, als wir nur einen Tag später, am 3. Mai vormittags, telefonisch die Nachricht erhielten, daß Hunderte von jüdischen Mädchen und Frauen auf Schiffen von Helsingör in Dänemark nach Hälsingborg an der Westküste Schwedens gebracht worden waren, wo sie sich zunächst in hastig eingerichteten Unterkünften in Schulen, Krankenhäusern und sogar in Zelten in Parkanlagen befanden.

Dies waren ehemalige Zwangsarbeiterinnen in deutschen Arbeitslagern und Fabriken, die (wie wir erst später erfuhren) von Heinrich Himmler dem Schwedischen Roten Kreuz unter der Leitung von Graf Folke Bernadotte überantwortet worden waren. Himmler, der schon lange wußte, daß alles verloren war, hatte Anfang 1945 geheime Verhandlungen begonnen, und zwar gegen Sicherstellung seiner Person durch das Rote Kreuz nach Ende des Krieges.

Der Transport Tausender Mädchen und Frauen, meist aus den Arbeitslagern in der Umgebung von Hamburg, durch Schleswig-Holstein, Dänemark und schließlich nach Schweden wurde tatsächlich durch das Schwedische Rote Kreuz durchgeführt, Himmler aber wurde noch rechtzeitig erwischt und konnte seinem wohlverdienten Schicksal nicht entgehen.

Hässleholm ist nur eine Stunde Bahnfahrt von Hälsingborg entfernt, und so machten einige Mitglieder unseres Büros sich sofort auf den Weg, um an der Aufnahme und Hilfe für die Flüchtlinge, deren Zahl in den nächsten Tagen auf einige tausend anstieg, teilzunehmen. Die schwedischen Behörden taten zwar alles, um die Halbverhungerten mit Nahrung zu versorgen und die Schwerkranken in Krankenhäuser und Sanatorien zu bringen, aber mehr als an Essen und Trinken und einem festen Dach über ihren Köpfen waren diese Menschen an drei Dingen interessiert: Sie wollten wissen, ob der Krieg nun wirklich zu Ende war, ob und wie sie ihre vielleicht noch lebenden Familienmitglieder und Verwandten finden könnten und was ihre Zukunft sein würde. Diese Fragen zu beantworten, soweit wir das konnten, wurde nun unsere unmittelbare Aufgabe und sollte es für viele Monate bleiben.

Das alles begann, wie gesagt, schon am 3. Mai, noch vor dem Ende des Krieges. In den nächsten Tagen kamen Schlag auf Schlag die Nachrichten von zunächst lokalen Waffenstillstandsabkommen in Dänemark, Holland und Italien, bis dann endlich am 7. Mai die bedingungslose Kapitulation des Dritten Reiches erfolgte. Sobald das

Radio diese Nachricht verbreitete, zogen wir, die Mitarbeiter des Büros, acht oder zehn junge Leute, auf die Straßen von Hässleholm und begannen zu tanzen und Freiheitslieder zu singen. Die Einwohner der Stadt schienen nicht ganz zu begreifen, was diese jungen Leute bewegte, wie denn überhaupt die Schweden nicht gewohnt sind, ihre Gefühle zur Schau zu stellen, und schon gar nicht auf offener Straße. Sie wußten zwar, daß fünf Jahre lang ein Weltkrieg tobte und daß dieser Krieg noch längst nicht zu Ende war, aber sie hatten glücklicherweise die Greuel des Krieges nicht am eigenen Leibe erfahren.

Welche Gedanken und Gefühle erfüllten uns in diesen Stunden? Was war unsere Reaktion auf das lange erhoffte und nun erreichte Ende des Krieges in Europa? Hitler und seine Henker und Helfershelfer hatten schmählich und feige geendet, und das »Tausenjährige Reich« lag zerschmettert in Ruinen. Aber nicht Gedanken an Rache oder Schadenfreude erfüllten uns an diesem denkwürdigen Tag, sondern das Gefühl, daß wir, die Flüchtlinge und Überlebende von Vernichtungslagern, am Leben waren und daß unsere Erwartungen und Hoffnungen nun vielleicht bald erfüllt sein würden!

Und was waren die Gedanken der Mädchen und Frauen in den Flüchtlingsheimen und Lagern in Schweden? Da es die vordringlichste Aufgabe unseres Büros wurde, die Flüchtlingsheime und Lager zu besuchen, mit ihren Insassen zu sprechen und ihnen Nachrichten zu übermitteln, konnte ich mir darüber ein Bild machen. Viele Hunderte starben leider in den ersten Wochen und Monaten an Tuberkulose und Mangelkrankheiten, denen ihre ausgehungerten Körper nicht standhalten konnten. Aber die Überlebenden, die durch blinden Zufall ihrer geplanten Vernichtung entgangen waren und die nun in den nächsten Monaten langsam an Körper und Geist gesundeten, äußerten vor allem zwei Wünsche: die Welt wissen zu lassen, was sie durchgemacht hatten, und eine bessere Zukunft für sich selbst und ihre Kinder zu erkämpfen. Hunderte Frauen waren schon Mütter von Kindern gewesen, die alle der Vernichtung anheimfielen, und die jungen Mädchen hatten ihre Geschwister verloren. Alle aber waren beseelt von dem Gedanken, das hingemordete jüdische Volk wieder aufzurichten. Eines ihrer jiddischen Lieder, die sie sangen, hatte den Refrain »Mir sennen do!« (Wir sind da!) – trotz allem, was sie durchgemacht hatten. Das Schicksal Deutschlands aber war ihnen so wichtig »wie der Schnee des vorigen Jahres«, nach den Worten der alten jüdischen Weisen.

In einem der Flüchtlingslager, die ich besuchte, lernte ich ein junges Mädchen kennen, das später meine Frau werden sollte. Die junge Frau war eine Sklavenarbeiterin in Auschwitz gewesen (wo ihre Mutter und drei Geschwister sofort nach ihrer Ankunft vernichtet wurden). Nach der Flucht des Kommandanten und seiner SS-Henkersknechte vor der herannahenden russischen Armee mußte sie mit Hunderten anderer Frauen in wochenlangen Fußmärschen im späten Winter 1944 und Frühjahr 1945 nach Westen ziehen. Auf dem Weg mußte sie in einigen Arbeitslagern und Fabriken arbeiten, bis sie zuletzt nach Westfalen kam, von wo sie im Winter in offenen Waggons in die Gegend von Hamburg transportiert wurde. Der Zufall wollte es, daß sie unter den ersten Frauen war, die durch das Rote Kreuz am 3. Mai nach Schweden gerettet wurden.

Als wir uns zum erstenmal trafen, zeigte es sich bald, daß auch sie von den gleichen Gedanken erfüllt war wie so viele andere der Geretteten: Sie wollte ein Dutzend Kinder haben! Wir ließen es bei drei bewenden und erfreuen uns an sechs Enkelkindern. Aber das ist eine andere Geschichte . . .

GABRIELE WOHMANN

Meine Befreier

Von einem der wichtigsten Tage in unserer Biographie habe ich nur das mehr Atmosphärische und Emotionale behalten, das aber, bis heute in sehr deutlichen farbigen Bildern, wie aus einem Film mit der Schlüsselszene *Eben werden wir, meine Familie und ich, befreit* – Einstellung: *GIs erobern unseren Garten, ich genieße es.* Mit hochgespannter Erwartung und Neugier und der Vorfreude auf etwas Unbekanntes, das garantiert interessant und großartig wäre. Ganz so angstfrei waren wir nicht, werfen meine beiden älteren Geschwister ein.

Impressionistisches, Zersplittertes und dazu dieses Hochgefühl: Das so ungefähr ist's, was mein Gedächtnis gespeichert hat. Ich würde erst in zwei Monaten dreizehn, ihr wart etwas älter, das macht schon einen Unterschied, sage ich zu meinen Geschwistern.

Natürlich können sie sich genauer und realistischer erinnern. Doch trotz dieser licht- und farbengesprenkelten Bruchstückhaftigkeit, die aber wegen des hohen Gefühlspegels voll starker Eindrücke ist, wollte ich für diese Anthologie etwas schreiben. Und wenn es nur wäre, um zu beweisen, an uns zum Beispiel, noch Kinder und schon Nazigegner, wie keiner jemals amerikafeindlich sein könnte, den diese Indiosynkrasie zwölf Nazijahre lang gequält, aber auch wachsam gemacht und im Mut zum Widerstand ausgebildet hat. Wie also keiner je die amerikanische Befreiung vom Hitlerregime undankbar vergessen und später antiamerikanisch sein könnte: Jetzt denke ich an das letzte krasse Beispiel, das mich immer noch wütend macht, an die auch von den Amerikanern angeführte Befreiung Kuweits im Golfkrieg und an die penetrant diesen *Wüstensturm* zum Geschäftsinteresse pervertierenden deutschen USA-Verächter mit ihrem kerzenbestückten, heuchlerisch-frömmelnden Mahnwachengetue. Wo die Amerikaner in die Konflikte auf diesem Globus nicht helfend eingreifen, werden sie eingeklagt, wo sie aber helfend eingreifen und Kriege gegen brutale Diktaturen gewinnen, werden sie angeklagt. Aber nie von einem wie uns, von Leuten, die unter den Nazis bekämpfte

Fremdlinge waren, ohne Luft zu atmen. (Pfui, Militär! schimpfen die Friedensengel – ohne das Militär der Alliierten lebten wir heute unter Hitler II. oder schon III.) Für mich bleiben die Amerikaner unsere Befreier. Unsere Kindheit im Areal Eltern/Haus/Garten (mit ein paar andern Nichtnazikindern) war ja nur eine begrenzte und bedrohte Oase, ringsum verordnete Nazidumpfheit, deutschtümelnd fanatisierte Enge, ideologische Verblödung, Zwang zum Mitmachen – all die Unterdrückung der Individualität und des selbständigen Denkens, des unabhängigen Empfindens (und erst recht seiner Äußerung) schon für Kinder. Wir verstanden unsere Familienenklave als Widerstandsnest.

Mein sechs Jahre älterer Bruder, meine zwei Jahre ältere Schwester und ich: Wir brauchten über diese Vergangenheit und ihre Nachwirkungen bis heute so gründlich gar nicht zu diskutieren. Günstiger Zufall, daß die Einladung zur Anthologie gerade jetzt kam. Selten sitzen wir so zu dritt zusammen, sind alle immer beschäftigt und leben nicht an einem Ort, meine Schwester wurde Schweizer Staatsbürgerin (regt sich manchmal über die naive Verwöhntheit ihrer jetzigen Landsleute auf, die über eher harmlose – übrigens oft deutsche – politische Vorgänge herziehen und nicht ermessen können, wie riesig weit die Entfernung von da zu dem Schrecken in einem Staat entfernt ist, den ein Krimineller tyrannisiert hat). Zwei Jahre und sechs Jahre Altersunterschied machen fürs Erinnern schon eine Menge aus, ich bin auch sicher, daß dieses Erinnern meiner Geschwister viel traumatischer ist als bei mir. Ich war ein lebenslustiges Kind und zum Genuß manchmal melancholisch und bestimmt nicht furchtsam, unter anderem auch deshalb, weil meine Schwester, die Vorsichtige, es war. Jedoch geprägt, weil wir sie tief verabscheut haben und sie unserem Wesen entgegengesetzt und widerwärtig war, hat die Naziära mich genauso stark wie die zwei Älteren. Wir könnten unser Leben lang nie unkritisch sein, nie eifrig anderen, neuen weltanschaulichen *Geborgenheiten* hinterherlaufen, bei Gruppierungen so etwas wie Versammlungsunterschlupf suchen (auch zitierte mein Vater gern Goethes »Geselle dich zur kleinsten Schar« – was uns sowieso von Natur aus entsprach), nie einfach irgendwo *mitmachen* müssen, getrieben vom Verlangen nach Gesellschaft.

Mein Bruder hatte es unter den Nazis schlimmer als meine Schwester und ich. Immer wieder konnte mein Vater ihn zwar vorm Zugriff durch HJ und Arbeitsdienst und Militär bewahren, aber es blieb gefährlich und kompliziert und wäre wohl mißlungen, wenn nicht ein befreundeter Antinaziarzt mit Attesten geholfen hätte. Für meine Schwester und mich hat mein Vater (ein Pfarrer) sogar gelogen:

Leider sind meine Töchter schon wieder krank, erklärte er der strammstehenden eifrigen *Schar-* oder *Schaftsführerin* in Uniform, die vor unserer Haustür darauf bestand, uns zum Dienst zu kassieren: *Jungmädel*-Alptraum zweimal pro Woche, Marschieren mit Gesang ... Später nützte meiner Schwester die Musik: In der sogenannten Sing- und Spielschar spielte sie Geige, und da konnte auch ich, immerhin singend, landen.

Der Tag der Befreiung, die entscheidende Weichenstellung für unser aller Zukunft. Meine alles andere dominierende Erinnerung, das sind die ersten Amerikaner meines Lebens, sage ich. Und hingerissen war ich von ihnen, sofort! Ich kann das Bild, wie sie plötzlich geradezu lautlos durch unseren Garten stapften, jederzeit abrufen. Amerikaner! Wundervolle Amerikaner! Befreier!

Und kurz bevor sie das für uns wurden, uns *besetzten*, unser Grundstück *einnahmen*, war bei mir der Einberufungsbefehl zum Volkssturm gekommen, erzählt mein Bruder. Ich war fest entschlossen, nicht zu gehen. Der Volkssturm, ein verlorener Haufen von Greisen und Kindern, erst recht in diesen letzten Wochen, April, März. Ich hockte im Garten unten zwischen den Brombeerhecken und lauschte einer Art Donnergrollen, es kam von Westen, Richtung Rhein, rübergeweht. Ein Gewitter war's nicht, auch Bomben von Fliegern hätten sich anders angehört.

Mein Bruder hoffte, bei dem donnerähnlichen fernen Lärm handle es sich ums Feuer der amerikanischen Artillerie, die sich den Weg zu uns freischoß. Mein Vater und er wußten genau über die Positionen der Amerikaner Bescheid. Und wie erfreulich weit sie bereits vorgedrungen waren. Regelmäßig hörten sie die verbotene BBC-London und Radio Beromünster.

Mein Bruder weiß: Köln war schon amerikanisch, Pattons Panzer rückten im Hunsrück und in der Pfalz zügig und fast ungehindert ostwärts auf uns zu.

Meiner Schwester fällt ein: Für unsere Stadt hing doch dann alles ab von diesem Ultimatum. Es war doch eine wahnsinnige Anspannung wegen des Ultimatums.

Was für ein Ultimatum? frage ich. Diese Einzelheiten habe ich vergessen, sie sickern ins Bewußtsein, aber hellwach werden sie nicht. Ich muß noch ziemlich kindlich gewesen sein, bald würde ich dreizehn, ein Alter, in dem man sich hauptsächlich für sich selber interessiert. Den Augenblick mit den Befreier-Amerikanern in unserem Garten, so gründlich hatte ich ihn herbeigewünscht wie alle in meiner Familie, nur erlebte ich ihn dann romantisch, illuminiert, und trotz aller elendiglichen Nazizeiterfahrungen weniger kenntnisreich, aber nicht unpolitisch. Was meiner Kindheit das Naziwesen in der Schule und in meiner privaten Zeit an Freiheitsberaubungen eingebrockt hatte, habe ich ausnahmslos gehaßt. Was es meinen Eltern antat, Schikanen für meinen Vater in seinem Beruf (er leitete als Theologe den Hessischen und Rheinisch-Westfälischen Diakonieverein, seine Schwestern, keine Diakonissen, sondern Diakonie-Schwestern, sollten *braune* Schwestern werden usw.) und dem Alltag meiner Mutter zwischen Frauenschaftsfrauen und nicht befolgtem Hitlergruß beim Einkaufen, ich bekam davon, als Kind mit mir beschäftigt, auch nur Impressionistisches mit, denn meine Eltern verschonten uns mit ihren Sorgen, ließen uns Kinder sein, aber diese Kurzeindrücke, ich bekam sie mit, und sie bestärkten mich in der Gewohnheit zu opponieren, in Rebellion gegen die ekelmachende Außenwelt. Bestimmt bin ich, zusätzlich zu meiner Veranlagung, deshalb niemals eine von keiner Skepsis und keinem Widerspruchsgeist gestärkte leichtgläubige Jasagerin geworden, brav einverstanden, blindlings gehorsam.

Mein Bruder sagt: Lang habe ich nicht in den Brombeerhecken hocken müssen und auf die Einnahme der Stadt gewartet. Schon am Morgen des Tags nach meinem Einberufungsbefehl, ehe der Vater was unternehmen mußte, hatten die Amerikaner bei Oppenheim den Rhein überquert und rückten schnell weiter durchs hessische Ried vor, und aus einigen Fenstern in der Nachbarschaft hingen weiße Bettücher, diese Leute, meistens PGs, Nazis, Mitläufertypen, sie zeigten ihren Defätismus zum Glück ganz ungeniert.

Und meine Schwester erinnert sich: Dann rief uns doch der Doktor Schmidt an. Er sagte: Bei uns in der Heinrichstraße sind schon die Amerikaner!

Ein anderes Stadtviertel, aber nicht sehr weit von uns entfernt.

Ich schlich die Landskronstraße runter, erzählt mein Bruder, jemand aus einem Nachbarhaus hatte auch *die Amerikaner sind da* gerufen, und an der Kreuzung zur Heidelberger Straße sah ich den ersten riesigen amerikanischen Panzer und in seinem Turm und um ihn herum standen gutgenährte Männer in guten olivgrünen Uniformen, die Helme tief in die Gesichter geschoben. Jeeps und Sedans waren angefahren.

Mein alles dominierendes Bild aus der Filmszene *Wir werden befreit* schiebt sich vor die Schilderung meines Bruders. Ich trete vor die Haustür, stehe da und sehe zu. Ich glaube, in die paar jungen schweigsamen Männer, die von Westen her – oh, der *Westen*! – ostwärts durch den Garten auf ihren leisen Sohlen hintereinanderher gingen, war ich sofort verliebt. Mit meinem kleinen Kopf: mein erstes Verliebtsein. Ich erkenne verwundert, daß mein erstes Verliebtsein zwar so romantisch und gefühlvoll war, wie es sich gehört, aber der Grund dafür war politisch. Verliebt in diese jungen Männer und in ihre gutgeschnittenen Uniformen und in ihre biegsamen mahagonifarbenen Stiefel, in das Amerika-und-freie-Welt-Fluidum um sie, in ihrer Gewinnerposition. Ich fand sie glorios und elegant und leger, weil sie sich so still und gelassen benahmen. Kein feldgraues Getrampel, kein blödes Marschlied. Ich war vollkommen interessiert an ihnen und zu ihnen hingezogen und von einem aufregenden Glücksgefühl erhoben – es *war* erstes Verliebtsein. So ruhig und unaufwendig also benahmen sich die Männer, die es gewagt und gekonnt hatten, das Naziregime zu besiegen. Wir hatten auf sie gewartet, und sie waren gekommen! Ich fand sie in ihren bequemen Uniformen schön und war neugierig auf sie und voll Bewunderung – Amerika!

Meine Schwester greift vor: Dann ging's gleich los mit den Plünderern und ihren Wägelchen voll Zucker und Mehl, und ich war saumäßig wütend auf die ehemaligen BDM-Mädchen, die sofort Ami-Freundinnen wurden, später haben sie ihre Babys in der Kiesgrube versenkt, stimmt, aber das war Monate später, natürlich.

Und das Ultimatum?

Ergibt sich der Oberbürgermeister für die Stadt, oder tut er's nicht? antwortet meine Schwester. Sie beschäftigt und belastet bis heute noch die schreckliche Zeit vor der Befreiung, die Zeit der Luftangriffe, (als eine Luftmine unser Pfarrhaus zerstörte), der eiligen Flucht in Splittergräben, Flucht vor Tieffliegern, die Zeit ihrer Angst.

Ganz so geräuschlos wie in deiner Erinnerung ging's übrigens nicht zu, als die Amerikaner auf unser Grundstück kamen, sagt mein Bruder. Aber bevor er zu diesem Thema kommt, macht er's der Reihenfolge nach und beobachtet noch die Männer des Vortrupps in der Heidelberger Straße. Sie sprangen zwischen ihren Fahrzeugen umher, legten Kabel, stellten Schilder auf, sie beachteten die paar deutschen Zuschauer auf der andern Straßenseite überhaupt nicht, die sahen ängstlich und neugierig zu, vorsichtig distanziert. Es war kein einziger Schuß gefallen. Alles blieb ruhig. Was sich hier abspielte – der absolute Kontrast, eine Gegenwelt zum feldgrauen Gepränge der deutschen Wehrmacht. So was waren die Leute nicht gewöhnt. Und für mich war's auch die erste Bekanntschaft mit Amerika live, extrem erstaunt war ich.

Mein Bruder war nach Hause zurückgekommen und berichtete. Unser Vater ordnete an, wir sollten vorerst drin bleiben, er beruhigte die Ängstlichen. Von den Erkerfenstern des Eßzimmers behielten wir die Gartentür im Auge. Unser Vater holte die Kirchenfahne aus ihrem Versteck vor den Nazis und zog sie, unterstützt von der immer unerschrockenen Oberin des Diakonievereins, am großen Fahnenmast vor dem Haus hoch. Es war unser Freiheitssignal, sagt mein Bruder.

Bis jetzt ist's doch alles so lautlos gewesen wie in meinen Erinnerungssplittern, oder?

Mein Bruder weiß es genau, so als sei alles gestern passiert. Plötzlich seien zwei amerikanische Soldaten erschienen (was ist mit meinem Farbfilmszenen-*Trupp*?), Maschinengewehre im Anschlag, vorsichtig observierend vom hinteren Garten langsam auf den Hauseingang zuschreitend. (Meine Schwester bekennt, sie habe das ziemlich unheimlich gefunden.) Den beiden ersten Soldaten folgte in einigem Abstand ein weiterer Soldat, ohne Maschinengewehr. Er trug eine schwarze Dokumentenmappe.

Mein Bruder schildert den Mann mit der Dokumentenmappe als schlank, etwa dreißigjährig. Er hatte die Physiognomie eines Intellektuellen. Die Soldaten mit den Maschinengewehren überholte er und gab ihnen Zeichen stehenzubleiben. Mein Bruder hielt ihn für höherrangig, er nannte ihn deshalb *Officer*. Der Officer nahm den Weg auf unseren Hauseingang, erzählt mein Bruder. Und jetzt ergriff der Vater die Initiative und öffnete, ging auf den Officer zu und erklärte: This house is a institution of the Protestant Church, named Diakonieverein. The people living in this house are nurses and my family. I am a pastor and the director of this . . . wobei er mit seiner rechten Hand einen Halbkreis in die Luft zeichnete, um damit seinen Verantwortungsbereich zu umreißen. Our flag, fuhr der Vater fort und zeigte dabei auf das weiße Tuch mit dem lila Kreuz, das hinter dem Officer am Fahnenmast hing. Our flag was prohibited by the Nazis. Der Officer hörte dem Vater zu, stellte noch einige Fragen, er wollte wissen, wie viele Personen in dem Haus wohnten und ob keine militärischen Personen darunter seien. Er nahm die Auskünfte des Vaters ruhig zur Kenntnis und machte sich ab und zu ein paar Notizen. Schließlich zog er ein weißes Papier aus der Mappe, entfaltete es und machte Anstalten, es an unserer Haustür zu befestigen. Auf dem Papier stand in schwarzen Druckbuchstaben: OFF LIMITS FOR ALL MILITARY PERSONAL. Der Officer klappte seine Mappe zu, grüßte knapp, aber freundlich und vielleicht mit einem Lächeln und nicht wie ein Soldat, mehr als Zivilist, und dann verschwand er, wie er hereingekommen war, durch den hinteren Garten, und den beiden Bewaffneten gab er zu verstehen, daß sie ihm folgen sollten.

Und wo bleibt mein kleiner stiller wundervoller GI-Trupp, der den Garten durchquert hat?

Das muß danach gewesen sein. Nachdem wir freigesprochen waren. Die Soldaten kürzten vielleicht nur den Weg zur Parallelstraße im Osten des Gartens ab.

Mein Bruder spricht von Glück. In entscheidenden Momenten unseres Lebens bestimme das Glück den weiteren Fortgang, oder besser: der Zufall, und der war an diesem Nachmittag für uns das Glück. Im Krieg spielt das Glückhaben eine besonders große Rolle. Er hält es für unser Glück, daß uns ein Besatzungsoffizier kontrolliert hat, der den Aussagen unseres Vaters vertraute und ihm Verständnis entgegenbrachte. Schließlich waren wir vor jeglicher Durchsuchung und Beschlagnahme verschont geblieben.

Aber ich denke, unser Vater muß sich auf diesen Augenblick gründlich vorbereitet haben. Mit diesem englischen Text zum Beispiel. Es war doch nicht selbstverständlich, daß er so gut englisch sprechen konnte, noch dazu in einem aufregenden Moment, bestimmt nicht aus dem Stegreif. Andererseits (fragen können wir ihn nicht mehr) sind es immer die extrem riskanten Situationen gewesen, in denen mein Vater, einem Kinderkummer gegenüber geradezu sanftmütig betrübt ausgeliefert, zum rettenden Helden avancieren konnte. Auch er war ein Befreier. Zusammen mit den amerikanischen Befreiern hat er uns befreit. Für uns war der Krieg zu Ende, sagt mein Bruder. Die Deutschen besiegt, das war für mich wie ein Sieg. Ein Leben ohne Zwang und Angst lag vor uns. Und meine Schwester und ich, wir stimmen zu, atmen auf, als wäre es gerade jetzt geschehen.

Abkürzungen

Armee Wenck = Armee unter der Führung von General Walther Wenck; sollte 1945 im Rahmen von Hitlers utopischen Plan zur Befreiung Berlins eingreifen.

Bann = Unterabteilung der Hitler-Jugend, die in Gebiete aufgeteilt war; gliederte sich in Unterbann, Gefolgschaft, Schar und Kameradschaft auf.

BDM = Bund Deutscher Mädel; Zweig der Hitler-Jugend für Mädchen zwischen 14 und 18 Jahren.

Gestapo = Geheime Staatspolizei; seit 1933, unterstand als politische Polizei der SS, die mit ihrer Hilfe die Herrschaft Hitlers innenpolitisch absicherte.

HJ = Hitler-Jugend; nach Geschlechtern getrennte Jugendorganisation der NSDAP, ab 1939 Pflichtmitgliedschaft für alle Jugendlichen vom 10. bis 18. Lebensjahr.

Kapitulation = Am 7. Mai 1945 unterzeichnete im Hauptquartier Eisenhowers in Reims Generaloberst Jodl die Gesamtkapitulation der deutschen Wehrmacht. Am 8. Mai 1945 wiederholten dies im Hauptquartier der Roten Armee in Berlin-Karlshorst Generalfeldmarschall Keitel, Generaloberst Stumpff und Generaladmiral von Friedeburg. Die Kapitulation trat am 9. Mai 1945 in Kraft.

KLV = Kinderlandverschickung; ursprünglich von der NSDAP als Ferienaufenthalt für kränkliche Stadtkinder geplant, nach Kriegsausbruch auf Kinder der kriegsgefährdeten Grenzgebiete ausgedehnt. Ab 1943 auch Verlegung ganzer Schulen in KLV-Lager, wo Unterricht und HJ-Dienst Hand in Hand gingen.

KZ = Konzentrationslager; seit 1933 zunächst »wild« errichtete, dann systematisch ausgebaute, von der SS verwaltete Instrumente staatlichen Terrors und Völkermords.

Marshallplan = 1947 vom amerikanischen Außenminister George Marshall verkündeter Wirtschaftshilfeplan für Europa, der den raschen Wiederaufbau Westeuropas nach dem Krieg ermöglichte.

Morgenthauplan = Im August 1944 vom amerikanischen Finanzminister Henri Morgenthau jr. in Auftrag gegebene Denkschrift zur Behandlung des besiegten Deutschlands, die unter anderem vorsah, das Land für zwanzig Jahre in einen reinen Agrarstaat zu verwandeln. Blieb für die spätere Besatzungspolitik ohne Bedeutung.

Napola = Nationalpolitische Erziehungsanstalten; das Akronym verbreiteter als die offizielle Abkürzung NPEA. Teil eines Schulsystems zur Erziehung von hauptsächlich Jungen, weniger Mädchen zu einer NS-Elite.

NSDAP = Nationalsozialistische Deutsche Arbeiterpartei; faschistische Partei der radikalen Rechten, hervorgegangen aus der 1919 gegründeten Deutschen Arbeiterpartei, seit 1921 unter Vorsitz von Adolf Hitler, besaß 1933–1945 in Deutschland unumschränkte Macht.

RAD = Reichsarbeitsdienst; laut Gesetz von 1935 ein Arbeitsdienst für Männer und Frauen vom 18. bis 25. Lebensjahr mit halbjähriger Dienstpflicht.

SA = Sturmabteilung; 1920 gegründete Kampftruppe der NSDAP.

SS = Schutzstaffel; paramilitärischer Kampfverband der NSDAP, aus der SA hervorgegangen, nach 1933 stärkster Machtfaktor im NS-Staat, organisierte die systematische Vernichtung der Juden.

Volkssturm = Im September 1944 auf Befehl Hitlers aufgestelltes letztes Aufgebot aller nicht eingezogenen 16- bis 60jährigen Männer zur Unterstützung der Streitkräfte bei der Verteidigung.

Waffen-SS = Teil der SS, der als selbständige militärische Organisation im Zweiten Weltkrieg im Rahmen des Heeres kämpfte; bestand aus Freiwilligen, zu Kriegsende immer mehr aus Wehrpflichtigen.

Werwolf = Seit Ende 1944 von der SS aufgebaute geheime Untergrundorganisation für den Partisanenkampf auf deutschem Boden; militärisch bedeutungslos, jedoch von großer Propagandawirkung.

WHW = Winterhilfswerk; 1933 gegründete NS-Hilfsorganisation für das auch propagandistisch in Szene gesetzte Sammeln und Verteilen von Sach- und Geldspenden.

Wunderwaffen = Vor allem Fernwaffen wie die V1 und V2, deren Entwicklung und Erprobung ab 1942 propagandistisch ausgeschlachtet wurden, um den Durchhaltewillen der Bevölkerung zu stärken.

Die Autoren

Prof. Boleslaw Barlog, Regisseur, ehem. Intendant des Schillertheaters, Berlin

Dr. Ilse Bechthold, Holocaust-Überlebende; Sprecherin der Gustav-Heinemann-Initiative, Bremen

Jürgen Becker, Schriftsteller, Köln

Prof. Schalom Ben-Chorin, Religionsphilosoph, Schriftsteller, Jerusalem

Dr. Klaus von Bismarck, ehem. Präsident des Goethe-Instituts, ehem. WDR-Intendant, München

Egidius Braun, Präsident des Deutschen Fußball-Bundes, Frankfurt/Main

Marek Edelman, Schriftsteller, Warschau

Prof. Dr. Helga Einsele, Holocaust-Überlebende, Strafrechtlerin, Frankfurt/Main

Prof. August Everding, Generalintendant der Bayerischen Staatsoper, München

Ulrich Finckh, evangelischer Pfarrer, Vorsitzender der Zentralstelle für Recht und Schutz der Kriegsdienstverweigerer aus Gewissensgründen e. V., Bremen

Jürgen Flimm, Theaterregisseur, Intendant des Thalia-Theaters, Hamburg

Rosemary Friedman, Schriftstellerin, London

Theodor Friedman, Holocaust-Überlebender, Institute of Documentation, Haifa

Prof. Dr. Wolfgang Frühwald, Literaturwissenschaftler, Präsident der Deutschen Forschungsgemeinschaft, Bonn

Werner Goldberg, Vorsitzender der Arbeitsgemeinschaft der Vertretungen politisch, rassisch und religiös Verfolgter, Berlin

Hans Hansen, Präsident des Deutschen Sportbundes, Frankfurt/Main

Hanns Dieter Hüsch, Kabarettist, Köln

Udo Jürgens, Sänger, Komponist, Zürich

Dr. Manfred Karnetzki, Vorsitzender der Aktion Sühnezeichen Friedensdienst e. V., Berlin

Hans Klein, Bundesminister a. D., Vizepräsident des Deutschen Bundestages, Bonn

Joel T. Klein, Holocaust-Überlebender, Historiker und Psychologe, Manchester, USA

Richard Knöchel, Bundesvorsitzender der Gemeinschaft ehemaliger politischer Häftlinge – Vereinigung Opfer des Stalinismus e. V., Bonn

Dr. Manfred Köhnlechner, Heilpraktiker, Manager, München

Hans Koschnick, ehem. Oberbürgermeister von Bremen, EU-Beauftragter in Mostar

Josef Krings, Oberbürgermeister von Duisburg

Juri Kwizinskij, ehem. sowjetischer Botschafter in Bonn

Dr. Karl-Hans Laermann, Bundesbildungsminister a. D., FDP-MdB, Bonn

Prof. Dr. Ursula Lehr, Bundesfamilienministerin a. D., Heidelberg

Werner Leich, ehem. Bischof in Eisenach

Prof. Wolfgang Leonhard, Historiker, Schriftsteller, Manderscheid

Herbert Leuninger, Sprecher von Pro-Asyl – Bundesweite Arbeitsgemeinschaft für Flüchtlinge, Frankfurt/Main

Dr. Johannes Prinz zu Löwenstein, Präsident der Vereinigung der Deutschen Adelsverbände e. V., Habitzheim

Dr. Herbert Mersky, Psychiater, London

Konrad Merz, Schriftsteller, Amsterdam

Günther Nenning, Publizist, Wien

Karl Heinz Neukamm, Präsident des Diakonischen Werks der evangelischen Kirche in Deutschland, Stuttgart

Jan Nowak-Jeziorański, Schriftsteller, Annandale, USA

Dr. Günther Pflug, ehem. Generaldirektor der Deutschen Bibliothek, Frankfurt/Main

Hermann Rappe, Vorsitzender der IG-Chemie, SPD-MdB, Hannover

Prof. Dr. Gerhard A. Ritter, Historiker, München

Dr. Manfred Rommel, Oberbürgermeister von Stuttgart

Carlo Ross, Schriftsteller, Stuttgart

Prof. Dr. Joseph Rovan, Philosoph, Historiker, Paris

Botho Prinz zu Sayn-Wittgenstein, ehem. Präsident des Deutschen Roten Kreuzes, Bonn

Rolf Schneider, Schriftsteller, Berlin

Dr. Herbert Schnoor, Innenminister von Nordrhein-Westfalen, Düsseldorf

Maurice Schumann, ehem. französischer Außenminister, Paris

Dr. Christian Schwarz-Schilling, Bundesminister a. D., CDU-MdB, Bonn

Prof. Dr. Horst Sendler, ehem. Präsident des Bundesverwaltungsgerichts, Berlin

Dr. Franz Sonntag, Bundesvorsitzender des Bundes der Kriegsblinden Deutschlands e. V., Bonn

Prof. Dr. Klaus Stern, Verfassungsrechtler, Köln

Prof. Dr. Rudolf von Thadden, Historiker, Göttingen

Walter Tröger, Präsident des Nationalen Olympischen Komitees für Deutschland, Frankfurt/Main

Werner Tübke, Maler, Leipzig

Ulrich Vultejus, Vorsitzender der Humanistischen Union e. V., München

Hans-Otto Weber, Präsident des Volksbundes Deutsche Kriegsgräberfürsorge e. V., Kassel

Hans H. Wellisch, Holocaust-Überlebender, Schriftsteller, London

Gabriele Wohmann, Schriftstellerin, Darmstadt